2000年京都電子図書館国際会議：研究と実際

2000 KYOTO INTERNATIONAL CONFERENCE ON
DIGITAL LIBRARIES :
RESEARCH AND PRACTICE
November 13th-16th
Kyoto University, Kyoto Japan

京都大学電子図書館国際会議編集委員会編

日本図書館協会

2000年京都電子図書館国際会議 ： 研究と実際 ／ 京都大学電子図書館国際会議編集
委員会編. － 東京 ： 日本図書館協会, 2001. － 228p ； 30cm
ISBN4-8204-0033-9

t1. ニセンネン　キョウト　デンシ　トショカン　コクサイ　カイギ　a1. キョウト　ダ
イガク　デンシ　トショカン　コクサイ　カイギ　ヘンシュウ　イインカイ
s1. 電子図書館　①010

目　　　次

挨拶

京都大学	佐々木　丞平	vii
文部省	尾崎　春樹	viii
英国図書館	J. M. Ashworth	ix

基調講演

情報技術の発展と図書館機能の拡大　　京都大学　　　　　　長尾　眞 …………… 1
電子図書館システムの将来：データベースとウェブの利用
　　　　　　　　　　　　　　　　　京都大学　　　　　　上林　彌彦 …………… 5
米国における電子図書館研究 – 可能性を広げる手段
　　　　　　　　　　　　　　　　　NSF　　　　　　　　Michael Lesk …………… 18
電子図書館、美術館、アーカイブの収斂　GMD　　　　　　G.Jaschke …………… 31
　　　　　　　　　　　　　　　　　　　　　　　　　　M.Hemmje
　　　　　　　　　　　　　　　　　　　　　　　　　　Erich Neuhold
英国図書館の国立図書館としての役割と国際電子図書館発展への貢献
　　　　　　　　　　　　　　　　　BL　　　　　　　　J. M. Ashworth …………… 34
マルチメディア電子図書館とインタフェース
　　　　　　　　　　　　　　　　　京都大学　　　　　　長尾　眞 …………… 38

電子図書館の概観

内外電子図書館の概観　　　　　　　図書館情報大学　　　　杉本　重雄 …………… 44
国立国会図書館の電子図書館へ向けた取り組み
　　　　　　　　　　　　　　　　　国立国会図書館　　　　小寺　正一 …………… 53
英国図書館における文献提供サービスの発展の現況と将来
　　　　　　　　　　　　　　　　　BL　　　　　　　　Richard Roman …………… 58
学術雑誌の電子化とNACSIS-ELS　　国立情報学研究所　　　安達　淳 …………… 65
コロンビア大学における電子図書館研究プログラムの構築
　　　　　　　　　　　　　　　　　Columbia University　　J. Klavans …………… 70
電子図書館技術の社会的影響　　　　UCB　　　　　　　　Peter Lyman …………… 78
ディジタル・インフォメーションの時代へ
　　　　　　　　　　　　Momentum Research & Marketing　J. Habershon …………… 82
英国学術界を支援するマンチェスター共同体：英国最大の学術データ
センターにおける最近の展開　　　University of Manchester　R. MacIntyre …………… 87

電子図書館の実際

東京工業大学における電子図書館　TDL	東京工業大学	大埜　浩一	95
筑波大学電子図書館の現状と評価	筑波大学	小西　和信	100
京都大学における電子図書館	京都大学	磯谷　峰夫	106
アクセスのための電子化：英国図書館における稀覯書の電子化	BL	G. Jefcoate	111
京都大学電子図書館のコンテンツの提供と資料電子化方式	京都大学	小川　晋平	115
東京大学デジタルミュージアム	東京大学	越塚　登	120
		坂村　健	

電子図書館と著作権

「コピーマート」の応用としての電子図書館	名城大学	北川　善太郎	130
国立情報学研究所電子図書館サービスにおける著作権処理	国立情報学研究所	酒井　清彦	136
神戸大学「震災文庫」の電子化と著作権	神戸大学	稲葉　洋子	141
電子著作権問題：ヨーロッパの今後	BL	Judy Watkins	146
電子図書館時代の著作権について	京都大学	長尾　真	152

電子図書館の未来

電子図書館施策の今後	文部省	濱田　幸夫	156
情報発信型のコンソーシアムの形成	東北大学	済賀　宣昭	160
大学図書館と電子図書館の未来	九州大学	有川　節夫	172

電子図書館の技術の動向

マルチメディア情報と電子図書館	リコー	國枝　孝之	177
今後の電子図書館	富士通インフォソフトテクノロジ	吉田　哲三	181
電子透かしの技術動向と活用事例	凸版印刷	岡本　逸明	186
		小川　恵司	
		河原　三紀郎	
DIS（Digital Image System）技術の図書館における活用	日立製作所	神内　俊郎	192
最新のOCRシステム動向とその未来	東芝デジタルメディアエンジニアリング	田辺　吉久	198

アプリケーション

教育活動の記録で構成される電子図書館の構築　　　　　　　Gregory D. Abowd
　　　　　　　　Georgia Institute of Technology　Lonnie D. Harvel　…　202
　　　　　　　　　　　　　　　　　　　　　　　Jason A. Brotherton

自由に利用できる電子図書館としてのウェブ
　　　　　　　　　　　　　Cornell University　　W. Y. Arms …………… 212

電子図書館京都コミュニケ ……… 217
会議の概要　趣旨 ……… 220
英語版報告書の論題 ……… 223
会場風景 ……… 226
あとがき ……… 227
著者索引 ……… 228

表紙は京都大学附属図書館所蔵　奈良絵本　[妓王]より
http://ddb.libnet.kulib.kyoto-u.ac.jp/exhibit/nrindex.html

挨　拶

佐々木　丞平

　2000年京都電子図書館国際会議の開催にあたり、京都大学を代表いたしまして、ひとことご挨拶を申し上げます。

　このたびの国際会議にあたりまして、国内外より、多数の参加者をお迎えすることになりました。海外からは約60名、国内からは約150名の、多くの研究者・関係者が一堂に集まることになります。このような規模の電子図書館国際会議が日本で開催されるのは、おそらく初めてではないかと思います。

　ふりかえってみますと、グーテンベルクが印刷術を発明して以来、5世紀以上の時を重ね、現在のような書籍隆盛の時代を迎えております。一方、電子媒体のほうは、今世紀後半から一挙に隆盛を見ました。「電子図書館」という概念も、近年一挙に浮上してきた感があり、20世紀最後のわずか十数年ほどの短い間に、電子図書館の誕生から隆盛までの道のりのすべてが凝縮されていると言っても過言ではないと思います。

　それだけに、一方ではさまざまな問題を積み残しているのではないか、あるいは、さらなるよき発展にむけて、なお知恵を持ち寄って考えなければならない課題も多いのではないかと思います。

　あと1か月半で、時代は21世紀となります。積み残された課題への反省と、さらなる発展・展開への思いを、この20世紀最後の時期に総括するということは、非常に意味のあること、時宜に適ったことではないかと思います。

　この4日間、目白押しのプログラムが組まれております。是非とも活発な議論、そして貴重な情報交換を積極的にしていただくことを願っておりますと共に、その実り多い成果を期待いたしまして、開催の挨拶とさせていただきます。

< ささき　じょうへい
京都大学附属図書館長　>

挨　拶

尾崎　春樹

　2000年京都電子図書館国際会議の開催にあたりまして、ひとことご挨拶申し上げます。
　今日、コンピュータ及びネットワークによる情報流通のあり方は、革命的に急変しております。図書館も、こういった社会情勢の変化に応じて、その姿を大きく変えつつあるのではないかと思います。
　これまでの図書館は、原始的な媒体である紙を通じて、情報を収集・保存し、利用者に提供するという、長い伝統を持っておりました。今日、紙に印刷されない形で流通する、電子的な情報を利用する頻度が急激に増加しております。たとえば、磁気テープ・CD-ROMという形で提供されるものもあります。また近年では、オンライン・ジャーナルとして、利用者が必要とするごとにネットワークを通じて情報を取得していく、そのような利用も普及してきております。このような情報についても、図書館のサービスのあり方として、きちんと対応し、積極的に取り組まなければならない時代を、すでに迎えていると思います。
　図書館が利用者に提供する情報が、このような電子的な形をとるということは、従来では考えられないことでした。たとえばテキスト情報の場合、瞬間的に全文検索ができる、というように、電子的な情報には、本では得られないような利点・利用法を可能にするという、新しい世界も拓けてきているのではないかと思います。
　一方、デバイスの共通性の問題、将来にわたっての保存の信頼性、及び、既存の著作権制度との調整など、多くの課題、言わば"影"の部分も残されています。新しい電子化時代の健全な発展のための調整・技術開発も、必要になっているのではないか、新しい時代の"光"と"影"との両方を見つめながら対応することが必要なのではないか、と思います。
　このような情勢の中で、国内・海外から研究者・図書館関係者の方々が一同に会し、電子図書館に関する研究発表・会合するというかたちで、今後の図書館の新しい在り方について情報交換し、発展のための知恵を出し合うということは、非常に有意義であると思います。
　文部省でも、電子図書館的機能の整備に平成7年度から取り組んでおります。京都大学ご自身の取り組みも、平成9年度から始まっており、電子図書館には先進的に取り組まれてこられました。そのような歴史のある京都大学で、このような会議が開かれるということも、大きな意義があるものと考えます。
　行財政改革が進められるなかで国立大学関係予算についても厳しい情勢ではありますが、「IT革命」というひとつの流れの中で、電子図書館推進の第2ステップを切り拓くことができるのではないかと思われます。国内における電子図書館の推進、及び、世界的な協調・連携のため、今後とも支援への努力を続けたいと思っております。
　本日ご出席のみなさまにおかれましては、この国際会議の成果として、各国図書館・国内各図書館においてのこれからの活動の一助にしていただければと思います。
　簡単ではありますが、開催にあたってのご挨拶とさせていただきます。

＜　おざき　はるき
文部省学術国際局学術情報課長　＞

挨　拶

J. M. Ashworth

　英国図書館が、このような国際会議を京都大学、NSFとともに主催できる運びとなったことを心より喜ばしく思います。

　あらゆる国々で広く導入されている電子図書館の技術は、量的に増加しているのみならず、質的にも向上しつつあります。どの国の政府も今以上大学に予算を投入しようとせず、学生数を増やすことを望んでいます。ですからどの国の財務を司る省庁も、学術団体が質的な向上を求めているにもかかわらず、量的な増加に興味をもつのでしょう。これから、電子図書館を共有することによっていかに恩恵がもたらされるかについての興味深い論争があらゆる国々で巻き起こることでしょう。量を求める財務を司る省庁側か、質を求める学術団体側か、どちらが勝利をおさめるかもまた興味深いものになりそうです。この問題は、この段階では国内の問題に過ぎません。けれども電子図書館技術に現代の通信技術を結び合わせると国内の問題では収まらず、国際的な問題になってくるのです。

　英国図書館では、世界でも最大規模のコレクションを保持しています。例えば世界中のあらゆる文化における、あらゆる文字、あらゆる言語、あらゆる時代の資料などです。このコレクションは英語圏のみならず、日本はもちろんのこと、他の国々にとっても貴重な資料です。現在さまざまな国のさまざまな電子図書館プロジェクトで膨大なコレクションが提供されており、われわれ図書館はそのコレクションへのアクセスを保持し、管理しなければなりません。このとき重要になってくるのが基本技術だけでなく、とりわけメタデータのスタンダードが確立していることです。英国図書館では、所蔵する膨大なコレクションを共有したいと考えていますが、それにはこの基本技術の共通性が不可欠です。そしてまさしくここに、私たちがこのような国際会議に関与する理由があるのです。

　今日は日本語セッションの日ですから、英語でのご挨拶はこのあたりで手短に終わらせたいと思います。とりわけ京都大学のみなさま、そして長尾総長に感謝の意を表して、英国図書館の秘蔵コレクションに関する図書を寄贈させていただきたいと思います。ありがとうございました。

<　J.M.Ashworth　英国図書館館長　>
<　訳　呑海沙織　どんかい　さおり
　　　京都大学附属図書館情報管理課　>

情報技術の発展と図書館機能の拡大

長尾　真

1. コンピュータ技術の発展

　コンピュータは計算する機械として発明されたが、その後データや文字・文章などを記憶し、また文字や音声を認識したり、文章を翻訳したりする、いわゆる情報処理機械となった。そして今日では通信の機能と結合して、全世界をおおうコンピュータ・ネットワーク、インターネットの時代となっている。

　コンピュータの処理速度と情報記憶能力は今日驚くべきものとなっているが、今後さらに強力になってゆくと予測されている。情報通信産業技術戦略会議が作成した報告書（2000年3月）によると、2005年にはテレビ映像の2日分のデータを1秒間で送れ、2010年にはテレビ映像の80日分のデータを1秒で送れるようになるだろうと予測している。各家庭には多チャンネルのテレビ映像を配信し双方向の通信ができ、また1台で10万冊の図書を記憶できる記憶装置が利用できるとしている。近くポータブルで軽くて誰でも簡単に使える電子ブック読書器などが普及するだろう。これからのディジタル通信の目標はモーバイルで高速大容量の映像データを双方向的に1対1、1対多で、いつでも、どこでも、だれとでも情報を交換し合えるようになるだろう。

　最近のコンピュータ技術での重要な課題は、全世界をおおうコンピュータ・ネットワークシステムの安全性確保の問題である。不法侵入に対する防御の方法、情報漏洩を防ぐための暗号方式など、種々の工夫がなされているが、不完全であり、今後の抜本的な新しい方法の研究開発が待たれる。

　グローバル化されたネットワーク世界において現在は英語が圧倒的に広く使われているが、各国各民族の文化はそれぞれ固有の文字で表現されているのであるから、それら全てがコンピュータで自由に使えねばならない。ユニコードが提案されているが、これはかならずしも満足すべきものではない。たとえば日本や中国の古典に使われている文字を表現するために大変な苦労がなされているのである。

2. 情報処理技術の発展

　情報処理の代表的なものは、情報の変換、組織化された形での情報の記憶、正確で効率的な情報の取り出し、および情報の効果的な表現などである。情報変換には種々のものが含まれる。画像情報のディジタル化、形や色調の自動変換、文字の自動読取り、音声の認識と文字化などがある。

　今日、電子図書館への努力があちこちで行われている。画像、映像のディジタル化、テキストの文字自動読取による入力、あるいは音楽や演説など、音の情報のディジタルデータによる保存と再生等は現在相当な時間と費用を必要としているが、これをできるだけ効率的に行えるよう、さらなる技術開発が必要である。最近動画像などデータ量の極端に大きなものを扱うために情報の圧縮・伸長技術が実用化されているが、これは文字データのように誤りを許さないものには適用できない。

　情報は、記憶される時にその場所、情報の内容についての情報を別途持つことによって、その情報を取り出し利用することができるようにしなければならない。これはインデクシングと総称されているが、どのような形でインデクシングするかが大きな問題である。このようなインデクシングは現在ほとんど人手で行われているが、時間と費用の点からできるだけ自動化しなければならない。また論文や本などの抄録は情報が増大してゆく時代においてますます重要となるが、その自動化が必要である。こういったことのための情報処理技術の研究開発が大切である。

　情報通信産業技術戦略会議の予測では、2010年には少々の雑音のある所においても、自然に話す声が認識でき、また自然な形で発声ができるようになっていると予測されているし、機械翻訳の質も十分よくなっていると考えられている。情報の自動インデクシング、自動抄録などもほぼ満足

できる技術ができているだろう。

3．マルチメディアの時代

　情報は文字で表現されるほかに、音声として朗読されるもの、図形、画像、写真、映像、音楽、あるいは最近では奥行きの知覚を与える3次元表示のものもある。これらは文字メディア、音声メディア、映像メディア等の呼称で呼ばれているが、将来の電子ブックはこういったものの総合化された物になってゆくだろう。たとえば本の中の挿絵の代りに映像が使われたり、文章が文字テキストとして示されるとともに朗読によってそのニュアンスが味わえるといったことが実現されるだろう。

　マルチメディアで最も大切な機能は、情報が利用者の好む形で提供されるべきことである。目で読むのにつかれた場合には耳で聞くように自動朗読に切りかえたり、外国語の文章の部分は自動翻訳によって自国語で読んだりすることができるようになるだろう。これは情報を表現すべきメディアを適切に選択することによって情報がメディアに合った形に変換される、いわゆるメディア変換の技術であって、今後さらに研究開発が待たれる分野である。

　マルチメディア時代の情報の組織化は、連想的に関連する情報を自由に取り出すことのできる技術の確立であろう。ハイパーテキストのように関係する情報をポインターで結んでおくのはその代表的なものである。このほかに指示された対象（単語や句、音のフレーズ、図形や画像など）をキーとして、これに類似した情報をその場で探索する機能を持たせることも大切である。この時の探索の対象がたとえば単語の辞書引きのように、指定されたある情報の範囲に限られる場合は比較的簡単であるが、そうでなくてたとえばインターネット上のあらゆる情報が対象になるという場合には大変である。

　このような形のマルチメディア電子ブックの次に来るものは、問題解決のためのプログラムが組みこまれ、読者によってうまく利用されるという機能をもった本であろう。たとえば物理学の教科書の中にボールをなげたらどのような軌道をえがくかという質問があったとき、放物線をえがいて飛ばせるプログラムを起動し、どのような重さの物がどの角度で、どのようなスピードで投げ出されるとどうなるかをシミュレーションをして表示してみせるといったことができるものであろう。こういった機能をもたせることによって、読者は本を単に受身的に読むだけでなく、能動的に本の世界に参加してゆくことができるものとなる。

　情報技術は、ハードウェアから始まって、ソフトウェアの時代をへてコンテンツの時代になって来ていると言われ、情報の蓄積と利用が最も大切な課題となっているが、この利用という分野が受身的な利用でなく能動的な利用、そして利用者の創造的行為につながってゆくのがマルチメディアの時代であろう。ぼう大な数の人が自分のホームページを開設し、世界に発信する時代である。

4．図書館の収集対象の拡大

　これまでの図書館は、第1に書物・雑誌、第2に各種の報告書や資料などの灰色文書、第3に地図や図面等、第4にレコードやオーディオ・ビデオ類といったものを集めて来た。しかし最近これらの情報がどんどんと電子化されるようになって来ているので、CD-ROMを集めて適切なインデクシングをしなければならなくなっている。今後どのような形の情報媒体が現れるか分からないが、これらを常に積極的に収集・整理することが、これからの図書館の課題であろう。

　さらに大きな問題はインターネット上に存在するぼう大な情報である。これらの情報は、体系的に作られ永久保存を目ざしているものもあるが、ほとんどの情報はそうではない。しかしその中には永久保存する価値のあるものも多いと考えられる。ただし電子形態の情報は簡単に変更されうるので、どれを永久保存の版と考えるかが問題である。

　電子形態の情報は簡単に消去されうるので、文化や知的財産の保存と伝承という立場からどのような情報を保存すべきかをよく検討し、これを体系的に収集しなければならないだろう。すなわち刻々とぼう大な情報が作られている中で、何が大切であるかという価値判断をし、取捨選択をしなければならないという非常に困難な問題に直面する。

　収集・保存すべき情報は爆発的に増加しているから、これを1カ所で集めるといったことはほとんど不可能となるだろう。世界中の図書館がお互

いに協力しなければならない。まずそれぞれの図書館はその地域が作り出す情報を網羅的に集めること、そしてある分野の情報の収集に特化することも併せて行う必要がでてくるだろう。どの分野に特化するかは図書館同士で相互調整することが必要である。そして特化した分野の専門の司書を養成するとともに、その分野を専門とする学者・研究者を協力者として確保しておき、常にその分野で何が起っているかを把握する必要がある。

5. 情報発見技術の発展

図書館のカードカタログは最近ほとんど電子化され、OPACの形で利用できるようになって来た。インターネット上の情報の検索には幾つかの便利なソフトウェアが提供され、かなりよく検索ができるようになっている。しかしこれでもまだまだ不完全で不満足なものであると言わざるをえない。蓄積される情報が増えれば増えるほど、検索によって出てくる情報もぼう大となり、その中からほんとうに自分の欲しい情報を選び出すのに困難を生じる。ほんとうに欲しい情報だけが出てくるようにするためには検索者がよほどうまく要求を与えることができねばならず、システム側にも相当な工夫が必要である。

電子図書館における検索はOPACのような書誌的事項に対する検索のほかに、目次データに対する検索、テキスト全体を対象とした検索などがある。いずれの場合もキーワードとして与えた単語あるいは句が検索の対象となるデータ中に存在するかどうかを調べるものである。

この時情報を探している人がかならずしも自分の欲しいと思っている情報を正確に表現するキーワードや句を知っているとは限らないというところに問題がある。かなり漠然としたイメージしか持っていないので、シソーラスや辞書などの助けによってできるだけ明確な要求の表現としてから検索に入ってゆく必要がある。この過程はシステムとの対話によって実現するのが普通であるが、この部分をかなりうまくシステムとして設計しておかねば、図書館司書のような専門家でなければ使えないだろう。この対話型検索システムはまだ良いものがなく、これからの研究開発に待つべきところが大きい。

6. 司書の仕事の変化

以前は図書館司書の仕事の多くは受入れ図書や雑誌の分類とカタログ作りにあったが、書物が出版される時に分類を含めて、かなりしっかりしたカタログデータが付けられるようになって、司書の大切な仕事は徐々に利用者に対する相談業務の方に移ってゆきつつあるといってよいだろう。司書こそ、どのような情報がどのような所に存在するかをよく知っているし、またそうでなくても参考資料などの補助情報を利用してそれを見つける方法を知っているからである。

しかし電子図書館時代になってますます多くの人が利用するようになると、図書館司書はこういった利用者に個別に対応し、質の高いサービスを提供することは難しくなる。一方、誰もが種々の強力な検索方法が駆使できるようになり、また参考図書や辞書、シソーラス類も電子的に自由に使えるようになると、利用者は自分でいろいろと検索を試み、かならずしも従来のように司書に全面的に頼る必要がなくなってゆくだろう。そういった時代はもうすぐ来ようとしている。

このような状況のなかで、司書が行うべき最も大切な仕事はどういったものになるのだろうか。私はそれは教育の仕事になるのではないかと思っている。つまりある情報を探したい場合にどのような検索をしたらよいかといったことを、できるだけ多くの人たちに教育をする仕事である。電子図書館やインターネット上にどんな情報があるのか普通の人はあまり知らないでいるが、こんな情報までちゃんと存在していて、このように探索してゆけばそれを発見できるのだといったことを演習を含めて教育をする仕事が大切となる。こういったことの基本をしっかりと学んでおけば利用者は自分で自分の欲しい情報を探すことができるようになる。

図書館を利用したいという人は今後ますます増加してゆくのに対し、図書館司書の数は徐々に減らされてゆく方向にあるとすれば、利用したいという人たちに対する教育をする方向にいかざるをえないだろう。京都大学の図書館職員が情報探索入門という演習付きの講義を積極的に担当しているのはそういった意味からも正しい方向の努力であると考えられる。

7．グローバル時代の図書館の連携

　既に述べたように全世界の人類の知的・文化的資産はそれぞれの所で責任をもって保存し、世界中のだれにでも提供できるように連携をしてゆくことがますます大切となる。一方では知的所有権の問題があって、情報の自由な流通と活用が妨げられる可能性も存在する。こういった中で情報流通についての新しい枠組がいくつか提案されている。たとえば北川善太郎氏の「コピーマート」の提案、森亮一氏の「超流通」などがある。

　情報流通のためのもう1つの努力は、ディジタル情報資源についての記述と組織化であり、これについては"データに関するデータ"であるメタデータをどのように構成するかという方向で、ダブリンコアなどいろいろと提案が行われている。このメタデータは図書、雑誌はもちろんのこと、写真、絵画、地図、データベースや音の情報などをも視野に入れて考えられている。

　しかし各項目をどのように、どこまで詳細に記述するかということとともに、マルチメディア的に構成された電子図書館や、また上記した情報流通についての新しい枠組をもうまく取り扱えるようにすべきであって、今後検討すべきことは多い。使用文字がちがったり、概念が文化によってずれていたりしてかならずしも簡単ではないが、国際的な議論の場を作って積極的に日本の考え方を述べてゆくべきであろう。

　こういったメタデータの統一は簡単ではないし、また過去の情報組織化の仕方は各国、各図書館でそれぞれちがっているので、利用者の要求は各図書館の情報組織化に合った形に変換するというプロセスをさけることはできないだろう。

　理想的にいえば、情報や情報要求形式の適切な変換を自動的に行うことによって、利用者は自分の最寄りの図書館にアクセスしているつもりだが、実は世界のすべての図書館がその後にひかえていて、世界中の情報を相手に探索をし、自分の欲しいものが取り出せているのだというシステムを作り上げることが必要である。これはこれから解決すべき大きな課題である。

　国立国会図書館、あるいは図書館協会などがリーダーシップを発揮し、種々の専門部会を組織し、これらの諸問題の解決に向けて努力するとともに、世界の同様なグループと連携してゆくべきであろう。現在はそのような時代となっているのである。

＜　ながお　まこと　京都大学総長　＞

電子図書館システムの将来：データベースとウェブの利用

上林　彌彦

1. まえがき

今年生誕600年になるグーテンベルクの発明した印刷術は、情報発信コストを大幅に減少させ、多くの受け手に情報を伝えることを可能にした。さらにマスコミュニケーションによって、より多くの人により時間遅れが少なく情報を伝えることができる。現在はコンピュータと結合した通信による第3の情報通信革命がおこっている。

V. Bushが1949年に書いたAs We May Thinkで個人用の机サイズの図書館がすでに予想されており、Alan KeyはDynabookという概念を導入して、文字が並ぶだけの端末しかなかった時代に現実の本のような利用者インタフェースを提案した。現在では当たり前の技術になっているが、これらが提案された時期には夢物語であった。データの電子化によって、多くの本の中から必要な情報を容易に探すといったことは情報検索技術として永年にわたって研究されてきたが、扱うデータの多様化によって新しい機能が加えられつつある。さらに携帯端末を利用することで、「いつでも、どこでも」という条件も満足されつつある。

電子図書館によって学術研究分野では次のような効果があると考えている。
1) 研究活動の活性化と各分野の経験の交流
2) 技術移転の進展と理系と文系の混在する新しい複合領域の創出
3) 応用面からの刺激による情報研究の進展
以下にこれらの効果について説明する。

(1) 研究活動の活性化と各分野の経験の交流

最近はすべての学問分野で研究活動が加速し世界的な競争も激化しているため、従来型の出版などによる情報交換では、あまりにも遅すぎるといった問題がある。データベースを中心として、ネットワークを経由した情報交換が非常に重要で、研究活動を支える基盤となる。情報分野は、コンピュータを対象にしているために、必然的にこのようなシステム利用は他分野よりも早いという傾向があった。80年代に既に、計算機の基礎理論の分野では新しい成果を得た場合に、自分の論文の表題、著者およびアブストラクトを登録して優先権を主張するためのシステムが利用されていた。それまでの大学のレポートより遥かに早く成果を公表し、自分の知的な権利を主張するためのものであった。会議録のCD-ROM化も非常に早く、画像や動画像といったものを取り込んだものも使われてきた。研究成果の交流では世界的に共同で行われている人間のゲノムの研究が有名である。

アメリカで電子図書館の共同プロジェクトが始まってから、コンピュータ関係の学会であるACMなどがこのプロジェクトに参加し、刊行物を会員に提供する電子図書館サービスを行い始めた。現在ではACMの刊行物などを会員は電子的に読むことができるようになっている。また、会議録なども早い時期に電子化されるので、情報交換上、非常に有利である。一部の会議では、発表された論文についてのコメントを皆が自由に書き込み、またそれに対して著者が応答するといった討論的なものができるようなものも使われ始めている。

しかしながら、科学技術情報を出版している出版社との間でまだ問題が残されている。例えば、Springer社からは多くの会議録や学術誌が出版されてきている。この場合に、これらの内容を電子化すれば、これらの出版社では雑誌を売ることができなくなる。現在、ACMのデータベース関係の研究グループであるSIGMODでは、Springer社と交渉し発行2年以上たった学術誌や会議録の内容をCD-ROM化することについての合意を達成している。しかし、このCD-ROMは会員だけに配るものであり、電子化の権利はあくまでも出版社が持っている。

このため、学会で出版をするという活動が盛んになりつつある。電気関係の学会であるIEEEでは主催でない会議の会議録の発行まで受け持っており、会議録を発行すると同時に電子化できるよ

うにしている。すなわち、学術論文自身は刊行されるが、それと同時に電子化も行われ、電子化したものも権利のある人間が見ることができる、といった形になっている。このような形で、情報流通を高速化し、かつ内容についてのディスカッションを行うといったような試みが始まっている。

文献情報についても技術の進歩により小さなグループで大きな成果をあげつつある。例えば次のようなものがよく知られている。ドイツのTrier大学のDBLP (computer science bibliography http://www.informatik.uni-trier.de/~ley/db/) は、データベースシステムと論理プログラミング分野での全論文を網羅するために、同大学計算機科学部のMichael Ley 講師が個人で保守しているものである。

ドイツのKarlsluhe 大学のThe Collection of Computer Science Bibliographies (http://liinwww.ira.uka.de/bibliography/index.html) は、同大学のPhD学生のAlf-Christian Achilles 氏が保守しているもので、計算機科学関係の文献が収録されている。

(2) 技術移転の進展と理系と文系の混在する新しい複合領域の創出

現在の情報流通革命は従来の出版やマスコミュニケーションを大きく変えるものであるが、これによって文系の学問の研究方法などについても大きな影響があると考えられる。研究成果のオープン化は異分野との交流を容易にする。このため新しい複合分野がさらに生まれてくることが期待される。電子図書館自体の研究も、図書の専門家、情報関係の研究者だけでなく、利用書との協力も重要で広い分野の協力が必要である。また、科学技術情報は専門家だけでなく、他分野への技術移転、一般の人が利用できることや、さらに若い人々とか科学技術教育に利用できることも重要である。情報流通革命による社会の変革やそのための文化的制度的研究には文系と理系の協力もかかせない。この協力によってより新しい分野が創設

問題点	対応する技術的課題
情報流通革命の影響	
流通方式の多様化	検索エンジン、多様な検索方式
分散化	メディエータ
オープン化	標準化と多様性を許した扱い
オンライン化	情報散布
	大量情報に耐えるスケーラブルシステム
	大学や研究所で特色のあるウェブサイト
科学技術情報の対象の拡大	
文献(全文、図も含む)	ハイパーテキスト／ハイパーメディア
科学データ(環境、生物、医療)	時空間データ、半構造データ、標準化
ソフトウェア、設計データ	バージョン、関連データ管理、CALS
ニュース(新聞、テレビ、ウェブ)	原情報との対応
各種研究情報	ウェブデータベース
共有科学技術データ	地理データベース
変化してゆくデータ	アクティブデータベース
新しい可能性	
電子図書館	情報の可視化
データウェアハウス	大量情報からの知識獲得
コミュニティの生成	コミュニティウェア、研究者ネット
多様な価値基準／評価の共有	分散協調研究、評価
関係者へのアクセス・質問	研究者データベース、質問への対処
科学技術情報の教育普及	遠隔教育　使いやすいシステム
	リテラシー教育(米国では9歳までにキーボード)
関連問題	
著者権、コピー、料金	コピー防止／コピー検出
	著作権と自由な利用の兼ね合い
法的問題、倫理、クラッカー	他分野とのマッチング

される可能性がある。

(3) 応用面からの刺激による情報研究の進展

現在までの情報科学は、例えばジェット機で言えば、ジェット機を設計する方の人間が情報科学の中心であり、コンピュータを利用する側の人間は、パイロットや乗客であった。しかしながら、応用の側からの新しい要求で、ジェット機そのものが変わる、といったことも必要となってきており、このために応用領域と情報科学の内部の領域との交流が非常に重要となってきている。また、電子図書館への応用を通じて、新しいデータベース応用のための基礎研究をすすめることも可能である。

情報の流通の問題点と対応する技術課題をまとめる。

2. データベース

将来の出版にデータベースがどのように利用されるかを考えてみる。データベースは生産の効率化に重要であり、同じ考えが出版にも利用できる。生産の場合、注文から設計、詳細設計、さらにテスト、製造ラインの設計といったものに対して共通のデータを用いることによって非常に効率のよい設計生産が可能となる。従来のプロセスは図1(a)に示すように、順次処理され途中で問題が起こると元に戻るといった構成になっていた。これは、非常に効率が悪いので、図1(c)に示すような共通のデータを利用する形にできる。このようにすれば、設計の途中でもできた設計から実際の製作にまわるとか、製造ラインの設計を行うといったことが可能となる。すなわち図1(b)に示すように各作業を同時に実行でき、後の作業からのフィードバックもデータに反映されるため、全体にかかる時間を短縮することができる。同じような方法を本の出版にも用いることができる。従来の本のシステムは、著者、編集者、出版者、取次店から読者に至るまでの間が順次処理される形であった。しかしながら、図1(d)に示すように

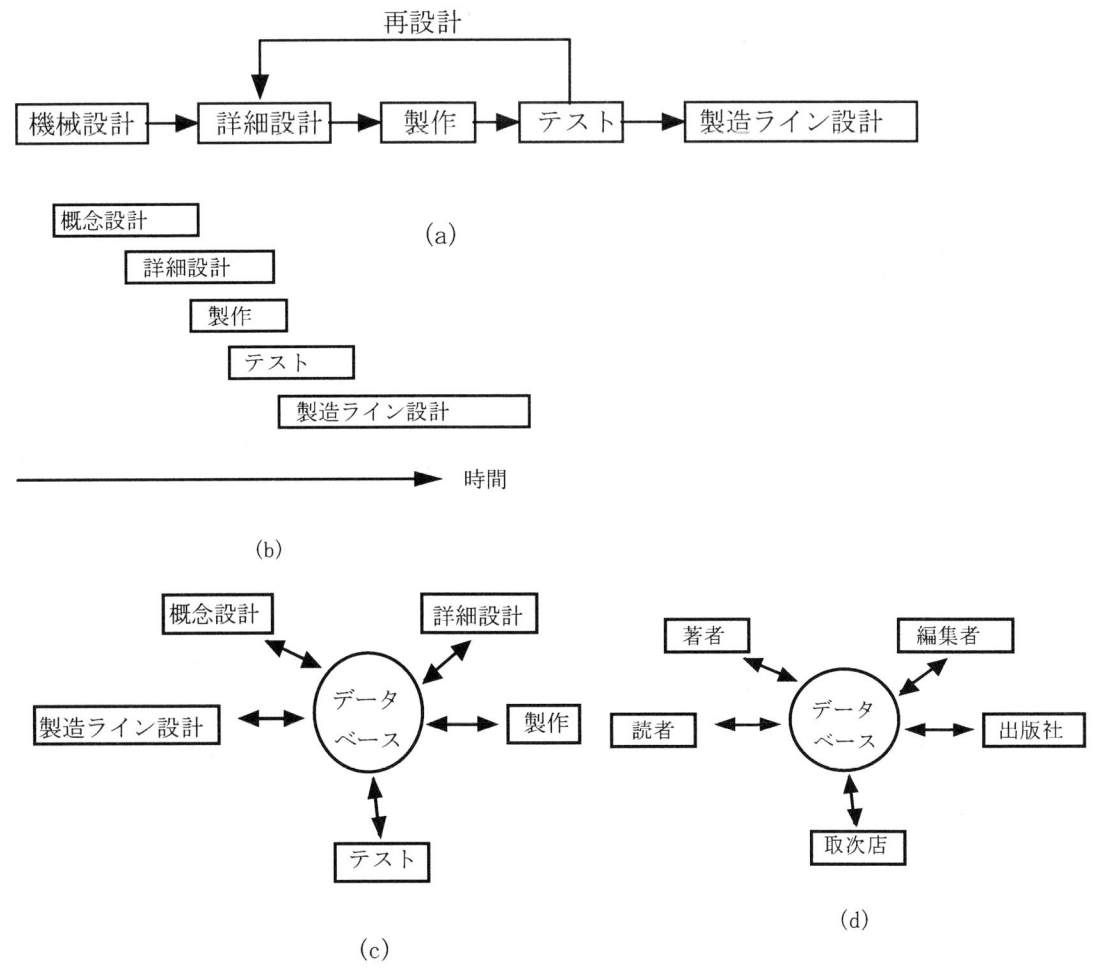

図1 データベースを利用した製造と出版

共通のデータベースがあると、著者が書いたものについて、途中から編集者の情報交換をしたり、さらに、直接読者へわたるといったことも可能である。本ができるまでに一部の読者からのフィードバックで本の内容を改良するといったことまでが可能になる。このようにデータの生成にデータベースを用いることは非常に有効である。

(1) データベースシステムの発展過程

ファイルシステムが情報検索システム、狭義のデータベースシステムおよびトランザクション処理システムに発展したあと、データベースの関係モデルの導入により75年ごろより理論が大きく発展し、さらに70年代末からの分散データベースや演繹データベースへと発展した。これらの2つは重要ではあるが実用化に困難さがあり、マルチベース(80年代中頃)や能動データベース(90年代)へと重点が移り、90年代後半にはこれらの手法を用いたウェブ・データベース、データ・ウェアハウス、データ・マイニングという実用的な手法に発展している。一方トランザクション処理の拡張といえる実時間データベースはまだ発展途上にある。ウェブ上での電子商取引きのためには、ウェブ上のトランザクション処理という課題もある。このようにネットワーク上での種々の活動をささえるためのデータベースが今後重要となる。扱えるデータについても事務データからマルチメディア・データ、さらにマークアップ言語(XML等)へと発展している。

網(ネットワーク)データベースは60年代の半ばに現れ、70年代に入ってE.F.Coddによる関係モデルが導入されSystem RやIngresといった試作を経て70年代後半に商用システムとなった。言語としてはSQLが標準化している。80年代中頃にはオブジェクト指向言語Smalltalkを拡張したオブジェクト指向データベースGemStoneが提案され、80年代から90年代始めにかけていくつかのオブジェクト指向データベースが商用化された。これに対して、StonbraberやWon Kimが関係モデルの特色を生かしたモデルとしてオブジェクト関係モデルを提案し、そのような考えをSQLに入れたのがSQL99である。

分散データベースは1970年代末期に注目を浴び、SDD-1をはじめ、Distributed Ingres、Sirius、Porel等が開発された。それと共に質問処理と並行処理の研究が大きく発展した。80年代の始めにはTandem社のNonStopシステムやIBMのR*(試作)が開発された。その後一時製品の発表がなく研究面でも停滞したが、80年代後半からは、ダウンサイジング対応で自律性を重視したマルチデータベースが研究および開発面で非常に重要となってきた。90年代後半はモーバイルやインターネットを考えたデータベースが重要となっている。携帯型のコンピュータを用いるものをモーバイル・データベースといい、通信線の信頼度が低い、電源が電池であるため電力消費が重要などという仮定のもとでの分散データベースとなっている。コンピュータの位置情報を利用した質問の扱いに特色がある(「近くのコンビニはどこか」などという質問ができる)。ウェブ・データベースは、ワールド・ワイド・ウェブ(World Wide Web, WWW)上でデータを供給したりデータを収集するのに適したデータベースのことである。

データ・ウェアハウスはネットワーク上などに分散した種々のデータを集めて解析するためのもので、元のデータをデータ・ウェアハウス上でも重複して蓄えられる。例えば、売り上げを月ごとや品名ごとに集計する機能が重要で、種々の類別のもとでの総和をとる演算が行われる。このような機能をOLAP(オンライン解析処理)という。

データ・マイニングはデータを解析して知識を発見するような手法をいい、一般にデータ・ウェアハウスで用いられる。客ひとりひとりの買い物リストがある場合、全体の買い物客のなかでパンとミルクを買った人が多ければこの規則はより正しいと予想される。この比率を支持度(support)といい、パンを買った人全体に占めるパンとミルクを買った人の割合いを確信度(confidence)という。この値が高いほどパンを買う人がミルクを買う可能性が高くなるためである。データ・マイニングのためのほかの方法に、決定木(decision tree)によるものがある。例えば、体重がある値以上であるかないかでデータを分け、次に体重がある値以上の場合、さらに血圧がある値以上かどうかでデータを分けた場合、両方の値が大きいデータは特定の病気と関係しているなどといった知識がわかる。

3．情報検索と電子図書館

　情報検索システムの対象となるデータには、ニュース、株価、論文、書物、特許などがあり、利用者はデータの中から必要なものを選ぶ検索処理を行ったり、データベースの中から種々の統計情報を計算して利用する。従来の情報検索システムでは書誌情報を中心に必要なデータを検索していたが、電子図書館は本文全体を電子的に貯え、検索と同時に本文を見ることができることや、本文の情報が検索にも使え精度を高めることが可能であるという点でより一般的である。

　以下で伝統的情報検索の用語を簡単に整理する。
ブール質問：条件をブール演算でつないだものであり、ブール演算としては、AND、OR、NOTがある。例えば、"データベース"AND（NOT"分散"）。
質問拡張（質問改良）：今の質問から新しい質問を作ることに対応しており、普通には適合性フィードバックのように他のドキュメントからの用語を追加するといったことで行われる。適合性フィードバックは質問を用いて得た結果を改良するプロセスである。利用者は質問して得られた結果の中から適合するものを選ぶ。システムはその中から共通の用語を選んで、それを質問に付け加えたり重みを変えたりする。そしてもう一度システムに質問する。これを結果が満足が行くまで繰り返す。
ベクトル空間モデル：ドキュメントや質問をベクトルの形で表現するものである。これは、各要素はドキュメントや質問に表われる単語に対応している。一般にステミングの操作やストップワードを除いた後に行われる。ステミングというのは、ドキュメントや質問の中の単語のプリフェックスやサフィックスを除くプロセスである。これは同じような単語で、例えば、後ろだけが違うといったものをグループにするようなときに使われる。単語の優先順位に応じて重みが付けられている。シソーラス（類語辞書）を利用することによって、より利用者の要求に近い結果を得ることができる。質問のベクトルとドキュメントのベクトルを較べて近いものが検索される。有名なシステムはSMARTである。
再現率と適合率：情報を検索した場合に本当に必要な文献集合Aと得られた文献集合Bは一致しない。AとBの共通の要素を、A AND Bと表現し、次に述べる再現率と適合率という値で評価する。＃AでAの要素数を示すものとする。再現率Rは＃（A AND B）/＃Aで表され、再現率が多ければ、検索されたデータの中にデータベースの中の必要な情報が多く含まれることになる。適合率Pは、＃（A AND B）/＃Bで表わされ、Bの中のデータに対する、実際に利用者が求めている条件に該当する論文の比率である。目的に応じてこの2つの値のバランスをとることで検索結果の質が評価できる。ウェブ上の検索結果の質もこの方法で評価できる。
クラスタリング：データ量がどんどん増大するために、データを解析するためのクラスタリングが非常に重要となってきている。クラスタリングの問題は多くのオブジェクトがある場合に、それを同類のものをまとめて、少ない数の代表表現にかえて、そこで種々の解析を行うものである。その時に近さとしてはやはり類似性などを用いることになる。d次元のN個のデータが与えられたときに、それをk個のクラスタとノイズというデータに分けることがクラスタリングの目的である。もともとのクラスタ分析の手法は統計学から出たもので、比較的少ないデータを対象としていた。大量データを扱うには索引構造を工夫するといったことも非常に重要となっている。また、クラスタリングを効率よく行うための事前処理をどのように行うかも大きな問題である。クラスタリングによって、次のような結果が得られる。

(1) 扱うデータの量を減らす。
(2) データの自然なクラスタを分析することによってデータの性質を知る。
(3) そのクラスタがある目的に対して役に立つといったものを見つける。
(4) ほかのデータと全く異なるようなアウトライナーと呼ばれるようなデータを発見する。

　このようなクラスタリングの一つの重要なものとして、自己組織化マップといわれるものがある。グラフ構造を用いる方法はクラスタを小さなものから順番に大きくしてゆくものである。

(1) 電子図書館の研究範囲

　電子図書館で研究するべき範囲として次のようなものがある。

1. 電子図書館モデル(メタデータ(データのデータ)、知識表現、情報フィルタ)
2. システム構成(情報の生成、処理、分配、評価、索引、利用者インタフェース、メタデータの利用、効率の向上)
3. ウェブ技術(相互運用性、スケーラビリティ、資源発見、協調作業)
4. 電子図書館の実際と運用(他の図書館との相互利用)
5. 各種応用(教育、商業、医学、芸術、科学技術)
6. 社会的影響と経済的問題(著作権や多言語処理も含む)

上記に関連して電子図書館の講義でカバーすべき範囲は次のようになるであろう。

 基礎　情報検索技術　ウェブと資源発見　マルチメディア・システム構成　利用者インタフェース　メタデータ　電子出版　SGMLとXML　データベース・エージェント　商取引　知的所有権　セキュリティ　プライバシー　社会的問題

(2) 扱うデータ

文書データ：長さに制限を設けないで扱う。構造を持たないものと次に述べる半構造のものがある。

半構造データ：関係データベースで扱うデータのように完全に構造化されたデータや、構造を持たない文書データのほかに、データの中に必要に応じて構造データ情報を組み込んだものもありそれを半構造データという。ウェブ上では可変長データ、マルチメディアデータ等のデータのほか、マークアップ言語のSGML (standard generalized markup language, 構造記述能力が高い)、HTML (hypertext markup language, インターネットに対する親和性が高い)、XML (extensible markup language, インターネット用で構造記述能力もある)などのデータを扱う必要がある。XMLはインターネットで利用できるため、電子商取引き等を含めて広範囲に使われると予想されている。マークアップ言語は代表的な半構造データ表現法である。

ハイパーテキスト：テキストや画像等の一部分をアンカーとして指定できる。例えば、テキスト内の情報検索という用語がアンカーとして指定されており、そこから情報検索を説明する説明文や画像へのリンクが存在すると、テキストを読んでいるときにこの用語を選択すると説明文や画像を呼び出すことができる。アンカー選択時に対応するメソッドを起動することもできる。このような方式でデータ(半構造データも含む)をつないだものをハイパーテキストと呼ぶ。

マルチメディア：メディアの混在したものであるが、特に問題となるのはビデオ画像や音声のように時間的に変化するものが同期している場合である。

ハイパーメディア：ハイパーテキストでは同期の問題は扱われていない。ハイパーメディアはこのような同期も考えたマルチメディア・テキストであり、ハイパーテキストと同じような空間的なリンクの他に、異なる時間のデータを対応させる時間的なリンクも定義されている。

(3) 米国の電子図書館のプロジェクト例

・米国議会図書館ではNational Digital Libraryという構想では、主要14図書館と連係して2000年までに500万件の資料を電子化することによって仮想図書館を実現することになっている。とくに、American Memoryは米国の歴史と文化に関連する一次資料、画像、音声から構成されている。

・NSF/ARPA/NASA主導の電子図書館プロジェクトは、カリフォルニア大、カーネギーメロン大等、6大学による共同プロジェクトである第1期(94年より4年)が終了し現在第2期が始まっている。

 カリフォルニア大学バークレー校(全文およびイメージデータの検索)

 カーネギーメロン大学(ニュース検索、ビデオ要約)

 スタンフォード大学(ウェブ・データベース、利用者インタフェース)

 カリフォルニア大学サンタバーバラ校(地理情報)

 イリノイ大学(SGMLデータベース、複数領域のシソーラス利用)

 ミシガン大学(メタデータとエージェントの利用)

(4) 英国の電子図書館プロジェクトの例

・Telematics Libraries ProgramはEU主導で、デモンフォート大学が行っているELINORでは、図書、雑誌、講義ノート等の全文データベースを

構築している。ELVISはオープン大学とラフボロー大学が中心で、視覚障害学生のための拡大表示、端末操作、音声処理実験を行っている。
・eLibプロジェクトはOxford大など多数の研究機関が参画している。教科書の電子化などの35の小プロジェクトから構成される。

4．ウェブ上の情報検索

電子図書館の今後の動向として無視できないものがウェブ技術である。ここでは検索エンジンの動向についてまとめる。従来の情報検索との違いとして、（1）データの性質が異なる、（2）キーワード検索が信頼できないことがあり、リンク情報の利用が重要である、（3）利用者の利用データが反映され、これが皆が好む書籍であるといった協調評価の機能として利用できる、といった点に注意するべきである。

(1) ウェブ上の情報検索の特色

ウェブのデータでは、下記の点で従来の情報検索が対象としていたデータと異なる。

1. 非常にデータ量が多く、ページ数は99年12月に10億個くらい、2000年6月で20億近い数である。
2. データの変化が激しい。1日に23％、1週間38％くらいのページの内容が変化していっていると考えられている。
3. データのタイプも非常に多様性があり、文書であるとか写真、音、スクリプト、プログラム等いろいろある。
4. データの内容に関する品質についても、非常に品質の高いものから低いものまで、内容に信頼性のないものまである。これは、従来の書籍では情報発信コストが大きいためにデータの選別が行われてきたが、ウェブでは誰でも簡単に情報発信できるためである。
5. 言語も多様である。
6. 実際にデータをコピーしたり、サイトのデータ全部をコピーするミラーサイトのようなものがあるため、同じデータがいくつもある。ミラーサイト的なものだけでも30％近くの重複があると考えられている。
7. テキストだけではなくて、ブックマークやリンクがある。リンクについては、平均すると1ページ当たり8つくらいあると考えられている。以前の情報検索ではリンクに相当するものは引用文献でありそれを用いた種々の研究をが行われてきた。ウェブではかなり異なった扱いが必要である。
8. 必要に応じて実際にあるデータから合成されるようなものがある。特に、その合成されるようなものについては、もとのデータに対する学習のようなことも必要であるという点が従来の情報検索と異なっている。
9. 利用者のレベルが低い、すなわち、誰でも使うということから利用者が考えていることと表現されている質問の間に差がある。また、表現された質問からどうやって結果を出すかといったところで工夫が必要である。
10. 利用者については、かなり多くのツールが使え、オープンであるということや、個人化できるという性質がある。すなわち、自分に応じたような質問や自分の好きな文献を集めるといったことができる。
11. 質問をどんどん改良していくということで対話的に使うことができるという。また、ツールとしては、リンクや冗長性をみつけるものがあったり、また、統計的な情報が使えるといったものがある。利用者の質問が分からない場合には、対話的にさらに質問を詳細化させるといった機能も存在する。

以下にウェブに関連した情報検索の関連用語をまとめる。

視覚化技術：適合性フィードバックなど利用者の判断を必要とする場合がよくあり、その時に利用者にいかに分かりやすくデータの内容を表示するかが重要となる。ウェブのデータを扱う場合は、データそのものとリンクの両方を表す必要がある。

ブラウジング：集めてきた候補データを眺めて本当に欲しいデータを発見する操作をブラウジングという。ブラウジングのためにはデータの可視化技術が必要である。

プッシュ方式：情報検索のSDI（自分の必要な分野や質問を登録しておき一定期間ごとに情報を送ってもらえる方法）に相当するような、インターネットでデータを送りだす操作をプッシュ方式と呼ぶ。

協調フィルタリング：同じような興味や必要性をもつ他の利用者が、どのようなドキュメントを利

用しているかということを用いて、ドキュメントの選択を行うようなもので、別の言い方では社会的フィルタリングとも呼ばれる。ドキュメントから抽出された特性を用いてフィルタすることによってドキュメントの適合性を調べるようなものを、内容に基づくフィルタリングと呼ぶ。

メディエータ (mediator)：情報源と情報源、情報源と利用者の間を「仲介するもの」という意味であり、インターネット環境で、複数の形式の異なる情報源を利用するためにそれらの間にひとつの共通の（交換）モデルを実現するものである。実際には、整数値のような単純なデータ型や日本語での文字コードのように、メディエータへのデータ形式の変換が各システムで必要となりこの変換モジュールをラッパー (wrapper) と呼ぶ。

検索ロボット：スパイダーまたはロボットとも呼ばれる。これはURLを探して、ウェブをスキャンするプログラムである。特定のページをアクセスして、そこからつながっているリンクを探す。この方法でWWWで作られているグラフをたどっていくことになる。検索エンジンは、ほとんどこのようなスパイダーを使っている。

(2) 検索エンジンの歴史

ウェブ上にページは現在20億近くあり、その中で検索エンジンがカバーしているのはだいたいその50％以下である。

Internetの始まりは60年代のARPANetで、大学の研究者が資源共有と通信を行ってきた。90年の11月にWWWクライアントとしてブラウザーやエディタが開発された。91年3月にはNeXT上でのWWWがCERNの研究者によって公開された。92年4月にはErwiseウェブ・ブラウザーがヘルシンキ工大のマスターの学生たちによって開発された。92年の5月にはViolaWWW（Unix上のウェブ・ブラウザー）がカリフォルニア大学のバークレーのPei Weiによって開発された。93年2月には、イリノイ大学のMarc Andreesen and Eric BinaがMosaic（X-windowsウェブ・ブラウザー）を開発した。94年7月には、WWW ConsortiumがMITのTim Berners-Leeによって設立された。Berners-Leeは意味ウェブというものを考えていた。

Archieはウェブ検索エンジンの元祖といえるもので、90年にAlan Emtage（カナダ、マッギル大学の学生）によって作られた名前のアーカイブを求めるものである。-www.bunyip.com/products/archie/スクリプトによる名前の集積機能を実現している。匿名のftpファイルを正規表現で表した質問でリストするものである。

Veronicaも検索エンジンの元祖である。1993年にネバダ大学で開発されたもので、Archieに似ているが対象はGopherのファイルである。Gopherはミネソタ大学で開発された。Jughead (Jonzy's Universal Gopher Hierarchy Excavation and Display) はVeronicaに似たものである。

Matthew GrayのWWW Wandererは93年に生まれ、すべての検索エンジンの母といえる。ウェブ上の最初のロボットでありウェブ・サーバーの数を数えるためのものであった。後にWandexという最初のウェブ・データベースとなった。ALIウェブは、93年にMartijn Kosterが開発したArchieに類似したウェブの索引を行うものでArchie for httpとなっている。

Architext (Excite) は93年2月に開発されRepository-Based Software Engineering Spider (RBSE) となっている。

Yahoo!は94年4月に発表された。スタンフォード大学の博士課程の学生であるDavid FiloとJerry Yangが始めた検索できるディレクトリがある。入力と分類は人手である。

Web crawlerはインターネット上の最初の検索エンジンである。ワシントン大学のCSの学生であるBrian Pinkertonが開発した。94年4月20日に最初のリリースがなされ、のちにAOLさらにExcite in（97年）に企業購入された。

Lycosは94年7月にMichael Mauldin（CMU）によって始められた。John LeavittのLongLegsとMauldinのPursuit検索エンジンをTipsterの経験で組合わせたものであり、Infoseekは94年1月に会社ができたが、検索エンジンはその年の終わりに出た。ユーザー・フレンドリーで95年12月にはNetscape検索エンジンの標準としてYahoo!をおきかえた。

AltaVistaは95年12月に出たもので、高速のため1日数百万件のヒットを処理できる。自然言語やブール操作、検索フィールドのtips、利用者が自分のURLの登録や削除ができるといった機能

はすべて初めてのものである。

　97年に導入されたLiveTopicsは得られたドキュメント集合（大きな集合）を表示するツールである。

　96年の5月20日にInktomi Corporationが作られ、Hotbotがリリースされた。カリフォルニア大学のCS学科のEric Brewer教授と大学院生のPaul Gauthierが始めた。検索エンジンの中では索引能力が高い。

　Googleは、スタンフォード大学の博士課程を出たLarry Pageらが開発したもので、最近非常によく使われている。

　複数の検索エンジンを用いるメタ検索エンジンとして、MetaCrawlerは、ワシントン大学のEric Selburgによって95年に開発された。また、Savvy Searchはコロラド州立大で開発された。

(3) ウェブの競争

　AltaVistaが95年12月に現われたときには対象とするウェブページ数が最も多かった。1977年9月から98年末にかけてはAltaVistaとInktomiが、その最大数を競うという形で対象とするウェブページ数がどんどん増えてきた。2000年1月にFASTが3億ページを索引対象とするということになり、最大のものとなったが、AltaVistaもすぐにそれに追い付いた。ところが2000年6月には、Googleが5億ページを対象とするということになり、現在その競争が続いている。

　2000年2月にInktomiとNECが調べた結果では、その時のページ数は全体で10億程度あり、Googleが56％、WTが50％、INKが50％、AltaVistaが35％、FASTが34％、NLが27％、EXが25％、Goが5％をカバーしているということになっていた。2000年6月6日の報告によると、ウェブページ数が増えてきていることもあるが、Googleが10億6千万を対象としており、そのうちの索引の付いているものは5億6千万である。これは索引付けがされていないところもリンク情報を利用して対象としているために、圧倒的にデータ数が多くなっている。WTは索引付けで5億程度、AltaVistaは索引付けされているのは3億5千万、FASTが3億4千万、といった順序になっている。このように検索エンジンがカバーするページ数は急速に増えつつある。アルゴリズムの特長と、そのカバーするページ数が多いということからGoogleが最近非常に注目されてきている。

　検索エンジンにおけるロボット・プログラムは、あるwebページを索引にすると、その次にそこからつながっているページに飛んでそれを索引にするということを繰り返している。したがって、最初のページによって結果が異なることがある。また、皆が興味を持つような話題についてのページ行き着くことが多い。webのページを作る人が検索エンジンのことを考慮しながら作るということがある。

　検索エンジンには、自動的にロボットが検索して索引を作るロボット形のものと、登録によって索引をつくる登録形のもの、さらにそれを併用したものがある。

・主なロボット形の検索エンジン

1. Alta Vista : http://www.altavista.com
2. Ask Jeeves : http://www.askjeeves.com
3. Direct Hit : http://www.directhit.com
4. Excite : http://www.excit.com
5. FAST Search : http://www.alltheweb.com
6. Go(infoseek) : http://www.go.com
7. Lycos : http://www.lycos.com
8. Hot Bot : http://www.hotbot.com
9. Inktomi : http://www.inktomi.com/products/portal/search/tryit.html
10. Northern Light : http://www.northernlight.com
11. Google : http://www.google.com
12. IBM Clever project : http://www.almaden.ibm.com/cs/k53/clever.html
13. Research Index : http://www.reseachindex.com

　日本では、上記の日本版Infoseek Japan、Excite Japan、LYCOS Japan、Alta Vista Japaneseなどのほかgoo（NTT）やRCAAU（京都大学）が知られている。

・登録型のもので代表的なものはYahoo!で日本ではYahoo! Japan、NTT DIRECTORYなどがある。

・ロボット・登録併用型の検索エンジンには、富士通のInfoNavigatorや日本電気のNET

PLAZAがある。

5．ウェブ処理技術

ウェブ上のデータは非常に多いので効率よく目的のデータを探すことが重要である。

(1) 質問の処理

質問が与えられたときに、適合するページを検索する方法と得られたページのうち質問の条件を満足している順序（質問結果の順序つけ）をどのようにして求めるかは重要な問題である。

・検索手法　キーワードによる方法は情報検索の場合ほど有効ではない。これは、本文に関連の薄い用語も説明に加えることで、検索エンジンにできるだけリンクを生成してもらおうとするためである。ポルノ写真などをおいているところでは、流行している用語を多く入れて間違って訪れることを期待するということもある。このため、リンク情報の利用が有効と考えられている。たとえば、データベースという用語をアンカーとして別のページにリンクが張られている場合、リンク先のページはデータベースの説明となっているため、このようなアンカーをキーワード代わりにすると精度が向上する。リンクはページを作った本人が定義するわけではないので、この情報をもっと使うのが、後で述べるハブとオーソリティを用いる方法である。

・質問結果の順序付け　質問結果の順序付けは重要度に応じて並べるもので、特にディスプレイに表示できる量に相当する10件程度を選択するのが重要である。これには、質問独立（実際の質問に関係なくページ内容の性質によってその重要度が決まるようなもの）、質問従属（特定の質問に応じて順序が影響を受けるもの）の2種類がある。質問独立のものとしては、長さであるとか出版日、引用回数などがあげられる。質問従属のものとしては質問とページの近さというようなものが考えられる。ウェブでのページ評価の代表的手法を以下に紹介する。

(2) ページの重要性

品質の高いページはどのような質問に対しても重要とみなしてよい。多くのページから参照されているページほど品質がよいと考えられる。また、品質の高いページから参照されていると品質が高い。すなわち、ページの品質は、入ってくるリンクの数と、その入ってくるリンクの始点のページの品質も関係していると考えてよい。これを計算するのに次のようなモデルを考える。多くの人がウェブを利用しているとする。ひとつのページに単位時間だけとどまり、ある確率でそこにとどまるか次のページに移ると仮定する。このようにした場合に、ある程度の時間経過後にある時刻に多くの人が見ているページは良いと考えられる。この計算はマルコフ連鎖モデルによるもので、次のようにして実現できる。

・まずランダムにページを選び、そこに確率1で存在するとする。
・現在のページについて確率dで次のページを選ぶ、そして確率1－dで現在のページにいるものとする。リンクがk本出ていると、そのつながり先のページにいく確率はd／kとなる。
・ある時間繰り返すと、各ページに存在する確率が決まる。この大きなものほど重要である。

(3) ハブとオーソリティ

非常に多くのページから参照されているようなものをオーソリティと呼ぶ。この内容は皆から良いと思われているとみなせる。また、非常にたくさんのページを参照しているようなものをハブと呼ぶ。論文のサーベイのようなもので、ここからある条件でまとめられた種々の情報を得ることが可能である。

次にこれらのオーソリティとハブの中で良いものを見つける。仮定として、

・良いハブから参照されているようなものは、良いオーソリティである。
・良いオーソリティから参照されているようなものは、良いハブである。

例えば、オーソリティの重要性はそれを参照しているハブの重要性の和で決まる。和をそのまま用いると値がどんどん大きくなるので、実際にはすべてのページの重要性の和を1とする正規化をおこなう必要がある。この操作を繰り返すと良いオーソリティやハブを見つけることができる。

(4) 質問に従属した評価

質問に強く関係したページ集合を求めることによって、質問従属形のページ集合を求めることができる。まずはじめに質問が与えられると、質問に対応するページ集合を従来の検索エンジンで求める。次にリンク情報を使ってこの集合を大きく

してその中から質問に適したページを求める。質問に対応するページ集合に対してそれを参照しているような集合をバックセット、それからそこから参照されているような集合をフォワードセットと呼び、それらを対象集合に追加する。必要に応じてこの操作を繰り返すことによって適切な大きさの対象集合を得て、これを対象に評価をする。

(5) 問題点

ある種のリンクは推薦を示していないため除く必要がある。例えば同じ著者からたくさんリンクが出ている場合や、リンクがロボットによって自動的に生成されているようなものが考えられる。また、同じホスト内にあるようなページについてのリンクも推薦を示すものではないと考えて良い。したがってリンクに重み付けを付けて、そのような悪いリンクの影響を避けなければならない。この場合、リンクの優先順位をどう決めるかという問題がある。リンク以外の情報の利用も重要で、ページvを見た後、ある時間以内に、ページuが参照される確率が非常に高いといった実際に利用者の動きから導かれるようなものも考えられる。扱うグラフが非常に大きいのでデータ圧縮をどう使うかという問題もある。URL名だけでも圧縮すると有効である。さらに重複データ（特にミラーサイト）の影響を避けるためにはその検出法を開発する必要もある。

(6) ウェブ・キャッシュ

キャッシュは高速化する手法として古くから使われてきている。例えば、主記憶に対するキャッシュであるとかディスクに対するキャッシュがある。主記憶の場合は、主記憶の近くにより高速の小容量の記憶を付けて必要なものをそちらにもってきて処理するもので、もしキャッシュのなかにデータがあれば処理速度が速くなるというものである。ウェブにおいてもよく使うデータを自分の近くに記憶しておくことによって効率をあげるキャッシングが有力である。しかしながらウェブにおけるキャッシュは従来のキャッシュと次の点で異なる。

・データ量が非常に多い。キャッシュには磁気ディスクやテープを用いることもできる。
・それぞれのデータの量が小さいものから大きいものまでかなり差がある。
・ネットワークのスピードに比べるとディスクなどのスピードはかなり速いと考えられるので、キャッシュに対して複雑なアルゴリズムを使うことができる。
・データ利用に時間的な集中や周期がある。

大きなデータが存在するために、非常に大きなデータを入れてしまうと、キャッシュの空いている部分が非常に少なくなり、少ししかデータが入らない。逆に小さなデータは非常に多く入るといったことになる。

従来のキャッシュでは高速性を重んじているために、どのようなデータをキャッシュに入れるか、ないしは新しいデータが入ってきたときに、どのデータをキャッシュから除くかといったことは非常に高速に計算しなければならないということで、計算が簡単なLRUといわれる方法が使われる。LRUは、キャッシュに新しいデータを入れるときに、一度使われてから経っている時間の最も長いものを、キャッシュから追い出すといった方式である。

従来キャッシュを評価するにはヒット率といったものが知られている。これは利用者が要求したデータのなかから、どれだけがキャッシュに含まれていたかという割合を示すものである。ヒット率が高いほどよいキャッシュのアルゴリズムがあると考えられてきた。しかしながら大きいデータがあると、ヒット率は必ずしも高くないといったことが起こりうる。すなわち非常に大きいデータが一回ヒットすると、通信量ではかなり減らすことができる。このために利用者が要求したデータの総量に比べてキャッシュから得られたデータの量を考えるバイトヒット率という概念も重要である。バイトヒット率が多ければウェブの場合には、データに対する通信のオーバヘッドが減るということになる。ヒット率が多ければ、サーバーがよそのページを探す必要がなくなるので、サーバーのオーバヘッドを減らすことができる。したがって評価するときには、ヒット率だけではなくてバイトヒット率も非常に重要である。

6. あとがき

ここでは、情報検索と電子図書館との比較、電子図書館の今後を考える上で重要なデータベースと検索エンジンの技術について簡単にまとめた。技術の進歩が早いため今後も急速に発展すると考

基調講演

えられ、図書館の将来は大きく変わるであろう。大量の情報を中央で管理するのは不可能で、利用者意見を反映した推薦などの分散化は特に重要と考えている。

付録：電子図書館に関連したメタデータ

メタデータというのはデータに関するデータである。図書館におけるメタデータの標準も多く知られているが、Dublin Core (DC) メタデータ（電子書類を記述するための15の基本属性）が有望である。ウェブを考えると検索エンジンやインターネット書店（Amazon.com）などが利用するメタデータも重要である。

・BibTEX

14の書類を24の属性で記述、広範囲かつ柔軟なメタデータを提供。LaTeX で図書目録を作成するために利用。

・MARC（Machine Readable Catalogue Format）

US (United States) MARC、UNI (UNIversal) MARC に派生、非常に複雑な属性を記述できるが、専門的知識が必要。

・特殊分野で利用されるもの

　・CSDGM (Content Standard for Digital Geospatial Metadata)

　・CIMI (Computer Interchange Format of Museum Information)

　・CDWA (Categories for the Description of Works of Art)

・Dublin Core（DC）メタデータ

電子図書館標準として有望、電子書類を記述するための15の基本属性

・その他　検索エンジン（AltaVista etc.）やインターネットの書店（Amazon.com）などが利用するメタデータなど

RDF (Resource Description Framework)

RDF は、コンピュータによって理解できるような形の情報を交換するようなアプリケーション間での相互運用性を確保するためのものである。RDF データモデルは、データベースの実体関連モデルに似ており、次の三つのオブジェクトタイプから成り立っている。

Resource：RDF 表現で表現されるすべてのものはこれは Resource と呼ばれる。これはウェブページ全体であったり、ウェブページの一部である。またはページの集合である。またウェブに関係のないようなものもそのように呼ばれる。

性質：性質は特別な特定の様相、特性、属性、または関係で、Resource を表現するためのものである。それぞれの性質は特別な意味を持っていて、特定の値をもったり、他の性質との関連を示したりする。

Statement：性質と性質の値をまとめたような Resource を RDF statement と呼ぶ。

表現には XML も用いられる。次に例を示す。

RDF で表現された Dublin Core メタデータ

```
<?xml version="1.0" ?>
<rdf:RDF xmlns:rdf="http://www.w3.org/1999/02/22-rdf-syntax-ns#"

xmlns:dc="http://purl.org/dc/elements/1.1/">
 <rdf:Description
rdf:about="http://purl.org/DC/pressreleases/qualifiers20000711.htm">
   <dc:title>Dublin Core Metadata Initiative - Press Release: Dublin Core
Releases Recommended Qualifiers</dc:title>
   <dc:description>The Dublin Core Metadata Initiative, an organization
leading
the development of international standards to improve electronic resource
management and information discovery, today announced the formal
recommendation of the Dublin Core Qualifiers.</dc:description>
  <dc:creator>Stuart Weibel</dc:creator>
  <dc:creator>Eric Miller</dc:creator>
  <dc:contributor>Jay Jordan</dc:contributor>
  <dc:contributor>Clifford Lynch</dc:contributor>
  <dc:contributor>Ralph R. Swick</dc:contributor>
  <dc:contributor>Juha Hakala</dc:contributor>
  <dc:contributor>Dr. Warwick Cathro</dc:contributor>
  <dc:contributor>Peter Gerrand</dc:contributor>
  <dc:contributor>Dr. Elisabeth Niggemann</dc:contributor>
```

```
<dc:contributor>ZOT Group</dc:contributor>
<dc:publisher>Dublin Core Metadata Initiative</dc:publisher>
<dc:date>2000-07-11</dc:date>
<dc:format>text/html</dc:format>
<dc:language>en</dc:language>
<dc:type>press release</dc:type>
</rdf:Description>
</rdf:RDF>
```

Z39.50のフィールドと修飾子

　Z39.50は通信規約で、2つのコンピュータがデータベース検索や情報を取得するために行う通信の標準である。複数の電子図書館でに対し同一の利用者インタフェースで使うことができる。

フィールド：Title（Req）Author Body-of-text Document-text（New）（適合度フィードバックのため）
Date/time-last-modified（Req）（ISO 8601形式 e.g., "1996-12-31"）　Any（Req）
Linkage（Req）（URL）　Linkage-type（MIMEタイプ）　Cross-reference-linkage　Language・Free-form-text（New）

修飾子：<,<=,=,>=,>,!= Phonetic Stem Thesurus（New）Right=truncation　Left-truncation　Case-sensitive（New）

＜　かんばやし　やひこ　京都大学情報学研究科教授　＞

基調講演

米国における電子図書館研究 - 可能性を広げる手段
US Digital Library Research - Broadening our Reach
Michael Lesk
National Science Foundation

概要 米国における電子図書館に関する研究資金支援は、技術中心の研究とコンテンツに基づく研究のバランスを考慮している。新しいDLI-2プロジェクトは内容的には音声・音楽・データ・ソフトウェア・画像・ビデオを含んでおり、若い世代や教育者や国際的なグループを含む利用者を視野に入れ、相互利用可能性、安全性やプライバシー、効率、そして言語学的な立場に対する技術についてもさらに努力を続けている。現在は、時間のかかる実験をデータ・マイニングに置き換えて研究というものを一変させるために、科学的・学問的なデータを長期間保持し、共有するための原理を追求している。

1945年、Vennevar Bush は、学者たちが必要とするものは全て机の上で手に入り、他人と仕事を共有できるようになればと想像した。下記の図解はBushが設計したものである。ここでは、バーコード化されたマイクロフィルムが基本となり、カメラと現像タンクを内蔵し読者が新しいマイクロフィルムを作れるようになっている。今日我々は電子技術の利用によって文書へ簡単にアクセスできるようになったが、共同作業のような便宜が欠けており、現在でも電子図書館技術を文章でない資料においても利用できるよう奮闘している。しかし今日問題なのは、主要なテーマを技術ではなく、人々や組織におくということである。

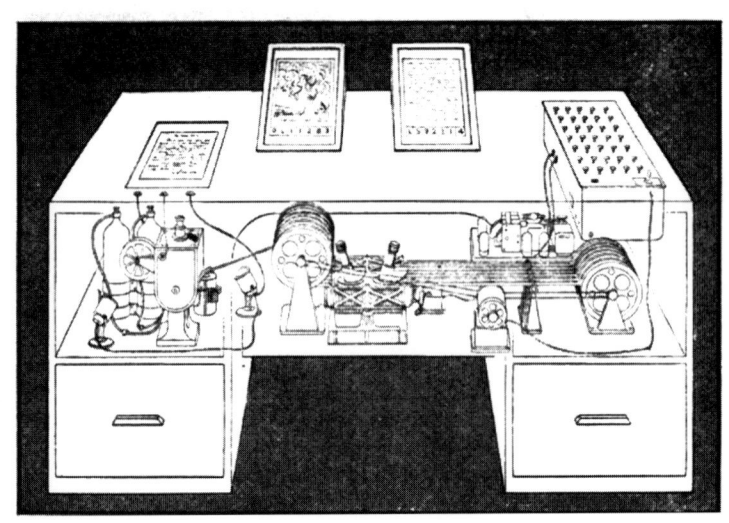

電子図書館の共同体によりさまざまな背景を持つ人々を一つに集めることが可能となる。アメリカの研究プロジェクトの中心人物で複数の機関で行われる電子図書館プログラムに所属する者は、半分が計算機科学分野の出身でもう半分は別の専門からである。その中には人類学、歴史、スペイン語、古典、社会学、そして古生物学などがある。処理する資料の種類を広げるのに伴って、電子図書館共同体はさらに多くの専門分野を含むようになる。

専門分野の統合は努力なしにはありえない。手作業で目録を作りたがる司書がいても、そのために研究補助は出せない。また、計算機科学の研究者で対象物の内容に気を散らされることなくアルゴリズムを研究したがる者がいても、米国の助成機関はそのようなグループに共同研究をさせ、情報を分かち合う従順な専門家を奨励してきた。このようにして、我々は新たなオンライン情報の利用者グループを作

りたいと考えている。それは、なぜ情報が必要とされるか、またどのように獲得されるのかが分かり、そして利用者と技術の両方が直面する問題を処理していける者の集まりである。

　アメリカでは現在、機関の間で行われるプログラムにおいて現在47のプロジェクトに資金提供を行っている。我々が直面している疑問は本当に共同体を作れているのか、研究者たちがみんなうまく共同研究をやっているのか、また助成金が底を突いたときに彼らの研究を続けさせることは政治的に賢明なのかといったことである。新たな支持者と共に新しい分野を奨励するため、我々は特にこれらのプロジェクトの維持を推進している。間に合わせの研究プロジェクトは必要ないし、新しい技術を使ったサービスは欲しいが将来続いていくかどうかは不確定である。プロジェクトが行われている場所は次の地図にある。地図上には32しか点がないが、これは複数のプロジェクトを行っている大学が多いのと（たとえばスタンフォード大学は4つのプロジェクトを行っている）、点が近づいて重なっているところがあるためである。

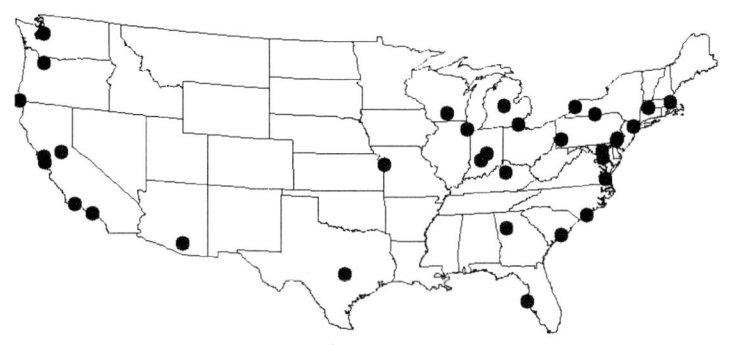

電子図書館プロジェクト

下記にプロジェクトのリストを挙げる。

大学(USA)	代表調査者	題目	外国のパートナー
1 Arizona	Hsinchun Chen	高性能電子図書館分類システム	
2 Berkeley	Robert Wilensky	研究者情報の普及の再構築と利用	
3 Berkeley	Alice Agogino	科学、数学、工学、技術のための電子図書館のたたき台を構築する基礎としての国立工学教育伝達システムの利用	
4 Berkeley	Ray Larson	分野をまたがる資源の発見：文字、数字、空間的データの統合的な発見と利用	Liverpool

—19—

基調講演

5	California- Davis	Samuel Armistead	民族文学のマルチメディア電子図書館	
6	California- Los Angeles	Robert Englund	くさび形文字電子図書館活動	
7	California- Santa Barbara	Terence Smith	アレキサンドリア・ディジタルアースのプロトタイプ	
8	Carnegie-Mellon	Howard Wactlar	Informaeia-II: 多数のビデオ資料・ライブラリ上での自動要約および視覚化	
9	Carnegie-Mellon	Brad Myers	対話的なレイアウトおよびビデオ編集と再利用の簡単化	
10	Columbia	Kathy McKeown	患者のケアのための電子図書館：マルチメディア情報における個別化された検索と要約	
11	Columbia	Kate Wittenberg	Columbia Earthscape: 地球科学における持続的オンライン教育用資源のためのモデル	
12	Cornell	Carl Lagoze	コーネル大学における Prism プロジェクト：電子図書館における情報の整合性	
13	Cornell	Carl Lagoze	HARMONY: マルチメディアディジタルオブジェクトの資源の発見のためのメタデータ	Bristol/Australia
14	Cornell	Carl Lagoze	引用のリンクによる ePrint アーカイブの統合とナビゲーション	Southampton
15	Eckerd College	Kelly Debure	ネットワーク上の鯨の画像の電子的分析と認識 (DARWIN)	
16	Georgia State	Scott Owen	グラフィクスと視覚化の教育のための電子図書館に関する研究	
17	Harvard	Sidney Verba	随時利用可能な社会科学ディジタルデータライブラリ	
18	Harvard	Mark Schiefsky	アルキメデスプロジェクト：力学の歴史の公開電子研究図書館の展望の実現	Max-Planck
19	Hawaii	Mary Tiles	Shuhai Wenyuan 古典的ディジタルデータベースと対話的インターネットワークテーブル	
20	Illinois/Chicago	Jezekiel Ben-Arie	人類の運動に関する電子図書館	
21	Indiana	Mathew Palakal	電子図書館のための分散情報フィルタリングシステム	
22	Indiana	Michael McRobbie	電子音楽図書館の創造	
23	Johns Hopkins	Sayeed Choudhury	ディジタルワークフロー管理: Lester S. Levy のシートミュージック電子化コレクション・第二段階	
24	Kentucky	Brent Seales	ディジタルアテナ神殿：人文科学コレクションの修復、検索、編集のための新しい技術	
25	Maryland	Allison Druin	子どものための電子図書館：研究者としての子どもたちを支援するコンピュータツール	

#	機関	研究者	研究テーマ	連携機関
26	Massachusetts	Raghavan Manmatha	Word Spotting: 手書き原稿の索引作成	
27	Massachusetts	Donald Byrd	オンラインでの音楽の認識と検索 (OMRAS)	King's College London
28	Michigan	Maragert Hedstrom	電子的保存のためのエミュレーションオプション: 電子資源の長期間にわたる利用と保存のための手法としての技術のエミュレーション	CURL
29	Michigan	John Price-WIlkin	数学論文の分散電子図書館の開発	Saxony, Gottingen
30	Michigan State	Mark Kornbluh	スポークンワードの国立美術館の創設	
31	Michigan State	Mark Kornbluh	西アフリカ人の起源のための多言語電子図書館	
32	North Carolina (Wilmington)	William Graves	学部教育のための科学および数学に関する再利用可能な資源の電子図書館	
33	Old Dominion	Kurt Maly	学部における科学学習における電子図書館利用のための助成金の計画	
34	Oregon Health Sciences	Paul Gorman	情報空間上での足跡の追跡: エキスパート問題解決器の資料選択の利用	
35	Pennsylvania	Peter Buneman	データの起源	
36	Simmons	Ching-chih Chen	CMNet (Chinese Memory Net): 中国研究におけるグローバルな電子図書館に向けてのアメリカと中国の共同研究	Beijing, Shanghai, Taiwan
37	South Carolina	David Willer	実験、シミュレーション、保管のためのソフトウェアとデータのライブラリ	
38	Stanford	Hector Garcia-Molina	スタンフォード Interlib 技術	
39	Stanford	John Perry	スタンフォード哲学百科事典	
40	Stanford	Gio Wiederhold	医学情報の安全な分配のための画像フィルタリング	
41	SUNY- Buffalo	Aidong Zhang	大規模多次元データ集合のメタデータモデル、資源発見および質問	
42	Swarthmore	Gene Klotz	JOMA アプレットプロジェクト: 学部の数学カリキュラムのためのアプレットサポート	
43	Texas	Timothy Rowe	高解像度 X 線 CT を用いた脊椎動物形態学の電子図書館	
44	Texas	John Kappelman	三次元仮想骨格標本: 解剖学の形式と機能の学習のためのプラットフォームとしての電子図書館	
45	Tufts	Gregory Crane	人文科学のための電子図書館	
46	Washington	Oren Etzioni	ワールドワイドウェブのための自動参考図書館員	
47	Wisconsin	Susan Calcari	IMesh Toolkit: 分散サブジェクトゲートウェイのためのアーキテクチャとツールキット	UKOLN

基調講演

　これらのプロジェクトの資料は多岐にわたっている。政府補助機関はこれらのプロジェクトは貴重なコンテンツと技術的活動の両方を持っていると主張している。このようにして、我々は発話認識を使用するプロジェクトを見つけた。このプロジェクトでは音声や動画を研究し、植物や動物の写真のファイルを画像検索するのである。次の写真は現在電子図書館にあるさまざまな資料の例である。

Jezekiel Ben-Arie,　人物の動き

Robert Englund,　くさび形文字の石碑　　Greg Crane,　ギリシャの壺

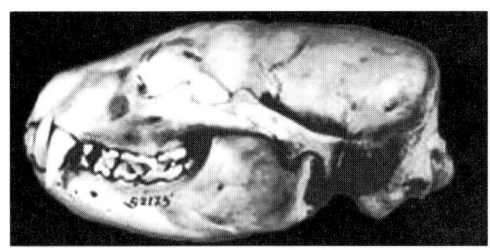 

Tim Rowe, 脊椎動物の骨格

米国における電子図書館研究－可能性を広げる手段

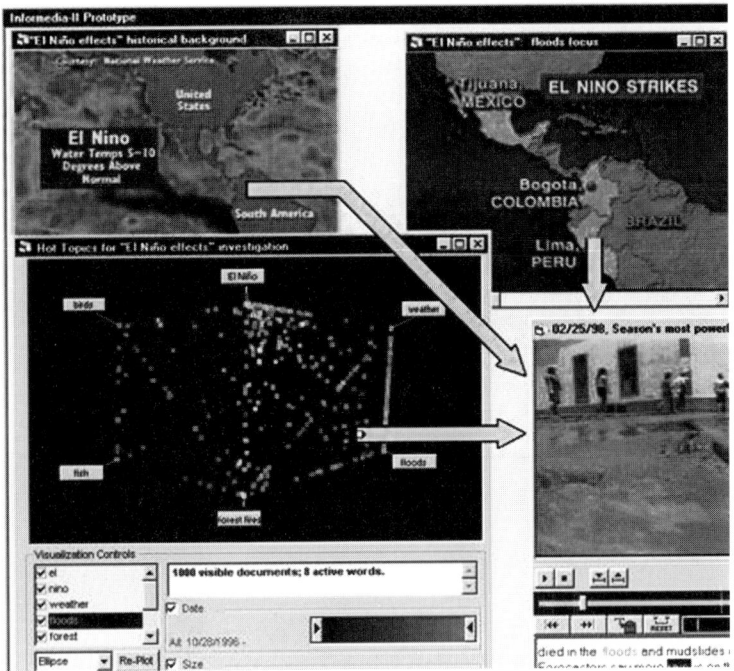

Howard Wactlar, ビデオ索引

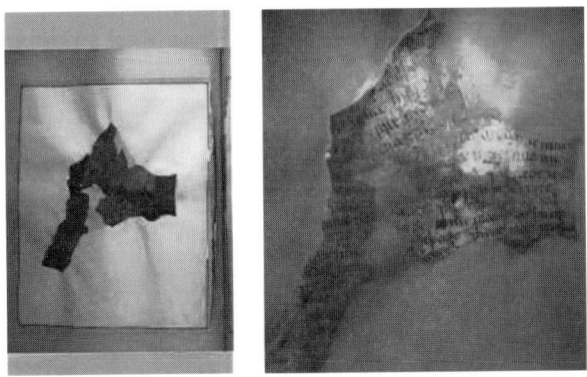

Brent seales, 損傷を受けた原稿の解読

Sayood Chouhury, 楽譜の表紙　Micheal McRobbie, 楽譜（それぞれ別の曲のもの）

基調講演

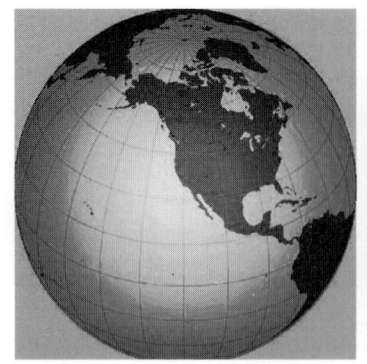

Terence Smith, 世界地図；航空写真

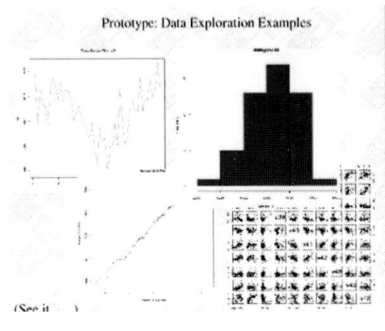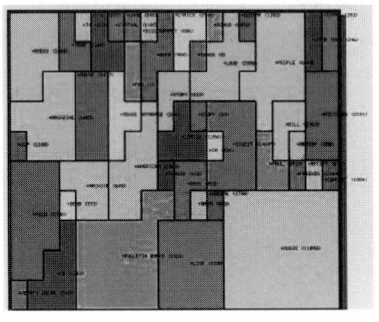

Sidney Verba, データの探索　Hsing-chun Chen, 概念の構成

　おそらく、最適な要約は下記の2つの画像であろう。左はカリフォルニア大学バークレー校のRobert Winskeyのプロジェクトで、電子図書館のコンテンツのさまざまな資料である。右はメリーランド大学のAlison Druinのプロジェクトで、子どもたちが電子図書館を利用している。

どの電子図書館プロジェクトも技術とコンテンツの両方を持っている。たとえば、一番小規模のプロジェクトでは、Kelly Debure のイルカの水かきの画像についての研究であり、情報源（イルカ）とアクセス技術（画像検索）の両面を持っている。電子図書館プログラムには多種多様な技術の研究プロジェクトが含まれており、下記のようなものがある。だがこれらに限られているものではない。

1. 画像検索
2. 音声検索
3. 動画検索
4. 相互作用性
5. 証明とセキュリティ
6. プライバシー
7. 起源
8. パフォーマンス
9. 要約
10. メタデータ
11. 有用性
12. OCR
13. コレクションの増大
14. 地理システム
15. 情報構造
16. 教育上の有効性

このプログラムのこれまでの研究は大変収穫の多いものであった。たとえば、Google という検索エンジンはスタンフォード大学の電子図書館プロジェクトの一部として始まったものであった。今後、この分野の発展にしたがい、教育や産業分野に移行し、役立てることを考えている。

電子的情報の利用によって他の情報表現の方法は利用されなくなってきている。Varian 氏と Lyman 氏は最近、世界上にある情報量について研究し、現在新しい情報蓄積の約90％は磁気媒体に蓄えられた電子的情報であると結論づけた。今年で、約2500ペタバイトのハードディスクドライブが生産されるであろう。これに対して、新たに生産される印刷物はたったの約240テラバイトである。次のグラフはウェブの発展を対数の比率で表したものである。

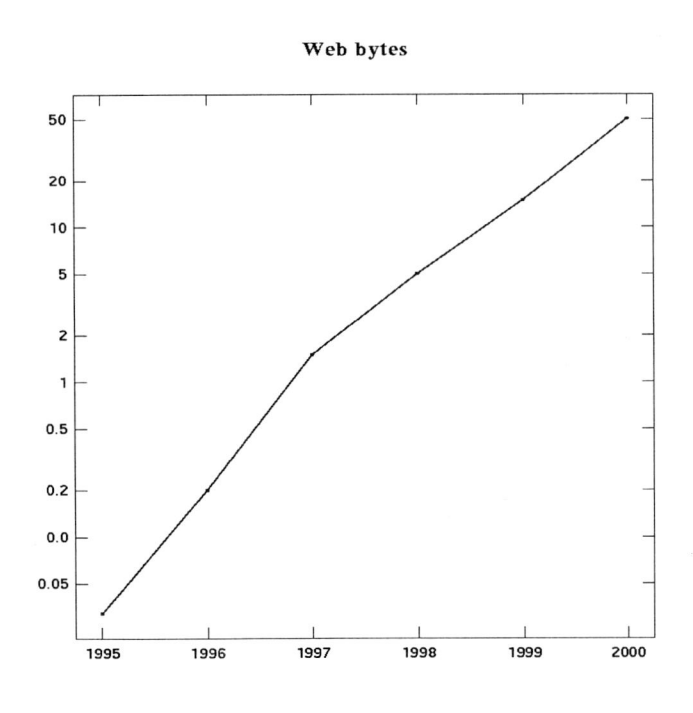

Web bytes

基調講演

　オンライン情報の量の増加によって情報を選別し、評価するという我々の能力がますます重要になってきた。数年前、情報検索コミュニティは記憶量が最も重要な目標であると強調していた。このことは、探したいものが見つからないことを恐れるような情報欠乏の時代においては適切な指摘である。しかし今日、我々は正確さに重点を置いている。その目標は、目的に適っていることが疑わしいような資料の海に溺れてしまうことを避けることにある。情報量のあまりの多さのため、近い将来には大部分の情報は人間によって参照されることは決してないというような状況になることを受け入れざるをえなくなるだろう。世界中のすべての人々が注意を払ったとしても、すべてのウェブカムからの画像や、センサからのデータや、そのほかすべてのオンラインで手に入る資料を見ることは不可能になるだろう。したがって、我々はデータの視覚化や分析についてもっと多くのことを研究しなければならない。しかし成功にいたるまでにはまだ課題も多く、またそのような課題があることを我々は基本的には喜ばしく考えている。

　例えば、多くのアメリカの学問的な図書館は二段階に分けて電子化を進めている。初めにカタログを貸し出しシステムとしてオンライン化する。この段階はほとんどの主な図書館で広く行われており、ハーバード大学のような大きなシステムにおいてさえ過去に遡って完全にデータ変換を行っている。学生が寮からどの本が図書館にあるのか、さらにはその本が棚にあるかどうかを調べることができるようになると、図書館への通信量は増加する。しかし、第二段階は内容を電子的形態で入手できるようにすることであり、今日ではウェブを通して、もしくは従来の出版社から電子ジャーナルを購入することで可能になっている。学生は寮の部屋から欲しいものを読むことができるようになり、図書館に行くことは少なくなる。下記の表はARLのウェブページから持ってきたもので、1990年代の貸出し、参照、図書館間での貸出し(ILL)の統計を示している。貸出し、参照ともにその数が減少しつつあることに注意していただきたい。参照は貸出しよりも減少の度合いが激しい（これはおそらくウェブ上で簡単な質問に答えることが可能になったためだと思われる）。これは図書館の利用そのものが減ってきていることを示しているわけではない。図書館間での貸し出しは依然として増加している（スタッフ数、所蔵数、学生数およびその他の数値と同様）。これは、おそらく電子的な利用が物理的な貸し出しに代わりつつあるということを示していると思われる。図表は1991年のレベルと比較して同じ数字を示している。

ARL Library Usage Measures
(from www.arl.org)

年	貸出し	参照	ILL
1991	501128	131441	10342
1992	536039	132574	11318
1993	559373	139044	12486
1994	570671	152706	13996
1995	575731	149326	14043
1996	556658	157275	15259
1997	519954	154668	16362

ARL Library Usage Statistics

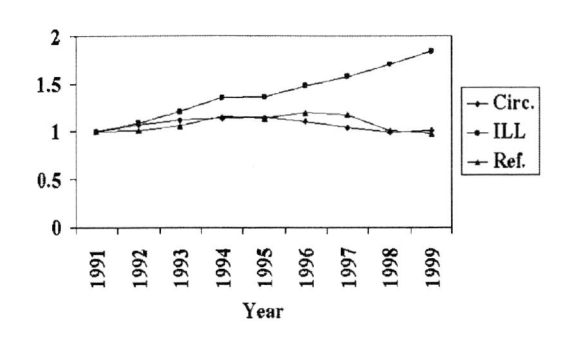

　我々はとてつもなく大きな技術の進歩を目の当たりにしている。莫大な量のオンライン資料、将来画像や音声の検索を可能にしてくれる新しいアルゴリズム、そして情報を要約およびカタログ化する新しい手法である。しかしながら、電子図書館の経済的、社会的、組織的、そして法的な側面は依然として後れを取っている。この新しい世界にどのように資金が供給されるべきか、とりわけベンチャー・キャピタルの供給をやめるべきかどうか、我々には分からない。確実にすべての人々が自分に必要な情報を利用することができるようにすること、またその影響がどのようになるかということも分からない。学生や学者に情報を提供する組織が現在の図書館、電話会社、出版社、専門家集団、もしくは新設企業の中から派生してくるかどうかも分からない。そして我々は著作権の大海を前にしており、この問題を解決するためのドットコム企業と娯楽産業との間での戦いを待っているところなのである。

　歴史的に、図書館員と計算機科学者は全く違った環境にいた。これらの職業の文化的相違は未だに合同プロジェクトの発展の妨げとなっている。たとえば、図書館集団では手に入る情報の質に重点を置くが、計算機科学集団ではその量により重点を置いている。計算機科学の研究者はどちらかというと情報がどのように蓄積されるか、または検索されるかといったことに焦点を当てる傾向がある。図書館員は利用者への案内に焦点を当てる傾向がある。

　これまで、図書館員も計算機科学者もサービスの持続性については十分に焦点を当ててこなかった。電子図書館の業務には極めて多額の費用がかかるものがあり、それをどうやって維持していくかについて理解していない。たとえば、ある領域についてウェブページの評価をし目録を作成するテーマ別情報提供サイトを維持したがる組織はたくさんある。しかし残念ながら、ウェブページの目録を作るのは本の目録より費用がかかる。たとえば、タイトルページで適切な情報をうまく見つけるのは難しいし、本の共同目録のようなものもない。属する分類法は書籍におけるそれらより遥かにたくさんあり、書籍の分類にはそれらの方法はほとんど採用されていない。ページを目録にしたら、それに変更がないかどうか常に確認しなければならない。このような仕事にどうやって資金を供給していいのか我々には分かっていない。利用者は世界中にいるし、目録作成者に資金を供給するために同一の組織にいるわけではないからだ。利用者からコストを取り戻すためのメカニズムはないため、その仕事が役立つものだと分かっていても、それに対してどうやって報酬を出せばよいのかが分からないのである。

　これは一般的な問題で、電子図書館（同様に電子博物館やディジタルアーカイブも）は本質的に世界的なものであり、どこかの場所に縛られるものではない。昔からの図書館員はある決まった集団において、ある建物の中でのニーズを考える。電子的には、それがどこにあるかということは関係ない。グーテンベルクの聖書のコピーの大半はドイツとアメリカにあるが、最初に読み込まれたコピーは東京の慶應大学にあり、どの国からでも簡単にアクセスできる。それなら図書館員は、誰かがやるのをじっと待って

いるより自分でやることを正当化するために助成金を支払う団体とどうやって議論できるというのだろうか。

少なくともこの問題は、何かを出版しオンラインにすることへの熱意を生みだした。今ではたくさんの大学図書館がサービスに「ブランド名」を付けている。ハーバード大学はHollisという名前を使い、コロンビア大学は目録をBartlebyを呼んでいる。もし学生がこれらの情報サイトを離れたところにある電子図書館サービスにアクセスするために利用すれば、どの大学のインタフェースが見られることになるのだろうか。どの団体の名前がデータと関連づけられるのだろうか。当然のことながら、どの団体もその地位と信用を保ちたがるし、情報源をまとめるに値するものだと信じている。しかしこれは学生がたくさんのインタフェースを学習しなければならないことを意味している。一つのアクセスにつき一つのインタフェースを学ぶといったふうになる。

このような業務のコストを安くする技術的解決策がいくつかあると思われる。たとえばスタンフォード大学では相互作用性の問題について活動しており、違ったアクセス方法を持つソフトウェアに蓄積されているあらゆる資料にアクセスする際に作業が簡単にならないかと考えている。シラキュース大学は電子的資料からのデータの自動摘出について研究している。スタンフォード大学のGoogleでは資料をランク付けすることの効率性について示した。それは手動で摘出するのではなく、リンクデータによってである。アメリカ国内のいくつかの組織は学生の論文を自動的に採点する際の問題について研究しており、おそらく将来はウェブページを人的作業なしにランク付けすることができるかも知れない。しかし今のところは、司書か自動ソフトウェアが評価してくれる代わりに、たくさんのページを見て人間が判断したものに頼っているのである。

計算機科学者はもちろん新しい自動化サービスに対して熱心である。しかし、かれらは細部に力を注ぎ、専門家用のサービスを一般の人々へと広げようとする。出版社は電子購読が紙の冊子購読よりたくさんのサービスが必要であることに気づいた。そして電子購読は冊子購読より維持が大変で金額も高いのである。子どもや年配者、障害者による利用のためのシステム設計は、新しい情報システムの設計者には見落とされることがよくある。また根本的に、図書館員は質にこだわるが、計算機科学者はその点についてはあいまいで扱うのが難しい概念だと考えている。

結果として、計算機科学者と図書館員の間で文化的衝突が起こる。たとえば、私は大量の資料をアクセス可能にするための2つの運動について認識している。一つはコストの低い書籍のスキャニングに関する国際的運動で、もう一つはたくさんの国際的テレビ放送の日常的な電子化である。計算機科学者のこれらのプロジェクトに対する反応は決まって「すばらしい」というもので、図書館員の反応は煮え切らないものである。かれらは資料の選択について躊躇しているのだ。資料の選択は資料の読み込みよりも費用がかかり、トラブルを恐れるためそれほど価値があることとは思っていないのである。また著作権についてもかれらは心配しており、争いの起こる可能性のない、かつ面白い資料を探すのは難しいと考えている。さらに利用者と公開についても憂慮している。一方、多くの図書館員が数十年も地下室に大切にしまってあったあるコレクションについては読み込みをしたがっているが、少量の資料を処理するのに比較的高いコストになるので、興味を示す者がほとんどいないということがよく起こるのである。

これらの文化的相違は大学間でも衝突を生んでいる。図書館員は時折、伝統的な資料や図書館員が焦点を当てている質や利用者サービスに価値を見いださない攻撃的な近代化主義者に取り囲まれていると感じることがある。計算機科学者は大学の他の構成員（弁護士だけでなく図書館員も）はのろのろと仕事をしていて、今あるチャンスを逃しているのではと感じることがある。教授団が図書館が近代化されて

いくのを好ましく思わないこともある。なぜなら彼らは以前の状況、つまり図書館は自分たちの課題分野に関する出版物を全て買いそろえる余裕があったころのことを覚えているからである。このような意見は大学以外の団体では（特に産業組織では）次のような意見と衝突する。「ウェブがあるのに、どうして図書館がいるのか？」

我々は47の電子図書館プロジェクトを抱えており、計算機科学者と図書館員の本質的な協力体制が現れている。結果は前に触れた通りだが、この協力の利益と可能性を表すものであった。そこで不満が生じているとは思っていない。しかし別の団体では、事情が違うこともある。重要な総合雑誌の*New Yorker*誌ではここ数年に、Nicholson Bakerがサンフランシスコの電子メディアで重要視されていた新しいオンラインカタログを攻撃した記事を3つ載せ、最近の紙の新聞に対する耐久性についての軽率な信仰について指摘した。バークレー校は*San Francisco Chronicle*誌がコンピュータシステムの拡大により書籍購入が削減されたことを責める記事を載せた後、司書がいなくなった。未来は協力できる人々と共にあると願っている。図書館へ電子設備を導入することが資金の供給や今までの購入図書の脅威となると考えてしまう人々とは、未来はないのである。もし大学内の多様なグループが共に協力する方法を見いだせないのなら、誰も効率よく前進することはできない。

大学が変化に対して頑固になれば、企業が電子情報を提供するという仕事を引き継ぐことになるかも知れない。この役割を望む会社はいくらでもある。教科書販売は儲かるし、Stephen Kingがウェブ上で作品が読めるようにしていることはご存知であろう。また昔からの会社がたくさんオンラインの情報提供を視野に入れている。私の覚えているところでは、6、7年前に主要な出版社の人と合同ベンチャー企業について話していたのだが、雇い主が目録と本の抜粋をオンラインにして、ボックスを1回クリックするだけで本の配達を注文できると言っていた。出版社は興味を示さなかった。もし本を郵送で販売すれば、書店は腹を立てて応酬に出るだろうと恐れたのだ（たとえばその出版社の本を客の気づきにくい棚に置くなどの方法で）。数年後Amazon社がそれを実現したが、Barns & Noble社が腹を立てているかどうかは気にならなかったようだ。

しかし、個人的にはこの成果には失望した。なぜなら、私は伝統的な図書館と計算機科学者との協力を推進し、間にある壁を取り払おうとしてきたからだ。私はディジタル時代へ移行するにつれ伝統的図書館の財産が失われていくのは好まないのである。たとえばビデオ店は、伝統的な映画の流通方法より引き継がれた新しいビジネスを示している。そこでは信じられないことにわずかの作品に人気が集まっていて、数はわずか20本くらいである。書店でいえばハリー・ポッター・シリーズの本があるのに過ぎない。図書館は素晴らしい財産を持っており、それらは新しい時代に移っても取り残されないよう維持していきたいものである。

実際、電子的サービスを行う上で図書館の役割を拡大するためのよい機会がある。これらはマルチメディア・教育・そして科学的データを含む。これら全てにおいて、電子図書館は現在大学や研究団体の図書館が果たしている役割を広げることができるのである。

マルチメディア

伝統的に、あらゆる図書館の目録は文書によるものである。写真は誰かが原稿を書いて索引をつけることで目録が作られた。現在では、我々は画像や音に直接アクセスすることができる。これらは幅広い利用者にとって魅力的なものである。たとえば、まだ本の読めない子どもや楽譜を読むより聴くことが得意な音楽家がいたとしよう。計算機科学では検索や分類のための道具を提供することができるが、図書館員は蔵書を探して利用者のシステム設計を手伝う。ここで転換や要約に関する研究が必要になる。

基調講演

(英語の音声テープを日本語で要約することを想像して見てほしい。) そして、図書館や文書の背後にある目録の基礎的な拡張によって得られた大量のさまざまな資料を吸収し利用するための助けが必要となるのである。

教育

　教育技術については評判が悪い。プログラム学習で過去に失敗していることと伝統的な授業方法を単にビデオにとるだけという傾向が原因であろう。しかしシミュレーション、通信、教育的資料への双方向アクセスの可能性は巨大である。まだ研究が不十分であるが、Chris Borgman は次のようにコメントしている。学部の同僚は2年以上前のパソコンはチョークやOHPシートと共に研究上使いたがらず、我々は学生が読んだり聞いたりすべきなのはいつなのか、(シミュレーターで)実験をすべきなのはいつなのか、上級の学生や研究者と話し合いをすべきなのはいつか、などを理解し、これらをどうやって可能にするかもわかっていなければならない。これは次のようなことを意味する。すなわち、人がどのようにして学ぶか、どのようにして学習者のニーズと教師の行動のバランスをとっているかについての研究である。偉大な研究者の人工的モデル(「化身」)を作り、教育に使うことができるか。学生が研究者を観察して(超高層共同研究所 (Upper Atmosphere Research collaboratory) のように) 質問をすることは有効か。航空会社がしているように、薬学や歴史を教えるのにシミュレーションを使うことができるか。図書館は教育に必要な資料はもちろんたくさん備えており、図書館員はそれぞれの学科で最善の資料を選ぶ方法を理解している。おそらく若い学生が電子的フォームで大量にある情報の中から必要なものを選ぶのに最も助けを要するであろう。もう一度、計算機科学者と図書館員の協力が不可欠である。もしかれらがうまく協力できれば、かれらは将来教育において遥かに重要な役目を果たすことになるだろう。

科学的データ

　分子生物学は蛋白質とゲノム・データバンクによってその質に転換が起こった。データ・マイニングは化学実験作業にとってかわった。利用可能なデータの量が増加するにつれて他の科学も同様に質の転換が起こるのではないかと期待するようになってきている。スローン・ディジタル・スカイ・サーベイ(SDSS)や他の同様なプロジェクトが将来の実験のためのデータを提供することから、天文学がおそらく次の候補となるだろう。しかし、我々は科学者が自分の資料を使うのと同程度に他人のデータを使うことを簡単にする方法を理解しているとは言い難い。データの共有はよい考えであるという社会的共通認識が我々にはない。データを集めた人々は時折それを保持し続けようとするものである。しかしながら、仮説の組み立てとテストから分離されて収集された実験データの可能性には計り知れないものがある。改めて、我々は相互運用性、データの視覚化と要約、データ・マイニングの新しい技術と複数の資源からのデータの融合に関する計算機科学の研究が必要であるということがいえる。しかし、我々はまた出版物だけでなく数値的データベースまでコレクションを拡大し、オンラインデータを検索し利用しようと苦心している計算機科学者以外の人たちを補助するといった図書館側の努力も必要としている。そして我々はデータ資源をどのようにカタログ化し、利用し、評価すればよいのか十分に分かっていない。数表を読んでそれが信頼できるものかというか推測するのは、文書を読んで偏見が入らずよく書けているかを考えるより遥かに難しいのである。

　これらのどの領域においても、図書館員と計算機科学者両者にとって新しい電子図書館を共同で作るすばらしい機会がある。我々は組織的または法的な問題を共に解決していきたい。そのためにも、両者の技術が必要なのである。

< 訳　角川栄里　つのかわ　えり　京都大学大学院情報学研究科 >

電子図書館、美術館、アーカイブの収斂
～知識の集約へ向けて～
（内容要約）

Convergence of Digital Libraries, Museums and Archives to Collective Memories

G.Jaschke, M.Hemmje, E.Neuhold

GMD-IPSI - Integrated Publication and Information Systems Institute

最近のコンピュータの飛躍的な発達により、さまざまな情報がディジタル化されつつある。コンピュータの重要な特徴の一つは、大量の情報をきわめて正確かつ迅速に取り扱えるという点にあるが、まさにこのような特色を援用することによって、電子図書館、電子美術館など、これまで大量の情報を取り扱ってきたシステムの電子化が着々と進んでいる。今回の論文はこのような状況を踏まえ、これまで知識の集約の場であった図書館などのシステムが、コンピュータというものとどのように連携し、発展してゆくのかについて、幾つかの事例とその技術的な概要について述べる。

1．情報の視覚化

コンピュータを用いることで、大量の情報を容易に保存しかつ取り扱えるようになる。しかし、それらの情報はただ保存されていればよいというわけではなく、利用者の目的に応じて、自由に利用、加工できるものでなければならない。その切り口として、必要な情報をいかにして利用者の手元に届けるか、という、情報の取得のプロセスに関する研究が進められている。特に情報の視覚化について言えば、次のような研究事例がある。

- 文字データとしては扱いにくいアラビア語などのデータの目録を自動的に作成する。
- データの検索結果の中から重要なものを特に目立つように表示することによる見つけやすさや扱いやすさ、理解度の向上をねらう。
- 動画を閲覧する方法を複数通り用意することで、利用者の用途に応じた情報の閲覧を可能にする。

こうした情報の視覚化を行うためには、何らかの基本的な枠組み—視覚化フレームワーク—を構築することが重要である。視覚化フレームワークは、情報の取得や検索に関わる、次のような基本的な機能の提供をになう。

- さまざまな閲覧技術、検索技術を共通の方法で取り扱えるようにするための統合。
- 複雑な検索も、コンピュータからの質問に徐々に答える形で容易に実現できるような、対話型の操作体系。
- 情報の検索、取得過程が容易に把握できるようにするための、さまざまな操作過程の随時かつ即時の画面表示。

このような視覚化フレームワークを実際に製作し研究を行った結果、本のメタファーを基本として作り上げたシステムは利用者によく理解され、紙の上のテキストと同じように、電子的なテキストにおいても、その閲覧と利用の側面における表現方法の重要性はきわめて高いものであることが示唆された。

続いて、これらを踏まえたより実際的な個々の事例として次のようなものがある。

- ルーブル美術館と国立歴史博物館における、館内の様子を擬似的に体験できるサービス。
- 国立歴史博物館における、データの意味を実際に感覚で理解することのできるサービス(ex.物体の重さを、その物体の絵を天秤の上に載せて、どちらが下がるかを見ることで直感的に理解できる)。

電子図書館、美術館などでは、このような形で知識を集約し、保存し、管理し、これらに対する利用者のアクセスや外部への配信、再利用などをその役割とする。こうした流れの向こうに見出されるのは、ただ情報を集め、分かりやすく検索できるというだけのシステムではなく、集約した情報を活かしてゆくシステムである。

以下では、情報の管理、検索という枠組みを超えた、情報の活用、知識の活用、という視点で話を進める。

2．情報と知識の管理

ここまでで紹介した事例はそれ自体重要なもの

だが、こうした情報の共有システムの究極の形態というわけではない。これから先、知識の共有が進むに連れて、共有された情報をより活かしていくことこそが重要になってくる。これを踏まえ、コンピュータを利用した知識の集約は、次のような性質を持つべきである。
- 文化遺産、明示的な知識を伝達しうる情報メディアにおいては、集約された情報が明示的に表現されなければならない。
- 集約された知識が、広く一般の利用者の手で、利用および再利用されるような共有を実現しなければならない。
- 知識は、ただ保存されるのではなく、よく吟味された構造の下で整理され、持続的に維持可能な環境下で保管できなければならない。
- 知識はその利用状況をよく考慮し、さまざまな思想や、特定分野の事情を意識した形で整理されなければならない。
- 知識の集約と、その利用、再利用を可能にするためには、コンピュータ、人間ともに広く協調しあう枠組みに基づかなければならない。

これらの考え方に基づき、情報という概念を次のようにモデル化する。

A. 情報管理と知識管理：情報管理という語は、利用者がよく理解できるようにといった利用の側面を中心課題とはしない形での情報の管理を指す。これに対し、管理されている知識が利用者によく理解され、その行動に役立てられることを中心課題とする情報の管理が知識管理である。コンピュータにおける知識集約システムでは、まさにこの知識管理が主要な課題となる。
B. 明示的な知識と暗黙の知識：書籍、動画像など、具体的な記号によって形成される知識を、ここでは明示的な知識と呼ぶ。これに対し、個人の内面で経験の形で蓄積され、人対人の直接のコミュニケーションの中で共有される個人的な知識を暗黙の知識と呼ぶ。明示的な知識は暗黙の知識へと昇華することによって活きた知識となる。
C. 有形の財産と無形の財産：明示的な知識に対応する、設備やスタッフ、組織などの有形の財産に対し、イメージ、評判、暗黙の知識などを無形の財産と呼ぶ。これらの特性の違いを意識したシステム作りが重要である。

諸々の組織は最大限の努力でこうした文脈における知識を維持し、再利用し、作り出していく必要がある。

加えて重要なことは、これらの知識は増えたり減ったりするようなものではなく、明示的な知識が理解されることによって暗黙の知識となり、暗黙の知識が書籍として出版されることで明示的な知識となるように、相互に姿を変えていくものだという点である。知識管理とは、このような情報の転換の流れをよく理解し、これを制御していくという意味合いを持っている。

3．知識管理を可能にする技術

本来コンピュータというものは単純な記号処理機械であり、人間と違って、データの意味や内容に配慮した処理を行うことはできない。だが、データの関係性や種類などを適切に記号で表現することで、疑似的にではあるが、コンピュータでも、データの意味を取り扱うことができる。続いて、コンピュータにおける意味情報の処理に必要な技術的な側面の解説を行う。（訳注1）
- データを取り巻く環境を、情報の連関構造や意味を中心に取り扱う情報モデルと、それらを利用者に対して視覚的に提供するための視覚化モデル、情報モデルと視覚化モデルを結び付ける視覚化機能、という三つの領域から構成する。
- 情報モデルには関係データベースの概念とオブジェクト指向の概念を援用し、構成要素となる情報の親子関係を中心に構成する。
- 視覚化モデルにおいても情報モデルと同様のモデルで構成する。
- 情報の視覚化は、利用者の理解や習熟を重視し、三次元の仮想空間など、分かりやすいメタファーをふんだんに利用する形で行う。

これに関わる事例として、GMDからスピンアウトした研究などがある。特にInfonyte社の事例では、XML、Java、HTTP/HTMLなど、現時点で既にある程度確立した技術を利用することで、個別的だった知識集約システムを統合する方向を示している。

4．結論 − 電子図書館とメディアアーカイブの流れ

要点をまとめると、電子図書館とメディアアー

カイブは次の要件を満たすべきである。

- 集約された知識が明示的に表現される場となる。
  （訳注2）
- 集約された知識に対する、複数の利用者からのアクセスを可能にし、知識の利用と再利用の共有を可能にする。
- よく整理された、長期にわたって持続、維持可能なデータ保存システムの上に構築される。
- 知識の利用状況をよく考慮し、さまざまな思想や、特定分野の事情を意識した形で整理する。
- 情報の更なる収集と再利用を促すべく、さまざまな側面における協調プロセスをサポートする。

また、今後の展望として、次のような要件の実現も重要な課題である。

- 知識集約システムは、集められた知識の成長、再利用、配布、管理、それらへのアクセス、保存、学習などをサポートしていかなければならない。
- 知識集約システムは、概念的な背景やユーザの五感に関わる、動的で実際に目に見える操作環境に密接に統合されなければならない。
- 知識集約システムは、知識の探索やデータの分析活動を可能にする技術である、メタデータや意味論を基盤として、強化されていかなければならない。

訳注1：かなり専門的な内容になるため、簡約した。

訳注2：本文中に現れる「明示的」という語は、中程で述べられている「明示的な知識」という考え方をふまえている。すなわち、直接に接触可能なように、文字や画像、音声などの形である種の記号化を施された状態を「明示的」と呼んでいる。

抄訳
< 銭谷謙吾　ぜにたに　けんご
　　京都大学工学部情報学科2年生　>
< 白井健吾　しらい　けんご
　　京都大学工学部情報学科2年生　>

基調講演

英国図書館の国立図書館としての役割と国際電子図書館発展への貢献
The British Library's Role as the National Library and its Commitment to Electronic International Library Development

J.M.Ashworth
Chairman British Library Board

概要 英国図書館は世界でも屈指のあらゆる書体および言語の歴史的な原稿、印刷物のコレクションを誇っている。ディジタル化技術や新しい電子コミュニケーションが、コレクションや図書館が従来提供してきたサービスに与える影響についてここで説明し、論じる。ディジタル化が進む中で、将来に役立つ結果を得るには図書館の相互協力、特に国際的な共同研究が必要である。その例として、英国図書館が率先、または参加した共同研究についてここで述べる。

1. 序論

英国図書館はイギリス連合王国の国立図書館で、国にとって"頼みの綱"とも言える存在である。つまり、英国内で出版された全書物を所蔵し、国外の出版物に関しては所蔵または入手可能であり、必要に応じて国民に提供することが求められている。そのため、英国内で出版された書籍を無料で入手できるよう要求する法的権利がある。この権利を英国内のいわゆる著作権図書館と呼ばれる他の5つの図書館と共有している（ウェールズ国立図書館、スコットランド国立図書館、オックスフォード大学図書館、ケンブリッジ大学図書館、ダブリンのトリニティーカレッジ図書館）。しかし、これらの図書館は提供される出版物を必ずしも受け入れる必要がないのに対し、当図書館が入手する出版物の数は1日約8000部にものぼる。過去247年間にわたる購入や寄贈によって、当図書館の蔵書数は1億5000万冊にものぼり、これは世界でも屈指のコレクションで、現在は3カ所に分けて保管されている。

ロンドンのセント・パンクラスにある新館には、国立図書館での所蔵を望む声が多い重要歴史書籍、原稿等のコレクションが所蔵されている。これらは、昨年の夏までは大英博物館をはじめ、ロンドンの中心部に何カ所かに分けて保管されていた。そして、この新館には一般に開放されている展示ギャラリーが3つあり、特にマグナカルタのような重要歴史的文献、シュアボーンミサ典礼書のような芸術品、ビートルズの直筆原稿などの文化的に重要な資料等が展示されている。その他、文化行事や書店、喫茶店、レストランなどもあり、いまやロンドンの名所となったこの図書館を訪れる観光客数は、日本人も含めて増加している。

さらにロンドン北部のコリンデールにある小さな分館には、新聞類が所蔵されており、イギリス北部のヨークシャーのボストン・スパにある大分館には、科学、テクノロジー、医学、政府刊行物のコレクションの大部分が所蔵されている。

これらの分館では、非常にユニークな2種類のサービスを提供している。個人の利用者が、必要な資料を他のイギリス国内の図書館では手に入れることができない場合には、コリンデール、セント・パンクラスにある資料を自由に閲覧できる。また、来館できない人、したくない人には有料で蔵書のコピーを提供する。この文書提供サービスは、主にボストン・スパで行われている。実際には、科学者、科学技術者、医学研究者が文書提供サービスの利用者の大半を占め（学術記事のコピー）、人文科学や社会科学系の研究者は、閲覧室で直接資料を（たいていは書籍や原稿）閲覧することが多い。

個人の利用者に対してさまざまなサービスを提供する他に、英国内の他の図書館に対しても貸出しや文書提供サービスを行っている。この中には営利目的の会社が所有する図書館も含まれている。我々が時にいらだちを覚えるのは、文書提供サービスの利用者は、仲介者を通して資料を手にすることが多く、その資料の提供者が英国図書館であるという意識がないことである。そして、利用者の信頼を得て感謝されるのは、その仲介者なのである。

過去数年間にわたり、両サービスの利用頻度は増加しているが、特に文書提供サービスの今日ま

-34-

での利用の増加は目覚ましく、図書館外へのサービス、閲覧室でのサービスと合わせて400万件にものぼる。

　我々はこれらのサービスを英国民のみならず、外国人にも常に提供してきた。実際、真夏（1年のうち一番忙しい時期である）のセントパンクラスの閲覧室は外国人の割合が非常に高い。これは、我々が提供するサービスへの高い評価を示すだけでなく、コレクションの素晴らしさ、ユニークさをも証明している。海外向けの文書提供サービスの比率も高く、昨年は全体の40％を上回った。

　このように英国図書館は大規模な複合組織であり、さまざまな利用者にさまざまなサービスを提供している。現在、合計2500人以上が従事し、昨年度の総収入は1億1200万ポンドで、そのうち7800万ポンドは政府からの助成金であった。コンピュータや電気通信の新技術は、我々の全活動に影響を及ぼすことになるだろう。それによって発生する問題に関しては私の同僚が改めて詳しく説明することになっている。ここでは、新技術がもたらす貢献と国際問題について簡単に紹介したい。

2. 法定納本（リーガル・デポジット）

　国立図書館という概念の土台となるのは、その国内で出版されたものを全て所蔵する、つまり国立図書目録であるという観念である。そのため、英国図書館は国内の全出版物を無料で1部入手できる権利を長年所有しているのである。国会で（法定納本の）議案が通過し、法律によりこの権利が我々に与えられた当時、電子出版の出現を予想するものは誰もいなかった。そのため、我々に印刷物以外のフォーマットの出版物を所有する法的権利があるかどうかというのは興味深い問題である。我々はこの問題を法廷に持ち込むことはせず、そのかわりに政府が状況を明確にするために、今秋の法律導入に向けて調整を進めている。この法律により、電子出版物の所有も法的に保障されることを期待している。当面の間は、主要な電子出版社と、これらの出版社が自主的に出版物を我々に提供することで合意している。今回、法定納本の適用範囲が電子出版物にまで拡大されることにより起こりうる技術的、法的、行政上の問題をいくつか考えることができた。他の多くの国にも、我々のように法定納本の法律が存在する。もし、我々と同じように、その適用範囲を電子出版物にまで広げる場合、膨大な量の資料を分類、保管、保存し、その上利用可能にするためにどのように協力していけばよいのだろうか。論点となるのは当然、著作権法全般であるが、これについては後ほど同僚のジュディ・ワトキンス女史が詳しくとりあげることになっている。

　英国ナショナル・サウンド・アーカイブが、ディジタル資料に対処しなければならないことが以前あったので、我々も事態が複雑化することはある程度予想できた。しかしこの先取り組まなければならないのは、ディジタル文書やディジタル音声だけではなく、動画、静止画のディジタル画像、マルチメディア資料も含まれ、今後の予想がつかない。

　当図書館は先頃、ディジタル・ライブラリー・システム（DLS）導入のために、数百万ポンドの契約をIBMと交わした。このシステムの導入により、諸問題が解決され、元のフォーマットがなくなってしまっても、電子資料は永久に保存され、アクセスが可能になる。オランダ国立図書館（Koninklijke Bibliotheek）もIBMと同様の契約を交わしており、我々三者が近密に協力していく予定である。同僚のデイヴィッド・イングリス氏がこの件に関して後ほど詳しく説明することになっている。

　さらに、ヨーロッパ国立図書館協会は（英国、オランダ、ドイツ、イタリア、ポルトガル、スイス、スロヴェニア）、全ヨーロッパに、各国の蔵書をベースに多言語でのアクセスが可能な電子図書館を設置し、ヨーロッパの人々が広くできるようにする案を欧州委員会に提出した。

　私はこの協会およびその他の地域にある同様の団体が協力し、ヨーロッパのみならず、将来世界中に同様のディジタル・ライブラリー・システムが広がることを期待している。

3. 歴史資料

　英国図書館は、英国のみならず他国にとっても歴史的、文化的そしてアイコンともいえる重要な資料を多く所有している。私はディジタル化技術によってこれらの資料へのアクセスが増加し、解決はできなくても、悩みの種である文化補償の問

基調講演

題の緩和につながることを望んでいる。我々の展示ギャラリーに展示されている重要美術品、リンデスファーンの書を例にとり具体的に説明してみる。リンデスファーンの書は美しい挿し絵の入った写本で、後からアングロサクソン語の翻訳がラテン語の本文に挿入されている。これは現在のイングランド北東部に位置したノーサンバーランド王国で約1300年前に製作され、アングロサクソン族をキリスト教に改宗させる活動の一環であった。16世紀半ばに国王によりロンドンに移され、現在に至っている。芸術性に優れ、文化的、神学的、そして文化的にも重要なこの作品の返還を求める声は、イングランド北東部で非常に多く聞かれる。最近、イングランド北東部の地方当局との協力により、リンデスファーンの書のディジタルコピーを作成、動画化し、それをタッチ・スクリーンにはめ込み、画面の画像に触ることで原典のページをめくる疑似体験ができるようになった。ディジタル版リンデスファーンの書は現在、リンデスファーンのホーリーアイランド、ダラム大聖堂、ニューキャッスル市（地域最大の都市）をはじめ、その他各地での閲覧が可能で、もちろんセント・パンクラスにある当図書館の展示ギャラリーでも閲覧できる。この"Turning the Pages"というアニメーション技術は、現在我々が展示している敦煌のダイヤモンドスートラのフォーマットのスクロールにも活用できる。我々は最近、シンガポール国立図書館理事会との協定にも同様のアプローチを活用した。この協定によって、我々は共同で英国東インド会社や前インド政庁の記録文書（現在、両方とも我々が保管している）のうち、シンガポールや広くは東南アジアに関連する資料をディジタル化する予定である。同僚のグラハム・ジェフコート氏がディジタル技術の開発について詳しく取り上げることになっている。特に、我々が慶應大学と共同で進めているプロジェクトについて説明することになっている。このプロジェクトの成果は素晴らしく、我々のジョイント・コレクションであるグーテンベルク聖書のディジタル化に成功した。このプロジェクトが契機となり、慶應大学とさらに多くのディジタル化プロジェクトを共同で行えることを期待している。

当図書館にある多くの歴史的、文化的に重要な資料は、その価値が十分に評価されていなかった時期に入手されている。そのため、専門家の手に渡るまでに、キュレーターによるかなりの作業を必要とする場合が多い。そのよい例がオーリエル・シュタイン卿から入手した中国西部にある敦煌の洞窟で発見された資料である。パリ、セントペテルスブルグ、ベルリンにある図書館、そして北京にある国立図書館（これらの図書館はすべて、主要な敦煌の資料のコレクションを所有している。）と協力して、洞穴で発見されたこの資料を、WWWとディジタル化技術を駆使し、オーリエル・シュタイン卿などに発見、分散される前の状態を視覚的に復元する作業に取り組んでいる。この国際敦煌プロジェクト（IDP）は英国図書館のスーザン・ウィットフィールド博士を中心に行われている。我々はIDPに参加することにより、バークレー大学のランカスター教授によるエレクトリック・カルチュラル・アトラス・イニシアティブ（ECAI）、太平洋地域の国立図書館連盟にも参加することとなった。

また、異なった例としては、我々がファゾム連盟の会員であることがあげられる。この連盟はアメリカのコロンビア大学、スミソニアン研究所、ニューヨーク公立図書館、英国のロンドン経済大学、ケンブリッジ大学出版、ビクトリア・アルバート美術館、イギリス自然史博物館で構成されている。ファゾムは信頼できる情報や知識をウェブ上で提供する最高のサイトとなり、またメンバーの学術団体の各種学科コース提供媒体となることを目指している。サイトは間もなく立ち上げられる。図書館職員は今回のウェブ制作に際し、新たな専門技術、管理能力を培うこととなった。

これらは、革新的な国際共同研究の例であるのみならず、学術活動自体が、浸透する現代の通信技術にどのような影響をうけているかという例でもある。その過程で、いくつかの分野では、電子図書館の本質が変遷の鍵を握る重要な要素であることが明らかになりつつある。したがって、図書館員も受動的なサービスの提供者ではなく、重要な革新者になりつつある。ここには、図書館員の今後のトレーニングやキャリアへの提案がはっきりと示されている。我々はやっとそれに気づき始めたというところだろう。

4．文書提供サービス

　紙ベースでの文献コピーの提供（ボストン・スパで従来行われてきた文書提供サービス）は最終的には減少するだろう。それは、電子出版のみの学術誌や研究論文がどんどん増加しているからである。さらに、電子化が進むと、現在の紙ベースでの複製や情報伝達の生産性が大きく向上することにもなる。この件に関しては、当図書館文献提供センターのリチャード・ローマン氏が後で詳しく取り上げる。電子化により一番の恩恵を受けるのは海外の利用者であることは明らかである。より上質のサービスを低コストで提供することが可能になる。

　しかし、電子化技術による新しいサービスにより、全利用者が恩恵を受けることを私は確信している。リチャード・ローマン氏が後で詳しく説明するので、ここでは簡単に言及する。このサービスはZETOCと呼ばれ、英国でも最近導入されたところであるが、近々国外でも導入されることを期待している。このシステムにより、2万件以上の最新学術誌のタイトルと7万件以上の学会議事録中の論文タイトルを収録した電子目録データベースへのアクセスが可能になる。つまり、合計で約1500万件もの学術記事や学会論文にアクセスできるのである。英国の研究者はZ39.50プラットフォーム（つまりZETOC）かウェブを通じてこのデータベースにアクセスできる。このシステムを文献の注文、配送サービスと連結させることで、研究者はデスクを離れることなく、必要な資料を特定し、それを注文・配送することができる。RDプロセスの総合的な生産性の向上は、コスト削減と同じく非常に重要である。多くの組織が、資料図書館よりもこの新しいサービスに依存し始めるのも当然で、特に英国図書館のように、このようなサービスを提供できる図書館にとって非常に有益である。現在ある学術雑誌や研究論文の図書館のうち、長期的に必要とされる図書館がどれくらいあるのか、と考えさせられるが、この件はディスカッションの時間に取り上げることにする。

＜　訳　拝師佳代子　はいし　かよこ　翻訳家　＞

基調講演

マルチメディア電子図書館とインタフェース
Multimedia Digital Library and the Interface

長尾　真

京都大学総長

1. 未来の書籍

　今日、電子出版が徐々に増えつつある。電子出版されるものには電子的なテキストだけでなく、図や写真、動画といったものが含まれ、将来的には三次元の電子的風景も加わるであろう。電子書籍にはさまざまな利点がある。たとえば長所として電子的テキストにより単語の辞書引きが素早くできることが挙げられる。クリックするという動作のみで、単語の意味が画面に表示される。百科事典や複合辞書でも同じ動作で内容を表示することができる。もう一つの長所はキーワードやキーフレーズを設定すればテキストの一部分を検索できるという点である。検索ソフトウェアは便利で有効であり、これを使えば読者が必要とする文書の断片を検索することができるのである。もう一つの有効な利用方法は、外国語で書かれたテキストの部分の機械翻訳システムの使用であろう。インターネット上では、コンピュータで外国語を翻訳するためにさまざまなシステムが使用可能である。電子テキストは読者の前に文字としてディスプレイに表示するだけでなく、人工的に音読させることも可能である。

　文書は階層的構造で構成できる。たとえば、第一段階は要約、第二・第三段階はたくさんの章や節にある詳細な文章であり、時には図解や写真、画像によって補足されることもある。このような文書の構成では、読者は文書中の興味のない部分を飛ばして、階層構造を下がっていくことによりある部分についての詳細を読むことができる。

　さらに、未来の電子テキストにおいては、おそらく学校の教科書で、練習問題の部分がプログラムになるかも知れない。たとえば、物理の教科書で石を投げた距離をたずねる練習問題があったら、それを石の重量、投げた角度、初速度といったさまざまな要素の数値によって組み立てることができる。解答を分析するプログラムが学生の解答を自動的にチェックし、ヒントを与えたりもう少し簡単な予備問題を与えたりして、どこでどう間違ったのかを教えるのである。

　このようにして、未来の電子書籍はもっと動的で機能的なものとなり、読者と相互に作用するためにより活動的なものとなるであろう。電子書籍は、それを読むための装置にインストールされる。この電子書籍閲覧機器は大変軽く持ち運びができ、簡単に扱えるものになるであろう。この機器は出版社のコンピュータからの無線通信により電子書籍のコンテンツを受信する。この閲覧機器には標準の辞書と百科事典、そして読者が読書に関するコメントを書き込むことができるメモ用のスペースが備わっている。

2. 電子図書館と著作権

（1）上記で述べてきたように、未来の書籍はマルチメディア的な電子的ディジタル情報の表示となり、それには書籍自体または閲覧機器に備わっているプログラムによる相互作用の機能が付け加わる。そのため、電子図書館はどうしても統合的な情報システムとなり、これはあらゆる情報メディアを操るものである。しかし、注目されているマルチメディアの電子書籍の構造にはテキストから音や画像まで、さまざまな資料が必要である。これらの資料は一人の人間が作ることは困難であろう。他人から得た大量の資料が利用されることになる。ここで、著作権という深刻な問題が持ち上がってくるのである。

　たとえば、もし他人の所有物である写真を自分のテキストに利用したいと思ったら、その写真をとった人に許可を得なければならない。しかし、それだけでは不十分で、写真に写っている人全てから許可を得なければならないのである。この第二の段階は困難であろう。なぜなら、通常は写真

に写っている人が誰なのか知り得ないからである。もし特定できたとしても、彼らの住所や、使用許可を得るために連絡をとる方法がわかっている必要がある。このようなことが完全に行われることはめったになく、何かを創作する際には写真の使用は断念しなければならない。

（2）著作権問題は電子図書館にとっても非常に深刻な問題である。電子化するためには著者と出版社から電子化と記憶、そして読者への発信について許可を得ておかねばならない。公立図書館は希望者には無料で資料を貸し出すことになっている。現在のところ、通常の図書館では、資料は一度に一人だけに貸し出し、他の利用者はしばらく待たねばならない。そのため同一の資料を使用できる利用者の数は非常に限られていて、著者と出版社はこれまで図書館の活動に対して目立った異議はなかったのである。

　しかし、電子図書館では資料はコンピュータのメモリに入っているため、同一の資料を何名にでも同時に送信でき、また資料の質を悪化させたりオリジナルを紛失することなく何度でも閲覧することが可能である。したがって出版物が電子図書館上で利用可能になれば、資料を購入したり図書館に借りに行く者はいなくなるであろう。著者と出版社はこのような電子図書館の働きによって深刻な打撃を受けるであろう。我々は通常の図書館と電子図書館の本質的な違いを認識しておかねばならない。これが著作権が重要なものであり、同時に電子図書館にとっても重大である理由である。電子図書館の発展のためには、この本質的な問題を避けることはできないのである。

（3）著作権は尊重されなければならず、権利を侵害していないか常に気を配っておく必要がある。しかし同時に、未来の社会改善のために、人々の創造したものをより便利に利用できるよう考慮もしなければならないのである。これまで人類が長い歴史において蓄積してきた知識は全ての人々に共有されるべきである。新しい知識は過去の知識をもとにして創られるものであり、したがって新たに追加された知識はそれに貢献した者の独占物ではない。この考え方は割合新しく一般的なものではないが、厳しく規制されている現在の著作権の概念を訂正および改善するためには非常に大切である。

　今日、ネットワーク上の世界で自分の著作物、たとえば文書、ソフトウェア、データやその他の情報を自由に利用してよいと宣言する者が増えている。代表的な例はLinuxである。Linuxとはコンピュータの新しいオペレーティングシステムである。ソフトウェアには人々に次のように考えられているものが多い。すなわち、

　全ての創造活動は過去の知識に拠るところが多く、したがって新たに創造された産物は未来の創造活動のため伝えられていかねばならない。

このような考え方はソフトウェア社会において今後影響力を持ち、一般的なものになっていくであろう。

（4）だが同時に、この厳しい利益優先の社会においては、著作権を保護しようとする考え方は極めて正当である。しかし、現在の著作権が厳格すぎて過去の人類の知識を利用する者の妨げになると考える人は増えつつある。この権利に対する考え方は、著者の権利を尊重する観点から利用者が現存する知識や情報を利用し新たな知識を創造するための権利を保証するという観点に少しずつ移ってきているように思われる。

　このように権利の概念が一時的に不安定となっている時期において、利用を容易にし、一方で著者と出版社の有益な立場も保証する新しい考え方を提案したい。基本的に、過去の資料を広く利用する上での障害は、現在の著作権が資料の利用をある者に許可し、別のものには許可しないという事実から生じている。他人の資料を利用したい者は誰でも著作権所有者に使用許可をとらなければならないのだ。ここで提案したいのは誰でも許可なしに他人の資料を利用できるが、使用料を支払わねばならないという方法である。これは著者の側でなく利用者の側に立った権利である。代わりに、著者は利用者に対して使用料を請求する権利を持つのである。この権利は「請求権」と呼ぶことができるだろう。

　資料の利用料金は出版の際に資料に付けておいて知らせなければならない。この請求のシステム

においては、使用料を払えば誰もが好きな資料をいつでもどこでも自由に利用できるのである。なるほど概念上では可能かも知れないが実際には不可能である、なぜなら今日文書になっている資料は簡単にこっそり複製することができるし、誰も進んで料金を払いたがらないだろうからと言う向きがあるかも知れない。

それは正しいかも知れない。しかしコンピュータネットワークの世界においては、料金を払ったときにだけ複製を許可するようなソフトウェアのシステムを作ることは可能である。料金を支払わずにコピーを作る人がいるのは、通常は便利な支払いのシステムがないためである。コピー作成のための料金は非常に少額になるであろうし、利用者は喜んで料金を支払うであろう。人々は法を侵したいとは思わないからである。ネットワークの世界では、ネットワーク上に散らばったたくさんの利用者から少額の料金を徴収することは経済的に可能である。このようにして集められた料金は著者と出版社に戻される。コピー料金が納得のいく値段に設定されれば、彼らは喜んで出版物を電子図書館のために寄託してくれるであろう。不法コピーを防ぐため、またコピー料金を確実に徴収するために、ハードとソフトの開発に力を注がねばならない。

これによく似たアイデアが、既に北川善太郎教授と森亮一氏によって提案されている。それぞれ「コピーマート」、「超流通」という名のシステムである。

（5）上述の電子図書館の構成は近い将来では実現されないであろう。なぜなら、現在の著作権のシステムは多くの著作権保護団体によって堅く支持されており、これらの団体は上に述べたような新しい方向性について強く反対すると思われるからである。このため、電子図書館のシステムは別の有用な方向性を見つけなければならない。一つ可能性のある方向は、参考業務部門に焦点を当てることである。つまり、利用者が希望する資料を所有する適切な著者または出版社を利用者に紹介することである。利用者の要求に対して、電子図書館の役割はどこで資料が出版されたかを調べ、その要求を出版社に取り継ぐことのみに限定される。その次の段階、つまり利用者と出版社の間で行われる資料の利用についての交渉については図書館は無関係である。この参考業務過程の自動化は興味深く有意義な研究開発テーマである。

3．検索のためのヒューマン・インタフェース

（1）電子図書館にはさまざまなアクセス方法がある。現存する中で最も簡単なのはOPACで検索することである。しかしOPACはタイトルと他に図書目録の情報をいくつか提供するだけで、利用者はそこで得られた情報からあらためて内容を尋ねなければならない。このため、OPACの情報から目的の内容まで直接リンクが張られていることが重要であり、また検索した文書から利用者が得ようとした概念に対して何かヒントを与えるための関連資料にもリンクを張っておくことが大切である。

蓄積された情報は増えてきており、簡単な要求でも大量の資料のリストを検索することになる。そのため、より詳細な質問をまとめなければならない。それには電子図書館の構造についてある程度の知識が必要となる。これは通常ブラウザにおいては認識されていることである。しかし、現在のブラウザは大変単純で、さらに有用なものの開発が求められる。

（2）電子図書館システム「アリアドネ」は、1994年に我々が開発し京都大学の電子図書館の基本的なモデルになったものである。このシステムはさまざまな検索機能を持っている。それらを下記に挙げる(実行されていないものもある)。

検索支援機能
(i)　目録データによる検索

OPACシステムや、または商用の目録情報システムの多くが提供しているよく知られた機能である。利用者はタイトル、著者、出版年などのデータと、欲しい文書を得るためのキーワードを入力できる。タイトルや著者名の一部だけでも検索に使うことができる。

また、アリアドネは類義語や英語または日本語で検索する機能も提供している。出版年やページ数、値段がはっきりしなくても検索可能である。
(ii)　ハイパーテキスト検索

文書内の重要な単語には同一文書内、あるいは

また別の文書内で同じ単語が出てくる場所にリンクが張られている。これによって下記のようなことが可能となる。

1) ある単語や概念に興味を持ったら、その文書内でそれが出てくる別の場所に移動できる。
2) 移動できるのは同一文書内だけではない。同じ図書館内の別の文書や、別の図書館の文書にもジャンプすることができる。
3) 目録から著者紹介、目次、文書のテキストまで移動できる。
4) 文書の中で引用されている本や論文に関心があれば、そこへ移動できる。
5) 知らない言葉が出てきたら辞書を引くことができる。

(iii) キーワードによる検索

検索する際、質問を自然な言葉で入力できる。このシステムは全文検索を実行し、関連性の高い順にリストを表示する。その単語は文脈と共に表示される。

(iv) 単語の出現階層による検索

関連性の高い文書はある単語の文書内での出現階層関係を利用して検索される。出現階層とは人工的に作られた分類表のようなものではなく文書の構造を表すもので、「タイトル＞章の見出し＞節の見出し＞小節の見出し…」のようになる。

たとえば、タイトルに「人工知能」というタイトルの入った本を探しているとすると、検索式は次のようになる。

BT（人工知能）

さらに、哲学の観点からみた人工知能を扱う本に興味がある場合、下記のような検索式になる。

B（人工知能）＊T（哲学＞人工知能）

上記の式で付け加えられたのは、「哲学」という言葉が出てくる章（または節）の下位にある節（または小節）の見出しに「人工知能」という単語が出てくるという条件である。英語／日本語の同義語や類義語も検索に使用できる。

(v) 質問文による検索

質問は自然な言葉を使った文章によって行うことができる。それをシステムが解釈して適切な文書を探し出す。「解釈する」とは次のようなことを意味する。ここに二つの検索要求があったとしよう。1) パーソナルコンピュータについて知りたい、そして 2) パーソナルコンピュータを買いたい、というものである。この二つの要求は一見よく似ている。しかし、人が何かを買いたいとき彼／彼女は製品は市場に出ているものと想定し、どれを買うか決めるには値段が重要な要素となると考えている。このシステムはこういった暗黙の仮定を解釈し、これらを考慮に入れて検索を実行するのである。

(vi) 日本語と英語のメニュー

利用者は検索して読み進めるために日本語と英語のどちらでも使うことができる。その他の言語は必要があれば追加する。

（3）要求に対して満足のいく検索をするのが困難になるということはしばしば起こる。これは検索を始める時点において質問する側で何が欲しいのかという意思があいまいであるのが原因である。質問者がはっきりした意思に到達し明確に限定された質問をまとめるには、システムが質問者と相互作用のできるプロセスを提供しなければならない。通常の図書館ではこの部分は司書が参考業務サービスとして行っている。ベテランの司書なら質問者との会話をとおして彼／彼女が何を欲しがっているのか推測し、どうすれば必要としている資料に近づけるかを提案してくれる。これは本質的には質問と回答、または会話というプロセスである。

電子図書館においても同様の機能が実行されなければならない。ヒューマン・インタフェースの設計は重要である。あらゆる種類の参考資料と共に、自然な言葉を理解するシステムをその一部に備えていなければならない。これらの資料を質問者に表示しなければならないこともあるし、時にはシステムが自動的に使用することもある。さまざまな種類の資料は利用のために準備されている必要がある。質問者との会話の自動管理は大変難しい。なぜなら、システムは質問者の暗黙の意向を言葉から汲み取れなければならないからである。これは質問者の予備知識や他の状況に大きく左右される。質問者は小学生か中学生の子どもかも知れないし、自然科学や歴史といった特定の分野について学びたい門外漢の人かも知れない。このような場合質問者の問いにはあいまいな部分がたくさんある。専門家の質問にもあいまいさは含まれ

ている。たとえば、次のような質問について考えてみよう。

　　戦後の教育改革について中央教育審議会ではどのような報告が提出されてきたか。一般雑誌ではどのような反論がなされてきたか？

　これはまずまず明確で限定された質問のように見える。しかし、システムがこの質問を分析し検索コマンドへ書き替えようとするとき、あいまいな点がいくつも挙がってくる。たとえば、「教育改革」は義務教育かも知れないし高等教育を意味するかも知れない。「戦争」は第一次大戦か第二次大戦か、また「一般雑誌」とは質の高いものを指すのか、A誌とB誌は含まれるかも知れないが、C誌とD誌はどうか、などである。これらはシステムから質問者へ逆に尋ねられなければならない。さらに大変なのは単語の意味である。「反論」が質問者にとって何を意味するかを明確にすることは困難である。なぜなら、これはA、B、Cといった限定された質問に置きかえることができないからである。質問者自身がこれについての考えが明確でないこともある。

　（4）もう一つの重要な問いはインターネット上での電子図書館の共通操作性である。それぞれの電子図書館が独自の情報蓄積とアクセス構造を持っている。さまざまな文字コードがさまざまなシステムのソフトウェアで使用されているので、ある電子図書館から別の電子図書館へ自動的にアクセスするのは容易ではない。むしろほとんど不可能である。これらの困難を克服せねばならない。

　質問者にとって理想的な状況とは要求した資料がアクセスした電子図書館になかった場合にその要求が他の電子図書館へ自動的に転送され、資料が探し出されて送り返されてくることである。質問者は資料が遠くの国の電子図書館から来たことに気づかないかも知れない。このようにして世界中の電子図書館がどの電子図書館の後ろにも控えていて、どんな質問に対しても利用可能でなければならない。このような理想的状況を実現するためには、標準的アクセス方法が全ての電子図書館に導入されなければならない。あるいは、少なくとも標準となるアクセス法と個々の図書館に特有のアクセス法との間に変換機能を設けるべきである。これは容易な問題ではなく、非標準的な文字、たとえば漢字が使用される場合などは特に難しい。

4. 読書と学習のためのヒューマン・インタフェース

　近い将来、書籍の内容が電子的形式で有線または無線通信で電子書籍閲覧機器に送られることになる。この機器は大変軽く、片手で長時間持っていられるくらいで、また高い解像度と鮮やかなコントラストのワイドスクリーンがついている。このような機器は現在の印刷物と同じくらい文字をきれいに表示できる。さらに、この装置は下記のような大変便利な機能をたくさん備えている。この機能の主要部分は我々の電子図書館システム「アリアドネ」で実現されているものである。

読書支援機能

　読書のためのさまざまな支援機能が組み込まれており、このため読者は書籍や他の文書を印刷物を読むより快適に読むことができる。

(i) 複数の文書を同時に読む機能
　新しいウィンドウを開けば、他の文書も読むことができる。

(ii) 辞書機能
　このシステムは多種の辞書を備えており、翻訳のための辞書もある。これらは検索だけでなく、読書中に用語を参照することもできる。また広義や狭義の用語あるいは関連語を調べて、その言葉が使われている文書を検索するのに利用することもできる。

(iii) メモと印をつける機能
　読者は読書中によくノートに文章の一部を写したり、ある一節の上に何かコメントを書き込んだりページに印をつけたりする。アリアドネではこれを簡単な操作で行うことができる。印の上に文章を書き込むことができ、後で印やメモをつけたところを検索し、そこを見るためにジャンプすることができる。

(iv) 翻訳機能
　検索したテキストの和文英訳、またはその逆が手に入る。

(v) 声に出して読む機能

読むのに疲れたら、コンピュータに音読させることができる。このサービスは日本語向けのみではなく、英語にも使用できる。下記のようなプロセスが実現されるであろう。

日本語文書の検索→機械翻訳→英語での音読　逆も同様である。他の言語の翻訳システムの追加も必要である。

(vi) その他の読書支援機能

アリアドネは上述の機能の他にも、簡単に、かつ快適に読書をするための多様な機能を備えている。ここでその全てについて記述することはできないが、いくつか面白そうなものを挙げておこう。

1) ジャンプ機能
　　階層的メニューをたどって読み進むのに加えて、逆方向にたどって行くこともできる。またメインメニューや目次、索引にジャンプすることができる。好きなサービスへジャンプするためによく使うキーを使うこともできる。

2) 自由なディスプレイサイズ
　　読者はディスプレイのサイズを好みの広さで読むために調節できる。単語の綴り切りは自動的に行われる。

3) フォント切り替え機能
　　あらゆる形と大きさのフォントの中から選べる。

4) メール機能
　　友達も興味を持つだろうと思った節があったら、それをメールで送ることができる。

5) ユーザ環境の保護
　　それぞれの使用者の属性は保管されるため、次回から使用開始ごとに環境を設定し直す必要がなくなる。

　上記の機能に加えて、電子書籍そのものにソフトウェアが含まれていて、電子書籍閲覧機器で文書、図表、図解や動画を見ることができるようになるかもしれない。このようなソフトウェアは読者から入力される情報によって違った機能の仕方をするであろう。そのような本の簡単な例として、ゲームのソフトウェアが挙げられる。これらは全て質問に対して反応を得るための基本的なヒューマン・インタフェースの要素である。電子図書館のこの部分は大変重要で、我々はこの方向においてさらに集中的な研究を進めなければならない。

<　訳　角川栄里　つのかわ　えり
　　　京都大学大学院情報学研究科　>

内外電子図書館の概観

杉本　重雄

キーワード　電子図書館、ディジタル図書館、Digital Library、大学図書館、学術情報、
電子図書館研究開発プロジェクト、電子図書館の機能

1. はじめに－電子図書館の位置付け

　1990年代に入り、コンピュータの性能の向上とともにマルチメディア機能や大容量メディアを用いて作られる電子出版物が非常に多くなった。一方、インターネットの爆発的普及は、さまざまな情報資料へのオンラインアクセスを非常な勢いで拡大させてきた。こうした背景の下、世界各国において情報流通性を高めるためのプロジェクトや電子図書館の研究開発が国家レベルで推進されてきた。

　我が国においては、1996年に出された学術審議会建議「大学図書館における電子図書館的機能の充実・強化について」によって、大学図書館での電子図書館機能の推進が求められた。電子図書館を中心機能に据えて設計された奈良先端科学技術大学院大学附属図書館に続き、京都大学、筑波大学他の附属図書館に電子図書館の推進のための予算が措置され、こうした大学図書館を中心として電子図書館機能の実現が進められてきている。

　電子図書館は、利用者が必要とする情報をより効率よく提供するための図書館の基本的なサービスのひとつであり、図書館の総合的なサービスを向上するものとして位置付けられるべきものである。昨今、電子図書館開発が盛んに進められる背景には、インターネットの発展に伴う研究者や学生の情報アクセス環境の変化がある。すなわち、図書館と利用者の間の物理的な距離とは無関係に、より新しくより広範囲な学術情報資源へのアクセス性を高めることが強く求められるようになり、その要求を満たすものとして電子図書館が注目されることとなった。一方、出版する側にも大きな変化が現れてきている。たとえば、インターネット上で出版される学術雑誌が現れてきただけではなく、多くの既存の学術雑誌が冊子体に加えて電子的形態でも出版されインターネットを介して提供されるようになってきた。また、講演記録や講義資料など、ネットワークを介して提供するという前提で電子的に作られる学術資料、教育資料も増えつづけている。こうした環境の変化に適合し、新しい情報技術を利用した電子図書館機能によって、大学が所蔵する情報資源、あるいは大学自身が生産する情報資源を、大学内の利用者はもとより、生涯教育や遠隔教育による学習者など多様な大学外の利用者に提供することが期待されている。

　本稿では、国内外で進められる電子図書館に関連するプロジェクトを紹介した後、主として大学図書館の観点から電子図書館の機能に関する考察を行う。電子図書館の研究開発プロジェクトを見る場合、「電子図書館のための新しい情報技術の研究開発を目的とするもの」と「ネットワーク時代に適合した新しいサービスとしての電子図書館機能を開発実現することを目的とするもの」に大別することができる。前者の代表は米国科学財団(NSF)を中心とするいくつかの研究助成母体が共同して進める研究助成プロジェクトDigital Library Initiativesであろう。後者については大学図書館や国立図書館を中心として進められている。ここでははじめに前者について簡単に紹介し、その後、後者に関するいくつかの実例を紹介する。その後、電子図書館の特徴的な機能について考察する。

2. 電子図書館の研究開発活動

2.1 電子図書館の研究開発助成プログラム

(1) 米国科学財団 (NSF) 他による Digital Library Initiatives (DLI、phase-1, 2)

　1994年から1998年にかけて2300万ドルの助成が行われたDLI phase-1 (DLI-1) は電子図書館に関する研究助成プログラムとしてもっとも著名なものであろう[1]。これはNSFと航空宇宙局(NASA)と国防総省防衛高等研究庁 (DARPA) が

共同して研究助成したもので、複数の研究助成母体による共同助成であったこと、計算機科学だけではなく、図書館情報学、図書館や博物館、出版社などをComputing、Communication、Contentsという複数の視点での研究を助成したことに特色がある[2]。実際には6つの大学の大規模なプロジェクトが助成された。

DLI-1に続き1998年から4－5年の計画で開始されたDLI-2[3]は、先の3組織に加えて、議会図書館(Library of Congress)、人文基金(NEH)、国立医学図書館(NLM)が研究助成母体として参加している。予算規模はDLI-1に比べて2倍以上になっており、助成された研究プロジェクトは大規模なものから、小規模なものまで20以上の多様なプロジェクトが進められている[4]。予算規模が100万ドルを越える大規模プロジェクトの中には、DLI-1から引き続き進められているカーネギーメロン大学によるDigital Video Library、スタンフォード大学による不均質な電子図書館に対する均質な利用環境、カリフォルニア大学バークレー校による新しい学術情報流通と利用のための技術、同大サンタバーバラ校による大規模な地理情報システム(Digital Earth)の3プロジェクトの他、人文科学分野において学際的に利用できる大規模ディジタル図書館基盤(タフツ大学)、医療情報のためのインターネット環境における個人向け情報アクセス技術(コロンビア大学)、信頼性、安全性、保存性を提供するアーキテクチャとそれに基づくプロトタイプ(コーネル大学)、社会科学分野における数値データの共同利用のためのさまざまなツールや環境（ハーバード大学）、記録音声（スピーチ）のオンラインデータベース（ミシガン州立大学）、社会・経済学分野の実験とシミュレーションおよびアーカイブのためのソフトウェアとデータのライブラリー（サウスカロライナ大学）がある。また、プロジェクトの中には後述のNSDLに先立ってはじめられた学部教育指向のものもある。

(2) 英国のJoint Information Systems Committee (JISC)によるeLibプログラム

1995年に開始されたeLibプログラム (phase 1-3) では主に図書館を基盤とする研究に助成が行われ、電子図書館や図書館における新しい情報技術の利用に関する研究開発のための研究助成が進められてきている[5]。eLibは比較的小規模なプロジェクトを多数助成してきている[1]。

(3) EUの第5フレームワークの中でのISTプログラム

1999年から始まったEUでの研究助成第5フレームワークの中に含まれるInformation Society Technologies (IST) プログラムでは情報通信技術に関する研究助成が行われており、その中で電子図書館に関連する研究助成が進められている[6]。たとえば、以前からヨーロッパでの電子図書館に関する研究とその交流を推進してきたDELOS (A Network of Excellence on Digital Libraries)はISTの中でも続けて進められている[7]。

(4) NSFによるNational SMETE[2] Digital Library (NSDL)

NSDLはNSFが大学学部レベルでの数学、工学、科学技術分野の教育における電子図書館の利用の推進を指向して進めている研究助成プログラムである[8]。教育利用のためのコンテンツや遠隔実験演習環境など情報技術を利用して教育環境をより向上することを目的とした研究開発の助成を進めている。NSDLは生涯教育や遠隔教育など、アメリカのみならず世界の大学の将来にとって重要な要素を含んでいると考えられる。

(5) 国際的な取り組み

1997-98年にNSFとEUは共同でディジタル図書館に関する研究戦略の検討を進めた[9]。そこでは(1)高速高機能な情報検索、情報発見、(2)相互利用性、(3)メタデータ、(4)多言語情報アクセス、(5)知的財産権や経済モデル、の5テーマに対してワーキンググループが作られた。これらはディジタル図書館の研究開発にとって重要かつ特徴的な領域を表していると言える。

現在、NSFはDLI-2の中で国際間での協力プロジェクトを進めており、これまでイギリス

---

1 たとえば、Phase 3の中で助成されているプロジェクトの分野には、Hybrid Libraries、Large Scale Resource Discovery (Clumps) projects、Digital Preservation、Access to Network Resources、Digitisation、Electronic Document Delivery、Electronic Journals、Electronic Short Loan Projects、Images、On Demand Publishing、Pre-prints、Quality Assurance、Supporting Studies、Training and Awarenessがある。

2 SMETEはScience Mathematics Engineering and Technology Educationの略である。

(JISC)、ドイツ (DFG)、EUとの間で協定を結び、その下での研究助成を進めている。また、韓国やシンガポールなどとの間でも共同研究を推進している。一方、DELOSではDLI-2との協力、ロシアや地中海周辺諸国との協力等も進めている。

2.2 国内における電子図書館のための情報技術研究開発

我が国では先のDLIやeLib、ISTに対応するような研究助成プログラムはこれまで進められていない。個別の研究開発プロジェクトは早くから進められてきており、実際の電子図書館サービスに反映されているものもある。

(1) Ariadne [10]

京都大学を中心に進められたもので、機械翻訳技術や図書の構造に基づく検索技術等を利用した電子図書館に関する研究を進めたものである。現在、京都大学附属図書館が提供している電子図書館の基礎となっている[11]。

(2) NACSIS-ELS

学術情報センター(現、国立情報学研究所、NII)で進められた学術雑誌記事を電子化、提供するシステムに関する研究である[12]。システムの実用化が進められ、現在、日本の多数の学協会が出版する雑誌がNACSIS-ELS上で提供されている。

(3) パイロット電子図書館システムと次世代電子図書館技術研究開発プロジェクト

国立国会図書館の協力を得て通産省が進めたパイロット電子図書館システム事業では情報処理振興事業協会(IPA)により、多種・大量の資料の電子化とそれを用いたパイロット電子図書館システムの開発が行われた[13]。それに続きIPAと日本情報処理開発協会(JIPDEC)により進められた次世代電子図書館技術研究開発プロジェクトでは、電子図書館を実現するための要素技術とそれを組み合わせた電子図書館プロトタイプ・システムの実現が進められた[14]。

(4) 学術雑誌の出版支援システム

科学技術振興事業団によるJ-STAGE[15]と国立情報学研究所によるオンライン・ジャーナル・プロジェクト(NACSIS-OLJ)[16]では、学会が雑誌を電子的に編集・出版し、流通させることを支援するシステムの開発が進められてきている。学会による出版物の電子的な出版と流通を促進する上で、こうしたサービスが重要な役割を果たすことが期待されている。

2.3 研究図書館での電子図書館開発－アメリカの例

図書館における電子図書館の開発は大学図書館や国立図書館など、いわゆる研究図書館を中心に進められている。もともと大学等での研究環境ではインターネットが早くから広く使われていたこと、歴史的資料など電子化しやすい資料を扱うことが多いこと、比較的限られた利用者を対象とする学術雑誌を扱うことが多いことなどが、研究図書館を中心に電子図書館開発が進められてきたことの主な理由であろう。以下にいくつかの例を挙げる。

(1) ミシガン大学(University of Michigan)

ミシガン大学図書館[17]では早くから電子図書館への取り組みを進めてきた[18]。現在、多数の電子的な情報資源を提供する一方、図書館自身でも大量のディジタル・コンテンツの開発を進めている。ミシガン大学図書館では館内に電子図書館部門をおき、その中に図書館業務のための基盤的システムを管理する部門であるLibrary Systems Officeに加えて、Digital Library Production Service (DLPS) とDigital Library Program Development (DLPD) と呼ぶ部門を置いている。DLPSは資料の電子化と提供を担当するフルタイム換算20名からなる組織である。DLPSでは資料の読み取り、テキスト化 (SGMLテキスト化)、提供を行っている。また、こうした機能を実現する上で必要な技術の開発や評価・導入も行っている[19]。DLPDは、図書館内や大学内においてディジタル・コンテンツの出版や流通に関連するプロジェクトやサービスの立ち上げを支援するという役割を持っている。

(2) カリフォルニア大学 (University of California)

カリフォルニア大学はバークレー校など州内9キャンパスを持つ。各キャンパスはひとつの大学といえる大きな組織であり、それぞれに図書館がある。カリフォルニア大学では全キャンパスをカバーする10番目の図書館としてCalifornia Digital Library (CDL)[20]の構築を進めている。

CDLでは広く分散した多数の利用者に大量のコンテンツを提供するためのシステムの開発や新しい環境でのサービスの検討・開発を行っている。また、DLI-2における前述のカリフォルニア州の3大学(スタンフォード大学、カリフォルニア大学バークレー校とサンタバーバラ校)はCDLとの協力も進めている。

(3) 合衆国議会図書館(Library of Congress)

議会図書館ではWWWを利用して議会や法令に関する情報の提供を行っている(THOMAS[21])ほか、National Digital Library Programと呼ばれる計画でアメリカの歴史資料を電子化し提供するプロジェクトAmerican Memoryを進めてきている[22]。American Memoryの場合、議会からの予算に加えて民間からの寄付によって進められてきている。American Memoryでは議会図書館で選ばれた電子化対象資料の電子化を進めているほか、電子化プロジェクトを募って大学図書館等が持つ資料の電子化も進めてきている。また、K-12[3]の教師を対象としたワークショップを開催するなど教育分野での利用促進も行われている。

2.4 国内における図書館での電子図書館開発

日本国内では、国立大学を中心に開発が進められている。下記のように奈良先端科学技術大学院大学をはじめとして、下記の各大学附属図書館において電子図書館サービスが進められている。また、このほか東京大学[23]や九州大学[24]など各大学図書館でもさまざまな努力がなされている。

(1) 奈良先端科学技術大学院大学:1996年に開始されたもので雑誌や学位論文の電子化とその提供、ビデオデータの提供[25]。
(2) 京都大学:筑波大学とともに1998年に開始されたもので、貴重資料、学内資料の電子化と提供[26]。
(3) 筑波大学:学位論文や貴重資料、学内資料の電子化と提供[27]。
(4) 東京工業大学:科学技術分野の雑誌、論文集等の提供、インターネット上の情報資源に関する情報の提供[28]。

---

3 K-12: Kindergarten through 12th gradeの意味で、幼稚園から高校3年生までを表す。これに大学学部教育をも加えてK-16と表すこともある。

(5) 神戸大学:阪神・淡路大震災関連資料や貴重資料の電子化と提供[29]。
(6) 図書館情報大学:図書館情報学を中心とするインターネット上の情報資源に関する情報の提供(サブジェクト・ゲートウェイ)[30]。

2.5 その他の関連する活動

コンテンツの蓄積と提供など、電子図書館に関連するいろいろな活動が進められている。下記に特徴的なものをいくつか列挙する。

(1) 学位論文、テクニカル・レポート、プレプリントなどの提供

・Networked Digital Library of Theses and Dissertations (NDLTD)はバージニア工科大学を中心として国際的な協力の下で進められているプロジェクトで学位論文の電子的な作成と蓄積のためのツールを準備し、ネットワークを介した提供を進めている[31]。

・Networked Computer Science Technical Reference Library (NCSTRL)は計算機科学分野のテクニカル・レポートを蓄積、提供するシステムであり、欧米を中心とする多くのサイトに分散して蓄積された資源を利用できる[32]。

・米国Los Alamos研究所で進められてきたe-Print archiveは物理学分野を中心としてプレプリントの蓄積と提供を進めてきている[33]。

・上のようなサービスを行っている組織が協力してメタデータや検索プロトコルを共通化し、より広範囲のサービスを進めようとするOpen Archives initiativeが進められている[34]。

(2) サブジェクト・ゲートウェイ(Subject Gateways)

サブジェクト・ゲートウェイ(あるいはインフォメーション・ゲートウェイ)はインターネット上の情報資源に関する情報を提供するサービスである。特定の分野を対象とし、その分野の情報資源として有用なものを選択し、そのメタデータを作成し、提供している。たとえば、イギリスでは、社会科学分野を対象とするSOSIG、医学分野のOMNI、工学分野のEEVLなどが進められており、これらの間の協調も進められている[35]。国内や地域内の情報資源を対象とするものもある。また、ISTから補助を受けて進められているRenardusプロジェクトでは、サブジェクト・

ゲートウェイ間の協力やサブジェクト・ゲートウェイのための技術開発を進めている[36]。

(3) JSTOR[37]

JSTORは主要な学術雑誌を遡及的にページ単位で電子化し、検索機能とともに記事の閲覧機能を提供するサービスである。もとはミシガン大学がメロン財団から助成を受けて開発したサービスであり、現在は非営利団体として図書館を対象にサービスが進められている。特色は、雑誌の創刊号からの電子化を行っていること、長期にわたるサービスを前提としていることである。

(4) Internet Public Library (IPL)[38]

ネットワーク上で公共図書館的機能を実現してみようというもので、ミシガン大学での講義からスタートしたプロジェクトである。IPLでは公共図書館的な視点からインターネット上の有用な情報資源に関する情報の提供と、ネットワーク上でのレファレンスサービスを行っている。

(5) HUMIプロジェクト（慶應義塾大学）[39]

HUMIプロジェクトはディジタル情報技術を積極的に用いて人文科学分野における新しい研究方法や研究分野の開拓を目指している。具体的には、現在グーテンベルクの42行聖書の高品位電子化を進めている。英国図書館との協調も進め、両者が所蔵する同聖書の電子化を行ってきている。高品位ディジタルイメージは、人文科学分野の研究者による利用のみならず、画像処理技術など広い範囲の研究への利用が進められている。

(6) 青空文庫[40]

主として著作権のきれた小説を電子化・提供するもので、ボランティアによって進められている。現在、多数の小説を電子テキストの形で提供している。

3. メタデータの開発

メタデータは、電子図書館を実現する上で非常に重要な要素である。インターネットや電子図書館を指向したメタデータ規則の開発が進められている。代表的なものとして、インターネット上での情報資源の発見を目的とするDublin Core[41][42][43]、教育情報資源のために定義されたIMS[44]やIEEE LTSC[45]のメタデータ規則、電子商取引を指向したIndecs[46]他、いろいろなものがある。以下にDublin Core[4]に関して簡単に解説する。

Dublin Coreはインターネット上の多様な情報資源を記述し、その検索・発見のために利用できるメタデータの開発を目指して提案されたものである。Dublin Coreは多様な情報資源を記述する上で、基本的かつ共通に利用できる核となる15のエレメントを定義したものである。現在、欧米を中心として標準化が進められている。また、最近ではより詳細な記述のための記述子であるqualifierの定義も進められている。たとえば、インターネット情報資源のメタデータ記述のためにOCLCが参加図書館と共同して進めるCORCプロジェクトでは、MARCとともにDublin Coreがメタデータ規則として採用されている[47]。この他、先に示したOpen Archives initiativeをはじめとしてさまざまなサービスの実現において基礎となるメタデータ規則として採用されている。

インターネット上の情報資源は多様であり、かつその利用目的も多様である。また、非常な勢いで情報資源の量が増すとともに、利用も拡大している。そのため、利用目的に合わせて標準的なメタデータ規則を応用することが求められる。Dublin Coreを採用しているプロジェクトには利用目的に合わせてqualifierを独自に定義しているものが多くある。また、Dublin CoreとMARCというように異なる規則から必要な部分を取り出して利用するということも行われる。一方、共通のメタデータ規則に基づくとはいえ、こうした利用が進むと、メタデータの相互利用性が損なわれることになる。そのため、メタデータ規則を登録して提供するためのレジストリや、メタデータ間での対応関係を定義し、提供するサービスが要求されることになる。たとえば、ISTから助成を受けて進められているSchemasプロジェクトでは実際に応用で用いられているメタデータ規則に関する情報を集め、提供しようとしている[48]。

---

4 Dublin Coreという語が、メタデータ・エレメント・セット(Dublin Core Metadata Element Set)を示す場合と、メタデータ・エレメント・セット開発を中心とするさまざまな活動を進める組織(Dublin Core Metadata Initiative)を示す場合がある。混乱を避けるために前者をDCMES、後者をDCMIと呼ぶことが多いが、ここではDCMIに関しては述べないのでDCMESの意味でDublin Coreと記すことにする。

4. 電子図書館の機能－大学図書館の観点から

ここでは、大学図書館の視点から電子図書館の典型的な機能について下の各節で考察する。

4.1 電子的に出版される資料の提供

雑誌(会議録等を含む)に発表される論文や記事は、大学の研究者、特に理系の研究者にとっては非常に重要な学術情報資源である。したがって、電子図書館機能を充実して、学術雑誌等の研究情報資源を研究者に容易かつ迅速に提供できるようにすることは、研究環境を向上し、競争力を高める上できわめて重要である。また、各種のデータベース、辞書や事典など、高価であるために個人や研究室単位で所有することに適さない資源も多くある。これらを利用者の要求に合わせて適切に収集し、提供することは図書館の重要な役割である。また、こうした資源は研究に必要なだけではなく、大学院や学部の専門教育にも必要であることはいうまでもない。

雑誌の電子的な提供は既に多くの出版社で行われており、電子的に提供される雑誌は有料、無料のものを含め多数ある。また、有料のものであっても書誌データまでは無料で公開されていることも多い。電子的提供が進むと、クロスレファレンスや仮想的な雑誌を作ることができるなど、いろいろな付加価値サービスも可能になっていくと考えられる。こうしたサービスも電子図書館の利用者にとっては重要な要素であると考えられる。

4.2 貴重資料や歴史資料の電子化

アメリカでの議会図書館のAmerican Memoryやコーネル大学、ミシガン大学、カリフォルニア大学が協力して進めたMaking of Americaなど、歴史的資料、貴重資料を電子化してネットワークを介して提供することが進められている。我が国においても、京都大学附属図書館における国宝や重要文化財資料の電子化をはじめとして多くの図書館でこうした資料の電子化が進められている。貴重資料の電子化は図書館のみならず、博物館や美術館でも進められている。こうした資料の電子化は、所蔵資料を電子的、特にネットワークを介した送受信に適した形式に変換、編集し、公開するものであるので、所蔵資料の電子的な(再)出版と言う方が正確なのであろう。

貴重資料を電子化する第1の目的は、図書館等に所蔵される資料へのアクセス性をよくすることにあると言えるが、資料を電子化することには次のような意義がある。

(1) 保存とアクセス(Preservation and Access):保存のために貴重資料はできるだけ人手に触れないことが好ましい。一方、貴重資料はできるだけ多くの人の目に触れるように利用したい。資料の電子化には、コレクションに含まれる資料の網羅的な電子化が可能であること、イメージ処理技術を利用した新しい研究や教育利用が可能であること、多数の利用者による同時閲覧が可能であることなどの長所を得られる。

(2) 教養教育のための利用:大学等に所蔵される貴重資料は、その分野の研究者以外の潜在的な利用者、特に一般市民や小中高校生にとっては容易にアクセスできるものではない。こうした資料を広範囲の利用者に、しかも地理的な距離を越えて利用できるようにすることに意義がある。また、こうした利用を考える場合、教育利用(小中高校、大学、一般人向け教室)での利用のしやすさを考慮することが重要である。

(3) 高機能電子化技術、ユーザ・インタフェース技術の利用:電子化の対象となる資料は大きな絵巻物や地図、絵画や彫刻、民具などさまざまなものが含まれる。こうした要求に対し、Computer Graphics技術、Virtual Reality技術など先進的な技術を利用することによって、資料を回転しながら表示したり、外からでは見えない部分を見せるなど実物の展示ではできないことが可能になる。

一方、資料の電子化には下記の点を考慮する必要がある。

(1) 電子化に適した資料の選定と電子コレクションの構成:資料の電子化には相応のコストがかかる。そのため、資料を適切に選定することと、電子コレクションとして適切に形成することが必要であるため、資料の対象分野の専門家によるコレクション形成や助言が望まれる。また、異なる館で同一資料を重複して電子化することを避けることはもちろんのこと、複数の館の所蔵資料を総合してコレクション形成を統合的に

行うことも必要であろう。
(2) 利用環境、利用方法に応じた資料の提供方法の選定：電子化の目的、資料の種類に応じて適した電子化方法を選択しなければならない。加えて、利用環境（ネットワークへの接続速度や利用者端末の性能等）や利用方法（個人の自宅での利用、大学の講義での利用等）に応じて柔軟に電子化資料を提供することが求められる。
(3) メタデータの蓄積と相互利用：貴重資料に応じたメタデータの作成が必要である一方、相互利用性を高めるためのプロトコルが重要である。長期に保存するために必要な情報も重要である。

4.3 大学から出版されるさまざまな情報資源の電子化とアクセスの支援

現在、大学ではさまざまな部局から多くの情報がネットワークを介して発信されている。正規の部局以外に、大学を活動基盤としている学術的組織が発信するものを加えると、大学からは非常に大量の情報が発信されていることに容易に気づく。こうした情報資源を見つけやすくすること、アクセスしやすくすること、換言すると大学が発信する情報に対するゲートウェイを実現することは現在の大学に求められる重要な機能である。こうした機能を実現するには、情報資源の適切な組織化や検索に関する知識が必要であり、それを実現する役割は図書館が担うべきであろう。

先述のNDLTDやNCSTRLの例に見られるように、大学で作られる学位論文、大学が発行する学術刊行物、たとえば紀要やテクニカル・レポートは、商業的な流通ルートには乗りにくい。一方、著作権に関する了解が得やすいため、大学自身がネットワークを介して提供することによって得られるメリットは大きいと考えられる。

4.4 インターネット上の情報資源へのアクセス支援（サブジェクト・ゲートウェイ）

インターネットを介して学術的に有用な情報資源が多く提供されており、それらを効率よく見つけ出し、利用することができるとありがたい。インターネット上には情報資源のディレクトリ・サービス、検索サービスがある。しかしながら、こうしたサービスは広範囲な情報資源を対象とするため、非常に多数の資源の中から学術的に有用な情報資源を見つけることは必ずしも容易ではない。そのため、学術的な内容を含むサイトやページを選び、それらの抄録や索引を作り検索機能とともに提供するサービスが求められることになる。こうしたサービスをサブジェクト・ゲートウェイと呼んでいる。サブジェクト・ゲートウェイの実現のためには有用な情報資源を見つけ出し、そのメタデータを記述しなければならないが、現時点ではこうした作業の大部分を人手に頼らざるを得ず、その意味ではかなりのコストを有する仕事である。そのため、こうした作業を協調的に行うことやメタデータを相互利用することが求められる。

4.5 電子的情報資源の利用環境の整備

ネットワークを介してアクセスできる情報資源が増えるといっても全ての情報資源が電子化され、ネットワークアクセス可能になるとは考えられない。また、図書館内に利用が限定される資料も多くある。このことは、図書館館内がネットワーク情報資源、非ネットワーク情報資源を問わずにアクセスできる唯一の場所であることを意味する。そのため、図書館内で、ネットワークアクセスできる環境が求められる。加えて、図書館利用者が新たな情報を作り出す作業を支援できる環境が求められる。

携帯電話やPCの普及など、利用者の情報環境の変化も著しい。情報資源の図書館やキャンパス内での利用性を高めることのみならず、室外で行われる演習やフィールド調査においても電子図書館機能の利用が求められることになろう。

4.6 ネットワークを利用して行うレファレンスサービス等の各種サービス

レファレンスサービスのように図書館員と利用者を結ぶサービスが電子メールあるいは対話ツールを用いて行われるようになることが考えられる。また、ILLや文献複写の依頼といった図書館と利用者を結ぶサービスがネットワークの利用によって利用しやすくなることも考えられる。

4.7 電子化資料の長期保存

従来の資料と同様に電子的資料も長期にわたって安定的に利用できなければならない。一方、もともと電子的に作成された資料の長期保存は、電

子図書館における難しい問題のひとつとしても認められている。そのため、長期保存のための技術の研究開発やノウハウの蓄積が求められている。

5．おわりに

電子的情報資源の増加や利用者によるネットワークを介した情報利用がより進んでいくことは疑えず、そのため大学における電子図書館機能の充実は非常に重要であることは明らかである。電子図書館の開発には情報技術の研究開発と図書館現場の両方の視点が必要であり。前者の視点からは、新しい情報技術の電子図書館への応用が情報技術の研究開発の面からより進められるべきであるのみならず、それら技術の図書館での評価や図書館への技術移転が求められている。後者の視点からは、新しい知識やノウハウ、技術の蓄積に加えて、図書館間の協力がこれまで以上に求められている。

「隣の芝生」であるかもしれないが、現時点では、研究助成と図書館での開発状況のどちらを見ても、欧米に比べて電子図書館に関する国内の活動は遅れていると強く感じられる。その背景には、これまでの利用者と図書館の関係、情報技術の研究者と図書館との関係、図書館における人的資源の問題など、さまざまな要因があると思われる。しかしながら、学術情報資源の利用性、アクセス性を高めることは研究と教育の両面で重要であることは疑えず、今後より電子図書館の開発が進んでいくことが強く望まれる。

参考文献

[1] "Digital Libraries Initiative Phase One", http://www.dli2.nsf.gov/dlione/

[2] Chien, Y.T. "Digital Libraries, Knowledge Networks, and Human-centered Information Systems" ISDL'97論文集, 1997.11, pp.63-69

[3] "Digital Libraries Initiative Phase 2" http://www.dli2.nsf.gov/

[4] Fox, Edward A. "Digital Library Initiative (DLI) Projects" ASIS Bulletin, 1999.11

[5] "eLib:The Electronic Libraries Programme" http://www.ukoln.ac.uk/services/elib/

[6] "Information Society Technologies Programme" http://www.cordis.lu/ist/home.html

[7] "Delos - Network of Excellence for Digital Libraries" http://www.ercim.org/delos/

[8] "National Science, Mathematics, Engineering, and Technology Education Digital Library" http://www.ehr.nsf.gov/ehr/due/programs/nsdl/

[9] Schauble, P., Smeaton, A.F. (eds) "Summary Report of the Series of Joint NSF-EU Working Groups on Future Directions for Digital Libraries Research" http://www.iei.pi.cnr.it/DELOS/NSF/Brussrep.htm, 1998.10

[10] Nagao, M. "Multimedia Digital Library: Ariadne" ISDL'95論文集, 1995.8, pp.1-4

[11] Kurohashi, S., Nagao, M. "Digital Library System at Kyoto University" ISDL'97論文集, 1997.11, pp.170-175

[12] 安達淳 "学術情報センターのディジタル図書館プロジェクト"『情報処理』Vol.37, No.9, 1996.9, pp.826-830

[13] 藤原達也, 田屋裕之 "パイロット電子図書館システム事業概要"『情報処理』, Vol.37, No.9, 1996.9, pp.836-840

[14] Mukaiyama, H. "A Large Scale Component-Based Multi-media Digital Library System – Development Experience and User Evaluation" ECDL200論文集, Springer (LNCS 1923), pp.336-339, 2000.9

[15] "J-STAGE 科学技術情報発信・流通総合システム" http://www.jstage.jst.go.jp/ja/

[16] "オンラインジャーナルプロジェクト" http://www.nacsis.ac.jp/olj/index.html

[17] "University of Michigan Library" http://www.lib.umich.edu/ (http://www.lib.umich.edu/libhome/DLI/)

[18] Atkins, D.E. 他 "ミシガン大学におけるディジタル図書館計画"『情報処理』Vol.27, No.9, 1996.9, pp.848-856

[19] Price-Wilkin, John "Moving the Digital Library from "Project" to "Production""『ディジタル図書館』No.14, 1999.3, pp.26-62

[20] "California Digital Library" http://www.cdlib.org/

[21] "THOMAS -- U.S. Congress on the Internet" http://thomas.loc.gov/

[22] "American Memory" http://memory.loc.gov/

[23] "東京大学情報基盤センター図書館電子化部門" http://www.lib.u-tokyo.ac.jp/dl/

[24] "九州大学附属図書館ホームページ" http://www.lib.kyushu-u.ac.jp/

[25] 砂原秀樹他 "奈良先端科学技術大学院大学における電子図書館システム〜運用と次世代システムへ向けて〜"『ディジタル図書館』No.16, 1999.11, pp.12-19（奈良先端科学技術大学院大学電子図書館のホームページ：http://dlw3.aist-nara.ac.jp/index-j.html）

[26] 朝妻三代治 "京都大学電子図書館システムの現状"『ディジタル図書館』No.16, 1999.11, pp.20-23（京都大学附属図書館のホームページ：http://www.kulib.kyoto-u.ac.jp/）

[27] 栗山正光 "筑波大学電子図書館 — 現場の視点から"『ディジタル図書館』No.16, 1999.11, pp.39-43（筑波大学附属図書館のホームページ：http://www.tulips.tsukuba.ac.jp/）

[28] 尾城孝一 "東京工業大学電子図書館 (TDL: Titech Digital Library)"『ディジタル図書館』No.16, 1999.11, pp.24-38（東京工業大学附属図書館のホームページ：http://www.libra.titech.ac.jp/）

[29] 渡邊隆弘 "神戸大学電子図書館における「電子アーカイブ」の構築"『ディジタル図書館』No.16, 1999.11, pp.3-11（神戸大学附属図書館のホームページ：http://www.lib.kobe-u.ac.jp/）

[30] 平岡博他 "図書館情報大学ディジタル図書館システム"『情報管理』Vol.42, No.6, 1999.9, pp.471-479（図書館情報大学附属図書館のホームページ：http://www.ulis.ac.jp/library/）

[31] Fox, Edward A. "Networked Digital Library of Theses and Dissertations"『ディジタル図書館』No.15, 1999.7, pp.3-16（http://www.ndltd.org/）

[32] "Networked Computer Science Technical Reference Library" http://cs-tr.cs.cornell.edu/

[33] "arXiv.org e-Print archive" http://xxx.lanl.gov/ (http://jp.arxiv.org/)

[34] "the Open Archives Initiative" http://www.openarchives.org/

[35] "The Resource Discovery Network (RDN)" http://www.rdn.ac.uk/

[36] "Renardus: The Clever Route to Information" http://www.renardus.org/

[37] "Welcome to JSTOR" http://www.jstor.org/

[38] "The Internet Public Library" http://www.ipl.org/

[39] "HUMI Project, Humanities Media Interface Project" http://www.humi.keio.ac.jp/

[40] "青空文庫" http://www.aozora.gr.jp/

[41] "Dublin Core Metadata Initiative" http://dublincore.org/

[42] 杉本重雄 "Dublin Core Metadata Element Set について—現在の状況と利用例"『ディジタル図書館』No.17, 2000.2, pp.32-36

[43] 杉本重雄 "Dublin Core について—最近の動向、特に qualifier について"『ディジタル図書館』No.18, 2000.7 pp.36-48,

[44] "IMS Global Learning Consortium, Inc." http://www.imsproject.org/

[45] "IEEE Learning Technology Standards Committee" http://grouper.ieee.org/groups/ltsc/

[46] "Indecs Home Page" http://www.indecs.org/

[47] "CORC Home page" http://www.oclc.org/oclc/corc/

[48] "SCHEMAS: Forum for Metadata Schema Designers and Implementers" http://www.schemas-forum.org/

（注：「ディジタル図書館」は http://www.dl.ulis.ac.jp/DLjournal/ でもアクセスできる。）

＜ すぎもと　しげお　図書館情報大学教授　＞

国立国会図書館の電子図書館へ向けた取り組み

小寺　正一

キーワード　電子図書館構想、電子図書館サービス実施基本計画、資料電子化、ネットワーク系電子出版物、編集編成コンテンツ、電子図書館の制度的課題、著作権、電子図書館基盤システム

1．概況

　国立国会図書館では、平成10年5月に電子図書館構想[1]（以下「構想」という）を策定した。この構想は国立国会図書館が実現を図る電子図書館のあり方を示すとともに、具体的な計画と事業実施にあたっての基盤となる位置付けとされている。構想が提示している電子図書館は、国立国会図書館が全体としてその実現を図るものではあるが、平成14年度に開館を予定している国立国会図書館関西館（仮称、以下「関西館」という）と、平成12年5月に第一期開館をした国際子ども図書館における重要な機能として位置付けているところである。さらに今後効率的かつ迅速に電子図書館を構築するため、電子図書館事業を全体的に掌握し、全体計画の企画立案を行い、電子図書館構築に係る複数の業務の進捗状況を統括、調整する部署として平成11年4月に総務部企画課に電子図書館推進室を新たに設置した。また、本格的なサービス実施のため、平成12年3月に「電子図書館サービス実施基本計画」を策定した。電子的な「蔵書」の構築、サービスの提供、システム構築等の作業は、本計画に基づき段階的に行うことになる。

　本稿では、この基本計画を紹介するとともに、国立国会図書館の電子図書館に向けた取り組みについて述べる。あわせて電子図書館実現のためのシステム基盤の整備、開発を進めてきた各種の個別システム、国内外との協力事業等についても触れる。なお、文中で意見にわたる部分は全て筆者の私見であることを予めお断りしておきたい。

2．電子図書館サービス実施基本計画

　「構想」が策定されて以来2年近くが経過したこと、また、「構想」が全般的な電子図書館に関する考え方を示したものであるため、具体的な諸条件を勘案し、段階的な実施を前提とした計画をとりまとめた。この基本計画においては、社会的に広く合意された電子図書館の定義が未だ存在していないこともあり、館が実施する電子図書館サービスの範囲として、館の情報システムに接続された電気通信回線を通じて電子的な「蔵書」を利用させる図書館サービスに限定した。つまり、パッケージ系電子出版物のスタンドアロンでの提供やOPACを介した資料の物理的な利用請求は電子図書館サービスには含めていない。

　計画は、電子的な「蔵書」の構築方法、「蔵書」の種類、「蔵書」の構築体制、電子図書館サービスの提供の形態、電子図書館サービスを提供するためのシステム、実施準備体制、提供時期、他の機関との連携協力等について定めている。

　電子的な「蔵書」の構築は、出版物もしくはその書誌情報を電子化、または電子出版物を収集し、必要があればこれらを組織化した上で蓄積することにより行うことになる。電子図書館サービスにおいては、次のカテゴリーの「蔵書」を提供していくことになる。

(1)　館が単独で、または他の機関と共同で作成するもの
　　ア　一次情報
　　イ　二次情報
　　ウ　一次情報及び二次情報を編集し、付加価値を加えたもの
　　エ　レファレンス系電子情報
　　オ　館の刊行物
(2)　他の機関が作成するもの
　　ア　ネットワーク系電子出版物
　　イ　パッケージ系電子出版物

　これらのうち、特に重要なものについて以下に詳述する。

3．資料電子化の考え方

　資料の電子化及び提供に当たっては、資料の文

化的価値、利用者の需要等を勘案し、また同時に著作権制度との均衡に十分に留意して、予算及び制度上の枠組みの範囲内で、着実に取り組んでいくことになる。計画においては、当面国立国会図書館所蔵明治期刊行図書を主たる対象として電子化を進めていくこととした。これは、全体で約17万冊、3400万ページの規模の電子化事業となる。資料電子化の基本的な手順は次のようになる。

①　著作権台帳、国立国会図書館著者名典拠録、物故者事典等の各種参考資料を参照して電子化の対象となっている個々の図書館資料の著作者、著作者の没年、著作権者及びその所在調査を行う。

②　著作権調査により著作権が消滅していることが判明した電子化対象資料の電子化を行う。これ以外の電子化対象図書については、著作権処理（利用許諾契約及び文化庁長官裁定処理）を行った上で電子化を行う。この電子化は、著作権消滅資料を優先して行う。

関西館の開館後は、資料電子化を恒常的に実施可能な業務体制を整えることを計画している。明治期刊行図書の電子化が完了後は、大正期、昭和前期と進めていくことを想定しているが、とりわけ第二次大戦後の劣化の著しい資料については優先的に電子化を進めていきたいと考えている。

また、利用頻度の高い近年の著作物の電子化については、著作権の集中処理による処理コストの軽減等権利処理が比較的容易に実現できる制度的な環境が整備された段階で検討することとしている。

4．ネットワーク系電子出版物（情報資源）

平成12年3月をもって国立国会図書館法が改正され、この10月からパッケージ系電子出版物の納本が開始された。その一方で、ネットワーク系電子出版物については納本制度の枠外とされているが、選択的に収集蓄積を図る必要があると認識している[2]。この認識の下、基本計画では、当面①わが国の行政機関等が作成するもの、②国内の学術情報を対象に収集・提供を図っていくこととした。今後ネットワーク系電子出版物の発行機関と協議の上、具体的な内容について確定していくことになる。収集したネットワーク系電子出版物については、磁気ディスク、CD-ROM、DVDその他の耐久性のある記録媒体に固定し、保存する。同時にこれらに係る書誌情報（メタデータ）を作成し、メタデータ・データベースである電子化情報総合目録（仮称）に記録するとともに、日本全国書誌に収載していく。

ここでメタデータについて補足しておくと、当館では、事実上の国際標準であるダブリンコアに準拠する形でメタデータ作成の基準作りを現在進めているところである。メタデータの作成対象は当館に収集保存する電子出版物に限定せず、電子化情報総合目録（仮称）はサブジェクト・ゲートウェイとしても機能し、情報資源へのナビゲーションが可能となるよう配慮する。また、特に国内の各種図書館による電子図書館コンテンツに対してはメタデータを整備していきたいと考えている。

ネットワーク系電子出版物については課題も多数存在する。制度的には従来の「図書館資料」の枠組みでは十全に扱えない情報資源の管理方法、業務モデルの確立が現在求められているところであり、技術的にはとりわけ電子情報の保存－①記録媒体の耐久性の問題、②技術の世代交代に伴うアクセス保障の問題、③原本性保証の問題－が重要なものである。

5．編集編成コンテンツ（一次情報及び二次情報を編集し、付加価値を加えたもの）

米国議会図書館では、アメリカの歴史と文化を物語る重要な資料を選定し、歴史的文献、手稿、映像、写真、音声などさまざまな媒体資料を一定のテーマ（例：「ジャズ黄金時代の写真」、「タイムカプセル－ちらしやポスターでみるアメリカの300年」等）のもとに編成する電子的コレクションを形成するプロジェクト、「アメリカの記憶」を実施している[3]。電子図書館ではこのように利用者にとって興味のある分野について資料・情報を編集し、魅力のあるコレクションを形成することも重要であると考えている。平成12年8月から、BBCC（新世代通信網実験協議会）との協力事業の一環として、「世界の中のニッポン」をメインテーマに、『日本の風景記憶』、『ウィーン万博』、『憲政資料（日本近現代政治資料）』の3つのテーマ

ごとに所蔵資料等を編集したコレクションをホームページを通じて公開している。この公開実験においては、ネットワーク環境における権利保護の試行実験として電子透かしの導入も試みているのが特色の一つである。また、当館の所蔵資料を中心としているが、大阪府立中之島図書館、東京国立博物館、同志社大学言語文化教育研究センターの各所蔵資料も含まれている。

基本計画においては、「世界図書館」事業（8(1)参照）の一環としても位置付け、今後も継続して編集編成コンテンツの作成公開を図ることとしている。

6．電子図書館の制度的課題

電子図書館サービスの実現には数多の制度的課題が存在する。例えば、次のようなものがある。
① 収集した電子出版物あるいは電子化した資料をネットワークを介して利用可能にすることに伴う著作権上の課題
② Web経由での電子ジャーナル導入に関わる料金体系や契約上の問題等の会計的な課題
③ 電子図書館のコンテンツやサービスを相互に利用可能とする場合における、従来の各組織におけるデータベース等情報提供方針との不整合

いずれも明確な解決策が得られたとは言い難い状況である。パッケージ系の電子出版物を図書館の構内で直接利用させる場合のように比較的容易と想像される事案においてすら、例えば31条で複製が認められている「著作の一部分」とは具体的にどう定義すればよいか、といった現著作権法の想定外の問題が生じている。著作権に関して言えば、電子図書館の実現に向けた制度改正の動き[4]もあるが、現時点では、ネットワークを介した電子図書館サービスの実現に際しては、3で述べたように調査の上、著作権者に個々に許諾を求める処理が必要になる。ここで、実例として平成12年度に開館した国際子ども図書館における電子図書館サービスの一つである「絵本ギャラリー」の構築に際して行った著作権処理を紹介する[5]。
○処理対象となったのは、絵本ギャラリーの一部を構成する戦前期の代表的な絵雑誌『コドモノクニ』『幼年画報』

○著作権の処理対象となった著作物は、16,400件であり、このうち保護期間の満了が確認できたものは、5,600件、残りが許諾処理の対象であり、所在確認の調査実施
○調査の結果、所在が判明した著作権者（約5,500件）に許諾依頼文書を発送、約5,000件の著作物について利用許諾回答を得る
○さらに国立国会図書館ホームページにおける「著作権者探し」キャンペーンを実施
○所在が判明しなかった著作物約4,900件について文化庁長官裁定を申請し、補償金を供託、利用許諾の回答が得られなかったものを除き、約15,900件が利用可能

文化庁長官の裁定とは、著作物の利用に際して著作権者と連絡がとれないケースにおいて、国が著作権者に代わってその利用を許諾する制度である。

このように、電子図書館を実現するための著作権処理事務にかかるコストは膨大なものであり、今後複製物とオリジナルとの同一性、複製、送信または編集・加工の容易性といった電子情報の特性を考慮しつつ、著作権者の権利と図書館における著作物の公正な利用について社会的合意が広く形成され、新たなルールが構築されることが望まれる。当面、権利処理を円滑に進めるため、権利者側の窓口を集約化し、権利情報も集中的に管理する仕組みの導入も一つの選択肢と考えられる。また、今後は電子図書館の利用者による不法な利用行為を図書館サイドで制御し、適切な防止措置を図ることも求められる可能性が高い。これを実現する技術が低コストで利用可能になっていくことも期待したい。

7．電子図書館システム

(1) 電子図書館基盤システム

電子図書館構想の策定と同時期に、当館では構想と対になる形で、情報システムの面から構想の実現をサポートする計画をとりまとめた。これを「電子図書館基盤システム基本計画」と称している。

電子図書館の実現にあたっては、国立国会図書館の業務を遂行するための情報システムを、電子図書館及びインターネットを始めとする新しい情報通信環境に見合った構造にしなければならない。そのため、従来の業務システムの成果を活用しつ

つも抜本的に改善し、館内の各種データベースや業務用データなどを有効に利用できる構造にするとともに、東京館－関西館－国際子ども図書館が有機的に連携し、より高度化されたサービスの提供を行うことを目指している。このため、次のような特徴を備えるシステムを構築しつつある。

　○電子情報を、外部情報資源へのナビゲーションまで含めて従来の情報資源と統合的に管理・提供可能なシステム
　○機能・規模・処理能力の面で拡張性がある構造をもったシステム（階層アーキテクチャの採用、機能部品化の促進、柔軟で拡張性のあるデータベース管理システムの導入等）
　○地理的に分散した施設をネットワークで接続し、シームレスに相互接続することを可能にするシステムとそのための高速、高品質かつ安全な通信基盤

　システムは、共通基盤（ネットワーク、データベース）の上に、業務目的に応じた複数のサブシステムから構成される。電子図書館基盤システムの開発によって、当館における電子図書館の本格的な構築の基礎ができることになるが、1次画像情報やネットワーク系電子出版物の検索閲覧機能等の電子図書館機能自体の開発も併せて行うことになっている。平成10年度にスタートしたこの計画は、11年度以降14年度までかけて段階的にシステムを拡充させ、さらに続けて高次機能の付加へと移るスケジュールとなっている。

(2) 電子図書館関連個別システム

　国立国会図書館ではこれまで、数々の電子図書館に関連したシステム開発を実施してきている。ここではその一端を紹介する。

①国会会議録検索システム

　国会の情報の電子化と国民への提供は強く望まれているところであり、当館としても第一の責務であると考えているが、とりわけ国会における審議の記録である会議録は重要である。平成8年から衆参両議院事務局と協力し、国会会議録の全文検索システムの開発を行ってきており、平成11年1月より一般に提供を開始したところである。今後速やかに過去の会議録についても遡及入力を実施し、順次提供していく計画である。

②貴重書データベースシステム

　ホームページにおける「デジタル貴重書展」において、展示作品を書名、人名、事項の各索引や地図、年表等多様な切り口で検索できるシステムを公開している。また、ここでは伊能図の一部地域の拡大図や宿場町名等からの検索、巻物をスクロールして閲覧するような利用方法も用意している。さらに、平成12年3月から錦絵・和漢書約2万3千枚を電子化し、キーワード検索・閲覧を可能にしたシステムを公開している。

③行政省庁のネットワーク系電子出版物の保存実験

　行政情報に対する国民のアクセスを保証するためには、ホームページでの提供期間が終了したデータも蓄積・保存し、提供することが必要であり、このような機能をもつシステムの技術・制度的な問題点を検証するための実験を平成11年度より行っている。

④国際子ども図書館のシステム

　国際子ども図書館の電子図書館システムは、デジタルアーカイブとデジタルミュージアムの2つの機能から構成される。デジタルアーカイブでは児童書の書誌所在情報を整備するとともに、児童書をデジタル化し提供していく。一方デジタルミュージアムでは、世界各国の絵本や子どもの文化の特性を考慮した各種のマルチメディア・コンテンツを編集し、情報提供サービスを実施している。

8．協力事業

　国立国会図書館では、国内外の電子図書館の気運が高まることに伴い、電子図書館に関する内外さまざまな協力活動を行ってきている。

(1) 世界図書館事業

　平成11年度にG8共同プロジェクト「電子図書館」が終了し、後継事業として「世界図書館」事業を各国国立図書館間の協力の下に進めることとなった。本事業の協定には、ベルギー、カナダ、チェコ、フランス、ドイツ、イタリア、日本、オランダ、スペイン、スイス、ポルトガル、イギリス、アメリカの計13カ国の国立図書館が調印した。

　「世界図書館」事業は、デジタル化された文書を電子ネットワーク上で自由に利用させること、テキスト、画像及び音声からなる典型となるコンテ

ンツを作成することを目指している。コンテンツの当初の主題は、「人々の交流」である。各国は、「世界図書館」のウェブサイト上に「人々の交流」のテーマでデジタル化した資料を置き、ネットワークで提供していくことになっている。

(2) 電子図書館全国連絡会議

電子図書館事業に取組むわが国の図書館間の情報交換などを目的に平成10年度から本会議を開催している。学術情報センター、科学技術振興事業団、大学図書館、公共図書館等の参加を得て、館種にとらわれず、共通の課題について検討し、経験を交流していきたいと考えているところである。平成11年度においては、「電子図書館におけるネットワーク系電子出版物」をテーマとした事例報告及び意見交換を行った。

これらの他にも、前出のBBCC、IPA（情報処理振興事業協会）等の機関とも協力して、各種の電子図書館実証実験を実施してきているところである。

9．結び

国立国会図書館の電子図書館は漸くにして構想から計画、そして実施のフェーズに移行しつつある。今後は関西館が開館を予定している平成14年度を当面の目標とし、本稿で紹介した基本計画に沿って着実な電子図書館の構築を図っていきたいと考えている。

参考文献

[1] 国立国会図書館電子図書館構想, 1998.5
　　http://www.ndl.go.jp/ndl_frm_3.html
[2] 納本制度調査会答申, 1999.2.22
　　http://www.ndl.go.jp/ndl_frm_6.html
[3] ロバート・ジッチ"「アメリカの記憶」のつくり方"『本とコンピュータ』10, 1999.秋, pp.52-61.
[4] "ネットの資料、無許可コピー・送信　生徒にも認めて　文部省会議報告　著作権審検討へ"『朝日新聞』2000.9.28
[5] "「コドモノクニ」と「幼年画報」の著作権者探しの結果について"『国立国会図書館月報』No.459, 1999.6, pp.18-21.

＜　こてら　しょういち　国立国会図書館
　　総務部企画課電子図書館推進室主査　＞

英国図書館における文献提供サービスの発展の現況と将来
The British Library's Remote Document Supply Service Developments Now and in the Future

Richard Roman

British Library

抄録 本稿は、リモート・アクセスを通じて学術資料を提供する英国図書館の役割の現況について概説したものである。英国図書館のドキュメント・サプライの現状、特に将来的発展に向けて鍵を握る主要な外部要因について論じる。また、電子的に接続されたバーチャル・ライブラリーへの移行に向け、現在進行中の他機関との協力関係について実践的な論評を行うものである。

英国図書館におけるリモート・サービスの現在の役割

英国図書館は、英国の国立図書館である。ロンドンにあるセント・パンクラスの各閲覧室を通じて資料を提供しているだけでなく、世界各国の遠隔地に対しても文献提供サービスを行っている世界でも類のない国立図書館である。文献提供サービスは、ロンドンから北へ300キロメートルに位置するヨーク近郊のボストン・スパで行われている。

本論であるディジタル形式における資料提供計画について言及する前に、ボストン・スパにおいて実施されている活動の範囲と理念について述べたい。また、英国の研究支援を目的とする主要国家プロジェクト[1]と英国図書館の関わりについて、より広い見地から述べる。

文献提供センター (BLDSC) として一般に知られている英国図書館リモート・サービス部門は、約40年にわたりその活動を続けており、世界各国の文献複写や現物貸借の需要を満たしている。学術研究機関だけでなく民間研究機関が主たる利用を占めている。世界各国に約2万の利用機関を抱えているが、その約半数が英国外の機関である。

文献提供センターが受けるリクエストは日に2万件を数え、純粋科学から応用科学、芸術、ビジネス、社会科学にいたるまで、あらゆる学術分野にわたっている。自然科学系の文献複写・現物貸借のリクエストが全体の3分の2を占め、3分の1を人文科学系が占める。資料の範囲も、学術雑誌や図書だけでなく、行政資料、博士論文、灰色文献および、ディジタル資料も増加している。

英国内あるいは国際社会における英国図書館の役割

はじめに、英国内で研究支援を行っている主要プロジェクトと英国図書館の関わりについて述べる。政府によるプロジェクトは多数存在するが、下記のようなものがあげられる。

1．共同情報システム委員会(The Joint Information Systems Committee : JISC)

JISC は、さまざまなサービスやその管理及びプログラムの開発に資金援助することによって、インターネットや他の情報技術を利用する機関の助成を目的とした英国高等・継続教育[2]財政審議会の委員会である。この JISC が推進するプロジェクトに、英国図書館を中心とする全国電子的情報資源共有プロジェクト (The Distributed National Electronic Resource : DNER) があるが、詳細は後述する。

2．全国学習ネットワーク(National Grid for Learning)

　学校のためのネットワーク構築プロジェクト

3．ピープルズ・ネットワーク (The People's Network)

　公共図書館のネットワーク構築プロジェクト

4．医療電子図書館 (Electronic Library for Health)

　医学分野の電子図書館プロジェクト

上記4プロジェクトは相互に協力しあう傾向にあり、またその協力関係は国際規模にまで広がりつつある。例えば英国図書館は、「ヨーロッパ・ライブラリー (The European Library) を構築するために、ヨーロッパの図書館コンソーシアムを

先導する役割を果たしている。現在、ドイツ、デンマーク、フィンランド、スイス、ポルトガル、オランダ、イタリア、スロベニア各国の図書館が加盟している。

このプロジェクトは、多言語対応のヨーロッパ分散型電子図書館の開発を目的としており、下記4項目を主な目標として掲げている。
1. 出版業界との協力関係の推進
2. 継続可能なビジネス・プランやビジネス・モデルの開発
3. メタデータの開発と集約
4. テストベッドの開発とヨーロッパ・ライブラリー構築のための環境基盤整備

世界中で、こうした発展とともに類似のプロジェクトが進行しているのはいうまでもないが、アメリカやアジアからの参加を得て、地球規模の国際図書館構築の機会を作ることは意義深い。

しかしながら本稿では長期的見解や現在進行中のプロジェクトすべてについての言及は他稿に譲ることとし、「今ここで」、とりわけ英国図書館が当面する計画に焦点をあてることとする。

英国図書館発展の背景

全国電子的情報資源共有システムの構築は、JISCの主要なプロジェクトとして早期から期待されてきた。このシステムは、英国高等教育コミュニティ内外の教育者、学習者、研究者による利用が想定されている。つまり、広い利用者層がDNERを通じて提供されるサービスへアクセスすることが予想される。DNERの利用者はまた、全国学習ネットワーク、国立医療電子図書館、ピープルズ・ネットワークやその他のサービス、情報資源の利用者でもあろうし、現在の、あるいは潜在的な英国図書館の利用者でもあろう。従ってDNERは、ネットワーク・サービスを通じた幅広いコレクション提供をその方針とする英国図書館において、重要な位置を占めるものとなっている。

DNERで利用できる情報資源には、データベース、ニュースグループ、メーリングリスト、雑誌論文、学習環境、画像、地図、ビデオ、音声に及ぶ。英国図書館は電子図書館プロジェクトを通じて、これら情報資源の包括的なホストを提供する予定であり、新たなディジタル環境について、理解を深めるための積極的な活動を行っている。近年この分野の開発のために、英国図書館高等教育特別委員会も設置された。

英国図書館におけるDNER開発の方針とねらい

DNERへは、異なるアクセスポイントあるいはポータルサイトからのアクセスが予想される。そのポータルサイトとは、JISCあるいはナショナル・データセンターの中央ポータルサイトかもしれないし、主題指向的なサイト（例えば工学分野のEEVL[3]）、メディア指向的なサイト（画像等）、身体的あるいは他の理由でDNERにアクセスすることができない利用者向けのサイトであるかもしれない。

最終的な目的は、英国図書館が提供する数多くのサービスを可能な限りDNERを通じて利用できるようにすることであるが、まず英国図書館文献提供センター・リモート・サービス開発プログラムで現在進行中のサービスから着手することになるであろう。そのためには、英国図書館が蓄積する情報資源のデータベースを確実にZ39.50準拠にすることが重要な要素となる。第一段階として、電子目次情報(The Electronic table of Contents : ETOC) データベースがあげられる。ETOCは、主要な約2万タイトルの学術雑誌と10万をこえる会議録の論文から構成される文献データベースである。現在1,500万件の学術論文が収録されており、日に1万件の論文データが追加される。

英国図書館におけるDNER開発目標の詳細

電子目次情報データベースは、現在insideという英国図書館提供のインターネット・サービスを通じて世界中からアクセスすることができる。利用価値の高いこのサービスは、学術団体に限定されたものである。2000年6月、英国図書館およびマンチェスター情報管理サービスセンター(MIMAS)は、ある調査機関に調査を委託した。MIMASとは、JISCの助成を受け、マンチェスター大学にその基盤をおく学術団体のための主要な英国国立コンピューティング・センターである。英国内の学術団体におけるデータセンター[4]としてのMIMASの重要な役割については他稿に譲

ることとし、本稿では言及しないこととする。

　学術団体との個々の協議から得た意見と共にこの調査報告は、英国高等・継続教育分野へディジタル・サービスを提供するにあたっての必要条件詳細リストの基礎となった。詳しくは、本稿付録Aを参照されたい。

　英国図書館はこの調査報告に沿って、電子目次情報データベースのZ39.50準拠版の開発を目的に、MIMASと契約を結んだ。ZETOCと名づけられたこのサービスは、2000年9月26日より学術団体に向けて開始されている。

　JISCは、2000年4月から2003年10月までこのサービスに資金援助することに同意している。現存の確立されたデータベース管理ソフトウェアを基にして行われるサービスに加えて、別途SGML/XML形式のデータ・サブセットを使った試験版が開発される予定である。後者のシステムは後述する拡張機能の土台になるものとして英国図書館が期待をよせるシステムのひとつでもある。

　Z39.50準拠によって、あらかじめ設定しておいた条件での検索結果を定期的に利用者へ電子メールで自動送信する目次情報速報サービスが可能となった。英国図書館の目的は、この速報サービスを文献発注システムとシームレスに連動させ、DNERの他のカレント・アウェアネス・サービスと統合するよう開発をすすめることにある。

　利用者が、DNERのポータルサイトやゲートウェイからシームレスに電子目次情報Z39.50準拠版にアクセスできるよう現在計画がすすめられている。キャンパス外からは、ATHENSシステム[5]のパスワードで利用できるようになるであろう。一旦求める文献が検索されると、自動的に検索結果からデータが抽出され、文献の提供元の選択肢が表示される。求める文献が利用者の所属する図書館で所蔵されている場合は、利用者にその旨報知し、図書館員へその申込を転送する選択肢が加えられる。求める文献が、利用者の所属する機関が契約する電子ジャーナルに含まれている場合は、自動的に電子ジャーナルへリンクさせることも計画されている。求める文献が所蔵されていない場合は、英国図書館に直接申しこみをすることもできる。英国図書館へ申しこむ場合は、料金と文献提供方法の選択肢が表示される。

　更に、求める文献を所蔵している機関の選択肢が表示されることが理想的であろう。利用者は、発注保留ファイルを作成することができ、発注の処理状況を確認できる仕組みを提供されるようになるであろう。

　英国図書館による文献提供手段の選択肢には、現在利用可能なものに加えて、Adobe社のPDFでの電子的文献提供手段も付加される予定である。英国図書館では、Webインタフェースからのハイパーテキストリンク、電子メール、そしてできればバッチ処理（おそらくFTP）での提供を計画している。

　ここで概観した目標は、DNERが目指す目標と全般的に一致する。英国高等教育プロジェクト及び英国図書館に共通する目標を、改めてここでまとめることとする。

a) 情報の発見から、入手場所の特定、申込、入手までをシームレスに連動させることによって、利用者がより効果的にディジタル情報にアクセスし、利用できること

b) 広範囲にわたる分野の情報の提供と秩序維持を保証すること

c) 利用者がさまざまな入口からアクセスでき、シームレスでありながら利用資格に応じたサービスをうけられるシステムを提供すること

d) 無駄な重複を減らし、専門技術を共有することによって、DNERの効率化と費用効果を高めること

e) 多くの高等教育関連機関とJISCサービス、提携営利企業、英国図書館間の真の共同事業とすること

f) 技術レベル・戦略レベル双方において、構成プロジェクト間の相互協力および相互実施を支援するために共通基準を導入すること

g) 確実な研究方針に基づいたものであること。電子的な研究活動において大きな実績をあげること

h) 英国の分散型ネットワークの能力と可能性の成熟度を実証すること。一例として、緊密な技術協力が必要となるサーバ容量の分担に関するプロジェクトがあげられる。

i) JOIN-UPプロジェクトとの協調により、労力と技術的なインフラの重複を避け、ハードウェアを共有し、共通基準を適用すること。

提案される実施プラン

　現在最初の目標である電子目次情報Z39.50準拠版の開発が完了したところである。このシステムはZETOCと名づけられ（http://zetoc.mimas.ac.uk）、MIMASによって運用されている。また、SGML/XMLを使った開放型システム構造をもつパイロット版の開発も第一段階にある。このパイロット版には、カリフォルニア大学バークレー校電子図書館プロジェクトで開発されたChesire IIソフトウェアを用い、約200万レコードのサブセットで構成される予定である。更に目次情報速報サービスを開発し、2000年10月16日よりサービスの提供を開始している。

　Chesire IIの試行運用のもとで、基本検索機能や利用者が簡単に文献を発注できるような機能拡張が目指されている。

　利用者インタフェースは、さまざまな利用者グループの意見を反映させることによってますます向上するであろう。検索条件や速報の保存、タグ付リストの扱い、多様な書式でのレコードのダウンロード、Z39.50コネクション・ファイルの規定、論理演算検索においてもますますの改善が望まれる。また、ディジタル・オブジェクト識別子（DOI）利用の可能性も検討されている。もし実現すれば、利用する権限のある情報資源へ、論文の抄録や全文を参照できるようになるであろう。所属の図書館の範囲内での速報サービスもまた、検討されることになろう。

継続戦略と長期的発展

　英国図書館は、国立図書館として数多くの機能を求められている。DNERプロジェクトですすめられている開発には、英国高等・継続教育コミュニティ以外の利用者へのサービスも存在する。特に英国図書館は、ヨーロッパ共同体（EC）が助成するヨーロッパ・バーチャル・ライブラリー・プロジェクトの基準作成にかかる業務に関して先導的な立場で参加している。英国図書館で採択される「基準」がコンソーシアム内の他図書館にも採択されるという事実は、英国図書館の立場を如実に語っている。

　英国図書館によるアプローチはまた、ヨーロッパ以外の（特に米国）の学術団体に受け入れられており、世界中のネットワークに接続するためのプラットフォームとしてDNER用に開発されたシステムの利用も考えられる。もしこの基準が採用されれば英国図書館は革新的な立場に立ち、医療電子図書館やピープルズ・ネットワークのような国立ネットワーク・プロジェクトを先導していくことになろう。

おわりに

　英国図書館は、国家規模においても世界規模においても、そのコレクションを広く公開することに全力を傾けている。バーチャル・ライブラリー構築への動きを促進させるために英国図書館は、協力関係が不可欠だと強く考えている。京都において開催された本電子図書館会議が、今後の協力関係を主導するものとなれば誠に幸いである。

付録A

英国高等教育コミュニティへのディジタル・サービス

　この付録は、英国高等・継続教育コミュニティへのディジタル・サービスに必要とされる実務条件を確認するとともに、その発展の方向性を報知するためのものである。

　この必要条件は、マンチェスター・コンピューティングの協力を得て、insideのヘルプ・デスクや英国高等教育機関との会議、英国図書館内での審議を通じて入手した結果をまとめたものである。基本的に、利用者が興味ある文献を見つけ出し、所属する図書館や英国図書館のような文献提供機関へ文献の申込みをするまでのシステムについて述べるものである。

必要条件リスト

目的：英国高等・継続教育コミュニティのエンドユーザや文献依頼を仲介する図書館等[6]が、英国図書館や特定の文献提供機関のコレクションから興味のある文献を探し出し、発注してから、提供されるまでのインタフェースを提供すること。

　必要とされる機能は、既にinsideで提供されている機能と類似のものが多い。システムは全体として、英国学術機関にあわせて変更あるいは拡張されたinsideのクローンとみなすことができ

るのではないだろうか。
　システムは、下記の要件を満たすものとする。

1. エンドユーザがATHENSの利用者IDとパスワードを使ってシステムにアクセスできるようにすること（資格を有するシステムへのアクセスや個人認証に個々のシステムのパスワードを使う必要がないこと）

2. 利用者がZ39.50クライアントを通じてETOCデータにアクセスできること

3. 利用者がWebベースのインタフェースを通じてETOCデータを検索できること
- insideのクイック・サーチのような簡易検索インタフェースをもつこと
- insideのアドバンスト・サーチのような詳細検索インタフェースをもつこと
- 検索結果集合に対する論理演算を可能にするために、検索履歴機能をもつこと
- 検索結果ページにナビゲーションを表示すること
- insideで提供されているような検索結果の簡易表示形式をもつこと
- insideで提供されているような文献選択のための詳細表示形式をもつこと

4. 常駐機能として、利用者が選択する検索式の保存ができること
- 保存した検索式をその場に応じて実行できるしくみをもつこと
- 検索戦略を確認し、変更できるしくみをもつこと
- 保存した検索式を削除できるしくみをもつこと
- 保存した検索式で定期的（日ごと、週ごと、月ごと）に自動検索を行い、ASCIIテキスト形式かHTML添付ファイルで、検索結果を電子メールで受け取る機能をもつこと
- HTML添付ファイルで提供された検索結果に発注画面へのリンクが埋めこまれていること
- 任意の雑誌の目次に対する検索式が簡単に作成できるインタフェースをもつこと

5. 利用者がWeb上で表示された文献リストあるいは電子メールで送られた検索結果から文献を発注できること
- 求める文献が利用者の所属する図書館で所蔵されている場合は、その旨知らせる機能をもつこと
- 求める文献が、利用者の所属する機関で契約する電子ジャーナルに含まれる場合は、その旨知らせる機能をもつこと
- 求める文献が、利用者の所属する機関で契約する電子ジャーナルに含まれる場合は、その電子ジャーナルにリンクする機能をもつこと
- 求める文献を提供できる特定の文献提供機関を表示すること
- 選択した文献のデリバリー方法の選択肢を表示すること
- 選択した文献のデリバリー料金と著作権料を表示すること
- 利用者が任意に発注したい文献提供機関を選べるしくみをもつこと
- エンドユーザが、所属する図書館が所蔵する文献を、図書館へ依頼する機能をもつこと
- エンドユーザが、所属する図書館へ図書館特恵発注[7]や現物貸借を依頼できる機能をもつこと
- 文献依頼を仲介する図書館等が、英国図書館へ図書館特恵発注できる機能をもつこと
- 図書館特恵発注が一号につき一論文に限定できる機能をもつこと
- エンドユーザが任意の文献提供機関にCFP発注[8]できる機能をもつこと
- 利用者が、あらかじめ設定しておいた文献受取先の住所を変更することができること。この住所は、個人の住所でもリクエスト集配場所の住所でもよい。
- 利用者が個々の発注に独自の番号を付加できる機能をもつこと
- 発注する前にリクエストを確認あるいは削除するための「買い物かご」的機能をもつこと
- 文献の一括発注機能をもつこと
- 一括発注分のための文献提供方法を指定できるしくみをもつこと
- エンドユーザがクレジットカードあるいはデビットカードを使って支払ができるしくみをもつこと
- エンドユーザに割り当てられた予算の使用状況

を表示できること

6. 利用者がETOCで検索できない文献を発注できること
- 指定の必須項目をもつ構造化された入力フォームをもつこと
- 求める文献を提供できるであろう文献提供機関を表示すること
- 文献提供機関からの関連所蔵情報を表示すること
- 選択した文献のデリバリー方法の選択肢を表示すること
- 選択した文献のデリバリー料金と著作権料を表示すること
- 利用者が任意の文献提供機関を選択できるしくみをもつこと
- エンドユーザが、所属する図書館の所蔵する文献を図書館へ依頼することができる機能をもつこと
- エンドユーザが、所属する図書館へ図書館特恵発注や現物貸借を依頼できる機能をもつこと
- 文献依頼を仲介する図書館等が、英国図書館に図書館特恵発注ができる機能をもつこと
- 文献依頼を仲介する図書館等が、任意の文献提供機関へCFP発注できる機能をもつこと
- エンドユーザが任意の文献提供機関へCFP発注できる機能をもつこと
- 利用者があらかじめ設定しておく個人やリクエスト集配場所の住所を変更できること
- 利用者が各発注に対して独自の番号を付加できる機能をもつこと
- 発注する前にリクエストを確認あるいは削除するための「買い物かご」的機能をもつこと
- 文献の一括発注機能をもつこと
- 一括発注分のためのデリバリー方法を指定できるしくみをもつこと
- エンドユーザがクレジットカードあるいはデビットカードで支払できるしくみをもつこと
- 英国図書館の支払システムと連動すること
- エンドユーザに割り当てられた予算の使用状況を表示できること

7. 利用者が文献の発注処理状況を確認できること
- 受領や発送の確認、文献を提供できない理由など、発注処理状況の軌跡をすべて確認できること
- Webインタフェースのハイパーリンクから、暗号化／非暗号化PDFがダウンロードできること
- 電子メール添付ファイルのリンクから、暗号化／非暗号化PDFがダウンロードできること
- 複数のPDFファイルのダウンロードあるいはプッシュが可能なしくみをもつこと
- PDFがダウンロードできる状態になったときに、Webインタフェースあるいは電子メールで利用者に知らせる機能をもつこと
- 文献が自動的に文献依頼を仲介する図書館等にプッシュされるオプションをもつこと
- 図書館特恵発注の場合、文献依頼を仲介する図書館等のみが、プリントアウトあるいは暗号化されたPDFで入手できることを保証するしくみをもつこと
- 出版者が同意したデリバリー方法が発注画面で表示されるしくみをもつこと

8. ローカル管理機能を提供すること
- 文献依頼を仲介する図書館等が、発注機能を制限できる機能をもつこと
- 文献依頼を仲介する図書館等が、エンドユーザに代わって文献発注できる機能をもつこと
- 文献依頼を仲介する図書館等が、エンドユーザが確定した発注あるいは確定前の発注を確認できる機能をもつこと
- 文献依頼を仲介する図書館等が、エンドユーザに予算を割り当てることができる機能をもつこと
- 発注依頼を仲介する図書館等あるいはエンドユーザが、エンドユーザ情報(名前・発送先住所)を登録できるオプションをもつこと
- 各図書館の所蔵情報が、雑誌のリスト、所蔵データの自動入力、所蔵データベースへの自動リンクにより、システムに登録できる機能をもつこと
- 雑誌リスト、所蔵データの自動入力、所蔵データベースへの自動リンクにより、各図書館が契約している電子ジャーナルがシステムに登録できる機能をもつこと
- 適切な個所で総合的なオンライン・ヘルプを参

電子図書館の概観

照することができること

訳注

1) 'initiative'とは、「特定の目的達成や問題解決のために政府によって始められる提言や具体的な取り組み」（ガイ・デインズ著・髙木和子訳"英国の図書館：歴史的転換期となりうるか"『現代の図書館』Vol.37 No.1, 1999) である。本稿では、「プロジェクト」あるいは「国家プロジェクト」と訳出する。

2) 'further education'とは、義務教育終了後に行われるすべての教育を指すが、高等教育 (higher education) は含まれない。本稿では「継続教育」と訳す。英国における高等教育とは、大学での教育のように学位を与える教育を指す。

3) 工学分野のインターネット情報資源へのゲートウェイ・サービス。英国の電子図書館プロジェクトであるeLibのプロジェクトのひとつで、ヘリオット・ワット大学を中心に活動が行われている。工学分野のインターネット情報資源に対して、評価・分類・索引付を行い、http://www.eevl.ac.uk/ で提供している。

4) 英国にはナショナル・データセンターが複数存在し、各高等機関に代わって各種データベース・電子ジャーナル・ソフトウェアを管理・提供している。MIMASのほかに、バース大学のBIDS、エジンバラ大学のEDINAがある。

5) NISS (National Information Services and Systems) が開発した、英国のアクセス管理システムである。ATHENSを利用することによって、利用者は異なるシステムへも同一利用者ID・同一パスワードでアクセスすることができる。詳しくは、http://www.athens.ac.uk/ を参照のこと。

6) 以降の 'end-users and intermediaries' は、単に「利用者」と訳す。個々に訳出する必要がある場合は、それぞれ「エンドユーザ」、「文献依頼を仲介する図書館等」とする。

7) BLDSC（英国図書館文献提供センター）の複写サービスには、「図書館特恵複写サービス (Library Privilege Copy Service)」と「著作権料払複写サービス (Copyright Fee Paid Copy Service)」の2種がある。BLDSCに登録している機関・団体が依頼する場合で、下記8)の条件にあてはまらない文献複写依頼は、「図書館特恵複写サービス」を利用することができる。

8) CFPはCopyright Fee Paid の略。下記の条件にあてはまる場合は、通常の複写料金に加えて個々の著作権料を支払わなければならない。徴収された著作権料は、英国著作権センターを通じて、著作権者に分配される。
① 個人が発注する場合
② 雑誌の同一号から複数の文献を必要とする場合
③ 複写物を図書館の蔵書として受け入れる場合
④ 複写物を機関内で貸出・回覧する場合
⑤ 同じ文献を複数部必要とする場合
⑥ 雑誌一号分の全部複写を必要とする場合
⑦ 絶版などの理由で、図書の全部複写を必要とする場合

< 訳　呑海沙織　どんかい　さおり
　　京都大学附属図書館情報管理課　>

学術雑誌の電子化と NACSIS-ELS

安達 淳

キーワード　電子図書館、電子ジャーナル、ドキュメント・デリバリー、XML、データベース、
情報検索、著作権処理、WWW

1. はじめに

1990年代におけるインターネットの広がりの中で、電子図書館(digital library)が重要な情報サービス機能として脚光を浴びている。電子図書館を実現していくには、システムの実現、コンテンツの作成、著作権処理など多様な分野の課題が関係している。図書館が対象とする文献の中でも学術雑誌の分野では、利用者からの電子情報へのニーズが強いこととも相俟って、雑誌の電子化が早くから進み、電子図書館的なサービスも着実に拡大してきている。

本稿では、旧学術情報センター (NACSIS) で開発し、学術情報センターの改組により引き続き国立情報学研究所(NII, National Institute of Informatics)でサービスしている NACSIS-ELS に焦点を当てて、電子図書館に関連する課題を探る。

2. NACSIS-ELS の概要

2.1 事業の位置付け

文部省の大学共同利用機関である学術情報センター (NACSIS) は1986年の発足以来、大学図書館のネットワーク化や学術情報のデータベース形成を行ってきた。そして2000年4月に国立情報学研究所に改組され、活動の力点を研究にシフトしながら、従来からの事業を継続して実施している。この事業の中で、大学図書館をネットワーク接続して学術資料の総合目録データベースを形成しているサービス NACSIS-CAT には、2000年3月末現在で総数735の図書館が参加し、和洋図書の書誌レコード数は約480万件で所蔵数は3千9百万件に達している。また、雑誌では、書誌約22万件、所蔵数330万件に達している。

この目録事業と並行して、わが国の学会と協力したデータベース形成も行ってきた。中でも学会発表データベースには65の学会が参加し、学会の行う大会、研究会、シンポジウム等での研究発表に関する概要情報、すなわち発表表題、著者、アブストラクト等の情報が蓄積されている。

NII はこれ以外にも学会への支援事業を行っており、その最近の例として Academic Society Home Village というサービスがある。これは学会に無料で WWW サービスのためのコンピュータ資源を提供しようというもので多くの学会で活用されている。

このような事業展開のなかで、次世代の情報サービス電子図書館システムの開発を行い、1995年2月からの試行サービスを経て1997年4月から公開サービスを行っている。

学術情報センターでは文部省管轄下の機関として、学会の活動やその発行する学術雑誌を対象としたものが多い。このような背景から、NACSIS-ELS の開発では、学会活動に関連した情報形成・提供支援に寄与することを強く意識して設計してきた。

2.2 NACSIS-ELS のねらい

学術情報センターで開発した電子図書館サービス NACSIS-ELS は、雑誌のすべてのページを画像としてデータベースに蓄積し、利用者の手元に高速ネットワークを通してセンターサーバから直接供給する機能を実現したものである。

すなわち、NACSIS-ELS のデータベース・サーバは、

(1) 二次情報データベースの検索機能
(2) 文献のページのブラウズ機能

の二つの機能を統合したものである。

従って、NACSIS-ELS は、「学術雑誌や会議録を対象とした、学術文献のための情報サービス」であり、従来の二次文献情報検索サービスと文献複写ための NACSIS-ILL (Nacsis Inter-Library

Loan、図書館相互貸借) サービスのような document delivery service を包含するものである。あくまで伝統的な出版物を対象としたデータベースサービスを実現するものである。

2.3 サービスの特徴

NACSIS-ELS のサービスの特徴の第一は、学術雑誌を対象とした学術文献サービスであるということである。

技術的には、NACSIS-ELS で実現しているシステム形態は雑誌のみならず、図書にも適用できる。しかし、ディジタル・コンテンツ作成に関してはわが国の学会の発行する学術雑誌に焦点を絞っている。学術情報センターの発足当初から学会と連携したデータベース形成を行ってきた。当初はアブストラクト情報を中心としていたが、それを原報への発展させたものが NACSIS-ELS の持つコンテンツであるといえる。

グローバルな視点で資料を考えたときにディジタル化の優先度にはいろいろな考え方があろうが、学術情報センターでは学会が生産する情報に一番の優先度を与えて、NACSIS-ELS でのコンテンツ生成を企画してきたのである。

一方、ディジタル・コンテンツをネットワークを介して提供するに当たり、著作権に配慮したサービスを構築し、制度的にも新しいネットワーク時代に適合したものを作ろうとしている。すなわち、サービスの提供に当たっては、情報利用に応じた著作権使用料を徴収しサービスを提供するということを実現してきた。

第三の特徴として、あえて電子「図書館」という名称をつけていることがあげられる。このサービスで意図したことは、網羅的に電子コンテンツを活用できるようなサービスの実現である。インターネット上で提供されている電子ジャーナルサービスの現在の態様を眺めると、基本的には個別出版社や機関ごとにサーバを立ち上げており、サイトを越えて横断的な検索を行うことができない。NACSIS-ELS では、多くの雑誌に対する横断的な検索を実現することがシステム設計の重要な要件であった。

2.4 開発の経緯

NACSIS-ELS の開発は1990年頃から始めた。システムの稼働する環境としては、当時勃興しつつあったインターネット、すなわちTCP/IP をベースにしたネットワーク環境を前提として、client/server型のネットワーク・アプリケーションとして実現した。システムの設計と実現には、それほど時間を要しはしなかったが、最大の課題はディジタル・コンテンツの入手であった。

まず最初に1993年に情報処理学会に実験目的での学会誌や論文誌のディジタル化の許可を申し出た。さいわい快諾を得ることができ、1994年には国際会議で実現システムのデモンストレーションなども実施できた。

並行してコンテンツ・ディジタル化の規模を拡大すべく、文部省の科学研究費補助金を申請し、1995年から2年間の試行実験を行った。この際には、情報処理学会に加え、電子情報通信学会、電気学会から雑誌のディジタル化の許可を得ることができた。この試行では、あくまでもサービスの実用化実験として、著作権使用料を支払わずに、限定した利用者にサービスを提供してその実現上の問題を検討することが目的であった。

2年間の試行期間中には、いろいろな学会との間で著作権使用料に関する考え方の調整を行い、このような情報サービスにおける新しい課金方式の検討を進めた。これと同時に雑誌のディジタル化についての許可を他の学会にも求め、コンテンツを拡大する努力を行った。1996年末には28の学会がこのプロジェクトに参加し、62の雑誌がディジタル化の対象となり、約5万6千論文、45万ページのコンテンツが蓄積できた。

一方、課金方式については、他に類をみないため、なかなか方針が定まらなかった。試行実験は1997年3月に一応終了し、4月からは公開サービスとして広い範囲の利用者が利用できるような制度でサービスを公開した。この際には参加学会には当分の間無料で情報を提供する旨の特別の許可を得てサービスを続けた。そのため、試行に参加した学会の一部は改めて意思決定をするのに時間を要するなどの都合もあったため、公開当初は14学会、20誌程度に下がった。しかし、並行して、多くの学会にサービスの説明を行い、雑誌のディジタル化を進め、雑誌の提供を許可する学会も9月には23学会、45誌へと徐々に増加した。

1997年度公開当初は無料にしたものの、課金

単価を定める手続きに手間取り、最終的に著作権料の徴収を始めたのは1999年1月からである。それ以前には利用者の登録は7000人規模であったが、料金徴収開始のための利用者再登録の結果、当然のことながら1600人くらいまでに利用者数は低下した。今後徐々に増加していくと期待している。この間における利用者数の増減を図1に示す。

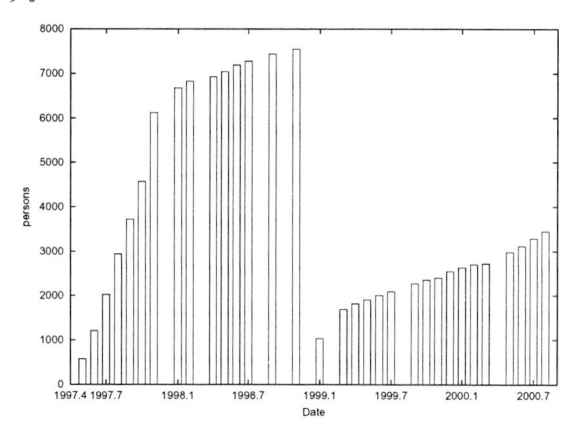

図1 ELSの利用者数の増加

2000年9月には、114学会が参加し、252タイトルの雑誌についての46万論文あまり、160万ページ近くのコンテンツが公開されている。収録雑誌の数は今後も増えていくと予想している。

3. NACSIS-ELS の実際

3.1 機能の概要

NACSIS-ELSとは、従来の文献検索システムの機能に雑誌ページの表示、印刷機能が組合わさったものと考えてよい。検索としては、タイトルや著者名の単語の論理演算で検索を行うことができる。また、学会名や雑誌名から論文までたどっていくこともできる。

3.2 二つのブラウザ

元々NACSIS-ELSは、ANSI Z39.50というプロトコルにしたがって動作するシステムとして設計されている。したがってインターネット上で動作させる場合にはこのZ39.50のクライアントが必要になる。

このブラウザでは、Z39.50の通常の使い方であるテキストベースの検索機能に加え、ページ画像の処理機能を持たせている。現在無償で利用者に提供しているブラウザから国内外のZ39.50サーバも検索できる。

ページ画像を扱う上での最大の問題は、画像データ転送に必要となる帯域である。インターネットの混雑のため、ページを送るのに大層時間のかかる場合もある。実際例を示すと、SINET(NIIの提供している大学間のインターネット・バックボーン)の良好な場合は、専用ブラウザでの画像表示には1秒以下の時間で可能である。表示には、画像解像度70dpi(dot/inch)の粗い画像転送モードと画像解像度400dpiの高品位画像転送モードの二つを用意している。前者は1ページ当たり21KBの容量で、後者は91KB程度である。この容量がネットワーク転送にかかる時間を決める。粗い画像では1秒のものが高品位画像では2秒くらいになる。また、ワークステーション側での画像の処理にもそこそこの時間がかかり、これが応答時間を決めている。

このような専用ブラウザは各種のワークステーションで動作するものを用意しており、たとえば、SUN Microsystems社、HP社、NEC、Linuxなどのワークステーションで稼働するものが無償で提供されている。

一方、PCでNACSIS-ELSを利用するために、WWWブラウザ、例えばNetscape NavigatorやInternet Explorerの上で使うようにするための機能も実現されている。これらにはプラグイン・ソフトウェアが用意されており、これを手元のPCに登録するとページ画像を閲覧することができるようになる。

標準のWWWブラウザをそのまま使用して画像を表示すると容易にダウンロードをしたり、印刷することができる。NACSIS-ELSでは、ページの表示や印刷により使用料を徴収できなければならない。また不正なダウンロードなどが容易にできるようなサービスでは問題である。そのため、特別なプラグイン・ソフトウェアをWWWブラウザに付加しなければ動作しないような仕組みに設計した。ネットワーク上を転送されるページ画像は暗号化されており、プラグインがなければ表示することができない。また、このプラグインを介して表示したページをファイルに落とすことはできない。一方、印刷するとその情報がサーバに記録され、課金情報として使われる。

以上のような面倒なメカニズムは、著作権の保

4. メタデータを使ったデータベース統合

4.1 文書画像間のリンク

インターネットにおける情報の探索では、クリッカブルマップを利用した航行的な手法が好まれる。ELSでは実験的に文書画像を通してこの機能を実現している。このためにメタデータを使っているのが特徴である。

図2に学術論文の典型的な参考文献のページを示している。このように文書画像上の枠で囲まれた部分は一つの参考文献を示すところである。ELSでこのように表示されているところをクリックすると、もしデータベース中にあれば当該文献のページに移動することができる。

一般にこのようなリンク情報を画像情報の裏に張り付けるにはデータベース作成上の問題が生じる。例えばURLを裏に保持しておこうとすると、往々にして該当する文献のURLがリンク作成時に判明しない場合がある。このためELSでは、リンクはメタデータによって用意しておき、クリックしたときにメタデータを利用して当該文献の存在を調べ当該文献に飛ぶという方法を採っている。

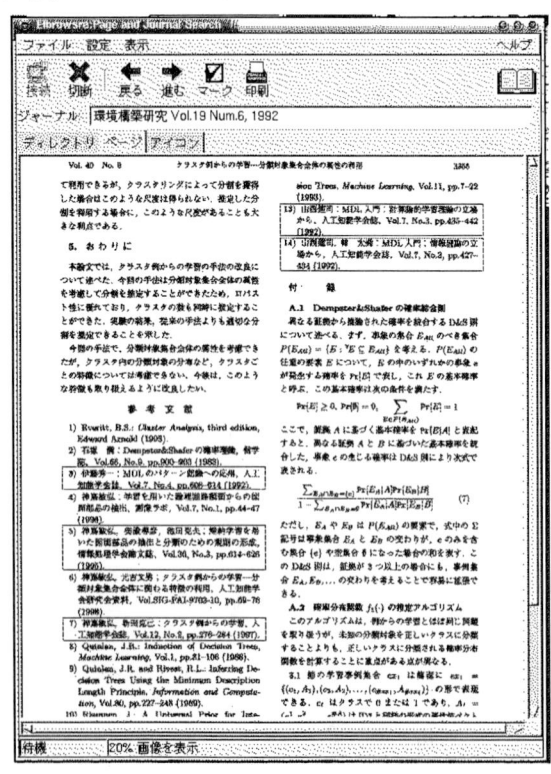

図2 ELSの画面表示例

4.2 リンクの作成方法

文書画像でのハイパーリンク作成はおおむね以下のようになる。

まず文書画像を構造解析して該当する矩形部分を切り出す。次にこの部分ごとにOCR処理し認識誤りを含む文字列に変換する。辞書やデータベースを駆使して構文解析し、著者名、論文タイトル、雑誌名、巻号など書誌事項を切り出す。この情報を組み合わせて、当該論文にアクセスするためのメタデータを構成する。

このような手法の技術的解決については文献[3]などを参照されたい。なお、この機能は専用ブラウザで実現されてはいるが、データを組織的に整備しようとするとリンク抽出を完全に自動化できず人手の作業が介在し経費がかかるなどの理由で、一部のデータに埋め込んでいるに過ぎない。

5. NACSIS-ELSの課題

NACSIS-ELSおよび電子ジャーナルの関連する現在の課題を列挙すると以下のようになる。

　i) 分散した情報源へのアクセス方法
　ii) 使いやすいインターフェース
　iii) コレクション構築とアーカイブ機能
　iv) 電子データへの遡及的な変換
　v) 著作権処理と料金
　vi) 多言語処理
　vii) メディアの多様化
　viii) XML、PDFへの対応

このような課題は電子ジャーナル・サービスに共通する課題であり、次世代のNACSIS-ELSを設計におけるキーポイントとなる。

NACSIS-ELSは、開発開始後10年にもなるシステムである。開発時期がちょうどWWWやPDFの出現・展開期に当たったため、標準の採用に関しても、WWWよりはZ39.50、PDFではなくポストスクリプトを採るなど、現在からみると一つ前の技術に依拠して設計されている。

一方、著作権処理に関しては現在までも方向性は見えておらず、状況の困難さについてはさほどの違いはない。ただ、文書ファイルのダウンロードに関しては一時期ほどの警戒感はなくなっているように思われる。そうすると、WWWブラウザ用のプラグインの開発は今となっては重装備過ぎたということもできる。

メタデータについては、これもDublin Core の活動が並行して走っていたため、あくまでもシステム内部のデータベース統合上のものとして設計して利用している。現在あるデータベースに関しては、試用すべき標準が定まれば比較的容易に変換できるような配慮がなされている。

一方、メタデータをインターネット上の情報発見の核と考える見方はより強まっていると考えられ、この点でNACSIS-ELSはコンセプトとしては当初から正しい方向を向いていたと考えている。

文書を画像としてデータベース化するに関しては議論の多いところであるが、遡及的な電子化では経済的な観点から避けられ方法と考えている。将来の総合的な電子図書館はテキストによる電子化と文書画像の混在するハイブリッドなシステムにならざるを得ないと考えている。

ELSの将来に関しては、参加学会の多くがまだ紙媒体の雑誌の発行を続けていることから、当面は現在の運用形態を維持しつつ、IR、CAT、ELSなど既存のデータベースを統合するようなシステムを志向する必要がある。電子ジャーナル等の動向を分析し、標準に準拠した形で、メタデータを核とした情報システムの実現を計画したいと考えている。

6．むすび

NACSIS-ELSは、わが国のはじめての学術文献の電子ジャーナルシステムとして、その役割を果たしてきたと考えている。この技術分野の急速な発展に歩調を合わせて、今後このサービスを着実に成長させていきたいと考えており、併せて学術情報のディジタル化を鋭意進めていきたいと考えている。

参考文献

[1] 杉本重雄"メタデータについて"『情報の科学と技術』49(1), 1999, pp.3-10
[2] 安達淳"学術情報センターのディジタル図書館プロジェクト"『情報処理』37(9), 1996, pp.826-830
[3] Adachi, Jun: Dissemination of Japanese Academic Journals over the Internet, Proceedings of International Sysmposium on Research, Development and Practice in Digital Libraries 1997, pp.32-35 (Tsukuba, Japan), November 19-21, 1997.
[4] Takasu, A. et al. ,"Approximate Matching for OCR-processed Bibliographic Data," Proc. of 13th International Conference on Pattern Recognition(ICPR'96) Vol. III, 1996, pp. 175-179.
[5] URL: http://els.nacsis.ac.jp

＜　あだち　じゅん　国立情報学研究所教授　＞

コロンビア大学における電子図書館研究プログラムの構築
Building a Digital Library Research Program at Columbia University

Dr. Judith Klavans

Center for Research on Information Access

Columbia University

要約 このレポートでは、コロンビア大学における電子図書館研究プログラムの概要を、3つの優れたプロジェクトの詳細を中心に示す。初めに、情報アクセス研究センター（Center for Research on Information Access）の見解として、電子図書館研究への学際的アプローチの概観を述べる。次に、PERSIVAL医学電子図書館プロジェクト、電子政府研究センター、そして多言語多文献要約プロジェクトの技術的側面を紹介する。最後に、この学際的アプローチの具体的な成果を明らかにするために、一連のプロジェクトを簡単に論じる。[1]

I. コロンビア大学における電子図書館への学際的アプローチ

情報アクセス研究センター（CRIA）は1995年に設立された。CRIAの任務は次の4つである：

◆電子図書館、電子政府、そして分散型ネットワーク環境での情報アクセスに関連する他の領域における指導者的立場によって、コロンビア大学の認知度を高めること。

◆情報サービスと学問分野の学際的なつながりを確立し、強化すること。

◆電子図書館とその関連プロジェクトにおける資金基盤を築き、拡大すること。

◆新しい研究の機会を見極める際、また、コロンビア大学、アメリカ合衆国、そして国際社会の中で適切な参加者を見極める際の支援を行うこと。

CRIAは情報サービス部門に置かれており、コンピュータサイエンス部門を兼任している。この構造は、経営指向型プロジェクトと研究指向型プロジェクトの連携を強固なものにしている。

当初より、CRIAは、多言語情報アクセスから数値データベースのインタフェースにまで及ぶ広範なプロジェクトに直接参加し、それらを進行させてきた。次節では、3つの基本計画について説明し、続いて付加的な研究の概要を述べる。

II. 3つの技術プロジェクトの最重要点

A. PERSIVAL: 画像、映像、言語資源の個人に合わせた検索と要約（Personalized Retrieval and Summarization of Image, Video, and Language Resources）[2]

Kathleen McKeown教授を代表とする学際的グループは、PERSIVALと名付けられたNSF基金による5カ年計画の1年目を終了した。コンピュータサイエンス・電気工学部門、CRIA、医療情報学部門、そして学術資源事務局（Office of Scholarly Resources）の共同研究では、分散型患者治療電子図書館への個人に合わせたアクセスを、自動的に提供するコンポーネントが作られた。その目標は、医療の利用者と提供者の双方が、素早く、そして容易に最新のオンライン医療情報にアクセスできるようにすることである。

PERSIVALは、指定された基準による自動索引付与と自動フィルタリングを備え、さまざまな形式にわたる個人に合わせた検索を考慮している。技術目標は、現在のマルチメディア情報に対して革新的なインタフェースを開発することと、多数

---

[1] コロンビア大学電子図書館についてのさらに詳しい情報は下記を参照のこと。<http://www.columbia.edu/cu/libraries/digital/about.html> ここには図書館、学術計算、研究プロジェクトのより詳しい概観が述べられている。本論文は、大規模な電子図書館研究プロジェクトの一部である外部スポンサーを持つ技術研究プロジェクトを中心にまとめている。

[2] NSF IIS-9817434の研究費による。
代 表 者： *Kathy McKeown, Judith Klavans, Luis Gravano, Shih-Fu Chang, Vasileios Hatzivassiloglou, Steven Johnson, Steven Feiner, James Cimino, Carol Friedman, Desmond Jordan, Vimla Patel*
プロジェクトのURL：
<http://www.cs.columbia.edu/diglib/PERSIVAL>

の情報源から選び抜かれた情報を、専門用語を使わずに要約する技術を開発することである。その技術は、得られた文献が特定のエンドユーザにとって適切であるかを判断するため、情報源のタイプ、質、そして解釈のレベルに基づいて、分散型資源の索引付与および分類を自動的に行う。検索結果は、自然言語処理と、それらの文献が患者記録やユーザニーズと一致するか否かの評価により選別される。現在までに我々は、離れたところにある原文情報源のカテゴリーを決定する手段、患者記録に一致するテキストから用語を抜き出す手段、そしてマルチメディア特有のタイプをセグメント化し、要約する手段を提供した。

PERSIVAL電子図書館プロジェクトは、6つの主要な研究チーム：(1)分散型コレクションのマルチメディア検索、(2)マルチメディア資源の要約、(3)質問のインタフェースと提示、(4)臨床的基盤、(5)コンテンツと図書館、(6)評価、で構成される学際的チームから成る。これらのチームは、以下に示すシステム構成のそれぞれの要素に対応している。

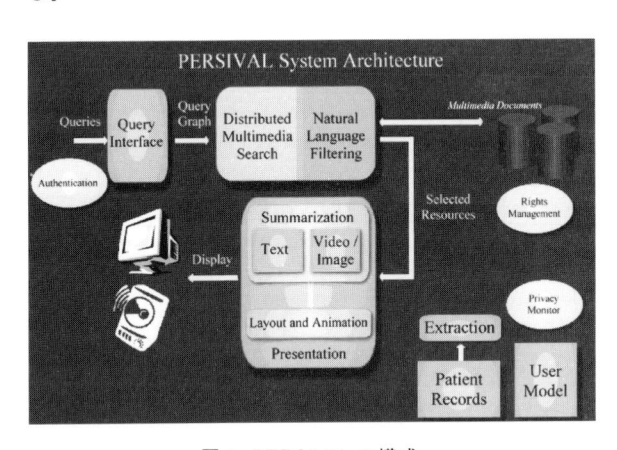

図1　PERSIVAL の構成

検索インタフェースの裏に「隠された」テキストデータベースを重視した、分散型コレクションのマルチメディア検索が試みられている。それらの文献には、質問を通してのみアクセスできる。検索エンジンは、通常、このような検索限定型データベースの内容を無視する。我々はEpiphany株式会社と共同で検索限定型テキストデータベースの分類を自動化する新規戦略を展開した (Ipeirotis et al. 2000)。この手法は、規則に基づいた文献分類者の養成から始まり、試験的な質問を生成するためにその分類者の規則を利用する。

質問はテキストデータベースに送られ、それぞれの質問に対して作られる多数の一致を基に分類される。現在、我々は、ウェブ上で利用できるデータベースの大規模な評価を含めて、データベース分類の研究を展開している。この方法では、最初の検索に続き、患者記録と検索で得られた文献を、自然語を用いてさらに詳しく比較することによる検索結果の再序列化が考えられている。

テキストの検索に加えて、心エコー図ビデオの蓄積、索引付け、アクセスのための技術が研究されている。心エコー図は心臓学において用いられるポピュラーな診断技術である。我々は心エコー図ビデオの蓄積、索引付け、ランダムアクセスのコンポーネントを設計してきた (Ebadollahi et al. 2000)。

PERSIVALプロジェクトは、要約の2つのアプローチを行っている。1つは医師の質問に適した雑誌論文のためのもの、もう1つは患者の質問にふさわしい一般向けの健康情報のためのものである (Hatzivassiloglou et al. 1999, Jing and McKeown 2000)。患者のための雑誌論文要約に関する研究には、文献中で研究されている多様な患者グループを分類する手法の開発や、実際に検索された文献の、例えば「結論」部分に含まれる正確な文章を識別するための手法の開発、医師の治療を受けている患者の特徴を文献中の患者グループの特長に一致させる情報抽出技術の開発等がある。

健康に関する文献については、一般的なテキストから、定義と定義している用語を抜き出すことから始めた。この研究の目的は、非専門的なレベルで書かれたオンラインテキストから抜き出した定義や用語で、現在評判が高い専門的な医学辞典や用語集を、自動的に構成し、強化することである。これはいくつかの方向に用いることができる；(1)既存の辞書を拡張するため、(2)不足を補うため、(3)要約と共に、一般ユーザが明確に理解できる付加的な専門情報を提供するため、(4)入力したテキストをレベル (例えば；専門的、一般的など) によって分類するため。現在、一般向けのオンライン医学文献から、定義と定義している用語を識別し、抽出するDEFINDER (Definition Finder) と呼ばれるシステムを導入している (Klavans and Muresan 2000)。

ユーザインタフェース・サブグループの長期目標は、PERSIVAL のバックエンドに、情報検索と要約モジュールのためのフロントエンド・ユーザインタフェースを統合させることである。この目標に向けての第一歩は、PERSIVAL のフロントエンドの特徴と必要条件を認識することであった。我々は制約を認識することで、実行可能な戦略を見い出し始めた。さらに、実現できるアーキテクチャの分析から、マルチメディア資源全般に多層構成ソフトウェア基盤を適応させることが必要であると判断した。この多層構成基盤を実現するために使われるソフトウェア技術の試験を行い、RMI、JAXP、Servlets、Activator Applets、XML を使用した場合の可能性と比較するために、実験用の JAVA code を記述した。そして、コンポーネントの相互通信を実行する数々のネットワークサービスから、セッション層のプロトコルを評価した。

ユーザインタフェース・チームの追加目標は、ユーザの質問を一般的な質問に位置付ける方法を開発することである。この研究は、ユーザの質問形成過程を支援するために generic query (GQ) アプローチの枠組みを開発することに焦点を当てている。GQ とは、臨床治療に関して「答えうる」よい質問を提示するテンプレートである。質問入力インタフェースのプロトタイプは、ニューヨーク・プレスベテリアン病院の臨床情報システムのデモ版に組み入れられた。

この研究の臨床的基盤の領域では、知識基盤の構築を自動化するため、MEDLINE の MeSH 用語の共出現を利用する可能性を重点的に扱った。それは根拠に基づく医療 (EBM) にとって最適な検索戦略と関わりがある。質問の多様なタイプ（病因、診断、治療、予後）に対して最も適した意味論的タイプを決定するため、検索結果を分析する目的で、UMLS 意味論タイプを使用している。検索された情報の臨床的な妥当性を評価するために、予備的研究が実施された。現在は、MEDLINE からの自動情報抽出と、医学的な記録から抜き出した情報を補助する知識基盤の構築に焦点を当てている (Cimino2000, Mendoca and Cimino2000)。

この研究の最初の成果は、個々の患者の特長を示す質問を自動的に作成することによって情報検索を向上させるプロセスにある。検索で得られた情報の臨床的な妥当性を評価するために行われた予備的研究では、特に、治療集団が意図していた目的（文献検索）に検索結果が適していたことが証明された (Cimino et al. 2000)。

患者の特定の情報を利用する際に重要な点の1つに、患者記録から正確に情報を収集することがあげられる。我々は、自然言語処理による抽出ツール、MedLEE を拡張した。MedLEE は、患者記録から臨床的な情報を抜き出し、コード化する機能を持つ。1度抽出された情報は、患者に対する利用者質問をあつらえるために使われる。プロジェクトの1年目に、MedLEE は心電図記録の分野にまで及び、システムの性能を測定する自主的な評価が行われた。この研究は医療情報学部門の学生の教育的トレーニングとして実施された (Friedman 2000)。

図書館チームは3分野に情報と情報源を提供している：(1)試験やトレーニングのための大規模な医学文献コーパスを作成すること、(2)医学情報に適した検索戦略を理解すること、(3)レファレンス・インタビューのようなプロセスにおける図書館学の知識を、質問インタフェースを設計するために使用すること。マルチメディア資源要約チームのメンバーは、大規模な医学文献コーパスの収集を始めた。この要約チームは、患者に関わる極めて特有な OVID 質問を用いることによって、現在、まだ、かなり制限されている（わずか200文献の中から選択している）患者記録と文献を一致させるシナリオの拡大を試みている。図書館チームは、レファレンス・ライブラリアンが利用者の絞り込み検索を援助するときのインタビュー方法に関する情報を提供し、PERSIVAL 内でそのプロセスがモデル化された。また、ユーザニーズの専門家として、フィードバックを行うためのユーザインタフェースの構築にも積極的に関わった。最後に、検索手段の構築を助けるため、質問の種類に関する情報を提供した。その検索手段はユーザの多様性を反映している。

マギル大学のチームによって、研究の評価とユーザ研究分野の形成が行われた。評価チームの役割は、医学的知識、人間とコンピュータの相互作用、ユーザニーズの分析に関わる領域において PERSIVAL プロジェクトを支援することだった。

評価の判断方法は、システムデザインへの入力の提供と、人間の認知プロセス（特に、ICUスタッフのための手術レポートを自動生成することを試みたシステム・コンポーネント）により適したシステム出力を作り上げるための、コンピュータ・アルゴリズムの微調整に有効なものとなった。人間である医師が（実際の患者のケースに関連付けて）文献の適合度を判断する方法においては少なからず個人差がある。しかし、適合度の判断には主題を超えた本質的な特徴が存在しており、この認知作業を自動化するコンピュータ・アルゴリズムの設計において考慮される必要がある。文献の適合度を判断する方法の違いは、専門知識のレベルの違いに見られた。適合度を判断する際、熟練した医師は、研修医より利用する情報が少ない。システム設計には、医学的専門知識の個々のレベルに微調整された情報を提示する方法の開発という意味がある（Kushniruk et al. 2000）。

医療の利用者と提供者の双方が、最新のオンライン医学情報に、一様に、素早く、簡単に、的を得たアクセスをすることは莫大な利益を生む。今まさに患者を介護しようとしているところに、最新の医療情報が提供されれば、開業医や医師は、誤診を避け、効果的な介入や診断テストを1つだけ選択し、差し迫っている合併症を最小限に抑えることができる（McKeown et al. 2000）。患者は、この情報が理解できる言葉で表されたとき、自分の健康を管理し、ライフスタイルを変え、適切な予防策をとり、より情報に基づいた治療の選択ができる。それはまた、健康管理の全般的な質を向上させるよい結果を生む。なぜなら、知識がある患者は治療計画に従いやすく、健康管理チームの一部を担うようになるからである。PERSIVALの研究は、これらの利点を実現するため、分散型患者治療電子図書館への個人に合わせたアクセスを自動提供することを目指している。

B. 電子政府研究センター（The Digital Government Research Center (DGRC)）―エネルギーデータ・コンソーシアムの創設[3]

NSF電子政府計画において1999年に始められたDGRC-EDCプロジェクトは、大規模な分散型データコレクションへのアクセスに関する3つの重要な問題の解決策を打ち出している；(1)多重分散型で異質のデータベースに対するアクセスの高度な企画立案、(2)専門用語の標準化とユーザ指導のための、大規模なオントロジーの構成と使用、(3)質問の入力、オントロジーのブラウジング、そして結果表示のための柔軟性があるユーザインタフェース（Ambite et al. 2000）。

DGRCチームは統計データを集めたり普及させたりするため、連邦政府や州の主な統計機関の代表や他の一般組織、個人との関係を作り上げてきた。これらの機関の代表は、主に、国勢調査局、労働統計局（BLS）、エネルギー省（DoE）エネルギー情報局（EIA）、そしてカリフォルニアエネルギー委員会（CEC）の出身である。システム構成は図2の通りである。

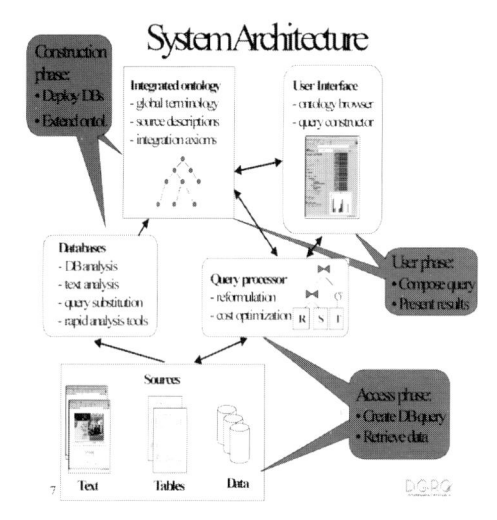

図2 電子政府EDC計画の構成

EDC研究開発の1年目、3つの分野において成果を上げた。

◆ 情報の統合。データベースの内容を識別し、記述する効果的な方法が開発されている。これにより、正確な回答が得られないときでさえ、有用な情報が正しく効果的に位置付けられる。我々は、連邦政府や州の多様な機関のデータベースを120以上包括している。さらに、さま

---

[3] NSF EIA-9876739の研究費による。
代表者：Salvatore Stolfo, Judith Klavans, Vasileios Hatzivassiloglou, Luis Gravano その他の参加者：Jay Sandhaus, Anurag Singla, Junxin Zhang, Brian Whitman
プロジェクトのURL：
<http://www.isi.edu/cardgis/>,
<http://www.cs.columbia.edu/digigov>

ざまな精度で集められた情報とコロンビア大学で開発された技術を使った異なる対象を、データセット／データソースに統合する実験を行った。
- ◆ オントロジーの構築。現在7万語以上を収録している大規模で形式的なUSC/ISIのSENSUSオントロジーが基盤になっている。それら全ての用語は包摂（is-a）ネットワークにリンクされており、part-of、pertains-to、used-forなどの付加的なリンクを伴っている。新しいメタデータには、関連したアプリケーション領域（EIA, Census SICS, NAICS codes, EPA）から7000語以上の用語や定義が半自動分析によって追加されている（Klavans and Whitman 2000）。この分析結果は、高度な汎用領域オントロジーに組み入れられた。それは、機関間をナビゲートするオントロジーの作成のために自動化された新しい概念-オントロジー整列アルゴリズムを拡張し発展させるものである。
- ◆ ユーザインタフェースの開発。異質のデータ資源から、同質の情報を検索し表示するために、ダイナミックで伸張性のあるGUIをJava Swingで設計し、導入した。それは、トピック固有のメニューと、SENSUSのグラフィック・インタフェースのダイナミックな生成と、EDCプロジェクトにまとめられた概念のビジュアル表示を含むものである。

DGRC-EDCは開始から1年にも満たないが、Open Forum on Metadata Registries[4]、ASA7s Interface 2000 conference[5]、Federal Committee on Statistical Methodology 主催のWorkshop on Integrating Federal Statistical Information and Processes、COPAFS at FEDWEB 2000[6]、The Annual Joint Statistical Meetings[7]等の重要な会議で、その成果が報告されている。[8]

---

[4] <http://www.sdct.itl.nist.gov/~ftp/18/sc32wg2/2000/events/openforum/index.htm>
[5] <http://www.neptuneandco.com/interface>
[6] <http://www.fedweb.org>
[7] <http://www.amstat.org/meetings/jsm/2000/>
[8] <http://www.isi.edu/dg.o2000/>

C. 多言語多文献の要約（Multilingual Multidocument Summarization）[9]

コロンビア大学では、実用的な多言語多文献要約システムを開発している（McKeown et al. 1999, Barzilay et al. 1999）。それは、エラーに強い統計技術、表面的な言語アプローチ、言語内での拡張性と言語間の移植性を得るための機械学習を統合した設計に特徴がある。これらの目標を実現するため、情報の融合と重要な相違の識別を利用した文献の要約方法、用語の識別と言い換えを基にした言語の要約方法、そして用語の識別、拡張、言い換えの新しい手法を開発している。

目的は、同じ事象についてさまざまな言語で書かれた文献の要約を、英語で自動生成するシステムの開発である。複数の文献にわたって現れるコンセンサスを簡単に表示することにより、システムに要求される解釈の量は激減する。文献間の相違を際立たせることにより、そのシステムは、情報源や国が異なっていても視点の多様性による不一致を指摘することができる。

この方法の特徴は、フレーズの抽出、比較、そして定式化に基づいた複数の文献の類似と相違の要約（Hatzivassiloglou et al.）にある。他のほとんどの方法と異なり、この研究はセンテンスの抽出ではなく、類似情報の融合を利用する。すなわち、繰り返されるフレーズを1つのフレーズに融合させることによって、多くの文献に現れる情報を大幅に減少させるのである。複数のフレーズを1つの短い段落にまとめるために、言語生成技術が用いられている。

研究案では、要約に含めるための特徴的で実際に現れる相違に焦点を当てている。それは多文献の要約において未開発の方法である。新しい情報、矛盾、傾向、複合的な観点、そして異なるトピックを識別するために、それぞれの演算子が開発されている。このように、同じ事象に関する文献のストリームを要約することで、共通の情報を簡潔に示し、相違を指摘し、原文献へのリンクを提供している。

---

[9] DARPA N66001-00-1-8919の研究費による。代表者：Kathleen McKeown, Vasileios Hatzivassiloglou, Judith Klavans その他の参加者：Regina Barzilay, David Evans, Melissa Holcombe, Jay Sandhaus, Simone Teufel プロジェクトのURL：<http://www.cs.columbia.edu/TIDES>

我々は、多文献要約システムのプロトタイプであるMULTIGENを開発した。MULTIGENは、同じ事象についての英語のニュース記事を取り込み、文献間の類似点を一段落の抄録として出力する。この出力結果は、読み取られたテキストの量に比べて非常に少ない；一例を挙げると、それぞれが約13センテンスからなる34文献を入力した場合、9センテンスの要約が出力される。さらに、入力された文献に共通する主題を識別するためのツールも構築した。それぞれの主題は類似したパラグラフで構成されている。機械学習から導き出された言語的特徴に基づく独自の類似性測定基準で、よく似たセンテンスを識別する。そして、それらの主題の中にセンテンスをグループ化するためにクラスタリングを用いる。最初の成果として、標準的なセンテンス抽出方法より簡潔で（88％）、凝縮された（56％）要約を提示した。

伝統的な特徴と表面的な言語分析を利用するという特徴を兼ね備えた文献クラスタリング技術の領域が完成された。4万件以上のニュース記事を詳細に比較した実験は、言語的特徴が文献クラスタリングに有効であることを立証している。このクラスタリングツールは、要約機能によって処理するため、関連する文献に持ち込まれる情報の組織化に使われるであろう（Hatzivassiloglou et al. 2000）。

Ⅲ. 優れた電子図書館研究プロジェクトの概観

Ⅱで概略を述べた主要なプロジェクトに加え、CRIAは次のようなプロジェクトにおいてもその役割を果たしている。

A. 新技術

♣ PERSIVAL: Personalized Retrieval and Summarization of Image, Video, and Language Resource.

Ⅱの記述を見よ。

♣ The Digital Government Research Center (DGRC)- Creating the Energy Data Consortium

Ⅱの記述を見よ。

♣ TIDES: Multilingual Multidocument Summarization

Ⅱの記述を見よ。

♣ The Identification of Significant Toppics in Domain Independent Documents[10]

NSF基金による3カ年計画は、CRIAによるインテリジェント索引付与システムの開発で終了した。このプロジェクトではIntell-Indexと呼ばれる索引付与ソフトウェアが開発された。Intell-Indexは文献や文献コレクションに索引を付与する。作成された索引は人が使うのと同じようにコンピュータシステムによって使うことができる。Intell-Indexは、索引語や名詞句の完全な候補リストを作り上げることによるキーワード生成を超えたものである。すなわち、それは索引付与における最も困難な過程：適切な索引語リストの識別、を解決した。Intell-Indexは文献管理、出版、インターネット、そして図書館市場における商用アプリケーションを有する。このシステムは電子出版者、図書出版者、編集者、分類作成者、図書館員、ウェブサイト・コンテンツ管理者、そして大規模な文献コレクションを扱う全ての人にとって特に有用なものとなるだろう。

♣ Domain Independent Multidocument Summarization（MultiGen）[11]

NSF基金3カ年計画の最後の年、コンピュータサイエンス部門とCRIAは、与えられたトピックに関連する文献を選び出し、文献間の類似点を見つけ、それを強調した要約を生成する作業システ

---

10 NSF IIS-9712069の研究費による。代表者：*Judith Klavans, Nina Wacholder* その他の参加者：*David K. Evans* プロジェクトのURL：
<http://www.cs.columbia.edu/~klavans/Cria/Current-projects/Significant-Topics/summary.html>, <http://www.cs.columbia.edu/~devans/papers/idm/idm-98.html>
11 NSF IRI-96-18797の研究費による。代表者：*Kathleen McKeown, Judith Klavans* その他の参加者：*Vasilis Hatzivassiloglou, Regina Barzilay, Eleazar Eskin, Melissa Holcombe* プロジェクトのURL：
<http://www.cs.columbia.edu/~regina/demo4/>

ムを開発した。2年目の終わりから3年目の始めにかけて、類似発見ソフトウェア(SimFinder)を高速化し、要約中の概念に優先順位を与えた。CRIAプロジェクトにおいて開発された重要なトピック(Significant Topics)に関するソフトウェアは、文献間の類似性を識別するモジュールへの入力に使われた。このように、CRIAのプロジェクトの間にはつながりがある。現在、MultiGenへの入力に使うため、関連するニュース記事の抽出に連動させたウェブ・クローラを組み込んでいる。このプロジェクトは、情報過多を避けるための文献の分析と要約作成の計画の一部である。

B. 内容指向プロジェクト

♣ アシュケナジ系ユダヤ人社会の言語・文化アトラス[12]

CRIAは、イディッシュ・コレクションの中のテープを適切に評価し、注釈を付ける計画を実行するために、いくつかのフォーカス・グループを運営している。NEH資金が図書館の保存部門に与えられた後、CRIAはアクセス技術のためのプロジェクトを再検討できるだろう。国立科学財団から国際電子図書館プログラムに対して資金が提供されている。

♣ 南アジア図書館 (The South Asia Library)[13] は、辞典とテキストに関するプロジェクトを実施している。ここでは、その計画で扱われている言語のソース言語辞典にアクセスし、閲覧する方法を検討するために、CS部門の大学院生との共同研究を試みている。我々はCSと南アジアの言語を少なくとも一つは知っている学生に、南アジア電子プロジェクトへの参加を求めている。

♣ 電子文書室[14]: Klavansは、テキストコード化イニシアチブ (Text Encoding Initiatives (TEI)) の顧問として、図書館の稀覯本部門に拠点を置く電子文書室プロジェクトに利益をもたらしている。彼女は1992年から1997年までTEI顧問理事会の一員を勤めた。

♣ Vesalius[15]: Vesaliusプロジェクトは、コロンビア大学内科外科カレッジ(College of Physicians and Surgeons)と歯科口腔外科学校(School of Dental and Oral Surgery)の医学生と歯科学生のために、電子的な学習環境を創造する意欲的な計画である。1995年に開始されたVesaliusプロジェクトは、学生が肉眼解剖学を研究し、学習する方法を拡大するために整えられたコンピュータ・システムに、既存の情報源と新しい情報源を取り込んでいる。CRIAは、教育的な画像へのアクセスを向上させるVesaliusのためのオントロジーを扱っている。

C. インフラストラクチュア

♣ Workshop on Technologies for Terms and Conditions[16]: NSF基金とNSF-DLF合同ワークショップ (Donald Water共同議長) は、技術的なユーザ問題を討議するための学際的なグループを発足した。2つの報告が準備されている。

主要文献

<u>PERSIVAL</u>

Cimino, J.J. From data to knowledge through concept-oriented terminologies: experience with the Medical Entities Dictionary. Journal of the American Medical Informatics Association 2000; 7(3):288-97.

Cimino, J.J., J. Li, E.A. Mendonca, S. Sengupta, V.L. Patel, and A.W. Kushniruk. (in press). An evaluation of patient access to their electronic medical records via the World Wide Web. To appear in Proceedings of the 2000 Fall AMIA.

---

12 参加者:*Janet Gertz* プロジェクトのURL:
<http://www.columbia.edu/cu/cria/Current-projects/Yiddish/yiddish.html>
13 *David Magier.* が主導するプロジェクト。
プロジェクトのURL:
<http://www.lib.uchicago.edu/e/su/southasia/dsal.html>
14 参加者:*Jean Ashton, Consuelo Deutschke, Michael McQueen* (University of Illinois). プロジェクトのURL:
<http://sunsite.berkeley.edu/Scriptorium/>

15 参加者:*Pat Molholt, Celina Imelinska, Judith Venuti, Nina Wacholder.* プロジェクトのURL:
<http://cpmcnet.columbia.edu/vesalius/>
16 プロジェクトのURL:
<http://www.dlib.org/dlib/june97/06davis.html>

Ebadollahi, Shahram, Shih-Fu Chang, Henry Wu and Shin Takuma. Algorithms and Systems for Echocardiogram Video Indexing and Summarization and it's application in Tele-medicine. Provisional Patent Disclosure, 2000.

Friedman, C. A Broad Coverage Natural Language Processing System. In Overage M, ed. Proc. 2000 AMIA Symposium. (in press).

Hatzivassiloglou, Vassileios, Olga Merport, Kathleen R. McKeown, and Desmond A. Jordan, Extracting patient profiles from patient records and online literature, In Proc. of the AMIA 1999 Annual Symposium, Wash DC, November 1999.

Ipeirotis, Panagiotis, Luis Gravano, and Mehran Saham. Automatic Classification of Text Databases through Query Probing. In Proc. of the ACM SIGMOD Workshop on the Web and Databases (WebDB'00), May 2000.

Jing, Hongyan, and Kathleen R. McKeown, Cut and paste based text summarization, In Proc. of the First Meeting of the North American Chapter of the Association for Computational Linguistics (NAACL'2000), Seattle, Wa., May 2000.

Klavans, Judith, and Smaranda Muresan. DEFINDER: Rule-Based Methods for the Extraction of Medical Terminology and Their Assocciated Definitions from On-line Text. In Proc. of 2000 AMIA Annual Symposium. [in press]

Kushniruk, A.W., V.L. Patel, and J.J. Cimino. (in press). Evaluation of Web-based patient information resources: Application in the assessment of a patient clinical information system. To appear in Proceedings of the 2000 Fall AMIA.

McKeown, K., D. Jordan, S. Feiner, J. Shaw, E. Chen, S. Ahmad, A. Kushniruk, and V.L. Patel. (in press). A study of communication in the cardiac surgery intensive care unit and its implications for automated briefing. To appear in Proceedings of the 2000 Fall AMIA.

Mendonca, E.A., and J.J. Cimino. Automated knowledge extraction from MEDLINE citations", In Proceedings/AMIA Annual Fall Symposium. 2000: [in press].

Digital Government Research Center

Ambite, J.-L., Y. Arens, L. Gravano, V. Hatzivassiloglou, E.H. Hovy, J. Klavans, A. Philpot, U. Ramachandran, J. Sandhaus, A. Singhal, and B. Whitman (2000). The DGRC-EDC Project. Report of the First NSF Conference on Digital Government. Los Angeles, CA, 2000.

Klavans, J., and B. Whitman. Creating Lexical Knowledge Bases from On-Line Glossaries, [under review].

Multilingual Multidocument Summarization

Barzilay, R., K. McKeown, and M. Elhadad. Information Fusion in the Context of Multi-Document Summarization, ACL'99.

Hatzivassiloglou, V., J. Klavans, and E. Eskin. Detecting Text Similarity over Short Passages: Exploring Linguistic Feature Combinations via Machine Learning, EMNLP'99.

Hatzivassiloglou, V., L. Gravano and Ankineedu Mangati. An Investigation of Linguistic Features and Clustering Alogrithms for Topical Document Clustering. Proceedings of the 23rd ACM SIGIR 2000.

McKeown, K., J. Klavans, V. Hatzivassiloglou, R. Barzilay, and E. Eskin. Towards Multidocument Summarization by Reformulation: Progress and Prospects, AAAI'99.

Others

Arms, C., editor. Enabling Access in Digital Libraries: A Report on a Workshop on Access Management, Council on Library and Information Resources, February 1999.

Klavans, J., and J. R. Davis. Towards A Formalism for Terms and Conditions. Workshop at Columbia University Presentations, September 1996.
http://dli.grainger.uiuc.edu/national/terms/termstoc.html

Klavans, J., and E. Hovy. Multilingual (or Cross-lingual) Information Retrieval. In Multilingual Information Management: Current Levels and Future
Abilities, April 1999.
<http://www.cs.cmu.edu/~ref/mlim/chapter2.html>

Schauble, P., and J. Klavans. Summary Review of the Working Group on Multilingual Information Access. In Summary Report of the Joint NSF-EU Working Groups on Future Developments for Digital Libraries Research, October 1998.

```
＜　訳　杉本裕美　すぎもと　ひろみ
　　　京都大学附属図書館総務課　＞
```

電子図書館技術の社会的影響
The Social Impacts of Digital Library Technologies

Peter Lyman

School of Information Management and Systems,
University of California, Berkeley

　本論文は電子図書館の社会的影響を、革新の社会学から導かれる概念を用いながら、構造化理論(Orlikowski 1992; DeSanctis and Poole 1994)で述べられている技術、情報および組織の相互作用を中心に考察するものである。「電子図書館」という用語は、さまざまな種類のディジタル情報群に適用されるが、そうした多くの定義は、二群の社会の見方に分かれている。第一は図書館という組織を管理する専門職、つまり図書館員に関わるものである。第二は仕事の一部としてディジタル・データを作成し、管理している利用者コミュニティに関わるものである。両方ともが有効だが、革新理論という枠組による分析においては、いずれも完全ではない。図書館員は自動化の枠組の中で電子図書館を見るが、情報に対する利用者のビジョンやその利用に応えるための組織として、図書館を再編成しようという革新の過程をとり始めてはいない。利用者グループは情報管理の内容や技術の革新性について電子図書館を見るが、情報の保存とアクセスといった問題が組織的に深く関わり合うことをまだ考慮していない。革新理論の示唆するところによれば、電子図書館の将来像は、技術の使用についての利用者のビジョンに根ざしているが、意義のある組織的な試みによって変容するであろう。

1. 電子図書館とは何か

　「電子図書館」という用語には非常に多くの意味があるという理解から始めなくてはならない。このような場合、どの概念が正しいのかを決めることよりも、概念が社会的にどのように用いられているかを理解することの方がより有効である。Borgman (1999)は電子図書館の意味の多様性についてこう説明している。「研究者は電子図書館を利用者コミュニティに代わって収集された情報の内容と見なし、一方実務にあたる図書館員は電子図書館を施設やサービスと見なす」。異なる種類の社会的グループとの関連において、異なった種類の電子図書館を位置付けているという点で、この洞察は有効な出発点となる。図書館員は、図書館という組織を管理する専門職の一員である。利用者コミュニティは各種の仕事の場において、特に科学と工学、産業と医学において、研究者としての実践の一部分として電子図書館を作成し利用している。したがって電子図書館には、二つの明らかに異なった見方が存在する。利用者がアクセスするディジタル・コレクションに責任を持つ職業的な管理組織なのか、もしくは利用者が所有し管理するディジタル・データの実際のコレクションであろうか。

2. 革新の普及

　しかしながら、革新理論という観点からは、図書館のような組織はウェブ技術が登場すると劇的で突然に変化する可能性がある。革新の普及の第一段階は、伝統的に制度化した仕事をより効率的に行う技術を用いた「自動化」である。第二段階は、組織の構造と慣行を変える「革新」である。例えば経済学者は、ビジネスにおける情報技術分野への大規模な投資が、それに比例した生産性の上昇に結びつかないことを発見した。これは「生産性パラドックス」と呼ばれるものである。組織が情報の利用を最適化しようと再設計され始めたときにのみ、生産性の上昇が見られた。その結果、階層的な組織からネットワーク組織、有形資本から知的資本、ものの管理からサービスの提供への発展という根本的変化がもたらされた。電子図書館ではこの組織的局面はまだ現出していない。図書館員は印刷物図書館からの発展を思い描く傾向があり、それは技術的には意欲的であるが、組織的な変化を伴わない。利用者は組織的な文脈を考えないで情報の世界を想像する傾向がある。これは両

者いずれの側の怠惰によるのでもない。ともかく文字を読むことができる一般の人々が、新聞によって市民社会の問題を知るとか、学会が学術雑誌によって一つに結ばれるといった、社会的革新が起きたのは、印刷機が発明されてから100年以上も経ってからのことであった。

このように、電子図書館の発展の一つの流れを、オンライン目録（人々の大部分が出会う最初のデータベースである）に始まり、オンライン・ジャーナルの出版やオンライン・ジャーナル・コレクションの形成へと進む、印刷物図書館の自動化として説明することもできる。しかし、今日では革新の段階が始まっており、そこでは画期的で議論を生み出すような問いかけがされている。検索エンジンは目録に取って代わり得るのか？ 利用者の質問に正しく回答する知識はデータベースから動的に生み出されるべきか？ 営利情報サービスは助成金を受ける公共図書館に取って代わるべきか？ 知識の単位は何であるべきか？ 雑誌なのか、雑誌記事のドキュメント・デリバリーなのか？ あるいは刊行物のデータベースを検索し、パラグラフ・レベルで情報を探すのか？

自動化は根本的に図書館の効率化を高めた。オンライン・コレクションが印刷物のコレクションよりも多く利用されているという根拠は豊富にある。なぜならオンライン・コレクションは検索可能であり、昼夜をとわずどこからでも情報を検索できることから、利用者が負担する処理コストははるかに低いためである。しかし、こうした革新によって我々は図書館の社会的目標やそれを成し遂げるための方法を再定義するようになる。だが、本当の革新の過程は、図書館の中ではなく、利用者グループの間で起きているのである。

3. 情報革命

電子図書館という研究分野を分析する3番目の見方として、情報革命から電子図書館を捉えることができる。LymanとVarianは、毎年世界中で生産される新しい情報をすべて数え上げようと試みている(http://sims.berkeley.edu/how-much-info/index.html)。図1に結果を示す。

図1 世界における標準の圧縮方法で電子的に蓄積されたオリジナル・コンテンツの生産量
（単位はテラバイト。1999年前後）

保存媒体	内容の種別	テラバイト／年 上方推計値	テラバイト／年 下方推計値	増加率 %
紙				
	本	8	1	2
	新聞	25	2	2
	逐次刊行物	12	1	2
	オフィス文書	195	19	2
	小計:	240	23	2
フィルム				
	写真	410,000	41,000	5
	映画	16	16	3
	エックス線	17,200	17,200	2
	小計:	427,216	58,216	4
光学				
	音楽 CD	58	6	3
	データ CD	3	3	2
	DVD	22	22	100
	小計:	83	31	70
磁気				
	カムコーダテープ	300,000	300,000	5
	PCディスクドライブ	766,000	7,660	100
	デパートメンタル・サーバ	460,000	161,000	100
	エンタープライズ・サーバ	167,000	109,000	100
	小計:	1,693,000	635,660	55
合計:		2,120,539	693,930	50

毎年およそ2エクサバイト（訳注：1エクサバイト＝2^{60}バイト＝1,073,741,824バイト）の情報が新たに生産されている。仮にすべてフロッピーディスクに格納した場合、積上げた時の高さは200万マイルに及ぶ。図書館の伝統的な情報形式である印刷媒体は合計の1％に満たない。このように印刷物図書館に最適化された技術と専門的実践は他の種類のディジタル・データに広げることが可能であるか、また広げるべきであるかと問うことは理に適っている。磁気媒体に格納されたディジタル情報は新規情報のおよそ1.3エクサバイトに相当する。ここでBorgmanが行なった区別が再び有効となる。印刷物を対象とする領域で情報を組織化し、格納する図書館を管理する専門職としての図書館員は、その領域をオンライン・ジャーナルなどの他の媒体に広げている。ところが利用者コミュニティは、しばしば電子図書館と称され、データベースなどのソフトウェアによって管理され、検索エンジン、データ・マイニングおよび視覚化といったツールを用いて利用される傾向にある膨大な量のデータを作っている。この区別によって図書館を批判しようとするのではない。雑誌記事などの印刷媒体は簡潔な方法で知識を組織化し、伝えるうえで高度に能率的な媒体であるが、他方非常に大規模なデータベースは、知識を取り出すために、全く異なった種類の分析技能を必要とするのである。

4．革新の過程を導く利用者

　革新とは、あらかじめ計画したり管理したりできないため、組織を破壊する過程といえる。一つには技術者や管理者ではなく、利用者が最終的に革新の過程を主導するので、革新は階層構造を逆転させる。こうした理由により、革新は伝統的な組織の外部に存在する、小規模の会社、研究グループあるいは社会運動の間でしばしば起きる。知識管理（ナレッジ・マネジメント）の文献に示されているように、革新とは実験の過程であり、そこでは古くなった技術が崩壊し、価値を失い、新しい技能が絶えず見出されなければならない。その実験に必要な訓練を取り入れようとする組織はほとんどないので、革新は外部から起こる傾向がある。

5．実践コミュニティ

　知識管理（ナレッジ・マネジメント）に関する文献は、「利用者コミュニティ」よりむしろ「実践コミュニティ」という用語を使い、知識にはデータと情報だけでなく、人間の技能や判断も含まれるという事実に焦点を合わせている。この概念は社会的な文脈の中に電子図書館を位置付けるという点で有効である。Shapinはこれを「社会秩序は知識共有の秩序と考えることができる」と別の方法で指摘している。社会学では知識を創造し共有する社会的なグループは「実践コミュニティ」と呼ばれる。図書館員とコンピュータ科学者各々を含む専門職は実践コミュニティの好例である。図書館は「アカデミックな学問分野」（歴史などの）あるいは専門職（法律などの）、またビジネスと呼ばれる実践コミュニティの周りに伝統的に組織されてきた。

　どのような社会秩序で実践コミュニティが電子図書館の周りに組織化され、またどのようにそれが伝統的な図書館組織を変えるかはまだわからない。新しい情報技術は「ネットワーク企業」を創造し、ビジネス組織を変容させた。仮想コミュニティとして表現される新種の社会グループが、ネットワーク上の情報交換の周辺に出現した。電子図書館技術には利用者の無言のビジョンが常にあるが、このビジョンはたびたびコンピュータ科学という、実践コミュニティにおける情報の実践のために最大限に活用され、もしくは消費者としての利用者のマーケティング・ビジョンを反映する。革新の社会学は、利用者が革新の創造者であり、ゆえに知識を作り出す者であるというビジョンをもつべきだと示唆している。

6．研究課題

　革新はその性質上予測ができない。したがって新しい種類の組織としての電子図書館の定義は、票決や合意によって決めることはできない。利用者グループは、彼らが比較的小規模の実験を行うので、革新の過程において本質的な要素となる。企業内のイントラネットの影響に関する研究の中で、Barら(2000)は、経営者側は情報管理のためにイントラネットを導入したが（当初利用の80％は在庫管理や人事記録などのためであった）、2

年後にはその80%は組織内のコミュニケーションに利用されていたという結果を見出した。この連続性のなさからも、革新の予測や管理は非常に難しく、調査研究の対象となり得るのである。役に立つと思われる問題をここに挙げることとする。

・どの程度で電子図書館が社会的なコミュニティ形成の役割を果たす物的な場所となり、また利用者コミュニティが仮想的なものとなるのか？ (Blanchard and Horan, 1998)
・図書館員の電子図書館と、利用者の電子図書館の双方は、助成金を得ているので、利用者にはその費用は見えないが、情報はますます商品化され、市場によって分配されている。どのような経済モデルが電子図書館を支えるだろうか？
・電子図書館では何が知識の単位となり、「読むこと」とは何を意味するだろうか？ 本と雑誌は新しい形態で存続するか、あるいは電子図書館がデータを蓄え、そしてすべての「読むこと」は読者の質問によってより具体化され、ユニークなものになるのか？
・それぞれの知識分野が、技術や知識の実践を備えたユニークな問題、方法および内容に対して最大限に利用される各々の電子図書館を持つことになるのだろうか？

文献

Bar, Francois. Kane, Neil. Simard, Caroline. "Digital Networks and Organizational Change: The Evolutionary Deployment of Corporate Information Infrastructure."

Paper presented at the International Sunbelt Social Network Conference, Vancouver, British Columbia, April 13-16, 2000. 28p.

Blanchard, Anita & Horan, Tom. "Virtual Communities and Social Capital." *Social Science Computer Review* 16:3 (Fall 1998), pp. 293-307.

Borgman, Christine L. "What are digital libraries? Competing Visions." *Information Processing and Management* 35 (1999), pp.227-243.

DeSanctis, Gerardine and Poole, Marshall Scott. "Capturing the Complexity in Advanced Technology Use: Adaptive Structuration Theory." *Organization Science* 5:2 (May 1994), pp.121-147.

Orlikowski, Wanda J. "The Duality of Technology: Rethinking the Concept of Technology in Organizations." *Organization Science* 3:3 (August1992), pp.398-427.

＜　訳　浜口敦子　はまぐち　あつこ
　　　京都大学附属図書館情報管理課　＞

ディジタル・インフォメーションの時代へ
Entering the Age of Digital Information

John Habershon
Momentum Research & Marketing

要約 企業において、デスク・リサーチを自分自身でおこなう人がますます増えていること、及び、情報提供者は情報をアクセスしやすいように構築しているということが、今回の調査でわかった。情報過剰の状態は、チャンスだけでなく、危険をもともなうことになる。新しいタイプの組織が、情報の管理人としての役割を担いつつある。一方で、図書館における従来型の役割は、情報アドバイザー・情報コンサルタントとしての役割に、その座をあけわたしつつある。その役割とは、情報民主主義社会が要求する専門技術を提供するものである。

ディジタル・インフォメーションの有用性は個人・企業に対してどのような影響力を持つのか、ということについては、常に問われなければならない。ここ数年でおなじみのCD-ROMによるディジタル情報はもちろんのこと、Web上の情報を読んだりダウンロードしたりできるということについても、である。

しかしながら現在我々が目にするものといえば、"結果"ではなく、そこへ至るまでの"プロセス"のほうである。そのプロセスにはふたつある。ひとつは、夥しい量の出版者（伝統的なものとWebベースの両方）が、現在では、その出版された情報をディジタル形式で利用可能にしているということ。もうひとつは、圧縮・通信技術の着実な発展により、情報への高速アクセスが可能になっているということである。かつ、その"結果"についてきこえてくることといえば、ビジネスに何が起こっているかということよりも、むしろ映像・音楽の放映のようなホーム・エンターテイメントについて、である。私がここで問題にしたいのは、ビジネスに何が起こっているか、ということなのだ。

主な傾向

さて、こういったディジタル革命は、ビジネスや各専門分野にどのような影響をもたらしているのだろうか？ 我々は、各種クライアント、とりわけ英国図書館に向けて、過去1～2年にわたって調査をおこない、5つの主要な傾向に注目するに至った。

その1、情報アクセスの民主化により、従来型のいわゆる"デスク・リサーチ"なるものに変化が見られるということ。

その2、派生的な影響として、企業が情報集約型になっているということ。

その3、情報過剰の影響として、Webベースの専門分野コミュニティが形成されていること。

その4、いわゆる情報の過剰摂取といったものの反動として、現在では、情報の"pull（情報を自分で引き出し収集する）"よりもむしろ"push（必要な情報が自動的に送出・配布される）"のほうに、力点が置かれるようになってきているということ。

そして最後に、情報資源を保存・維持していくことに、はたしてどんな意味があるだろうか、ということ。

ここでは、"just in case（利用者からの要求をあらかじめ想定して、資料や情報を用意しておくこと）"から"just in time（利用者から要求があった時点で、それに応じて資料や情報にアクセス・入手すること）"への移行傾向について、そしてそれが、図書館業界の内外において、どのように続いていくことになるか（そしてそれは、ビジネス情報ユーザにとっての意味をも含んでいる）について、論じよう。

民主化

デスク・リサーチは、いまだ、熟練した専門家が担当するものとして考えられており、技術と専門知識が必要であるとされている。しかしその一方で、Webによって、"リサーチ"はあらゆる人々にオープンなものになっている。と同時に、情報専門家の役割が変わってきているのも見受けられる。情報はますますデスクトップ上からアク

セスされるようになり、それにつれてユーザは、情報提供者や組織内の情報専門家からのさらなるアドバイス・ガイダンスを必要としているのである。

だからこそ、図書館員の役割には将来性がある、と充分に判断できる。図書館員の仕事においては、情報資源の維持にかかる時間ははるかに少なくなり、ユーザの要求を満たしたり、Webを介して彼らをガイドしたりといったことに、より力点を置くことになるだろう。（この問題については後述する。）

情報提供者は、ますます、一般ユーザ向けに情報を構築するようになってきている。デスク・リサーチの民主化は彼らによって支えられているのである。

ケーススタディ：法律分野

我々はこれまで、法律業界での動き、特に英米の大規模法律事務所について追跡調査してきた。その際に明らかになったことだが、弁護士たちは自分自身で情報（法律情報・ビジネス情報ともに）にアクセスするようになってきているようである。これは、若い弁護士に限ったことではなく、Webベース・オンラインサービスの利用に信頼を抱くすべての人々に見られる傾向である。

こういったデスクトップからの利用が増えるという傾向は、図書館員の役割の変化にも関わってくる。即ち、図書館員にとっては、図書・法律書（ルーズリーフ形式で常に更新されるもの）の番人としての役割は小さくなり、ディジタル・インフォメーション世界のガイドとしての役割は大きくなっていく。実際、私の知っているロンドンのある法律事務所では、情報専門家がうろうろしているが、彼らは"librarians"と呼ばれることはなく、図書館のようなものも持っていないのである。

Webベースの専門サービスとしてのよい例が、Westlawである。これは法律業界向けのサービスとして、アメリカの大規模法律コミュニティの間で充分に定着しており、かつ我々がイギリスでのサービス開始を支援したものである。Westlawサービスは、ユーザにとって大変わかりやすく、図書館員向けにのみというのではなく、むしろ弁護士向けとしてつくられているのである。

さて一方、その主な競合相手であるLexis Nexisはどうか。そのユーザはつい最近まで、トレーニングコースへの出席を必要としていた。が、そのLexis Nexisもまた、現在では、一般ユーザ向けに適応している。この変化は、ワープロ機能におけるWordperfectのDOS版からWindows版への移行と、似たものがある。

情報集約型企業

現在では、情報集約型企業が増えてきているようである。ここでいう「情報集約型企業」とは、あらゆる範囲の社員が社内に情報を引き入れてくることを前提とする企業を指す。

我々は最近、ある統計調査をおこない、その中で、ハイテク企業内における情報アクセスの責任者に対してインタビューをおこなった。まずはっきりしたことに、そのような企業においては、情報に関する責任者というものがまったくいないということもしばしばあったのである。たとえばジャーナルのような情報を社内で管理する責任者は誰なのかと尋ねると、回答者の4人に1人は専務だとか重役だとか答える。このことから、ハイテク企業においては情報を重要視している、ということがわかる。しかしながらほとんどの企業において、全社員がそういった情報管理責務に巻き込まれてしまうのではないか、ということが言われていた。だが実際には、平坦な構造と研鑽を積んだ人材とのおかげで、多くの企業では、情報収集は誰の責任でもなく、全員の責任だ、となっているようである。

このような状況が生まれたことについては、Webやデスクトップからのアクセスが支えになっている。こういった傾向は継続する兆候にある。記事情報を求めての外部へのアクセスがさらに要求されるであろうことが、我々の調査から強く確信できる。その主な要因は、アクセスが容易であることとスピーディであることにある。

企業やその他専門商社のような組織において、各個人がより充分に情報を入手できるチャンスを得ていることがわかる。なぜなら、Web上には夥しい量の情報があり、簡単かつ素早くアクセスできるからである。

電子図書館の概観

情報過剰：危険性

しかし当然のことながら、こういった情報過剰には危険もともなう。サーチエンジンはあるけれども、それにしても情報資源はあまりにも多すぎる。情報の民主化や扱いやすさが進んでも、いくらかのトレーニングはやはり必要でもある。これらは誰もが感じていることだろう。そして、高品質な有料情報と、無料だけども低品質であろう情報との間の線引きは、不明瞭になってきている。無秩序なままの情報過剰は、混乱を招きかねない。たとえば、安全に対して誤った認識に陥る危険性もある。また、あまりに多くの情報が「蚊帳の外」であるために、必要な情報を見逃してしまい、それが致命的なことになる、という危険性もある。

最近、ロンドンのテムズ川にMillennium Bridgeという歩行者用の麗しい橋がつくられた。ところが完成後まもなく、安全面の理由から、当局はその橋を閉鎖せざるを得なくなった。初歩行のグループが、この細いつり橋がゆれるということで、かなりの不安を訴えたのである。最新のニュースでも朗報は伝えられず、まだしばらくは渡れそうにない。

実は、ある日本の教授が1993年に発表した論文がある。彼、フジノ・ヨウゾウ氏は現在、Ove Arup氏（このゆれを解決するためのエンジニア）にアドバイスをしているのだが、この教授による論文「混雑した歩道橋において側面振動時に見られる歩行の同調現象」には、歩道橋を新設する際に考慮しなければならない、エンジニアにとっての必須情報が記されていた。にもかかわらず、見落とされていたのである。

イギリスの *Sunday Times* に掲載された話によると、これからの補修には1000万ポンドかかるだろうということだ。また、別の構造力学者はこう発言している。「高度かつ精巧なことをやろうとするときには、まず、自分の文献検索にぬかりがないかを確かめるべきである。」

情報過剰：利益

もちろん危険性ばかりでなく、情報過剰は大きな利益をもたらすということにも目を向けるべきであろう。

科学・薬学研究者による研究成果からもわかるように、問題解決のため広範囲かつ無関係な分野をわたりあるくことによって、進歩への道が得られることもある。キューバの科学者たちが遺伝子工学の分野で世界レベルの発見をしている、その理由のひとつには、"閉じられた箱の外（分野外）"のことをも積極的に考えたということもあるだろう。Webには豊富かつ多種多様な情報があり、それによって我々は、ちがった角度から物事を考えたり、よいものを見つけ出す能力を手に入れたりできるようになるかもしれない。また、未曾有のスピードで、新しい情報源からのさまざまな情報にもアクセスできるようになっている。

さらに著者・読者間のコミュニケーションが、単に一方通行なだけでない、という例も少なくない。Fathomは、大英図書館・ロンドン経済学校・ニューヨーク公共図書館などによって共同提供されている新しいサービスである。このFathomはユーザとも共同で開発されている。初期の登録者はe-mailを受け取り、案内されたサービスについて、読んでコメントするよう依頼されるのである。

情報過剰：防護手段

とはいえ、現在のWeb上に、高品質でかつ無料の情報がたくさんあるかというと、そうではない。実際、アメリカにある世界有数の製薬会社の主任図書館員の報告によれば、専門科学者の中にもこういう誤った確信を持っている人たちがいて、潜在的かつ深刻な問題である、ということである。たったひとりで研究しているために、自分の情報資源について研究仲間に吟味・検討してもらおうとしないおそれがある。

ケーススタディ：オペレーションズ・リスク・リサーチ・フォーラム

(オペレーションズ・リサーチ＝企業経営上の科学的調査研究)

金融についての見通しを誤ったために経営不振を引き起こしたBarings銀行の例は、有名である。しかし、より十分な情報交換があれば金融危機を防ぐことができたはずだという例は、たくさんある。国際金融の分野では、商業団体・通商団体・調整団体から成る"club"がつくられており、大英図書館所蔵の莫大なテクニカルペーパー・会議録の中から、すぐに情報を引き出すことができる。

この種のフォーラムは、将来へ向けてのよきモデルとなり得るはずである。たとえば職業病・コンピュータウィルスのような、急成長している学問分野における管理人として、各団体はこのようなフォーラムから選ばれたり、あるいは自ら名のりをあげたりしている。有用情報というのはもはや、誰かひとりがその学問分野のトップに立つことができない、というくらいに急成長している。おそらく専門組織がその役目を果たす必要が出てくるだろう。

情報過剰："pull"よりも"push"

(pull＝情報を自分で引き出し収集する)
(push＝必要な情報が自動的に送出・配布される)

しかしながら、研究者が情報を求めて検索するという姿は、むしろ時代遅れになってきている。現在では、個人や組織に対し、情報をオーダーメイドで用意して、かつe-mailで利用者に送るのを基本的サービスとしているものが、ますます増えているようである。アラート・サービスの機能もそのひとつであり、利用者の関心分野について、いま起こっていることを知らせてくれるものである。

そうやって見ていくとさらには、ElsevierやOxford University Pressのような、ヨーロッパの主要学術出版の例に至る。理屈で考えれば、これまでのままのジャーナルや出版社は滅びるだろう、ということになる。

これによって研究者は、専門分野が細分化されすぎたり、よいものを見つけ出す能力を失ったりというような、不利益を被ることになる。情報を集めてくれる情報提供者のことを、信用しすぎたり頼りすぎたりということにもなるだろう。

'Just in time'な情報

(Just in time＝利用者から要求があった時点で、それに応じて資料や情報にアクセスすること)

紙媒体の情報を大量に買ったり保存しておいたりという必要がなくなれば、有益であることは明らかである。たとえ規模の大きくない図書室でも、それを維持するコストに関しては、本棚のスペースや司書の労働時間といったことについてのみ気にしておけばよい。これまで見てきたように、企業はジャーナルを買わず、必要なときに見たい論文にアクセスするようになってきている。

この動きは、学問の世界においても盛んになっている。イギリスの大学では情報の共有が非常にうまくいっている。最近、大英図書館がZETOCという新しいサービスを開始したことから、さらに拍車がかかった。このZETOCは、Manchester University Computing Centreが提供しているイギリスの大学のネットワークである。

ビジネス組織においては、これまで情報を収集するのに経費や時間を費やしていたわけだが、そのような情報を"just in time"で利用できるようになってこそ、情報が活きてくるはずである。企業情報・個人情報といったものがそのいい例である。現在、顧客及びこれからの顧客についての情報にアクセスしたり、e-mailでコミュニケーションをとったりすることで、企業は自らをかしこく売り込むことができるのである。

シナリオ：図書館の役割

我々の調査から考察するに、今後、図書館の情報にアクセスしたいと切望するビジネス業界人は、激増するだろう。特に、その製品・サービスをテクノロジーに頼っているような企業において、その要望は強いと思われる。が、ほとんどすべての産業分野において急速な変化が起こっており、情報への要求は全般的に増すことになるだろう。

ひとりひとりが社内に情報を引き込んでくるようになると、情報はさらに共有されるものとなる。場合によっては、社内に情報を蓄積して、あるいはよその場所に蓄積された情報へリンクするだけのようなかたちで、バーチャルな図書館もできるだろう。その線引きはさらにあいまいになると、

私は思う。近い将来、情報アクセス・蓄積といったものは、主に個人的な活動となるだろう。

しかし、情報検索で最終的に結果を出すためには、人の手が相当入らなければならない、そして実際にはその分野においての責任者がいなくてはならない、というやっかいな課題がある。組織や個人は責任を持たなければならなくなるだろうし、限られた分野においてはきちんとした管理人にならなければならないだろう。たとえば工学分野では、橋の設計についての情報を収集・整理する国際組織を必要とするわけである。

だが忘れてならないのは、この情報過剰の時代において、利用者は、情報を探し出すことよりも、与えてもらうことのほうをますます望んでいるということである。そう考えると、情報貯蔵庫としての図書館の単純な機能は、このまま残存しそうにない。個人で検索できるようにということでつくられているからである。個人にとって有用な情報がますます増え、かつますます専門分化しているような状況にあって、図書館は、商社と同様、市場を分割して、それぞれの市場向けに情報を用意する、ということをやらなければならなくなるだろう。

最終的には、ネットワーク・ディジタル社会によって、図書館は所蔵の削減もできるだろうし、一方で、おそらくは職員の専門技術への投資がより求められることになるだろう。

このことは、情報パッケージャー・情報コンサルタントとしての図書館の役割が、今後さらに一般的になるだろう、ということを意味している。

< 訳　江上敏哲　えがみ　としのり
　　　京都大学工学研究科物理工学系図書室　>

英国学術界を支援するマンチェスター共同体：英国最大の学術データセンターにおける最近の展開

Manchester United in Supporting UK Academia: Recent Developments at the UK's Largest Academic Datacentre

Ross MacIntyre

Manchester Computing , University of Manchester

概要 本稿は電子図書館開発の戦略的な動向を扱うものではない。特に電子資料の利用支援への努力に焦点を絞ったものである。例として、マンチェスター大学内に設置された、英国最大の学術データセンターである、マンチェスター・コンピューティングを取り上げる。そこでは、学内の需要の支援に加え、英国学術コミュニティへのサービスに対して、資金援助を受けている。そのサービスには、ネットワーキング、可視化、データベース、およびソフトウェア提供が含まれている。多くの需要を満たすことにより、さらに広範囲なコミュニティで共同利用されることが予想される。

1. まえがき

1.1 マンチェスター大学

マンチェスター大学[1]の母体は、1851年に創立されたオーエンス・カレッジである。オーエンス・カレッジは、ビクトリア大学として1880年4月に設立勅許状を与えられた。ビクトリア大学は、リーズおよびリバプールにカレッジを設立したカレッジ連合機関である。これらのカレッジは、1903年にそれぞれ独立を認可され、リーズ大学、およびリバプール大学となり、英国で最初の市民大学であるビクトリア・マンチェスター大学が設立された。

マンチェスター大学には、70以上の学科があり、教育、および研究に関わる約3,000人の教員がいる。またマンチェスター大学は、英国で最も人気がある大学で、120か国以上の国からの留学生2,500人を含め、フルタイムの学生は18,000人以上いる。すべての学部で、researchコース（論文執筆型）あるいはtaughtコース（授業型）を経て、大学院の資格を取得できる。

すばらしい研究室と全キャンパスに6,000台以上のPCを備えたコンピュータ設備があり、すべての学生は、電子メールおよびWWWを利用できる。また36万冊の図書および100万点以上の写本を所蔵するマンチェスター大学John Rylands図書館は、英国で3番目に大きな図書館である。

20世紀の重要な科学発展の中にはこの大学で行われたものがある；例えばラザフォードが原子の分割を行ったのも、この大学である。特に、マンチェスター大学には、コンピュータの設計・構築、および計算技術の開発にたずさわってきた長い伝統がある。1948年、ウィリアムズとキルバーンは、ウィリアムズ管、最初のコンピュータ記憶装置を発明した。彼らは、当時、世界初の「プログラムが格納可能なマシン」を構築した。このマシンは、50周年記念行事のために復元され、科学博物館で見ることができる。世界初の商用コンピュータは、Ferrantiとともにここで開発された。仮想記憶装置は、マンチェスター大学で発明され、その後IBMに売却された。

マンチェスター大学では、すぐにサービスの提供を開始し、他大学とその設備の共同利用を開始した。2つある地域コンピューティング・センターの1つになった1969年、この役割は正式なものとなり、1987年、国のコンピューティング・センターとなった。最終的には「マンチェスター・コンピューティング」[2]として知られるようになった。

1.2 マンチェスター・コンピューティング

期待された通り、マンチェスター・コンピューティング（MC）は、マンチェスター大学に対し、学部連絡、アプリケーション・サポート、プリントサービス、および計算機管理を含む、すべての面にわたる学内サポートを提供している。

MCは他にも多くのサービスを提供しており、その範囲は学内を越え、地域、国内、および国際的な利用者に拡大されている。マンチェスター・ヴィジュアライゼーション・センター (MVC)、

ハイ・パフォーマンス・コンピューティング (HPC)、ナショナル・データ・サービスがこれにあたる。ネットワーク・システム (Communications, Operations & Systems (COS)部門) は、これらすべてのサービスを支えている。

　本稿では学内の範囲を越えたエリアに焦点を合わせ、今あげたサービスの中からいくつかの例を取り上げるが、その前にまずネットワークについて取り上げたい。

2. ネットワーキング

2.1　The UK's Joint Academic Network - JANET

　英国教育・研究コミュニティは、JANET[3]と呼ばれるネットワークの恩恵を受けている。

　JANETは英国の他の学術ネットワークや商用ネットワーク、および全世界のインターネットの一部をなす海外のネットワークとリンクしている。最新のバージョンは、特にSuperJANET3と呼ばれるもので、主要4サイト（マンチェスター、ロンドン、リーズ、ブリストル）を155Mbpsで経由し、他のサイトとは64Kbpsから155Mbpsまでの速度で、英国内の大学、高等教育機関とリンクしている。SuperJANET4の導入により、状況は急激に変化しつつある。今後6か月間実施される、この新しいネットワークは、8つのサイト（マンチェスター、リーズ、ロンドン、ブリストル、リーディング、ポーツマス、グラスゴー、およびエジンバラ）を中心に構成される予定である。速度はすべて2.5Gbps、2002年には10Gbpsまで引き上げられる。またSuperJANET4により、地理的に離れたサイト間で行われる共同研究に対し、高速の研究ネットワークを提供され、アメリカのInternet2ネットワークにリンクされる予定である。特に、このインフラにより、「eScience」として知られるものが可能になった。

　すべての構成機器により、マンチェスター・コンピューティングは、主要なノードであり、キャンパスからナショナルネットワークへのギガビット・コネクションをサポートしている。MCのCOS部門には、G-MING[4]と呼ばれるメトロポリタン・エリア・ネットワークへの接続を含む、この重要なインフラへの責務がある。

2.2　Greater Manchester Information Network Group (G-MING)

　マンチェスターを中心とする広域マンチェスター地域内で、教育コミュニティのための高速通信インフラの範囲と可能性の実態調査に資金が供給され、1993年にG-MINGは設立された。初期のイニシアティブを支援したのは、広域マンチェスターにある6つの高等教育機関(HEIs)だった。全体的にそのコンソーシアムは、ヨーロッパで最大の教育地区に相当する。

　すべての機関は、分散学習サービスの提供と研究向けのリンクの開発といった共通の必要性に直面していた。各機関では、特に、地理的に分散している（サイトは共有している場合もある）教育施設および公共施設を持っており、本部と遠隔サイト間で音声やデータのサービスをする場合の共通の問題に直面していた。従って、高速のバックボーンにより、データをサポートのための使用と、また各機関内の有効なテレホンサービスと離れた教育施設のための、ディジタル化オーディオ・ビデオ・サービスをセキュリティ・システムや他のリモートコントロール・システム（例えば暖房）を一緒に使用することが可能となった。さらに寄宿舎から、また近辺に住むスタッフ・学生にも、本部の情報資源へのアクセスを提供できるようになった。何よりもまず、そのインフラには、新しい分散マルチメディア教育、および遠隔学習設備が、各機関で提供され共同利用が可能となるように、マルチメディアサービスの普及を確立する可能性があった。特筆すべき点は、学術図書館間のリンクが可能となったことだといえる。さらに、6つの設立HEIsのディジタル分散に対する需要に応じてサービスすると同様に、G-MINGは、広域マンチェスターよりさらに広範囲な教育コミュニティのためのネットワークとして考えられた。

　過去7年にわたって、そのインフラ、つまり高い帯域幅ATMベースのネットワークにより、最大48のサイトを含む主要都市と6つのHEIsのコアサイト、遠隔サイト、および居住サイトをつなぎ合わせて、セントラル・マンチェスターとサウス・マンチェスターから近隣のソールフォードに接続を拡大するよう実施した。その開発では、6つの機関の主要サイト間で中核ネットワークを確

立し、戦略的なサイトへと拡張した。G-MINGのインフラを通して提供される主な利点は、特定のサイト内に分散した建物がある組織では、中核サイトへ戻ってくることができるという共有の接続から恩恵を受けることができる点にある。

2.3　NetNorthWest

NetNorthWest[5] は、広範囲に渡る、高度な高速通信インフラを設置しつつある北西イングランドにある18の高等教育機関(HEIs)で構成されるコンソーシアムである。これは、各機関のメインキャンパスを結ぶだけでなく、サブキャンパスやその他サイトすべてのネットワークとも関係している。

しかし、HEIsはNetNorthWestを初期のメンバー間で通信を改良するようイニシアティブをとるコンソーシアムというより、さらに拡大したものとみなしていた。つまりNetNorthWestは、教育開発だけでなく、経済再生を支援する地域共同の重要な機会を提供するものだと考えられていた。

中核ネットワーク(10サイト)は、1998年7月にサービスを開始した。それぞれのサイトへは、622のMbits/秒のスピードで結合されているマンチェスターとリバプールを除き、すべて155 Mbits/秒で結合されている。これにより、基礎的な高速ネットワークが北西イングランドに生み出され、経済と教育上の開発をサポートするために、地域ネットワークの中核を形成する、比類のない機会を提供することが可能となった。

近ごろ、さらに5サイトが、それぞれ155のMbits/秒で(Jodrell銀行を含んで)結ばれた。主な中核サイトに加えて、53のFEカレッジ、22の病院、6つの研究機関、5つの公共事業機関、6つの学校および他の12サイト(例えばサイエンスパーク、企業、美術館etc.)がNetNorthWest経由でインターネットと接続されている。

2.4　ナショナル・キャッシュ (訳注1)

過去2年間、マンチェスター大学、ラフバラ大学、ロンドン大学は、共同で、英国学術コミュニティのナショナル・キャッシュを提供してきた。最新のサービスは、3つの場所にある30台以上のマシンによって提供されている。現在のサービスを利用したい機関には、これらのノードの2つにマシンを割り当てられている。割り当てられた機関にとって、遠隔サイトからウェブ・オブジェクトを検索するまでに要する時間は、その2台のマシンの負荷が関係する；この負荷は要求が高くなれば増加するため、検索時間は、時として非常に長くなることもある。

また新しいシステムによって、機関へ割り当てている個々のマシンのプロセスは使われなくなる。かわりに、3つのナショナル・キャッシュ・ノードそれぞれに、キャッシュ・マシンを集め、マシングループ内のロードバランスを保ち、要求された時に、臨時のキャッシュ容量をシームレスに取り込めるよう促進する。この新しいシステムは、Linux Virtual Server model (LVS)[6] に基づいている。

3．サービス提供

そういった広範囲に渡るネットワークのインフラに投資が行われ、マンチェスター・コンピューティングは、共同開発や要求の高いサービス提供を介して、その地位を開発していることが高く評価されている。これらは以下のセクションで明らかにされる。

3.1　ハイ・パフォーマンス・コンピューティング (HPC)

マンチェスター・コンピューティングにおける、ハイ・パフォーマンス・コンピューティングのための主要なサービスは、CSAR (Computer Services for Academic Research)[7] によって提供される。CSARはSilicon Graphics Inc.(SGI)のクレイ・リサーチ部門、Computer Sciences Corporationのスーパーコンピューティング・オペレーション部門とマンチェスター・コンピューティングのコンソーシアムから構成されている。CSARは、1台の816processor Cray T3-1200E、1台の16processor Origin2000、および8processor富士通VPP300へのアクセスを提供している。これは150TBまで容量があるStoragetek Powderhorn Tape Management Libraryでバックアップされている。このサービスは、TM26 Millionとして1998年11月にスタートし、CSARに「世界的な科学のための、世界的なサービス」を提供できるよ

う、6年間投資が行われた。

　CSARサービスを継続して開発するという公約の一環として、SGIは、マンチェスター・コンピューティングにEuropean ASCI Prototyping Centreを置くことで同意した。The Accelerated Strategic Computing Initiative (ASCI)はアメリカのエネルギー省による計画で、アメリカに現存する核の備蓄をシミュレーションして、核実験の必要性を取り除くことを目的としている。またASCIは、使用されるプログラミングタイプの略語でもある。

　マンチェスター・コンピューティングは、近頃、JANETコミュニティでヨーロッパ、アメリカ合衆国、および日本に広がっている、グローバルなスーパーコンピュータが利用可能になるよう、資金を得ることに成功した。メタコンピュータは、マンチェスター・コンピューティングおよびアメリカ・ピッツバーグのスーパーコンピュータ・センターにて2つの強力なハブを中心に構成されることになっている。メタコンピュータは、ヨーロッパの学術コミュニティで利用できるどの他のマシンよりも大きく、2.5Teraflopsの計算能力にアクセスできる予定である。このプロジェクトは、SuperComputing'99に参加したすべてのサイトによりサポートされており、日本の筑波大学と東京大学、アメリカのピッツバーグ大学とポートランド大学、ドイツのシュトゥットガルト大学、および英国のマンチェスター大学も含まれている。

3.2　MIMAS経由のナショナル・データセット

　MIMAS[8]は、ナショナル・データセンターの1つで、高等教育財政審議組織のJoint Information Systems Committee (JISC)[9]を介して、主に政府から、資金を供給されている。MIMASは、英国高等教育、継続教育、研究コミュニティにおいて幅広い分野にわたる教育・学習・研究を支援するため、主要なデータ、情報資源へのネットワーク・アクセスを提供している。つまりMIMASはDNER (Distributed National Electronic Resource)[10]と呼ばれるものの中でも、主要なリソースセンターとなっている。

　MIMASのサービスは、資格がある機関の利用者には無料で提供される。とはいえ、多くのデータや情報資源を入手するためにはサイト購読が必要とされる場合や、個人登録が必要なサービスもある。

　ホストとなっているデータベース・サービスを、以下に述べていく。

3.2.1　社会経済学データ

センサス

　ESRC Census Dissemination Unit (CDU) はMIMASが本拠地となっている。1981年、1991年の英国センサス人口統計とAnonymised Recordsのサンプルは、センサスデータから生じた関連情報とデータともに利用可能である。

　Casweb (1991年センサス統計のウェブ・ベース・インタフェース) は、短期計画に携わったセンサスデータへのアクセスを拡大するとともに、学部生、大学院生レベルの教育のために、MIMASでCDUによって開発された。そのインタフェースは、習得が簡単であり、センサス統計の内容、または構造についての予備知識は、ほとんど必要とされない。また多くの可視化ツールは、地理的な位置を参照しながら、センサスデータを視覚的に容易に検索するよう提供されている。

調査

　MIMASは、いくつかの大規模で複合的な調査のデータベースのホストとなっている。データベースには、繰り返される横断調査、例えば労働力調査や経度(パネル)調査のような同じケースを各調査ごとにサンプルにするものや、例えば国内児童発達調査のような同じケースを繰り返しサンプルにするものが含まれている。

時系列統計

　生産、貿易、販売などで近年(ケースによっては最大20年間)集められた情報は、SASやRATのようなパッケージを使用してMIMASのサーバで抽出したり、ダウンロードや検索することができる。時系列統計は、以下の情報源から生じたものである：Office for National Statistics (ONS)、Organisation for European Co-operation and Development (OECD)、United Nations Industrial Development Organisation (UNIDO)、およびInternational Monetary Fund (IMF)。

　ウェブ・インタフェースにより、ONS Databankで40,000以上の時系列統計に簡単にアクセスでき、またウェブ経由でその他の時系列統計に

アクセスできるようなツールを開発中である。
　多くのソフトウェア・パッケージは、社会経済学のデータ分析、および空間データの操作をサポートするために、MIMASがホストとなっている。

3.2.2　空間データ

　MIMASは、大規模な空間データ情報源のホストとなっており、バーソロミュー・ディジタルマップ・データ、81年・91年の人口統計ディジタル境界データ、SPOTおよびLandsat衛星データの大規模なアーカイブが含まれている。

3.2.3　Scientific data科学のデータ
Crossfire

　Beilstein Beilstein CrossFire Information Systemは、統合化学情報システムであり、有機化学のReactions database、無機化学のGmelin database、アブストラクト・データベースを提供している。MIMASにより、英国、アイルランド共和国、および北欧の大学に提供されている。

　また、Cambridge Structural Database（化学研究者のための結晶構造データを含む）や、Mossbauer Effect Reference Database（化学研究者のための分光学情報を含む）も利用できる。

3.2.4　電子ジャーナル
JSTOR

　英国のJSTORミラー・サービスは、MIMASによって運営されている。JSTORは、ユニークなディジタル・アーカイブ・コレクションであり、重要な学術雑誌を初号（多くは1800年代から始まる）から集め、参加している英国高等教育機関でWWW経由で利用できるようにした。さまざまな分野の117タイトルの雑誌が、Arts & Sciences collectionでアクセス可能であり、主要タイトルから約460万ページの雑誌文献を含んでいる。General Scienceコレクションは、現在開発中でPhilosophical Transactions、Proceedings of the Royal Society、Science and Proceedings of the National Academy of Scienceといったタイトルをカバーしている。

　JSTORは、アメリカ、英国、および日本を含め、多くの国の機関で広く利用されている。日本でのサービスはUSACOにより提供され、日本の利用者向けに日本語で書かれたパンフレット等が用意されている。

NESLI - The National Electronic Site Licence Initiative

　NESLIサービスは、英国高等教育・研究コミュニティで電子ジャーナルを広範囲に配布し、利用を促進するために、JISCによって設立されたものである。NESLIは、学術図書館コミュニティにおける、電子ジャーナルの最も有効な利用、アクセス、および購入を妨げる現在の諸問題の処理を目指している。これらには、オンサイト、遠隔サイト両方のアクセス制御といった技術的な問題、コスト、サイト定義、およびアーカイブの問題が含まれている。JISCは、NESLIをSwets-Blackwellおよびマンチェスター・コンピューティングのコンソーシアムの管理代理人と決めた。管理代理人の役割は、電子資料のデリバリーを調整し、出版社との交渉を引き受け、毎日プログラムのオペレーションを監視することとなっている。

　そのイニシアティブには、世界中から関心が寄せられており、アメリカ、カナダ、オーストラリア、ヨーロッパ諸国に続き、先頃、日本からも代表の派遣があった。

3.2.5　図書目録の参照
英国教育コミュニティへのISI Web of Scienceサービス

　MIMASは英国教育コミュニティでISI citationデータベースのホストとなっている。利用者には高等教育機関、継続教育機関、および研究組織が含まれている。

　サービスはJISCがサポートしているデータベースの中で最も広く利用されている。サービスは、マンチェスター大学John Rylands図書館、マンチェスター・メトロポリタン大学図書館との共同サポートによるものである。

COPAC

　COPACは共有目録データベースであり、英国のConsortium of University Research Libraries (CURL)加盟館の統合OPACに無料でアクセスすることができる。COPACでは、多言語で、1100年以降の資料のレコードが集められている。多様な資料が含まれており、フル・テキストへリ

ンクされているレコードもある。さらに、ウェブ・インタフェースに加え、テキスト・ベースのインタフェース (telnet) やZ39.50サーバ経由のOPACにもアクセス可能である。このサービスは無料で利用できるので、利用者は全世界に広がっている。

ZETOC

　MIMASは、先頃、英国図書館との共同開発プログラムを開始した。新たに発表されたZETOCサービスは、英国図書館の電子目次(ETOC)データベースにZ39.50準拠のアクセスを提供している。ETOCデータベースには、1年に発行される約20,000タイトルのカレントジャーナルと16,000タイトルの会議録が収録されている。約1500万の論文記事および会議録論文を持つETOCデータベースは、科学、技術、薬学、工学、商業、法学、財政学、人文科学など可能な限りすべての分野をカバーしている。ETOCデータベースは、1993年から現在までのをカバーし、毎日更新されている。データベースにあるすべての論文記事、会議録論文のコピーは、英国図書館のドキュメント・サプライ・センターから入手可能となっている。また目次アラート・サービスも追加されている。利用者が指定した雑誌の目次が送付されるサービスで、雑誌目次は毎日更新され、通常、更新は出版されて72時間以内に行われる。

3.2.6　研究開発

　またMIMASは、多くの共同開発プロジェクト、および研究でもイニシアティブをとって活動しており、電子出版分野でも著しい活動をしている。多くの組織（学術組織、商用組織とも）のコンサルタントも行っており、メタデータ、SGML・XML、リンク、および「電子出版」の面でもコンサルタントをしている。

　MIMASは、Dublin Core Matadata Working Groups[11]のメンバーであり、先頃オタワで開催されたDC8に出席している（DC9は2001年東京で開催予定）。Dublin Core (DC)では、日本語を含む多言語での利用を可能にしようと、メタデータの基本要素を変換する作業を、国際的に主導して行っている。

　この実現のため、現在MIMASのデータ、および情報サービスに関連したDCメタデータ・レポジトリの開発プロジェクトが現在進行中である。このプロジェクトには、'Cheshire II' ソフトウェア[12]を利用し、Z39.50インフラの提供も含まれている。これは、リバプール大学とカリフォルニア大学バークレー校との共同プロジェクトである。

　MIMASはCEN/ISSS (European standards) Workshops on Metadata for Multimedia Information (MMI-DC)のメンバーでもある。

3.3　The Manchester Visualization Centre (MVC)

　MVC[13]は、もとはコンピュータ・グラフィックス・ユニットとして1974年に創立された。しかし、パフォーマンス・コンピューティング、クラスター・コンピューティング、インタラクティブ・コンピュータ・グラフィックス、マルチメディア、イメージ・プロセシング、およびビジュアライゼーションといったサービス提供やR&D（研究開発）により、MVCはその肩書きを「成長」させた。活動の中でも重要な領域を以下に述べる。

3.3.1　VIP Lab - Visualization Immersive Projection Laboratory

　高品質の可視化、および仮想現実イメージは、MVCでVIP Labとして知られる、新しくオープンした発達水準のimmersive 映像シアターで展示される予定である。幅6メートル、高さ2メートルの円筒型スクリーン、3つのプロジェクター・システム、6チャンネルのサラウンド・サウンド・システム、インタラクティブ・コントロール、立体メガネ、およびエミッターを提供している。最大30人の観客が共有体験することができ、グループ教育や普及活動の促進を可能にする。

　医学、物理学における多くの研究領域で、ビジュアル・スーパーコンピューティングの使用により、今重要な進歩がとげられようとしている。センターでは、ほんの数年前には取り扱うことのできなかった複雑な研究課題を解決するため、高性能グラフィック、計算およびデータ管理技術を結合させた。

以下のような応用が含まれる：
・実際の手術の間に、オペレーティング・シアターで、3Dスキャン・イメージ（CT、MRI、血管撮影図）をインタラクティブに解釈。
・エンジニアのために有限要素計算の結果を可視化。
・複雑な3次元の流れの理解や予測。
・天文学では多次元の可視化。
・盆地の調査での数値モデル
・高分子処理マシンの複雑な流れの視覚化
・素粒子物理学と高性能可視化設備。

VIP Labは、ヨーロッパで最強のグラフィック・スーパーコンピュータ、6つのグラフィック・パイプラインをもつ40の処理装置Origin 2000マシンによりサポートされている。

3.3.2 ナショナル・ビデオ・サービス

プレゼンテーションにおける視覚補助として、ビデオの価値が認められるようになり、MVCは創造性や変化に対応しつつ、役立つ、ナショナル・ビデオ・サービスを提供している。ビデオは、継続的な可視化データ、特に多次元モデルのデータ記録の手段となっている。ビデオのすばらしい利点は、出力をしっかりコントロールしながら、情報を表現できる手段としては、比較的安い手段だという点である。

ナショナル・ビデオ・サーバは、SGI Origin 2000で、MediaBase、およびReal Server G2ビデオ・サーバー・ソフトウェアを稼働している。マシンは、110Gbのディスク容量があり、全体的に利用可能な180Mbits/秒の帯域幅を持ったSuper JANETバックボーンへの全二重の100 BaseTネットワークに接続している。MediaBaseソフトウェアは、ビデオ・サーバに生放送と定時放送を配信し、MPEG-1、およびMPEG-2のビデオストリームを供給している。Real G2 serverがビデオ・サーバで放送している間に、生放送のRealMedia G2ストリームは、ウェブ上で放送されている。

3.3.3 開発プロジェクト

予測された通り、MVCでは進行中の開発プロジェクトが多くあり、その中の2つについて、こ

こに述べておく。

IERAPSI - Integrated Environment for the Rehearsal and Planning of Surgical Interventions

ヨーロッパでは、手術計画や外科手術の実施・訓練のために、3D可視化、仮想現実、コンピュータ・シミュレーションといった高度技術を結集させることへの関心が急速に高まっている。EC委員会から資金を供給されて、8人の協力者によるチームにより、IERAPSIはMVCに設立されている。IERAPSIコンソーシアムは、特に、一般的に複雑な構造をもつ場所とされている錐体骨の外科手術の計画、シミュレーション、トレーニングに焦点を合わせることになっている。システムでは、乳様突起削開術のような応用介入をしばしば処理することになるが、同時に(内耳の)蝸牛移植のような非常に厳密なものも処理するようになるだろう。今後IERAPSIは、他の手術部門でも利用されるであろう。

WebSET - Web-based Standard Educational Tools

WebSETプロジェクトは、WWWで配信される、一連の標準化されたインタラクティブな三次元の教育ツールの作成を目指している。公開技術と標準の活用に最大の焦点がおかれている。また、外科手術のトレーニング、生理学の教育といった広範囲の応用分野の開発を進めるにあたって、基礎的要素として使われる学習構成要素にも同様に焦点がおかれている。WebSETは、EC委員会の支援による。

4．むすび

実施における成功の鍵は、積極的な協力と提携である。Manchester United Football Clubのような地域で成功したチームと同じように、共通のゴールを持つチームさながらの活動をしていたということである。ヨーロッパにおける最上クラスの学術計算施設であり、世界的な教育研究支援として、マンチェスター・コンピューティングの黄金時代は始まったばかりである。英国学術界に提供しているサービスは拡大しつづけ、MCは英国だけでなく、世界中の利用者が計算技術の恩恵を受けるよう、多くの際立った計画において活動していくことになるだろう。

注

1) http://www.man.ac.uk
2) http://www.mcc.ac.uk
3) http://www.ja.net
4) http://www.g-ming.net.uk
5) http://www.netnw.net.uk
6) http:// wwwcache.ja.net/LVS
7) http://www.csar.cfs.ac.uk
8) http://www.mimas.ac.uk
9) http://www.jisc.ac.uk
10) http://www.jisc.ac.uk/pub99/dner_desc.html
11) http://purl.org/dc
12) http://cheshire.lib.berkeley.edu
13) http://www.man.ac.uk/MVC

(訳注1) キャッシュはよく使われるデータを利用者の近くに蓄積する技術で、これによって元のデータを持って来ないで、キャッシュ内のデータを利用できるため、検索時間を大幅に減少させることができる。ミラーも同様の目的で用いられるが、特定の局の内容をそのままコピーしたものである。

＜　訳　清嶋　愛　きよしま　あい
　　京都大学情報学研究科図書室　＞

東京工業大学における電子図書館　TDL

大埜　浩一

キーワード　東京工業大学、大学図書館、理工学情報、電子図書館、Z39.50、ハイブリッド・ライブラリー

1. なぜ、電子図書館＝TDL か

図書館の使命は、"利用対象者が必要とする優れた学術情報資源を"、"タイミングよく"、"手際よく、統合的・一元的に"、しかも"安定的に"、提供することである。

これを情報媒体で見ると、これまでの紙、レコード、マイクロフィルム等の伝統的な媒体に比べて電子化された情報が急激に増加し、しかもコンピュータ・ネットワーク上に公開される情報資源が大幅に拡大したため、かつてないほど迅速な情報入手に効果を発揮してきたことが指摘できる。中でも学術研究分野では、電子ジャーナルを含めて電子的な情報が近年急速に重きをなしてきた。と同時に、伝達手段としてのコンピュータ・ネットワークの活用が、上記図書館の使命達成の上で不可欠な要素となってきている。

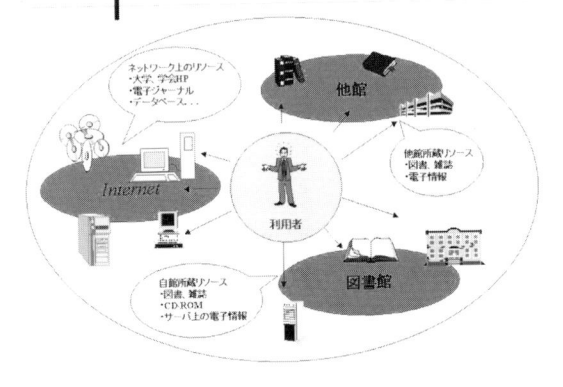

利用者を取り巻く環境

このような主として技術環境の劇的な革新を受けて、紙媒体等の従来の情報資源と、電子媒体の情報資源ならびにデータベース検索システムとの統合的な＝シームレスな提供体制の整備が、多様な媒体にまたがり物理的にも散在する学術情報を、必要に応じて円滑に入手するためには必須となってきている。

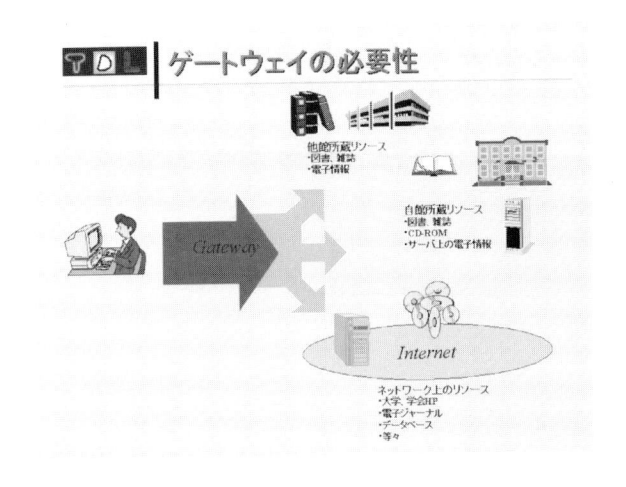

ゲートウェイの必要性

以上の背景に鑑み、理工学分野における我が国有数の大学の図書館である東京工業大学附属図書館では、理工学情報資源を検索して入手するためのゲートウェイ・サービスとして、このTDL＝Titech Digital Library[注1]を作成して利用に供している。

ゲートウェイの機能

複数DBsの横断検索

検索から入手までのシームレスなインターフェイス

ネットワーク情報資源へのゲートウェイ

東京工業大学附属図書館は、平成11年4月から、このTDLを提供しており、現在1年半を経過している。TDL前史と、情報技術面の紹介は別稿の尾城等[注2]に譲って、ここでは現在のサービス内容と今後の課題について、紹介する。（なお、このシステムは、文部省から特別予算を受け開発・提供しているものである。）

電子図書館の実際

2．TDLの内容[注3]

TDLの特徴は、＜理工学サブジェクト・ゲートウェイ＞＋＜入手サポート＞にあり、他の国内の電子図書館とは異なっている。

具体的には、理工学学術情報資源への包括的でシームレスなアクセス環境の提供を目指しており、資源の所在場所は東京工業大学内外を問わない（当然、インターネット上の資源を含む）ほか、オンラインでの入手をサポートするものである。

図1　TDLのトップページ
http://tdl.libra.titech.ac.jp/

図2　TDL検索系メニュー画面

(1) 検索サービス

TDLの検索系のメニューは、（図2）のとおりである。以下、個々に説明を加える。

　a）文献データベース検索（図3～6）
　・Compendex、BA、NTIS、EES（65誌）など11種
　・メニュー（図3）で検索対象とするデータベースを選択し、検索語を入力して得られる検索詳細結果（図4）から、電子化されたフルテキスト（図5）へと辿ることができる。電子化されていない場合には、［NACSIS Webcatで所在確認］をクリックすると、国立情報学研究所のWebcatを検索して、冊子体の雑誌の所蔵先を検索することができる。（図6）

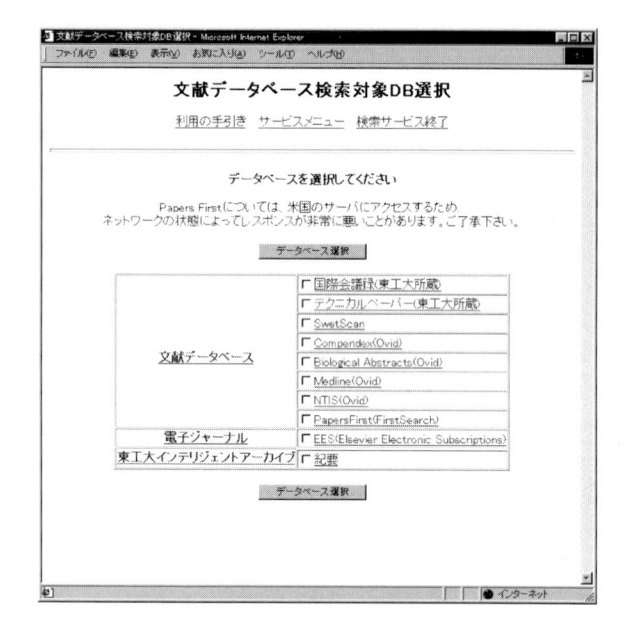

図3　文献データベース検索画面

東京工業大学における電子図書館 TDL

図4 文献データベース検索結果詳細画面

図6 Webcatでの所蔵先検索結果画面

b) 外国雑誌目次情報検索
・雑誌のタイトル、またはISSNから、当該雑誌の特定号の目次情報を一覧可能

c) OPAC検索(図7)
・東工大、図書館情報大学、CISTI、COPAC、Library of Congress、MELVYL、OHIOLINKの7機関蔵書の横断検索機能

d) 理工学系ネットワーク・リソース検索(図8)
・大学・学協会サイト、電子ジャーナル、データベース、プレプリント・サーバ、総合リソースガイド等の各種リソースを含む。
・言語、分類、リソースからの一覧も可能
・3,266件を網羅

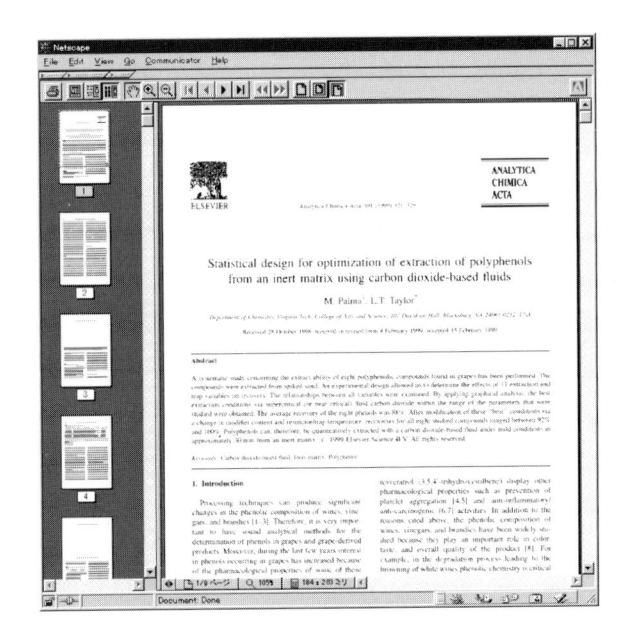

図5 電子化された該当論文画面

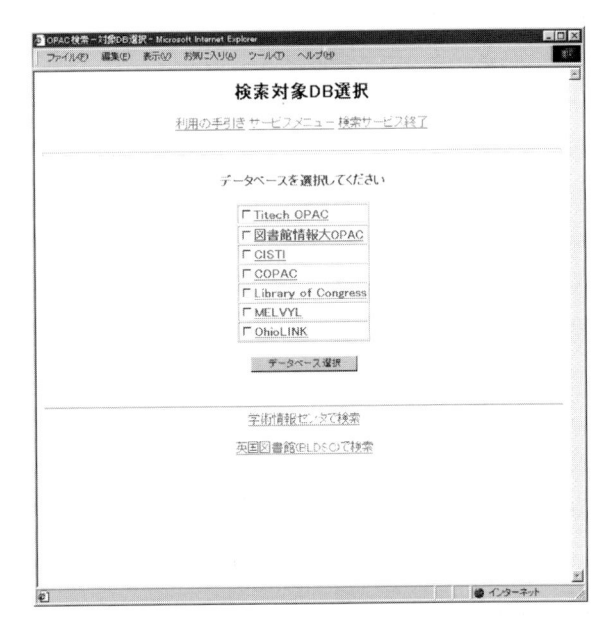

図7 OPAC検索画面

電子図書館の実際

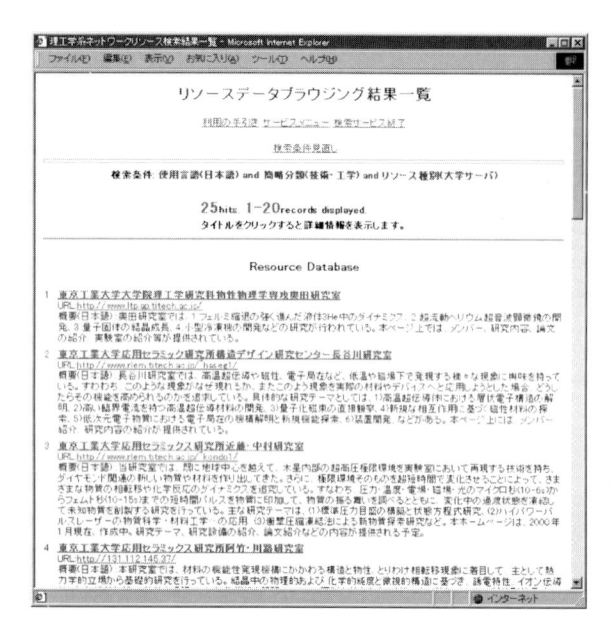

図8 理工学系ネットワーク・リソース検索結果画面

e）理工学系サーチエンジン
・自動巡回ロボットが収集したWWWページインデックスの検索サービス
・汎用のサーチエンジンに比べて精度の高い検索が可能
・52,991件を網羅
f）ハイブリッド検索（図9）
・上記a）、c）〜e）の横断検索機能

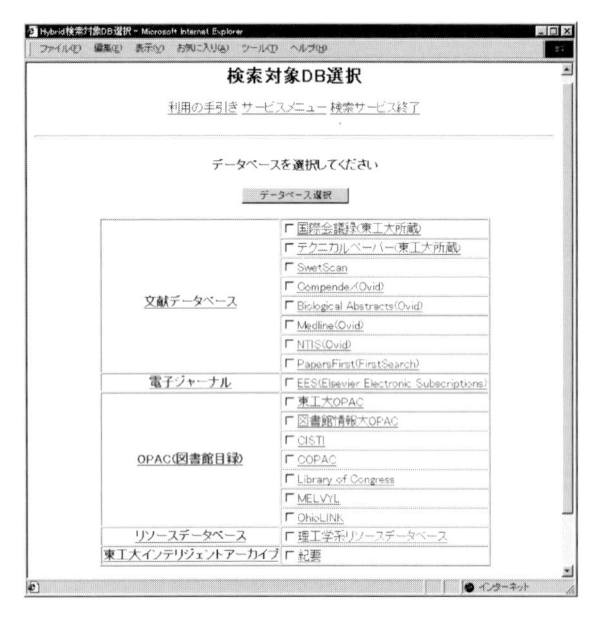

図9 ハイブリッド検索画面

なお、上記のc）OPAC検索とf）ハイブリッド検索においては、国際標準であるISO規格Z39.50を援用した横断検索機能を実現している。

(2) オンライン入手サポート
　a）ハイパーリンクでの直接アクセス
　b）ILLとドキュメント・デリバリー機能の統合（開発中）
・学内外のILLサービスとの統合サービス
・Arielは導入済み
・日米ドキュメント・デリバリー実験[注4]に参加

3．"TDL-Ⅱ（仮称）"への課題

今後更に充実させていく上での課題は、下記の通りである。

(1) 他の電子環境との統合・融合
　→　更なるシームレス化を実現するために
・図書館HP[注5]での電子環境との融合ISO規格Z39.50に対応していない電子ジャーナル（SD-21、IDEALサービスなど）、OPAC等
・外部電子図書館との融合
・学内資源提供上の協調体制
　研究情報、研究者情報、研究資源情報、教育情報など

(2) ハイブリッド化の実現
・利用者の動向、電子化の進展に応じ、各媒体の棲み分け範囲に配慮して
・使い分けの高度化教育
　情報リテラシー教育への組み込みと図書館員の参加

(3) ゲートウェイ機能の充実
　→　よりシームレスに、使いやすく
・優れた新リソースの把握とメンテナンス
・リソースの収集と評価の体制整備
・電子ジャーナルの拡大（契約上の課題解決）
・メタデータ・フォーマットの標準化
・インタフェースの機能拡張と改善
　ユーザ・カスタマイズ機能の導入

(4) globalな協力体制への参加
・サブジェクト・ゲートウェイ維持の連携
・無駄な重複作業をなくす環境整備
・研究開発機能の充実

⑸　ILLシステムの実装と業務との融合
・図書館業務の徹底した電子化が、同時に必要

⑹　非文献情報へのアクセス環境の提供
・数値データ、画像、音声などへの拡張

注記
1）　Titech：Tokyo Institute of Technology
　　http://tdl.libra.titech.ac.jp/
2）　参考文献1）のpp.1-3と同論文・巻末の注および参考文献の1）から7）まで
3）　会議での発表当日は、主としてOHPを使用して実際に東工大のキャンパス内で確認できる画面により説明した。これは、契約の関係上、東工大キャンパスの内と外とではアクセスできる情報源が異なるため、実用上の画面展開を会場では紹介できないからである。本稿でも東工大のキャンパス内で利用できる内容で紹介していることをお断りしておく。なお、検索サービスシステムの機能は、学内外とも何ら異なるところはないが、ILLシステムとリンクした場合のサービス内容は、学内外で異なることを想定している。
4）　"第48回国公私立大学図書館協力委員会"『大学図書館協力ニュース』21(5), 2000.9, pp.4
5）　東京工業大学附属図書館のホームページ
　　http://www.libra.titech.ac.jp/

参考文献
[1]　尾城孝一"東京工業大学電子図書館（TDL:Titech Digital Library）の設計と構築－「電子図書館を求めて」－"『大学図書館研究』58, 2000.3, pp.1-15
[2]　尾城孝一"理工学系ネットワーク情報資源へのゲートウェイ" Academic Resource Guide 30, 1999.5,
　　http://www.ne.jp/asahi/coffee/house/ARG/030.html#C
[3]　尾城孝一"サブジェクト・ゲートウェイの構築と運営－理工学分野の高品質なインターネットリソースの提供をめざして－"『情報の科学と技術』50(5), 2000.5, pp.280-289

＜　おおの　ひろかず
　　東京工業大学附属図書館事務部長　＞

筑波大学電子図書館の現状と評価

小西　和信

キーワード　電子図書館、大学図書館の電子化、筑波大学附属図書館

1. はじめに

　筑波大学で電子図書館システムを導入しサービスを開始したのは、今から2年10か月前の1998 (平成10) 年1月のことである。文部省の先導的電子図書館プロジェクトの指定を受け、京都大学ともども我が国の大学図書館における「電子図書館」の第一号として、各方面からの大きな関心と期待を担いつつスタートを切った。

　電子図書館は、従来の図書館サービスと異質の断絶したサービスではなく、むしろその延長上にあって、サービスを高度化するものであるという認識が今では一般的だと思われるが、当初は何事も初めての経験で、戸惑いと試行錯誤の連続であった。それらの困難や課題は克服されないで残されているものもあるが、着実な向上が見られ、利用者も右肩上がりで上昇し、定番サービスの一つとして受け止められるところまで発展してきた。

　筑波大学の電子図書館システムやサービスについては、すでに十指に余るレポートが出されており[1]～[10]、本稿で新たに付け加える要素は少ないが、2年10か月を経過した時点での総括として、筑波大学電子図書館の現状と課題を報告し、あわせて大学における電子図書館の意義の一端を考えて見たい。

　なお、本稿における統計数値は特別にことわりのない限り2000年9月末現在である。

2. なぜ電子図書館に着手したか

　筑波大学の電子図書館への取り組みは、我が国の他の大学の動機と共通の部分と筑波大学独自の部分があるように思われる。

　独自の面としては、筑波大学が創設後およそ四半世紀の比較的新しい大学で、当初から図書館の電子化に意欲的に取り組んできたことである。1978年に図書目録の電算処理に着手し、81年にはオンライン蔵書検索を開始、そして93年にインターネット上でOPACを公開するなど、いずれも我が国の大学の中では最も先端的な試みを行ってきている。

　特に、91年には当時の学長の発案により評議会の下に「図書館将来計画委員会」が設置され、翌年度から2次 (期間は各々3か年) にわたる『電子図書館システム整備計画』を実施してきた。この電子図書館構想は、現在のものとはニュアンスを異にするものの、図書館の将来の在り方として電子図書館を重要な機能として位置づけた点で、今回の電子図書館に取り組む直接の契機になったと思われる。

　他の大学と共通の動機としては、一つには情報環境の著しい変化のなかでより多様で豊富な情報を必要とする利用者の要求に対応するという目標があげられる。つまり、図書館サービスの高度化のためである。

　二点目は、96年に出された学術審議会の建議『大学図書館における電子図書館的機能の充実・強化について』などに代表される学術情報に関する諸政策に対応するためである。

　三点目に、大学図書館の挑戦という視点をあげておきたい。図書館職員の恒常的な減員と予算の頭打ちという閉塞状況に対して、大学図書館変革への意志の発露と受け止められるからである。それぞれの大学において、いわば図書館の高度情報化社会での生き残りをかけた挑戦が電子図書館というテーマなのであろう。

3. 筑波大学電子図書館のコンセプト

　電子図書館システムを構築するにあたって、学内挙げての約1年間におよぶ検討の結果は、『「高度発信型電子図書館システム」の考え方 (基本構想)』として、97年1月にまとめられた。[11]

　これによると本学の電子図書館の最大の目的は

「本学で収集・生産・蓄積された学術的価値の高いオリジナル研究成果の原文を電子化・データベース化し、(中略)インターネットを介し国内はもとより全世界に向け情報発信」することであるとしている。こういう目標を掲げるに至った理由は、学術情報センターなどで先行して構築されている我が国の電子図書館では、「大学自身が生産し蓄積したオリジナル研究成果を電子化し、国内はもとより世界に向けて情報発信している例は全国的に見ても殆どない」という認識があったためである。

このような筑波大学電子図書館のコンセプトは、換言すれば、北原論文[1]の副標題にあるように「先端科学研究成果等の学術情報発信機能の強化」ということになる。

4．筑波大学電子図書館のコンテンツ

上記のようなコンセプトを実現するために、筑波大学の電子図書館では、文献情報(蔵書検索サービス)と全文情報(学内生産資料、貴重書、二次情報データベース、電子ジャーナルなど)、および案内・利用情報などを柱とした電子コンテンツ(中身)を作成・提供している。

主なものの整備状況は以下の通りである。

1）本学蔵書目録(OPAC)

筑波大学では、製本雑誌を含め約210万冊の蔵書を保有しているが、蔵書目録データベースとして入力されているデータは8割を超える170万冊に達している。

96年以降、前身校(東京教育大学等)の蔵書の遡及入力に着手し、現時点で洋装本をほぼ入力し終えたところであり、昨年度から和古書・漢籍(約15万冊)と明治期教科書などの入力を開始した。和古書・漢籍の全件入力は、まだ前例が少ないだけに課題が多い。[12]～[13]

蔵書目録データベースの整備は、本学の電子図書館にとって中核となる業務であった。何故なら、OPACがすべての電子図書館コンテンツのインデクスを提供しているからで、換言すると、OPACが電子図書館の入口機能を果しているのである。

したがって、全蔵書の入力は電子図書館の基盤整備として欠くことのできない事業であり、当初から蔵書データベースの整備を最優先の課題としてきた。

2）自館作成の各種目録情報

OPACの他に、紀要目次情報、学位論文記事目録、新着図書リスト、予約雑誌目録、主要文庫・コレクション目録など自館で作成した各種の目録情報を提供している。なかでも紀要目次情報は、国立情報学研究所の学術雑誌目次速報データベースと提携して進めているが、現時点で約17,000件の蓄積があり、本学の研究成果の情報発信への貢献が期待される。

3）二次情報データベース

市販の電子的資料の提供が主であり、契約の関係上、学内限定のサービスとなっている。

Current Contents や CA on CD、雑誌記事索引、医学中央雑誌などは、CD-ROMサーバにより、学内ネットワークに配信している。また、OCLCのFirstSearchのようにサイト契約によって学外のサーバに直接アクセスする形態のものもサービスしている。

また、現時点では3種類の提供にとどまっているが、学内研究者作成の学術情報データベースがある。この種のデータベースは専門性が高く、利用頻度は高くはないものの、大学の情報発信の観点からは特に重要性の高いもので、今後とも積極的な取り組みを考えていきたい。

4）学内生産資料(全文情報)

OPACが電子図書館の入口として重要なコンテンツであるとすれば、本体情報として最も中心に位置するのが学内生産資料である。

学内生産資料としては、本学の紀要類、学位論文、文部省科学研究費研究成果、本学独自の各種プロジェクト研究成果等である。

本学の紀要類は、前身校を含め約100点が刊行されている。このうち46点の電子図書館への登録が済んでいる。

学位論文については、課程博士と論文博士を合わせて年に約250件ほど授与されるが、この2年間に、753件が登録され電子図書館から全文が提供されるに至っている。カレント分の処理に目処がついたところで、今後は遡及分に着手することになるだろう。

科研費や各種プロジェクトの研究成果は、現時点で150件程度蓄積されている。研究代表者が本学関係者であっても、共同研究者が全国に散在し

ている場合など、電子化の許諾を得ることが難しいものもある。

他に研究成果でないが、シラバスや学事報告書の電子化も進められている。

5）学内収集資料（全文情報）

中心となるのは、著作権の保護対象を離れた19世紀以前の資料のうちの貴重書である。本学の貴重書の指定基準（和書が1614年以前のもの、洋書が1850年以前のもの）によって約6千冊が指定されているが、その3分の1に相当する約2,100冊の電子化が終っている。なお、彩色の施されたものや代表的な貴重資料については高精細画像データを作成している。

6）電子ジャーナル（全文情報）

サービス開始当時は、数十点のオーダーだったが、昨年以降、幾つかの大手出版社のサービスを中心に、フリーサイトのものを含め、現時点で約1,700点の電子ジャーナルを提供している。このサービスについても、二次情報サービスと同様に、契約を伴うものについては学内に限定したサービスとなっている。タイトル数と重要な雑誌が増加するつれ、非常に利用頻度が高く、今後の電子図書館の中心的なサービスになっていくことは疑いようのないところである。

7）その他の情報

図書館の概要、利用法などの利用者への案内情報、広報誌の図書館報及び基本的な学術情報リンク集などを提供している。リンク集には、本学で独自作成している「世界の図書館」が含まれる。

また、図書館でこれまでに開催した特別展示の解説を中心とした「電子展示」なども提供している。

5．どのように提供しているか

本学の電子図書館の特徴の一つであるが、電子図書館におけるコンテンツの提供方式として「トップページから一元的な提供」を基本としている。すなわち、利用者の必要情報をすべてトップページからたどることができるように配慮していることである。

もう一点は、「画像データと文字データ間のハイパーリンク」である。OPACや紀要目次情報などから全文情報へのリンクが形成されていることである。利用者は、文献検索から原文入手までのプロセスをシームレスにたどることができる。

次に全文情報の提供方法であるが、本学の電子図書館では、全文情報をイメージ画像で蓄積をしているので、WWWでの表示はGIFという画像形式で提供している（本年4月以降、公開フォーマットの変更を行った－後述）。

また、高精細画像については、1ギガバイト近い大データを作成しているので、インターネット上でも快適に閲覧できるようにするため、ライブピクチャー社の提案するFlash Pixというフォーマットで公開している。

6．著作権処理

電子図書館のコンテンツの中核をなす学内生産資料は、すべて著作権のある著作物である。したがって電子図書館で蓄積して提供するためには、資料の電子化と電子図書館での公開について、著作権処理をする必要がある。この点は電子図書館にとって最大の難関である。

筑波大学では、著作権審議会の委員を務める専門家を含め学内有識者に検討を委ね、『筑波大学電子図書館システムへの登録に関する実施要項』[14]で、著作権処理方式を確立した。

基本的な考え方は、著作権者から電子図書館での無償の利用許諾を得るというもので、その獲得方法は、著作権者に電子図書館へ自著の「登録を申請」する形で行われる。

複数の権利がからむものなどの処理について不十分な点を残しているものの、徐々に著作権者の理解が高まり、登録件数が増加している点が心強い。なお、本学電子図書館の著作権処理については、栗山らの論文[15][16]が詳しいので参照されたい。

7．運用経験から得られたこと

これまでの電子図書館システムの運用経験を振り返ってみると、当初は予想できなかった問題点や計画を変更せざるを得なかった点などが幾つか出てきている。

1）アクションプランの策定

すでに電子化対象が存在する貴重書はさておき、著者からの「登録申請」が出されなければ増えることのない学内生産資料は、電子図書館のスタート時点で学内全教官に対して依頼文書を送付してい

たものの、きわめて反応は鈍かった。

電子図書館専門委員会に善後策を相談したところ、座して待っていては登録件数は伸びないとの結論に達し、具体的な行動計画を立案することになった。

このアクションプランは、本学紀要や学位論文、各種研究成果について、誰にどのように働きかけるかという具体的な内容のものだが、このうちの「学位授与式当日に学位取得者に直接登録を呼びかける」とか「紀要の編集担当者と発行部局長への依頼文書送付」などは特に効果が著しかった。

2）電子テキストの受付・公開

当初、印刷物からのイメージ画像の作成・公開を前提として運用を開始したため、電子テキストへの対応は将来計画とされていた。

しかし、著者から電子テキストの提供申し出が舞い込むようになり、それに応じるため「登録申請書」を改定し、電子テキストの受付・公開を扱えるようにした。

3）公開用画像フォーマットの変更

電子図書館用の画像は、印刷物をスキャナーで読み込んで電子化する方法が主流であり、公開用の画像もGIFフォーマットにしか対応していなかったが、（1）1ページ1ファイルで格納しているのでデータ管理が煩雑、（2）コンテンツの印刷は、WWWブラウザの印刷機能に依存するため、ページイメージの印刷ができない、（3）画面の拡大・縮小ができない、などの欠点があり、電子ジャーナルなどでよく使われているアドビ社のPDFフォーマットに変更することにした。この変更は、本年4月以降の作成分に適用している。

4）電子ジャーナルへの対応

一昨年あたりから電子ジャーナルが急速に普及してきたので、電子ジャーナル提供サービスの強化を図っている。フリーサイトのもの、冊子の購読に付随するもの等について、提供漏れの起こらぬよう注意を払っている。

また、OPACと全文情報（学内紀要）からのリンクだけだった紀要類の全文情報へのアクセスを「電子ジャーナルリスト」から可能とするようリンクを張るなどの工夫をしている。

5）高精細画像の提供

本学の電子図書館システムの運用が始まった98年時点では、1メガ以上のカラー画像は容量が大きすぎて、蓄積は可能であってもネットワーク上の転送や閲覧は困難をきわめた。まして50Mb、100Mbといった高精細画像は問題外という状況であった。

しかし、その後まもなく大容量画像の転送と閲覧に適したビューア・ソフトが普及し始め、電子図書館でも容易に高精細画像を扱うことが可能になった。

例えば古地図などの小さな地名を、肉眼で判読できる程度に再現するには高精細画像を作成するしかない。そのように考えてみると図書館で高精細画像を用意しなければならない場面はたくさんあると思われた。

室町中期の奈良絵本『住吉物語』が筑波大学電子図書館の第一号の高精細画像として、昨年5月に公開された。[17]

6）業務マニュアルの電子化

電子図書館システムの運用を契機として、業務用のマニュアルや作業ツールは可能な限り電子化し共用することを方針としてきたが、この2年間の運用の中で、他のサイトのリンク分を含めて約2,000のファイルが蓄積された。全文検索の仕組みがついているので、図書館員の間ではきわめて重宝している。これは電子図書館システムの思わぬ副産物である。

残念ながらローカルな情報が多いこともあって、今のところ学内の図書館職員の利用に限っている。しかし、こうした現場のノウハウ情報は今後ますます重要性が高まっていくと思われるので、将来的には、大学間で相互交換していくなどの方策を検討する必要があるだろう。

8．筑波大学電子図書館の課題

1）コンテンツの充実

いかに構想やシステムが優れているにせよ、利用者の立場からすると、コンテンツのない電子図書館は見かけ倒しのホームページに過ぎないだろう。我々はまず第一にこの課題に取り組む必要があるのだが、留意しなければならない問題が横たわっているように思われる。

利用者のニーズはどこにあるか？　市販の二次情報データベースなのか、電子ジャーナルなのか、オリジナルな研究成果なのか、貴重書なのか。利用者の要望の高いコンテンツから蓄積すべきであ

ることは言うまでもない。

何から着手するかの作成順序についても同様の配慮が払われなければならないだろう。

2）研究者（学内教官等）との連携

学内生産資料の電子化にあたっては、情報の発信現場である研究者との緊密な連携が必要となる。印刷物になる前の状態（電子テキストの段階）で著作物を入手することがベストだからである。

紀要類の編集プロセスとも関わりを持つ必要があるかもしれない。電子図書館が研究者の情報発信支援という役割を担うとすれば、もう一歩踏み込んだ連携を検討すべき段階に来ていると思われる。

また、シラバスについては、講義で取り上げる参考資料やリーディング・アサインメントからOPAC等へのリンクは必須であり、そのためには電子テキストの段階で電子図書館に登録されることが望ましく、その点で、教官層の十分な理解を得なければならない。電子図書館の中で、ダイナミックなリンク関係が提供されることになればシラバス自体の発展も期待できるであろう。学生向けのサービスが手薄なだけに、まず充実した「電子シラバス」の実現を目指したいと考えている。

3）電子図書館システムの改善

利用者にとって使いやすいインターフェースの実現が継続的な要求となるであろう。現行システムで実現されていないたくさんの技術的な改善要求が存在するので、一個ずつ丁寧に解決していきたい。

また、現行のシステムでは、コンテンツの作成を支援するシステムが弱体である。各種の画像フォーマットを相互に変換したり、メタデータの簡便な作成を支援するシステムが必要とされている。

4）他の電子図書館との連携

電子図書館の登場によって、全国で大量の電子化資料が作成されつつある。これらに対する統一的な検索キー（メタデータ等）の作成は、今のところ立ち遅れている言わざるを得ない。せめて自大学分のメタデータの作成は分担するというような連携が必要であろう。

また、電子化資料の作成にあたっても、これまでは各大学の個別の計画に基づいて作成されており、全国的な観点からはきわめて統制のとれない作成状況になっている。この点についても適切な調整が行われる必要があると思う。

もちろん、電子図書館のノウハウ情報の交換や公開も必要となってくる。

先導的電子図書館プロジェクトの指定を受けた6大学と国立情報学研究所は、このような連携の方策を探るため、これまでにも連絡会等を開いてきているが、今後は具体的なプログラムを企て行動していくことが求められている。

9．おわりに

2年10か月の筑波大学電子図書館をどう評価すべきであろうか。

最大の功績は、著作権のある著作物の電子化とその公開について、一つの解を提示しえたことではないかと思う。完全な解ではないにしても、筑波方式によって著作権処理の第一歩が踏み出されたことは否定することはできないからである。

次に、他の電子図書館にも言えることだが、電子図書館の一つのひな型を提示したことである。この点は、成功の部分であれ失敗の部分であれ、後に続く大学の目標設定を容易にする側面があるのではないだろうか。

コンテンツの利用についてはどうか。オリジナルな研究成果や貴重書の全文情報が、利用者に役立っているかどうかは、個別の利用統計が存在しないので、残念ながらまだ不明であると言わざるを得ない。この点は今後の動向を見守っていきたい。

もう一点は、副産物的なことだが、電子図書館という看板を掲げることによって、利用者に対し図書館の積極的なサービス姿勢を訴えることができ、信頼感や期待感を得られたのではないかと観察される点である。そうであるとすれば、図書館サービスの高度化を図るための挑戦として電子図書館に取り組んできたことの意義を評価しなければならないであろう。

参考文献・引用文献
1） 北原保雄 "筑波大学附属図書館における電子図書館化への取組みの現状と計画"『学術月報』50(3), 1997.3, pp.29-34
2） 森茜、三池慎三郎、田中成直、平岡博、岡部幸祐、石村恵子 "大学図書館における発信型電子図書館の取組み"『情報学基礎』45(4), 1997.5, pp.19-25

3) 田中成直"筑波大学附属図書館における電子図書館化への取り組み"『現代の図書館』35(3), 1997.5, pp.139-144
4) "電子図書館特集"『筑波大学附属図書館報 つくばね』23(4), 1998.3
5) 石村恵子"筑波大学電子図書館"『医学図書館』45(3), 1998.9, pp.361-364
6) 栗山正光"筑波大学電子図書館の現状と課題"『公立大学協会図書館協議会研修報告書』1998, pp.25-41
7) 石村恵子、福井恵、岡部幸祐、兼松泰文、栗山正光"筑波大学電子図書館の現状と課題"『大学図書館研究』55号, 1999.3, pp.65-74
8) 小西和信"筑波大学電子図書館サービスの現状"『電子図書館時代の図書館員 Part 2：大学図書館問題研究会第8回オープンカレッジ報告集』東京, 1999.6 (大図研シリーズ, No.15)
9) 小西和信"図書館の新しい挑戦：筑波大学電子図書館"『筑波研究情報セミナーニュース』78号, 1999.10
10) 小西和信"大学図書館と情報発信：筑波大学附属図書館の場合" MLAJ Newsletter 20(4), 2000.3
11) 『「高度発信型電子図書館システム」の(基本構想)』つくば, 筑波大学附属図書館, 1997.1
12) 氣谷陽子、門松ゆかり、徳永智子、樋浦まゆみ"和古書及び漢籍のNACSIS-CATへの入力における問題点：筑波大学附属図書館の現状"『大学図書館研究』56号, 1999.9, pp.1-11
13) 氣谷陽子"和古書及び漢籍の目録上の特殊事情：整理マニュアル及び冊子体目録の凡例の比較から"『学術情報センター総合目録データベース実務研修レポート』東京, 学術情報センター, 1999.10
14) 『筑波大学電子図書館システムにおける著作権処理について』つくば, 筑波大学附属図書館, 1997.12 ＊英文版もあり
15) 栗山正光"電子図書館と著作権処理"『情報の科学と技術』48(8), 1998.8, pp.435-439
16) 上原由紀、栗山正光"筑波大学電子図書館における著作権処理"『図書館雑誌』94 (2), 2000.2, pp.91-93
17) 小西和信"筑波大学電子図書館と高精細画像"『筑波大学附属図書館所蔵日本美術の名品～石山寺一切経、狩野探幽・尚信の新出屏風絵と歴聖大儒像～』つくば, 筑波大学附属図書館, 2000.5

＜ こにし　かずのぶ　筑波大学図書館部
　　情報システム課長　＞

京都大学における電子図書館
− あゆみと現状 −

磯谷　峰夫

キーワード　京都大学電子図書館システム、コンテンツ作成、貴重資料、ディジタル画像

1. はじめに

京都大学附属図書館は、平成10（1998）年1月から、電子図書館システムを稼働し、正式にサービスを開始した。本システムは、図書館が所蔵する資料や大学が創り出す情報をインターネットによって国内外から誰もが閲覧できる機能と、学内の研究者に電子ジャーナルやデータベース、CD-ROMなど、電子媒体による学術情報をLANによって供給する機能が、サービスの中心となっている。データ作成に関する技術的な話題は別稿に譲り、ここでは本システムの現在に至るまでの経過と現状について述べる。

2. サービス開始までのあゆみ

本館では1980年代から、閲覧・整理業務の機械化やオンライン目録の作成などに代表される図書館業務への計算機導入を行ってきた。所蔵する資料をパソコンなどから閲覧できるようにする、いわゆる資料の電子化は、1990年代なかばから学内の特別経費や文部省科学研究費補助金の配分を受け、図書館が所蔵する貴重資料の画像データを作成し、解説等のテキストデータを添えて、公開展示会での展示品として提供したことに始まる。公開展示会とは、本館が毎年秋に所蔵資料を中心として開催するもので、第1回展示会は明治33（1900）年12月「附属図書館創立1周年記念展覧会」として行い、以来ほぼ毎年開催し、百年の伝統を有する。この催しは、学内の教職員・学生、学外の研究者、一般市民にも広く好評をもって受け入れられ、大学公開事業の一端を担っている。

平成6年秋に開催した一般向け公開展示会「吉田松陰とその同志」展において、元館長の長尾京都大学総長が主宰する電子図書館研究会による電子図書館プロトタイプ・システム「Ariadne（アリアドネ）」の一部として、維新特別資料文庫に収められた巻物、掛軸等70点のデータを作成し、公開した。維新特別資料文庫とは、吉田松陰の弟子であった品川弥二郎が創設した尊攘堂に収集された、幕末維新の志士の事績を示す書籍・書簡・遺品等の資料である。公開した内容は、資料の画像データ、書誌事項、解説、人物解説をハイパーリンクにより構成しており、画面上でリンクをたどっていくことによってさまざまな順序で展示品を見ることを実現した。作成に際しては、館内に展示会WG（ワーキング・グループ）が組織され、企画から実作業までを行った。平成7年1月には、この展示会WGが発展して、電子図書館WGが発足し、電子図書館システムの実現に向けてデータ作成やシステム評価にあたることになる。

平成7年度には科学研究費補助金によって、前年度に引き続いて維新特別資料文庫の資料の電子化と蔵経書院本目録のデータベースを作成した。作成対象の維新特別資料文庫の資料には、書簡、掛軸、刀剣、史料と「奇兵隊日記」がある。これらは現在、「吉田松陰とその同志」展のデータと併せて「維新資料画像データベース」として公開している。蔵経書院本とは、蔵経書院文庫、日蔵既刊文庫、日蔵未刊文庫の三つから成る特殊文庫である。蔵経書院文庫は明治38年から大正元年にわたって蔵経書院が刊行した「大日本続蔵経」の底本、日蔵既刊文庫は大正3年から大正10年にわたって蔵経書院が刊行した「日本大蔵経」の底本、日蔵未刊文庫は計画され未刊に終わった「日本大蔵経」第2部の底本にあたり、いずれも寺院あるいは僧堂の宝庫または筐底より採集されたもので、漢訳仏典、中国撰述仏典、日本撰述仏典の網羅的なコレクションとなっている。このカード体目録を本学人文科学研究所の教官の協力を受け、整理を進めながら入力したものが蔵経書院本目録データベースである。また平成8年1月には、電子図書館WGによる附属図書館ホームページを開設し、

OPACの一部（この時点では附属図書館と総合人間学部図書館所蔵の単行書約10万件）、図書館報『静脩』や貴重資料データの提供を開始した。貴重資料データは「国女歌舞妓絵詞」をもとに画像データ、翻刻文データ、現代語訳、英訳、英文解説から構成したものである。

平成8年度は文部省科学研究費補助金によって、国宝「今昔物語集」や重要文化財「兵範記」などを含む古文書を中心に画像データを作成した。「今昔物語集」については翻刻文のテキストデータも同時に作成し、展示会「今昔物語への招待」において電子展示を実施した。重要文化財には、平安時代後期の平信範、平範国、平知信の日記である「兵範記」「範国記」「知信記」、平安末期から鎌倉後期にかけて書写された「古今集註」（古今和歌集）などがある。

これら3年にわたって作成したデータが、現在も電子図書館の収録資料の根幹的な位置を占めている。データだけでなく、収録対象の選択に関する方針や作成するデータの内容とその構成も、この時期の傾向を受け継いだものになっている。誰もが簡単には閲覧することができない貴重資料や、公開展示会の企画に連動した展示品として視覚的に訴えるものを、これ以降も収録資料として取り上げていくことになる。資料の画像データを作成し、それを必要に応じて解説文や翻刻文などのテキストデータとリンクさせるという、学内の図書館利用者よりもっと広範な一般市民を対象として想定したデータの構成もこの時期に基礎ができた。また本館が所蔵する特殊コレクションの目録も、これ以降重要なコンテンツの一部となっている。

3. 京都大学電子図書館システムの現況

京都大学電子図書館システムは「机の上に京都大学」をキャッチフレーズとして、次の4つの機能実現を目標としている。

1) 情報発信　京都大学が所有する資料、創造する学術情報を国内外へ提供
2) 情報配信　学内へ学術情報を提供
3) 電子出版サポート　学内刊行物の電子化を支援
4) 高度な検索・ナビゲーション　OPAC横断検索や、学内ホームページナビ、機械翻訳・機械朗読などの読書支援を提供

上記4機能について、サービスの柱である「情報発信」「情報配信」を中心にその現況を概説する。

3.1 「情報発信」――貴重資料画像

電子図書館システムでは、インターネットを介して広く情報を提供し、京都大学のことならば何でもわかるデータベース「京都大学エンサイクロペディア」の構築を目指している。その内容には、図書館が所蔵する資料の画像情報と、学内で生産される学術情報の2種がある。所蔵資料の電子化は、前述したように、電子図書館の正式運用開始以前より行い、その蓄積は現在もサービス品目の中心であり、サービス開始以降も貴重資料の画像データ作成と特殊文庫の目録作成など毎年行っている。

平成10年度は富士川文庫目録データと同文庫所収の主要資料の画像データ、その他に重要文化財の画像データを作成した。富士川文庫とは、富士川游氏が『日本医学史』編纂のために収集した明治以前の和漢の医書と幕末期の西洋医学書の翻訳書から成るコレクションである。

平成11年度には重要文化財、古典大系等に引用された京都大学所蔵本、谷村文庫所収資料の序跋や、奈良絵本の画像データを作成した。谷村文庫とは古写経、連歌関係の稀覯書を含む9,000冊に及ぶ広範囲の分野にわたるコレクションであり、その巻頭6丁と巻末3丁の画像を、リスト化した書名からブラウジングできるようにした。また公開展示会企画に併せ、貴重書「たま藻のまへ」の画像データは、原資料の形態である巻子形式を忠実に再現するよう、画像を横につなぎ合わせる加工を施した。

これら毎年作成した結果、現在（平成12年10月）公開中の画像データは、95種の資料、約8万6千枚の詳細画像である。平成12年度は中国の地方誌などの漢籍を中心とした近衛文庫所収資料、前年度に引き続いて谷村文庫序跋、全国共同利用を目的として購入した大型資料（フランス都市建築資料）、理学部が所蔵する動植物図譜の画像データを作成する予定である。

3.2 「情報発信」――京都大学刊行物など

電子図書館システムでは貴重資料の画像データ以外に、学内で生産される学術情報も公開してい

る。現在、京都大学創立100周年にあたって刊行中の『京都大学百年史』（全7巻のうち既刊分4巻＋写真集）、大学が刊行する『Kyoto University Bulletin』や『京都大学　研究・教育の現状と展望』という広報のための出版物の全文を収録している。また、附属図書館創立100周年を記念して行った京都大学図書館の自己評価、外部評価の報告書である「京都大学図書館 現状と将来への展望―自己点検評価・外部評価報告書―」も部局編を除く全文が閲覧できる。それ以外のテキストデータとしては、博士学位論文論題一覧（新制分1969年以降）と樋口一葉小説集を作成し公開している。

　これらの収録資料は目次からの閲覧に加え、全文を対象にした検索から該当個所を表示させることもできる。あらかじめ語彙を登録した辞書を参照することにより、検索に使用したキーワードの同義語や訳語からの検索も可能である。また学内からの利用に限定された機能であるが、テキストのページをめくりながら本文中の任意の場所に付箋を貼り付けそこへジャンプする機能や、文字列を選択してコンピュータに朗読させたり、日本語と英語相互の機械翻訳や、縦書き表示を専用ブラウザ（DBC=Digital Book Creator）によって実現している。これらの読書支援機能は電子図書館プロトタイプ・システムで構想、開発されたものである。

3.3　「情報配信」――学内向け情報提供

　平成9年9月に実施した資料電子化に関する学内アンケート調査において、電子的資料を研究室へ学内LANを経由して提供するサービスは利用者から強く望まれているサービスであった。その中でもここ数年急速に増加し、実験段階から実用段階へ入った電子ジャーナルは、学内向けサービスの最重要メニューである。本年度においては、Elsevier Science社のオンサイトによる35誌、同社の電子ジャーナルサービス・プログラムであるScience Direct 21による約1,100誌、さらに冊子体を購読していることにより無料で全文が閲覧できるSpringer社やWiley社など他出版社の雑誌と併せて、全学で利用できる総数約1,600誌をリスト化し、提供している。電子ジャーナルのほかに、CA on CD、雑誌記事索引等のネットワーク対応のCD-ROMや外国語雑誌目次データベース（SwetScan）等の二次情報データベースが利用できる。SwetScanは、対象14,000誌の目次データを毎日ftpによって蓄積している。雑誌名や論文名、著者名からの検索や、検索した雑誌の京都大学での所蔵の有無を確認できるOPAC参照機能を備え、オンライン複写申し込み機能も準備中である。また利用者自身が登録した検索式によって週単位もしくは月単位で自動的に検索を行い、その結果をメールで受け取るSDIサービスも実施している。

3.4　「電子出版サポート」「高度な検索・ナビゲーション」

　電子出版サポートシステムは、学内で出版される紀要や研究報告等を対象に、研究成果の公開を援助するものとして構想され、実現にむけて調整を進める予定である。高度な検索・ナビゲーションとしては、前述した読書支援機能や、大学の公式ホームページからリンクをたどることができる約40,000の学内のページを検索することができるweb情報検索「京大ホームページナビ」を提供している。ホームページナビは月2回のロボット収集によってデータベース化され、同義語や訳語による検索も可能である。

4．電子図書館の運営体制

　平成9年度より電子図書館システムが予算化されたことを受け、京都大学附属図書館ではデータ作成だけでなく、本格的な運営体制づくりにも着手した。同年6月附属図書館の運営組織である附属図書館商議会のもとに、電子図書館専門委員会を設置した。この専門委員会は、電子図書館システムの運用、機能強化に必要な方策や経費等を審議することを目的として、年に数回開催される。

　平成9年9月には、収録資料の検討のための資料電子化に関する部局調査を、平成10年10月には需要動向を把握するための電子図書館に関する部局調査を実施した。これら調査結果と専門委員会での討議を踏まえ、平成12年5月にコンテンツ作成の指針となる「京都大学電子図書館システムにおいて提供する資料の基準」を制定した。この基準では、電子図書館システムで提供する資料として、

　1) 京都大学が所蔵する古典籍（貴重資料や資料

価値が高く利用が望まれる資料）
2) 京都大学で作成された特殊文庫目録
3) 京都大学が出版する資料
4) 部局が出版する電子化資料へのリンク付け
5) 京都大学博士学位論文
6) 学内教官の研究成果の電子化資料へのリンク付け
7) 京都大学に事務局等を置く学協会が出版する電子化資料へのリンク付け

を挙げている。

さらに、電子図書館システムの中期計画を策定する目的で、平成10年度に専門委員会のもとにワーキング・グループを組織した。ワーキング・グループでは、電子図書館システムの現状や部局調査の結果を分析し、平成12年3月に「京都大学電子図書館システムの現状と中期的課題－電子図書館専門委員会ワーキンググループ報告」としてまとめた。その中では、短期的、中期的に考える必要がある事項を、A.電子図書館一般、B.学内利用の電子図書館、C.学外発信の電子図書館、D.電子図書館に関する研究の充実、に分けて挙げ、以下の提言をしている。

1) 附属図書館商議会での活発な議論と全学的なアピールの必要性
2) 著作権処理、データの不正利用防止等の技術開発、電子ジャーナルの導入に関する全学的支援体制の構築

なお、電子図書館に関する業務は附属図書館情報管理課が所掌しており、担当掛として平成9年4月に和洋の目録担当掛を統合し、新たに電子情報掛を設置した。

また、毎年の電子図書館用コンテンツ作成にあたっては、学内教官と附属図書館職員から構成する仕様策定委員会を組織し、技術的要件を検討の上、作成仕様を決定している。

5．今後の展開

正式運用から3年近くを経過した現在の電子図書館システムにおけるページアクセスの総数は1か月あたり50万ページ前後である。この値は、サービス開始当初からほぼ順調な伸びを示しており、発信型電子図書館として定着していると評価できる。ホームページに掲載した画像データやテキストデータを授業に利用したい旨の申し込みが高校、短大、大学などから数多く寄せられている。図書館が所蔵する貴重資料を公開することにより、直接的な利用者の枠を超えて広く社会に貢献し、潜在的な需要に応えている。この現象は、公開講座といった従来の大学開放とは一線を画する生涯学習の支援機関としての機能を果たしているものと言える。

しかし一方で収録コンテンツが貴重資料画像に偏重しており、京都大学エンサイクロペディアを標榜している割には、学内で生産される情報はまだまだ乏しいものである。特に日々最新の学術情報が生産されているであろう学部、研究所の成果物は皆無である。これはもともと学部、研究所の側が、研究成果の公開は自らが行うよう志向していることが、電子図書館専門委員会での意見や、前述の資料電子化に関する学内アンケートの結果から推察される。電子図書館システムとしては、それら学内の研究成果を公開するページとのリンクを充実させていく方向で対処すべきであろう。また現在の検索システムが全文データを対象に設計されており、特殊コレクションの目録や博士学位論文論題一覧もそのシステムを使用して検索を行うため、それらの結果を表示するには不向きであるのも、解決すべき問題点である。

学内からは図書館に対して、特に学術情報の提供を期待されており、学内向けサービスの充実が必須であるが、現在の貴重資料画像中心のコンテンツは、必ずしも学内の需要に添ったものではない。そのため利用統計ではアクセスのあったサイトのうち、7割は学外のサイトからによるものである。学内利用者の需要にどう応えていくかが最大の課題である。学内向けに提供している電子ジャーナルやネットワーク対応型CD-ROM、二次情報データベースについて、契約から利用環境の整備まで広範な提供支援のための体制を確立し、継続的に提供していくことが肝要であると考える。

参考文献

京都大学電子図書館システムについて計画段階から現在までの報告には以下のものがある。

[1] 長尾真 "京都大学附属図書館における電子図書館計画"『学術月報』50(3), 1997.3, pp.219-225
[2] 小川晋平 "京都大学附属図書館システム計画"『図書館雑誌』91(9), 1997.9, pp.770-772

[3] 片山淳 "京都大学附属図書館における電子図書館への取り組みについて"『現代の図書館』36(1), 1998.3, pp.37-43

[4] 山田周二, 忽那一代 "京都大学附属図書館所蔵貴重資料画像データベースの作成と公開について"『大学図書館研究』53, 1998.8, pp.27-35

[5] 朝妻三代治ほか "コンテンツ作成の実際－京都大学電子図書館の試み"『情報管理』41(8), 1998.11, pp.612-622

[6] 国立大学図書館協議会図書館電子化システム特別委員会近畿地区ワーキンググループ "ディジタル画像作成の指針（画像データの品質管理及び標準化について）"『国立大学図書館協議会図書館電子化システム特別委員会 第1,2年次報告』2000, pp.1-25

[7] 朝妻三代治 "「京都大学電子図書館システム」の現状"『薬学図書館』45(3), 2000.7, pp.218-221

＜　いそや　みねお　京都大学附属図書館
　　情報管理課電子情報掛長　＞

アクセスのための電子化：英国図書館における稀覯書の電子化
Digitisation for access: The Digitisation of Rare Books at the British Library
Graham Jefcoate

British Library
Early Printed Collections

導入

初期印刷物収集掛では、英国図書館の他に類を見ない初期印刷物の蔵書数を基に、広範囲に及ぶ電子化プログラムを進行中である。その範囲は初期に印刷された書籍、新聞、一過性資料の類、ポスター、工芸製本、装飾紙、そして写真にまで及んでいる。これらを広く普及させることにより、国家蔵書へのアクセスは変容し、その重要性と利用について大衆が理解することになるであろう。

初期印刷物収集掛の先導性は英国図書館の広範囲にわたる電子図書館プログラムの一環として見られるべきものである。英国図書館は電子化について次のように考えている。

- ネットワークを通じたより多量のアクセスを可能にし、電子化資料の本質である高度な機能を提供することで英国図書館の利用をできる限り広げる。
- 教育・文化、あるいは科学に関する電子化資料で、その一部分ではなく一連のコレクションとして価値がある蔵書については、より広範囲からのアクセスとさらなる利用のため、国家的または国際的な優先度を反映させる。
- 電子化資料で代用することで、原物のアナログ資料を今後の利用者のために保存しておくことができる。
- 電子化資料により、英国図書館は収入が得られる。これらの資料には市場に訴えるものがあり、共同出資者も英国図書館自身もこれを商業的に利用することができる。これは蔵書へのアクセスの容易さを最大限にするという目的と首尾一貫している。

初期印刷物収集掛では、電子化を資料へのアクセスとその保存の助けとなるものと考えている。（縮刷印刷は今でも英国図書館においてほとんどのアナログ媒体の望ましい保管媒体である。）責任者らは、自分たちの扱う資料の最適なアクセス手段として電子化を選んだ。

画像の電子化は一連の過程において一つの構成部分に過ぎない。索引および目録の作成によって、利用者は資料を次々に閲覧、選択し、判別することができる。高機能の発見ツール（データベースや索引）を作ることは画像の保存蓄積の開発そのものと同様に重要である。

初期印刷物収集掛は現行のプロジェクトを進めていくための資金と、本図書館における全体の電子化プログラムの中でも持続可能な電子化事業に関するプログラムへの提案を求めている。資金は、我々が技術力と専門的知識を得て古典文学の電子化という大規模な計画を実行していくのにも必要だが、精巧な目録ツールを確実に開発するのにも必要なのである。我々は情報豊富な環境において画像とその説明記述とが互いに価値を付加しあうような、質の高い技術を作ることを目的としている。

我々は外部の援助団体や営利目的の共同事業、非営利目的の共同事業などを通して本質的な人的資源や財源を求めている。その中で、日本の共同研究者との関係を発展させ、中でも慶應大学の Humanities Media Interface Project との関係を進展できたことは大きな役割を果たしている。

利用者：全ての人が利用可能に

このプロジェクトは図書館を昔から利用している研究者集団と同じように、新しい利用者にも今まで利用できなかった資料を利用可能にしようとしている。アクセス方法は簡単で、検索方法に関して予備知識を必要としないものになる。専門家を対象としたプロジェクトによって、専門家でない人々にとって大変魅力的な画像のギャラリーができる。我々は前例にないほど国家蔵書への利用者の範囲を広げることになるであろう。それは英

国図書館内だけではなく、英国全体の国民、そしてもしかすると世界中の研究者にまで広がるかも知れない。

インターネット上に載せられた電子化プロジェクトは他機関からリンクが張られ、このサイトが研究分野の中心となりうる。それぞれの学問分野が単独で研究されることはもはやなくなる。簡単で速いアクセスにより、研究者は思い掛けない関連情報源を見つけることができるようになるからである。（たとえば工芸製本に関する画像データベースによって、その起源や芸術的流行に関する情報が得られる。）ネットワークと電子化に関する技術によって共同で計画を先導していくのに適した環境ができる。継続していくプロジェクトがあれば、英国図書館は研究機関と専門的な分野についてより効率的に協力していくことができる。

魅力的な画像は誰にでも良さが分かるので、専門家でない人々をそこへ引き寄せ、図書館資料の利用への入り口を開いておくことができる。我々は電子化によって、これまでは絶対に不可能だった方法で蔵書を新しい利用者へ公開することができるのである。

範囲

主要な領域を優先するため、蔵書は主要でない他領域の研究機関や出版社には利用されていない。蔵書の中でも印象の強い視覚的資料は、詳細なメタデータによってさらに補強され、簡単かつ効率のよいアクセスを可能にし、利用を増やすことにつながる。

初期印刷物収集掛の中心スタッフは明確な基準に基づいて優先的資料を特定した。

- 利用は多いがアクセスが少ない記事や蔵書（参照：初期のイギリスの新聞にあるバーニー・コレクション）
- 体裁の性質や破損のしやすさのため利用が困難な資料。たとえば、写真や一過性資料
- 重要な遺産である資料、一部しかないもの、本来の所蔵国では見ることができない作品
- 特別な保護が必要な資料
- 主事クラスの館員の監視と説明が必要な資料。例：装飾紙
- 状態が悪く、電子化資料の代用がマイクロフィルムより利用者にとって適当であると思われるもの
- 特別な関心事になりそうな記事。たとえば、記念日など。

いろいろな提案がさまざまな解決策を生むと思われる。

- 一連の組になっている大量の文書や画像の電子化
- 電子化された画像がメタデータを改良するようなデータベースの作成（例：写真、工芸製本、図解入りのISTC(Incunabla Short-Title Catalogue)
- 適切な遺産的資料をシステム "Turning the Pages"（英国図書館の閲覧システム）に加える
- 特別な資料の高解像度による読み込み
- CD-ROMの開発
- ウェブページ利用のための画像読み込み

進行中のプロジェクトと優先度について

工芸製本データベース

このプロジェクトは進行中である。1,500の画像が電子化されている。英国図書館は世界でも有数の由緒ある美しい工芸製本のコレクションを保有している。このデータベースはiBaseと共同で図書館独自に開発したもので、これまでは手に入らなかった当図書館の工芸製本に関する情報へ直接リンクが張られている。この記録にはメタデータの記述と電子画像も含まれている。

装飾紙データベース

このプロジェクトは検討中の段階である。オルガ・ハーシュ・コレクションでは装飾紙単体のものが約3,500点と、本の中に入っているものが約100枚保管されている。装飾紙の研究は専門およびアマチュアの製紙者のみならず、大学の研究者の間でもますます評判になってきており、ハーシュ・コレクションはそのような研究にとってきわめて重要なものなのである。アクセスの問題や監督の必要のために制限が必要であり、この重要資料はまだ利用できない。

写真データベース

このプロジェクトは既に進行中である。繰り返しになるが、英国図書館は初期の写真のように鮮明な挿絵入り書籍のコレクションを保有し、その

広範さは世界でも有数のものである。したがって、当図書館は写真画像の主要な保存場所なのである。データベースは現在開発中で、これには書誌と技術に関する優れた内容の記述があり、項目表示のレベルに写真のコンテンツを提供する。目標は全ての写真の電子画像をこのデータベースに入れることである。

エバニオン・コレクション

このプロジェクトは展開中である。これは19世紀の一過性資料の包括的で興味深いコレクションで、奇術師のヘンリー・エバンス・エバニオン氏が作り上げた。このコレクションには娯楽や当時の生活一般に関する約5,000点のポスター、チラシ、チケット、広告、プログラムがあり、ほとんどは19世紀後半のものである。これらは安全、管理、アクセスの容易さなどの理由から、優先事項と考えられている。データベースの原形は作成されている。

初期新聞のバーニー・コレクション

このプロジェクトは展開中である。このコレクションはよくリクエストがあり、1603年から1800年までの英国（米国のものも多少含む）の新聞見出しから成っている。現在のところ状態の悪いマイクロフィルムが代用として提供されている。電子化によって本文と挿絵の画像が鮮明になり、画像の再現にも役立ち、現在のアクセスに関する問題を取り除くことができる。このコレクションが遠隔からアクセスできれば、マイクロフィルム利用者の苦労と閲覧室の椅子を減らすことができるだろう。商業上のパートナーとの最初の討議で、技術的・商業的にこのプロジェクトが実行可能であることが示唆された。

財宝と稀覯書

稀覯書の広範な選集の電子化が提案されている。この選集は英国図書館の主事らによって選ばれたもので、稀覯書へのアクセスが厳しく制限されていること、あるいはそれらが遺産として重要であること、いずれもその提案の理由である。他のプロジェクトで既に扱われたものは、基本的には省かれるであろう。ただし、英国図書館所蔵のものが電子化されることで特別な価値が出る場合は別である。選ばれた資料が"Turning the Pages"で使用できるかどうか、または商業的出版の可能性については検討がなされるであろう。共同の可能性のある商業的パートナーと最初の非公式会議を開いたが、今後の励みとなるものであった。

優先される作品は、第三者の援助の基で当図書館が他機関との共同プロジェクトに参加できるものになるであろう。どのような種類の資料を選ぶかは検討中であるが、英国で最初の印刷家であるカクストンに関する資料、ティンダルによる英国最初の聖書翻訳、シェイクスピア戯曲の初期の四つ折り判、近代初期の祝祭に関する書籍などが挙がっている。

シェイクスピア四つ折り判

英国図書館所蔵のシェイクスピア四つ折り判の電子化は現在検討中である。共同研究の可能性のある機関であるワシントンDCのフォルガー・シェイクスピア図書館と最初の議論が行われた。現在、有力な商業的パートナーとなるよう交渉中である。

グーテンベルク聖書

英国図書館所蔵のグーテンベルク42行聖書と他のグーテンベルク関連資料の電子化は、東京の慶應大学のHUMIプロジェクトによって完成した。これは世界中の現存している聖書を電子化するプログラムの一環として行われた。現在はローカルアクセスのためのプロジェクトをHUMIプロジェクトと共同で進めている。

プロジェクトの成果物

これらのプログラムを実行することでどんな利益が見込めるかということは、予定されている成果物を見ていけばそこに要約されているであろう。

・主要コレクション、そしてコレクション項目へのアクセスの改善
・高機能のインタフェースと索引ツール
・保存・保護状況の改善
・大規模プロジェクト実行のための専門的技術の増大
・歴史的に重要な文書や画像の電子図書館
・研究者および一般大衆のための国家蔵書への新しいアクセス方法

・かつてない方法でコレクションに接触する機会がもてること

現在の提案では5年計画のプログラムが必要とされている。目的は次に挙げるような電子資料を公表することである。
（概算）
・主要な歴史的文書（稀覯書）1,000点
・18世紀の新聞650,000点
・19世紀に印刷された一過性資料5,000点
・ビクトリア朝時代のポスター250点
・初期の写真20,000点
・工芸製本10,000点
・装飾紙2,500点
・インキュナブラの装飾10,000点
・電子化資料に関する高機能のインタフェースと説明

電子化と共同について

電子化という手段は国家や機関の枠を越えた協力に適した分野であるといえる。グーテンベルク聖書やシェイクスピアの戯曲のようにさまざまな場所に散在している貴重な資料を集めて比較することができ、それによって学者は原本の制作について新たな洞察を得られる。数々の機関で利用された研究資料で"クリティカルマス"を作り上げ、それをいろいろな機関で利用可能にすることができるであろう。

このため英国図書館は、初期に印刷された書籍や他の資料の電子化に関して共同研究をより密接に行い互いに利益を得るため、慶應大学の上層部と現在交渉中である。現在の協力体制を拡大し、より多くのグーテンベルク聖書の写しを手掛け、さらにはカクストンやティンダルのような広範囲の国家的関心が集まり学術的に重要な領域も扱いたいと考えている。

英国図書館にとって、慶應大学やその日本の共同研究者との関係を発展させることは当図書館の総合的方策において重要な部分となってきている。慶應大学総長は11月24日に英国図書館を訪問され、前述のような共同研究を行うための協定に当図書館館長と調印を行われる予定である。我々は相互理解と尊重のもとに、チームとして研究をうまく進めていけると確信している。共同出資先を探し、国際的に広くアピールできる貴重な研究資料を集めて"クリティカルマス"を作り上げるプログラムを共に展開していきたい。共に意見や経験・専門知識を出し合い、世界有数のすばらしい遺産的資料のコレクションへのアクセスを開拓したいと考えている。

訳
＜　上野恵　うえの　めぐみ
　　京都大学附属図書館情報サービス課　＞
＜　角川栄里　つのかわ　えり　京都大学情報学研究科　＞

京都大学電子図書館のコンテンツの提供と資料電子化方式

小川　晋平

キーワード　京都大学電子図書館システム、コンテンツ作成、貴重資料、ディジタルデータ

1. はじめに

京都大学電子図書館は、1998年1月、文部省の予算措置によりサービスを開始した。以来、京都大学の所有する情報や創造される情報を「何時でも、何処からでも」利用することのできるシステムを目指してきた。この間の利用実態は、1998年3月から2000年7月までの間に、延べ652,661サイト、1日平均759サイトからアクセスがあり、海外からの利用もその10％を占めている。

現在提供中のコンテンツの製作技術を発表の中心とし、構想や計画を含めて京都大学電子図書館システムの紹介を行う。

2. 現在提供中のコンテンツ

現在、電子図書館のコンテンツとしては、貴重資料等の紙媒体資料を、電子化した画像データやテキストデータと、電子ジャーナルや文献情報など購入したりホームページ・ナビゲーションのようにインターネット・リソースを収集したりするデータの二通りのものがある。

資料の電子化は、誰もが無料で使用できるインターネットWWWブラウザを念頭におき、さらに、現在のインターネット環境下で、快適に利用できるようなデータ作成指針を作成し、その作成作業の殆どの部分を、外部の業者に発注してデータを作成している。

また、テキストデータは、ボランティアによる古典籍の翻刻文作成と、京大百年史や博士論文論題一覧などは画像データ同様に外部の業者に発注して作成しているものがある。

2.1 画像データ

主に、京都大学附属図書館が所蔵する貴重資料の画像を提供している。これらの画像はインターネットを通じて誰もがいつでも無料で見ることができる。ほとんどが画像のみのデータであるが、一部には翻刻文を付した資料もある。

例えば、国宝－今昔物語集（鈴鹿本）553画像や重要文化財－万葉集（尼崎本）、範国記、兵範記等－29点の7,126画像など、公開準備中のものや新たに作成中のものを含めると、今年度中には、詳細画像で140,000枚を超える画像データベースになる予定である。

（詳細は京都大学附属図書館ホームページを参照のこと。）

これらの公開中の画像データは、1994年の維新資料の電子化から1998年までの間に作成仕様が構成されてきたが、現在の電子図書館システムにおける画像データの作成仕様の主な部分は以下のとおりである。

a. 光学式カメラにより原本の撮影を行う。使用するフィルムは、主に35mmカラーマイクロフィルム（8,000dpi相当）を使用する。多色挿し絵や資料価値が高いものなどは4×5インチ・カラーリバーサルフィルム（12,000dpi相当）も使用することがある。

b. フィルムをスキャニングし、保存用マスター画像データを作成する。主にProPhoto CD16Base（2,000dpi相当）で、フィルムが4×5インチ・カラーリバーサルフィルムの場合は、ProPhoto CD64Base（4,000dpi相当）で作成する。

原本をスキャナで直接読み取る方法もあるが、写真撮影を行う理由としては、対象となる資料の殆どが貴重資料であり、(1)電子化における資料への物理的及び化学的なダメージを軽減すること、(2)今日の技術とコストのバランスの点で、フィルムに記録可能な情報量が優れていること、である。

c. インターネット公開用画像（jpeg形式）を作成する。公開用の画像データは、ナビゲーショ

ン用画像（512×768pixel）と詳細画像（1,024×1,536pixel）の2サイズを作成する。

ナビゲーション用画像であるが、文字が判読できるだけのサイズで、詳細画像は原本の大きさにより近づけたサイズで作成しており、詳細画像のファイルサイズは、約200KBである。

d．htmlファイルの作成

図書館では完成したデータをサーバに取り込み、メニューからのリンク付けを行う。事前作業としては、納品を受けたデータをチェックし、作成ミスがあるものは業者に手直しをさせる。これらのデータのチェックは、文学研究科の大学院生が行っている。

2.2 テキストデータ

テキストデータを作成する時に、一番困難な問題は、漢字の文字数に対して、対応する文字コードが十分でないということである。特に、古典籍をテキスト化しようとした場合、この問題は避けることができない。

今後UNI-CODEが標準的な文字コードとなったとしても、全ての文字がコード化できるというわけではない。

特に、表意文字である漢字は、1文字欠落しただけで、文章の意味が異なるという不安が、作成者の大きなストレスとなっている。

この文字数の多さは、OCR作業においても、コストに跳ね返っている。

OCR読み取り精度を100％と商品カタログに記載するソフトウェアは現時点ではない。つまり、読み取り精度が98％であっても、残りの2％のために、全文校正作業を行うことになる。この2％の誤りを誤差の許容範囲内とするだけの割り切りが、未だできないという現状がある。

この外字問題の対処法としては、いくつかの方法がとられているが、京都大学電子図書館では、二つの方法を採用している。従来の方法では（a）外字を「黒丸」で表す。最近の方法は、（b）「合成文字」方式と呼ぶ、文字の要素を分解して、表示できる漢字を当てはめるという方法である。

幸いにして、そのほとんどのテキストデータは画像データと対になったものであり、（a）の方法でも、（b）の方法でも、元の漢字を確認できるという保証がある。

このテキストデータが画像データと切り離された場合、つまり文字の確認の保証がなくなった時の再現性という点で、（b）の方式に変更されようとしている。

いずれにせよ、二つの方法はともに、全文検索を行う時に問題が残り、同時に標準的なキーボードから入力できない、または、困難な文字コードでもある。

次に、日本語の特性（漢字かなまじり文章の特性として、縦書きやルビ文字の表現問題がある。

京都大学電子図書館システムでは、HTMLで記述された横書き文章を縦書き表示する機能がある。ルビ文字もHTMLのタグを駆使して表現できないわけではないが、コストとパフォーマンスの関係で採用していない。

この表現もいろいろな方法で対応している例もあるが、縦書き及びルビ文字を日本語ワープロで作成し、PDFファイルとして提供する方法を試行している。

PDFファイルは、カラー画像データを加えた時、すぐにMB（MegaByte）以上のファイルとなり、現在のインターネットで提供するには、データ転送量が多いという問題が発生する。

ただし、今日の電子ジャーナルにおいては、MBの情報量のファイルも増えてきている。すなわち、提供者としては必要な情報を必要な量だけ送り出し、受け手がその必要度に応じて、利用するか否かの判断をすればよい。という考え方が採用される可能性は徐々に高くなっていると考える。

2.3 インターネット・リソース

インターネット・リソースとしては、京都大学の公式ホームページからリンクされている学部や研究室などの組織の公式ホームページや研究者や大学院生の個人ホームページを、月2回の頻度で、検索ロボットにより、約4万ページを自動収集している。

3．提供中のコンテンツの利用方法

3.1 画像データ

多くの貴重資料画像を蓄積、公開しているが、画像データについては、資料単位でページを捲るという感覚で、前後ページへのリンク形成を

HTMLタグで記述している。

　また、一部の資料は、OPACから書誌検索を行ったり、全文検索を行い、書誌情報から画像データに辿りつけるものもあるが、大部分は、資料名リストからのリンクでその画像を見ることができるという形式である。

3.2　テキストデータ

　テキストデータについては、翻刻文テキストデータは、ほとんど全文検索できない状況であるが、『京都大学百年史』など京都大学を紹介する冊子については、全文検索を行い、当該箇所の情報を読むことが可能となっている。

3.2.1　階層構造データ

　これらのテキストデータは、京都大学電子図書館システムでは、以下のようにファイル管理が行われている。
(1)書誌単位：資料名ごと
((2)巻単位：第1巻、第2巻)
　　(3)章：第1章
　　　(4)節：第1節
　　　　((5)項)

　最小のファイル単位が(3)、(4)または(5)であり、それらの関連付けは、システム登録時に登録作業者が意図を持って登録を行っている。

　システムは、登録時に指示された、それぞれのファイルの上位下位などの関連付けを行い、このことにより、「階層構造検索」を実現している。

　「階層構造検索」と呼ばれている検索システムは、単純な全文検索だけでなく、特定の章または節を対象にした全文検索を行うものである。

　ただし、(1)テキストデータの種類が少ないこと、(2)利用者が構造を意識した検索を行う訓練が少ないこと、(3)各図書の目次の構造が制御されていないことなど、京都大学電子図書館の現状においては、その有用性はまだ発揮されていない。

3.3　インターネット・リソース

　収集されたホームページは、記載されているテキストデータを対象として、全文検索が行え、当該ホームページに辿り着ける。

　InfoseekやExciteなどのロボット収集型の検索サービスが数多くあるが、京都大学における研究教育目的に限定したロボット収集型の全文検索サービスである。

4．今後のコンテンツ提供方法

　京都大学電子図書館は1996年から1997年にかけて導入計画が策定された。当時、国内において電子図書館は、実験実証システムが各所で開発され試験的運用が行われていた。

　京都大学電子図書館は、現京大総長である長尾真教授を代表とする電子図書館研究会により開発された、実証実験システム(Ariadne)の検索機能や読書支援機能についてプロトタイプとしている。

　我々の当初の計画は、テキスト型データベースの構築であった。しかし、著作権の問題や作成コストの問題及び外字の技術的問題により、この計画は、予定通りに進捗していない。

　一方、画像データは当初計画を大きく上回っている。それは、大量処理により、作成単価が安価になったことが要因の第一であるが、画像データ量の増加にともない、利用も増加したことが相乗効果となっている。

　利用の増加は、1日平均が、1999年7月には、807サイトであったものが、2000年7月は、1,692サイトと倍増している。

　しかし、利用者が、画像データを、何の目的で利用しようとしているのかは、正確には解析していない。日本文学の教官の中には画像データを授業の教材として使っている例もあるが、アクセスログを接続機関で分類すると、研究者以外の人々(学生や市民)からのアクセスが多く見られた。

　京都大学電子図書館が提供する画像データは、その多くが日本の古典文学や日本の歴史資料である。これらに対する需要は、予想以上のことであった。

　京都大学電子図書館の構築計画時点においては、画像データベースという概念は、残念ながら十分検討されていなかったが、我々は、この2年間、画像データ作成にその力を注いできた。

(1)実態として、古典籍画像のディジタルアーカイブが構成されている。
(2)利用者層が拡大している。

以上の2点に配慮した、画像データへのアクセス方法を、我々は、再度検討している。

　日本においても、わずか数年の間に、インターネット・リソースの整理方法や検索方法やデータ

交換方法についての提案とシステム適応がなされてきた。

そのほとんどのものが、Dublin Core を基本としたメタデータが採用されている。

京都大学電子図書館は、これまで提供してきたコンテンツ一覧や書誌検索に加えて、Dublin Core メタデータの採用の検討を開始している。

京都大学電子図書館は、2002年1月にシステム更新が予定されている。その更新に向けて、メタデータの古典籍コンテンツ用エレメントについて、一つの提案をしておきたい。

Title	Title of the matrial.
Creator	
Creator_material	Person/organization who wrote the material.
Creator_text-encoded	Person/organization who make text-encoded data.
Subject	Keywords of the material.
Publisher	Person/organization who publish the material.
Contributor	
Contributor_material	Person/organization who contributed to the material.
Contributor_digitize	Person/organization who contributed to digitized.
Date	
Date_material	Centinnial the original material was wrote.
Date_digitize	Date the data was digitized.
Type	
Type_material_form	Type of the material(book roll).
Type_material_paper	Type of the paper.
Format	
Format_size	Size of digitized data.
Identifier	
Identifier_data	Number of data.
Identifier_number	Number of ProPhotoCD.
Source	ProPhotoCD(16 base, 64 base).
Language	Language.
Relation	
Relation_material	Relation amang other materials.
Relation_data	Relation amang other data(images, text).
Coverage	-----.
Rights	
Rights_material	People/organization who hold rights of material.
Rights_digitize	People/organization who hold rights of digitized data.

5. おわりに

貴重資料を電子化し、インターネットを通じて発信するということは保存と公開という相矛盾する概念を同時に満たすために有効な手段だと考えられる。また、貴重資料の画像データを作り続けていることに、自信と誇りをもって取り組んでいる。

残念ながら、技術的側面からいえば、京都大学電子図書館システムは、日々、最新の技術を導入しているわけではない。そうした中でも1999年秋に、巻物をこれまでは便宜的に分割して提供してきたが、巻子形式で提供する試みを行った。

しかし、こうした試みを日々行うには、限界が

ある。なぜならば、図書館の主な機能は、安定した実用的な技術を使用して、資料を収集し、整理し、提供することにあると考えるからである。

　電子図書館の機能のうち、特に検索機能の拡充が求められている。データ量の拡充と同時に、インターネット環境の進展にともない、コンテンツへのアクセスがさらに容易となり、高品位画像の提供が可能になればなるほど、利用しやすいインタフェースへの要求が高まると考える。

　図書館は、利用者の要求に、可能な限り対応したように、これまでは、提供可能なデータ量の増加に力を注いできたが、予算と人的資源の許される範囲で、今後は、技術開発へも力を投入することが必要となると考える。

＜　おがわ　しんぺい　京都大学附属図書館情報管理課システム管理掛長　＞

東京大学デジタルミュージアム

越塚 登　坂村 健

キーワード　デジタルミュージアム、仮想現実、強化現実、デジタルアーカイブ、マルチメディア

1．はじめに

　古代より、ミュージアムは人類の英知や文化を蓄積し現在から後世に継承する装置であった。近年、ミュージアムにデジタル技術を導入し、ミュージアムの装置としての機能をより高度化することが期待されている。我々は、デジタル技術をミュージアムの活動のあらゆる部分に活用した新しいミュージアム像として、デジタルミュージアムのコンセプトを提唱してきた[1]。ミュージアムの役割には、文化資産（コレクション）の収集、整理・蓄積、研究という第一次機能と、それを使った教育普及活動である第二次機能（展示等）がある。

　デジタル技術は両方の機能を発展させる可能性を提供する。まずミュージアムが保存するコレクションでさえ常に劣化し続け、形あるものが崩壊することを避けることはできない。資料の現在の姿を劣化させずにとどめる既知の唯一の方法は、スキャナや各種センサー等を用いて資料を精密に測定し、そのデータをデジタル化した上で記録・保存することである。このデジタルデータを適切にバックアップする作業を繰り返せば、計測したときの精度を劣化させることなく保存できる。

　また、二次機能は、マルチメディア技術やインターネット技術等のデジタル技術によって大きく変わる可能性をもっている。これには、インターネット上のハイパーメディア機能を使った仮想博物館や、我々が開発した多人数共有型仮想現実空間 MMMUD (Multi-Media Multi-User Dungeon) による仮想博物館がある[8][9]。

　更に、この保存と公開の間の矛盾としての、公開することによってコレクションが傷むといった問題も、デジタルデータの公開が一つの解決手段となる。

　このように、デジタルミュージアムでは、デジタル技術を適用することで、ミュージアムにおけるコレクションの保存と展示のありかたを大きく変えた。実はそれだけでなく、ミュージアムの運営、ビジネスモデルなど、あらゆる場面に変革をもたらす。この考え方を、我々が在籍する東京大学の大学博物館に適用し、東京大学デジタルミュージアムの活動をはじめた。本稿では、東京大学デジタルミュージアムの基本理念と、実今までの活動の成果を経験的観点から述べる。

2．歴史と経緯

　本節では、東京大学デジタルミュージアムの経緯を概観する。東京大学の博物館は、1966年に東京大学総合研究資料館として誕生した。総合研究資料館は、博物館の一次機能を果たすことが主な役割であった。自然科学と人文科学を含む全10部門からなり、大学内の研究資料の保存および資料を対象とした研究を行っていた。総合研究資料館は1996年に改組され、博物館の二次機能である公開、展示機能が強化され、総合研究博物館となった。東京大学デジタルミュージアムの活動もこの時に始まった。東京大学に存在する600万点を超える学術資料のデジタルアーカイブを構築することや、デジタル技術による、新しい博物館像を研究することを使命とした。以後6回にわたって、デジタルミュージアムの理念に基づいた実験展示を開催した[2]〜[7]。

3．理念

　デジタルミュージアムは、その活動のあらゆる場面においてデジタル技術を活用するミュージアムである。本節では、デジタル化によってもたらされる特徴を5つに絞って述べる。

3.1　デジタルアーカイブ

　デジタルミュージアムの第一の特徴は、デジタルアーカイブである。デジタルアーカイブのコン

セプトを生み出した背景は次の二つである。まず、デジタルアーカイブは、コレクションの現状を劣化させることなく記録するために現時点で現実的な唯一の手段である。資料の情報を保存するために記録を取るということは従来から行われてきた。例えば写真や映画がその典型である。また植物や動物等の姿を細密画として写し取るというのもその一つだ。このようにアナログでも情報は記録できるが、その記録媒体が紙やフィルムであると、年月とともに劣化する。たとえ保存に最適な環境に置かれても—徐々にではあれ—形あるものはいずれ壊れる。またアナログ記録の複製をオリジナルと同じ水準で行うのは不可能であり、程度の差こそあれ複製による劣化は避けられない。

これに対して、デジタルデータは情報損失のない完全複製が可能である。もちろん情報を記録する媒体自体は光ディスクにしろ磁気ディスクにしろ、いずれは失われる。しかし、符号理論を使い冗長性のある情報を使うことにより、誤りを発見したり訂正することも可能となり、トータルの誤り率はほとんどゼロに近いものとなる。このようにデジタル情報自体はコピーにより媒体を定期的に乗り継ぐことで、理論的には永遠の保存が可能となる。

また、古来より博物館に対する保存と公開という二つの要求は変わっていないが、これらは矛盾するものでもある。展示にしろ研究目的の分析にしろ—資料は利用すれば程度の差こそあれ保存状態を悪化させる。ところが、公開に関しては、情報を得るだけですむ場合には、実物資料を持ち出さなくてもすむようにするということも、資料の劣化を防ぐためには重要であり、それにもデジタル化は寄与している。つまり、資料をデジタル化することは、実物資料の有効利用を促進することでもあり、同時に実物利用の必要を減少することで実物資料を守ることでもある。

3.2 三つのオープン性

次に述べる三つのオープン性は、従来から博物館に求められていたものであると同時に、種々の理由から十分に実現できなかった課題である。このバリアを新しいデジタル技術の導入によりクリアすることに、我々は大きな意義を認めている。

3.2.1 展示物がオープン

まず従来のガラスケースの中に閉じ込めた展示物を開放したい。一般の人にとっても、より一層の理解のために展示物に触ってみたいという要求はある。壺などの立体物なら、手で触って形を確かめたいし、古書なども自由に取り出して、自分のペースでめくって見たい。古代の楽器や鐘なら鳴らしてみたい。研究者なら、資料のさまざまな部位を測るなど、やはりガラス越しに見るだけでは不可能な、さまざまな資料へのアプローチを行いたい。もちろん、資料は時間とともにどうしても傷みが激しくなり、利用の機会を制限せざるを得ない。まして、貴重な学術資料を利用者に触らせることなど、セキュリティ上からも不可能である。デジタルミュージアムでは、このような保存と公開の要求を両立させるために、デジタル技術を徹底的に活かす。

3.2.2 誰にでもオープン

従来の博物館は障害者—特に視覚障害者—に対して閉ざされたものであった。博物館は、「展示物を見せる」という性質上、目が不自由な人に与えられる情報が極端に少ない。解説なども文字で書かれたパネルが多く、目の見えない人はもちろん弱視の人にとっても、解説が充実しているほどつらいものになる。また、外国の人にとっては日本語で書かれているということ自体がバリアになってしまう。一方、聴覚や発声の不自由な人にとっては、資料について質問をして答えてもらうこともままならない。このように特定の人々を博物館の持つ情報から遠ざけているバリアを、デジタル技術により解消することもデジタルミュージアムの目標である。

3.2.3 場所と時間にオープン

総数600万点ともいわれる東京大学の持つ学術資料を一度に展示しようとすれば、単に陳列するだけでも膨大なスペースが必要であり、現状では不可能である。テーマを決めた特別展は、日限を決めて行っていくことになるが、これはその日を過ぎたら見ることはできなくなってしまう。また、なによりも展示は、その場所に行かないと見られないという制限がある。その期間、その場所になんらかの理由で行けない人にとっては、これもバ

リアである。

　東京大学の持つ学術資料をどこからでも、いつでも見られる。終わった特別展についても、後から見られる。どこからでも、いつでも質問できる。さらには、他の博物館の持つ資料とも合せて、博物館を横断した、特定分野に関する総合展を行いたい。1つの資料が複数の特別展のキー資料となるとき、同時に2か所に展示するわけにいかないといった問題も解決したい。

3.3　マルチメディア表現

　デジタルミュージアムは、目で見るだけではないミュージアムである。視覚情報によりかかってきた従来の博物館の枠を越えて、聴覚やさらには触覚など、広い感覚—マルチメディア—で資料を公開する。

　各所に情報端末をおき来館者の関心の流れにそって変化する展示を行ったり、個々の人の必要に応じて、使用言語を他の言語に変えたり、動画像から音声までマルチメディアを利用した解説を行う。さらに無線によってネットワークに接続できる携帯型の情報端末を利用者が持ち歩くことで、館内のどこにいても自由に情報検索をする。

　また、視覚、聴覚だけでなく、触覚による展示のために、我々はレプリカ作製装置を導入した。これによりデジタルアーカイブに「収納」した立体資料を、レプリカとして「取り出す」ことができる。簡単に再生可能なレプリカなら、破損を恐れずに自由に触ってもらえる。レプリカ作製時にもとのデータを加工することで、スケールを変えたり、微細なゆがみや凹凸を強調したりといった、理解を助けるための特殊なレプリカを作製することもできる(図1)。

　さらに、博物館館内やレプリカなどに各種のセンサーとコンピュータを仕込むことで、「本来の現実をコンピュータによる反応で強化する」という強化現実技術を利用して、それ自身が質問に答える展示物や、注目されている部位に合せてより細かい解説を行う展示物、樹脂のレプリカが叩かれたときに陶器の硬質の音を返すといった一種のシミュレーションも可能になる。

　このようなマルチメディア展示能力は一般の人の理解を助けると同時に、いままで博物館の恩恵を受けられなかったさまざまの障害を持つ人々にも門戸を開く。

3.4　パーソナルミュージアム

　来館者が展示物に近づいていることは人感センサー等で感知できる。さらに来館者が誰かということまで特定できれば、その来館者に合わせて展示をパーソナル化できる。このようなパーソナル化もバーチャルによるリアルの補完の例である。

　実世界では、大量生産やスケールメリットという言葉に代表されるように、個々人に個別対応することは、効率が悪い場合が多い。例えば博物館のパネルをできるだけ、来館者に合わせた表現にしようとすれば、一般大人用、専門家用、学童用といった内容のレベルの違いから、弱視者用、色弱者用などの肉体条件に関するもの、さらには日本人用と外国人用といった使用言語の違いなど多種多様な組み合わせに対応しなければならない。使用言語として英語以外も必要となれば、さらに多くなるだろう。これらの条件の組み合わせを考えると、一つの資料に何十ものパネルを付けなければならない。そして博物館はパネルの中に実物資料があるような状態になってしまう。

　これに対して、コンピュータと情報の世界では、個々人に個別対応することは大きなオーバーヘッドとはならない。来館者が最初にPDMAに各自の特性情報を打ち込めば、あとはそれに合わせたテキストを表示するようにできる。視力に応じて必要なら拡大表示などすればよいし、さらには音声読み上げもできる。

　また、展示の方から来館者を積極的に見分けて個別に反応するというパーソナル化も現在研究している。例えば離れた展示がネットワークで結ば

図1　古代の壺の実物と自動造形装置で作成されたレプリカ

れていれば、来館者を同定し、どの順番で展示を見ているかふまえて解説を変えることもできる。この機能を利用し、展示Aで入力した情報を展示Bで利用するなど、展示間の有機的な連携を取ることもできる。つまりミュージアムの展示が見学者を認識して、原理的には個々人に応じて異なった対応をするパーソナルミュージアムが実現できる。

3.5 分散ミュージアム

MUDの仮想空間を仮想接続し、ある博物館の中を歩いていてドアをくぐると、別の博物館の仮想空間に入るようにできれば、世界の博物館のデジタルアーカイブすべてからなる究極の博物館が、ネットワークの中に構築できる。これが分散ミュージアム構想である。

このために、我々は博物館TAD（4.2参照）という、博物館用の属性記述データフォーマットを開発することとした。これは、柔軟な属性定義構造を持った記述体系で、多くの組織、多くの人が分散して、多様な実物資料をデジタル化していき、なおかつその努力が最終的に統合的な「知」の集成となることを可能にする枠組みである。

このような技術により、東京大学総合研究博物館だけではなく、全国さらには全世界の博物館や研究所などが高速ネットワークで有機的にリンクされれば、世界の貴重な「本物」と「情報」が相互にリンクした巨大な「知」のネットワークができる（図2）。

図2　国立歴史民俗博物館との共同分散展示実験の様子（スクリーンの向こうに見えている展示場が国立歴史民俗博物館）

4．デジタルアーカイブ

デジタルアーカイブは、それがコレクションの展示と保存という博物館の2大機能に深く関わるという点で、デジタルミュージアムの核となる技術である。このデジタルアーカイブの品質がデジタルミュージアムの品質を大きく左右するといっても過言ではない。デジタルアーカイブを構築するにあたり、多くの重要なデジタル技術が必要とされる。例えば、データベース技術、巨大データの格納装置、データ表現形式などがある。本節で我々は特に博物館のデータの表現技術、文書データ表現技法、意味データ記述形式について焦点を絞る。他の技術と比べ、これらの技術は極めて重要である。なぜならば、不十分な情報表現形式をデジタルアーカイブで採用すると、コレクションに関する重要な情報の欠落をひきおこし、将来的にそのデジタルアーカイブは使い物にならなくなるかもしれないからである。

4.1　デジタルアーカイブのためのデータ形式

デジタルアーカイブの基本的なデータ形式の中心は依然として「文字」である。博物館の所蔵物には書物や文書（もんじょ）があり、また全ての博物館収蔵物は、名称、製作者・発見者名、製作時代、解釈情報のように、文字形式の属性が必ず付与される。

わが国の博物館では、アジア関連のコレクションが多く所蔵される。コンピュータ上でアジアのコンテンツを扱う場合の主要な特徴は文書を表現するために用いられる文字のセットが大きいことである。例えば、日本、中国・台湾、韓国・朝鮮で主に用いられる文字に「漢字」がある。この漢字は、世界で最も大きな文字数を擁する文字体系で、現在使われているものでも、10万文字以上あると言われている。その他にもラテン系の文字体系と漢字体系を比較すると、以下の相違点がある。第一に、この50年あまりの間、日本と中国を中心として、漢字の標準字体が劇的に簡略化されたことである。この簡略化は、漢字の手書きを効率化することが狙われていた。第二に、漢字はオープン性の高い文字セットであり、比較的自由に漢字を新しく作りだされてきた。例えば、日本には、国字と呼ばれる漢字があるが、これは漢字の発祥地である中国にはなく、日本人が作りだした漢字である。ラテン系の文字体系では、あくまでも"a"は"a"であり、新しくアルファベットが加

わったり、またその標記形式が簡略化されることなどは、基本的にない。

　既存の工業標準である文字コードやその上に構築された文字データ処理の体系は、このような特質を実現するためには不十分であった。例えば、日本の多くのコンピュータシステムではJISコードをベースとした文字コードを利用している。これらは高々1万より少ない文字しかサポートしておらず量的に不十分であるため、多くの文字をコンピュータ上で扱うことができない。また、基本的に現代字形を扱うため、旧字体を用いる50年以上前の文章を表すのにも適さない。従って、現在のコンピュータでは、博物館のコレクションのオリジナル名称をそのまま標記することすらできないことが多い。

　これらの考察からわかることは、我々にとって理想的な文書処理機構は以下の要求に集約することができる。まず、巨大でオープンな文字コードセットを提供することである。また、漢字には、「異体字」と呼ばれる、同じ文字の異なる文字表現といった概念がある。上記のような大きな漢字セットを構成した場合、その中には多くの異体字が含まれる。この異体字の関係を漢字データベースとして整備しておくことが、巨大漢字セットを用いるときには不可欠である。更に、漢字といった単一の文字体系の枠組みだけに閉じるのではなく、多国語処理の考え方に基づきシステムを構築することである。

図3　トロン多国語処理環境

　これらの要求を実現するために、我々は理想的な文字コンテンツの処理環境として、トロン多国語環境を構築するプロジェクトを開始した[11]。これは、単なる文字コードを構築するだけでなく、文字コード（トロンコード）、文書処理アルゴリズム、それを動作させるためのOS、文字コードに文字を追加・削除する調整機構などを併せ持ったトータル・アーキテクチャである。現在、トロン多国語環境は、世界中の13万字を扱えるようになったが、まだ多くの文字（最大100万文字まで）を収容することが可能である（図3）。

4.2　博物館TAD

　デジタルミュージアムのデジタルデータ形式は、それぞれの属性を個別に記述できる多様性と同時に汎用性をもつ必要がある。通常、この二つの性質はトレードオフの関係にある。

　例えば、古代の壷をデジタルアーカイブに格納することを考える。そこには、三次元形状、表面のテクスチャ、成分分析データ、発掘地点情報、埋没状態情報などが必須であろう。また、書物や文書であれば、当時の発音で音読した時の音声情報などが欲しくなる。このように、それぞれのモノに対して、多様なデータ形式を準備することが不可欠になる。

　他方で、ある時代の土器が後世の土器に対してどのような影響を与えたか、また同時代の他のモノに対してどのような影響を与えたかといったことも調べたい。こうした目的で検索を行うためには、異なるオブジェクトの間で共通の検索が必要になり、そのために何らかの標準化されたデータ構造が必要とされる。これとは別に、分散博物館を実現する上でもデジタルアーカイブのデータ構造の標準化が重要となる。その中では、データの構造（シンタックス）と意味記述の形式（セマンティックス）の両方が標準化されることが必要である。

　この要求にこたえるために、我々は博物館TADと呼ぶ博物館のための属性記述データ形式を開発している。4.1節で述べたトロンコードも、この博物館TADの中で定義されたデータ規格の一つである。上で述べたデータ構造の多様性と一般性の二つの要求のこたえるために、博物館TADでは、PCO (Portable Compound Object) [13]と呼ばれるオブジェクト指向言語を取り入れた。オブジェクト指向の枠組みを導入することで、多様性は親クラスから多様なサブクラスを生成することによって実現し、汎用性はクラス間の継承の

枠組みを利用することによって実現する。もしも、この博物館TADの構想が成功すれば、インターネット上の世界中の博物館が一つの巨大な仮想博物館として機能することになる。

5. デジタル展示技術

5.1 情報提供機関としてのミュージアム

本節では、デジタルミュージアムにおける展示技術について述べる。デジタルミュージアムでは単なる仮想博物館だけでなく実展示空間をも扱う点が特徴的である。まず、仮想展示には、インターネット上のWWW（図4）と、ネットワーク共有三次元仮想空間MMMUD（Multi-Media Multi-User Dungeon）を用いる。また、実展示は、強化現実技術（Augmented Reality）を用いて支援する。

5.2 仮想展示（MMMUD）

MUDはコンピュータ上で仮想世界を実現するシステムで、デジタルミュージアムにおける仮想現実（Virtual Reality）を用いた展示の根底を支える技術である[8][9]。デジタルミュージアムのためのMUDの世界は、膨大な量の資料を格納したマルチメディア・データベースよって管理、運営される。ユーザは、それぞれ自分が利用しているコ

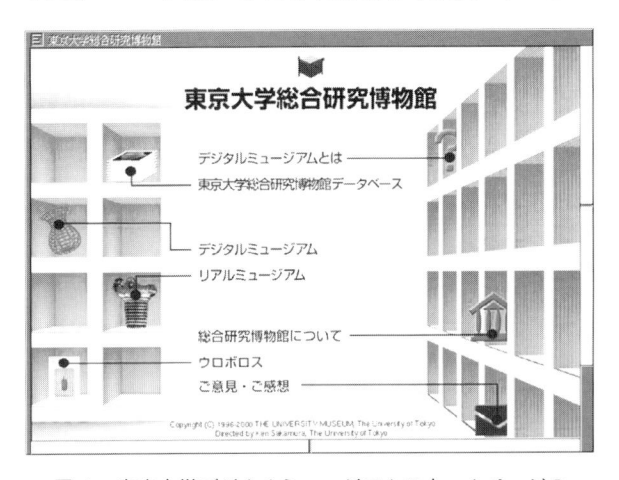

図4 東京大学デジタルミュージアムのホームページのトップページ画面
(http://www.um.u-tokyo.ac.jp/)

図5 M³UD仮想空間内をウォークスルーしている

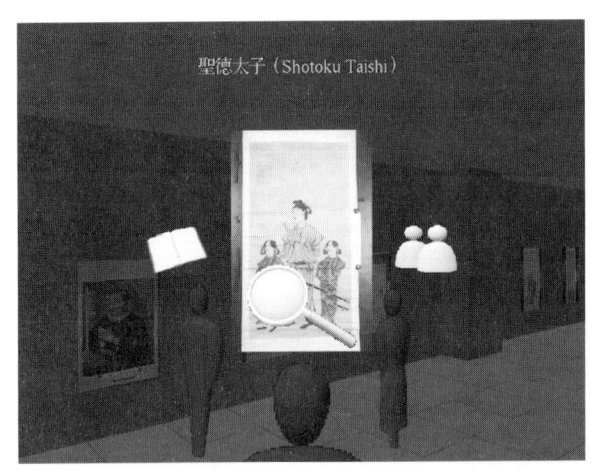

図6 聖徳太子の画像に虫眼鏡ツール適用

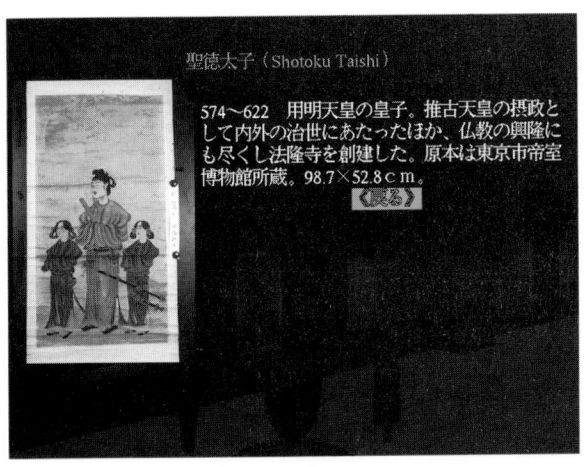

図7 ハイパーテキストツール適用

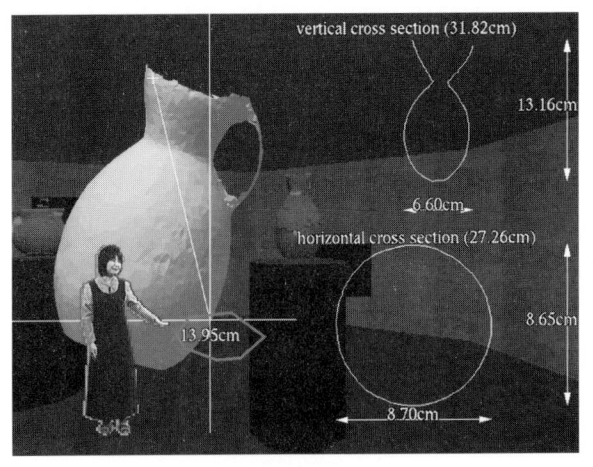

図8 ビデオアバター仮想空間のオブジェクトを解説

ンピュータでMUDのクライアント・プログラムを実行し、ネットワークを利用してサーバシステムに接続することで、この世界を訪れることができる。クライアント・プログラムがMUDのサーバシステムに接続すると、MUDの世界にユーザの分身(persona)が作られ、ユーザはこのpersonaを自由に操作できるようになる。そして、ユーザが利用しているコンピュータの画面上には、personaから見た仮想世界が表示される。ユーザはpersonaを操作することで、仮想環境の中を自由自在に探索することができる。ユーザが仮想環境中に置かれた物に対してさまざまな操作を行うことも可能である。例えば、画面上に大きな壺が表示されていたならば、その壺に関する詳しい説明を表示させたり(図7)、壺の一部を虫眼鏡で拡大して見るなどの操作(図6)ができる。また、その壺が作られた時代に関連する資料を検索して画面に表示し、更に、その資料が置いてある場所に瞬間移動するといった「マジック」も利用できる。

MUDは多数のユーザが同時に空間を共有するマルチユーザ仮想環境である。そのため画面上には、仮想環境中の部屋や物だけでなく、他のpersonaが仮想環境中を歩き回ったり、物を操作している様子も表示される(図5)。さらに他のユーザとの会話機能を利用することで、多数のユーザが同じ物を見ながら議論をすることができる。

MUD上で博物館を作る場合、現実の世界では実現しえない世界を作ることができる。例えば、現実の博物館では展示できる資料やその説明の量には建築上の大きな制約があるが、MUD上の博物館にはそのような制約はない。説明はデータベース中に事実上無限に記録できる。しかも、この説明には文章だけでなく、画像、音声、動画などのマルチメディアを利用できる。展示室もいくらでも新しく拡張することができるし、部屋のサイズや配置も簡単に変更することができる。また仮想空間中に、すでに失われてしまった空間を再現することもできる。例えば、我々は今までに既に焼失してしまった法隆寺の金堂を再現したり、小津安二郎監督の映画セットを再現し、映像化されたアングル以外の映像を再現することを試みた。このような手法を用いることで、現実の博物館が抱える欠点を補強し、博物館の強化を行っている。

さらにMUDでは、現実世界と仮想環境を重ね合わせる実験展示も行っている。例えば、MUDのユーザ同士が互いに音声で会話できる機能や、現実のライブビデオ映像をMUD空間に取り入れるビデオアバタ(Video Avatar)機能[10]を持っている(図8)。

5.3 実展示(強化現実)

本節ではデジタルミュージアムで実用化した強化現実技術を使った展示技法を紹介する[12]。

5.3.1 PDMA

デジタルミュージアムでは訪れる人が多様なため、デジタル技術により従来の博物館と比較してより多くの、しかもその人の目的にあった情報を与えること、体験させることができるように工夫している。デジタルミュージアムの受付では携帯端末が渡される。しばしばこうした携帯端末はPDA (Personal Digital Assistant) と呼ばれるが、デジタルミュージアムのそれはPDMA (Personalized Museum Digital Assistant) といえるものである。PDAが渡されるときにはその人の属性情報(利用言語や年齢、障碍など)や興味内容、目的などの情報をプログラムしたIDカード(形状はカード、チップ、バッジなど)が組みこまれる。このPDMAを持って展示物の前にいくと、展示に関する解説や関連情報などをPDMAの画面に表示したり音声でガイドしてくれる。子どもであれば平易な解説、弱視の人なら大きい文字で、英語の解説が欲しい人には英語でというように持っている人に合った解説を行う(図9)。

5.3.2 博物館AR情報システム

博物館の大きな目的の一つは、来館者に学習機会を提供することである。そのためには、展示物に関する情報を来館者の学習意欲に応じて提供する技術が重要になる。従来は、パンフレットやパネルによって展示物の解説や情報を提供していた。しかしこれらの方法では、提供できる情報量が少ないこと、パネルなどは同時に読める人数が限定されること、また展示の種類によってはパネルが展示の美観を損ねる場合もある。近年、より豊かな情報を提供するために、情報キオスクと呼ばれるコンピュータ端末を設置する例も増えてきたが、

やはり同時アクセス人数の問題や、展示物の間にコンピュータという異物が混入するという問題も起きる。

そこで、東京大学デジタルミュージアムでは、強化現実（Augmented Reality）技術を導入して、展示物に対する新しい情報提供手段を開発した。強化現実技術とは、コンピュータの助けを借りて、現実の環境で自然には起こり得ない何らかのマジックを実現する技術である。これは、仮想世界を現実らしく見せる「仮想現実」とはいわば正反対の技術で、現実世界をより「非現実的」な「仮想世界」に仕立てあげる技術である。

具体的には、次のような展示情報提供システムを開発した。来館者はヘッドマウント・ディスプレイを装着する。この大きな「めがね」は、現実世界を素通しして見ることできるが、その素通しの部分には、透明の液晶モニタがあり、展示物の情報を現実世界の画像と重ねて表示できる。これを装着しながら展示場を見学すると、前方に見える展示の説明が自動的に目の前に現れる。またその「めがね」に付属しているヘッドフォンを耳に当てれば、音声による説明も得られる。展示物に近付くと、注目している展示物の説明に自動的に切り替わる。あたかも、娯楽SF映画に登場するロボットの視覚で博物館展示をみることができる（図10）。

この「めがね」に装着されている小型カメラによって、来館者が注目している物が何か、その距離がどの程度かといった計測も行っている。また来館者側は非接触型の電子タグを持つため、展示物側もどういう来館者がやってきたかを認識している。また展示場あらゆるところに同様の電子タグは埋め込まれ、その電子タグが出力する情報を利用して、より柔軟な情報提供を行っている。このシステムを使うことによって、展示物の説明はコンピュータによって表示され、いくらでも情報を提示することが可能である。更に、それを装着している来館者であれば、何人でもその説明を見ることができ、またパネルや端末を展示物のそばに置く必要もない。

5.3.3 Point-it

Point-itは、音声による展示情報提示システムである。来館者は、音声出力可能なPDAと、

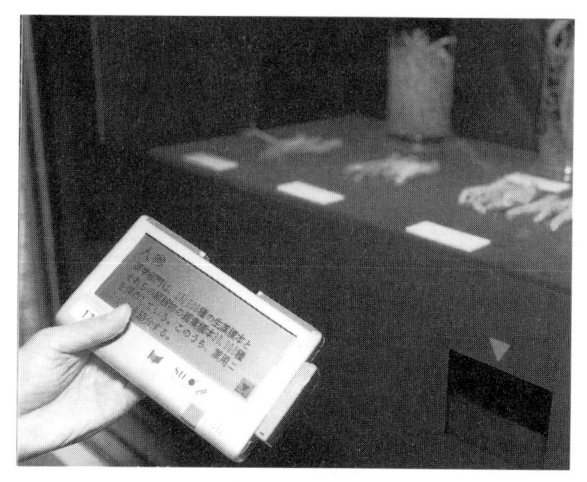

図9　PDMA

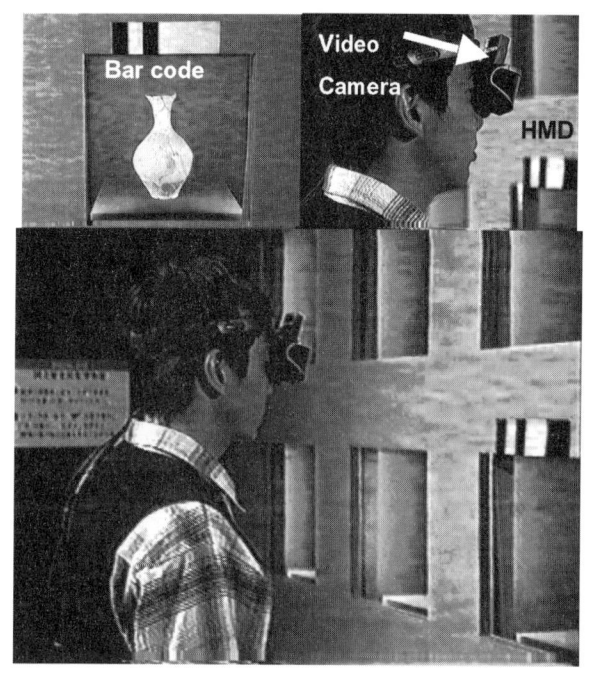

図10　博物館AR情報システム

レーザーポインタをもって観覧する。来館者が展示場を歩き、展示ケースの前に近づくと、その展示ケース全体の概要説明が自動的に出力される。ケースの中の個々の展示物の詳しい説明を聞く時は、手持ちのレーザポインタを使い、展示物のタイトルプレートの光センサー部を指示する（図11）。Point-itは、来館者の横に常に説明員がついているイメージに沿って設計した。ケースに近づくと、横にいる説明員がそのコーナーの説明をしてくれる。ケースの前に立ち、「この展示物は？」と指さすと、説明員がその展示物をより詳しく説明してくれるといったモデルである。

5.3.4　実世界指向ブックマークシステム

展示場では、情報を閲覧するだけでなく、保存

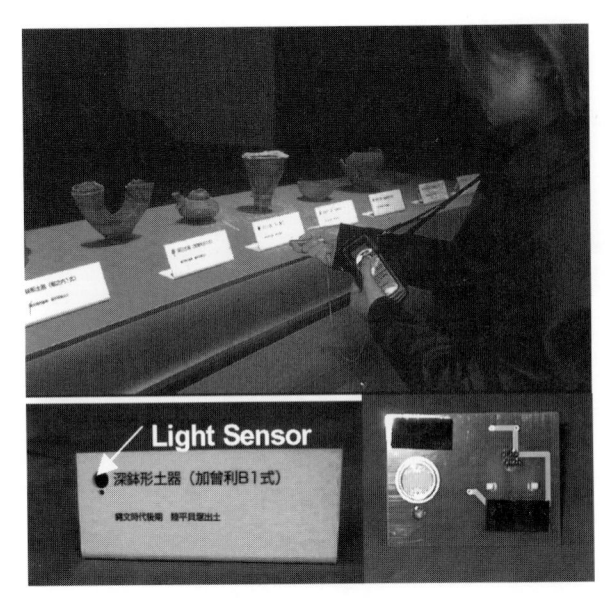

電子図書館の実際

図11　Point-it

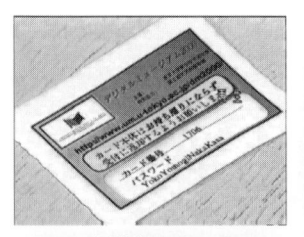

(1) 来館者IDカード　　(2) カード読取ユニット

(3) 来館者がブックマーク　(4) ブックマークしている
　　している場面　　　　　　画面の具体例

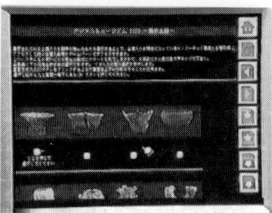

図12　実世界指向ブックマーク

しておきたい場合もある。例えば、WWW上の仮想展示では、情報を保存しておきたい時は、そのページをブックマークする。これと同様に、実展示空間で見た「モノ」の情報を保存しておきたいと思ったら、その場でブックマークをとり、帰宅後により詳しい情報を調べることを可能にするシステムとして、我々は実世界指向ブックマークシステム(Real-World Bookmarking System)を構築した。

来館者は各ユーザを識別するIDを格納したRFIDカードを持つ（図12-(1)）。展示物の前には、スイッチ等入力デバイス及び、RFIDカードI/F装置（図12-(2)）を置く。来館者はそこでみた展示物の情報を保存しておきたい場合はRFIDカードI/F装置上におき、ユーザIDをシステムに認識させた上で、ブックマーク・ボタンを押す（図12-(3)、(4)）。これによって、ブックマークサーバに展示物IDとユーザIDのペアが記録される。後で、このサーバにネットワーク経由でアクセスし、ブックマークした内容に関する情報を入手できる。現在のパイロットシステムの実装では、展示物を収蔵した展示ケースの脇に、その場に陳列されている展示物を表示した端末を設置する。その端末上でブックマークを取るパイロットシステムを動かし、実世界指向ブックマークの実験を行った（図12-(1)）。

6．まとめ

我々はこの4年間にわたりデジタルミュージアムのプロジェクトを進めてきた。博物館活動すべてにわたりデジタル技術を活用する試みである。博物館の活動の主要な部分を占める展示に関しても、多くの試みを行ってきた。特にマルチメディア・プレゼンテーションという観点からは、現代において考えられるあらゆる可能性を実験してきたと自負している。

参考文献

[1] K. Sakamura: "TRON and Digital Museum", In Proc. 13th TRON Project International Symposium, IEEE CS Press, pp. 2-13 (1996).

[2] 坂村健編『デジタルミュージアム』東京大学総合研究博物館, 1996.

[3] 坂村健, 鈴木博之編『バーチャルアーキテクチャ』東京大学総合研究博物館, 1997.

[4] 坂村健編『知の開放: 東京大学創立百二十周年記念展』東京大学, 1997.

[5] 坂村健編『生命の科学』東京大学総合研究博物館, 1998.

[6] 坂村健, 蓮實重彦編『デジタル小津安二郎—キャメラマン厚田雄春の視』東京大学総合研究博物館, 1998.

[7] 坂村健編『デジタルミュージアム2000』東京大学総合研究博物館, 2000.

[8] T. Usaka, et. al., "A Multimedia MUD System for the Digital Museum". In Proc. 3rd Asia Pacific Computer Human Interaction, IEEE CS Press, pp. 32-37 (1998).

[9] S. Yura, et. al., "Design and Implementation of the Browser for the Multimedia Multi-User Dungeon of the Digital Museum". In Proc. 3rd Asia Pacific Computer Human Interaction, IEEE CS Press, pp. 44-49, (1998).

[10] S. Yura, T. Usaka, and K. Sakamura., "Video Avatar: Embedded Video for Collaborative Virtual Environment. In Proc. IEEE International Conference on Multimedia

Computing and Systems '99, IEEE CS Press, (1999).

[11] N. Koshizuka, et. al., "100,000 Chinese Characters Set 'GT Mincho' and its Processing Environment as a Global Communications Infrastructure", In Proc. International Conference of Computer Communications '99, (Sept. 1999).

[12] 越塚登他 "ハイパーギャラリー：仮想展示空間と実展示空間を融合したデジタルミュージアムのための展示情報空間"『第8回インタラクティブシステムとソフトウェアに関するワークショップ(WISS2000)予稿集』2000.

[13] K. Kuramitsu and K. Sakamura: "PCO: EC Content Description Language Supporting Distributed Schemas across the Internet", Transactions of IPSJ, Vol. 41, No. 1, pp.110-122, 2000, in Japanese.

＜　こしづか　のぼる　東京大学情報基盤センター助教授／東京大学総合研究博物館研究担当　＞

＜　さかむら　けん　東京大学大学院情報学環教授／東京大学総合研究博物館研究担当　＞

「コピーマート」の応用としての電子図書館
Digital Library as an Application of "Copymart"

北川　善太郎

名城大学教授

I　始めに

1．巨大な電子図書館としてのインターネット

　1990年代の始め、私が最初にインターネットと出会ったとき、「インターネットが私の個人図書館になる」というのは最初の印象であった。私の研究にとり、当時すでに相当量の資料がそこから手に入ったのである。しかもこの図書館は私には24時間オープンあり、それ以上に、インターネットはカラープリンター付きである。大学図書館では容易に手にできない文献が入手可能であった。驚いたことには、アメリカやEUの最新の立法資料すら自宅でコピーできたのである（<http://thomas.loc.gov/>,<http://europa.eu.int/eur-lex/en/index.html>, <http://www.houko.com/, etc>参照）。

　インターネットは、かように我々すべてに開かれている巨大な電子図書館として機能している。インターネットが急速に成長し拡大しているので、このヴァーチャル図書館は現実のものとなっている。まさに、「インターネットはとてつもないサイズと深みのある情報資源であり、しかも、巨大なリーチと能力を兼ね備えた、情報複製装置であり、情報拡散装置である。それは同時に世界最大の図書館の一つであり、間違いなく世界最大のコピー機である。」([1]Digital dilemma, p.23)

2．二つの競争する電子図書館

　我々は現在ディジタル環境において二種の電子図書館が生成しかつ競争していることを見ている。インターネット電子図書館と従来型図書館の電子図書館システムとを対比すると、しかしながら、ディジタル資料の取り扱いについて際だった相違点が目に付く。前者ではディジタル資料が走り回っているのに対して、後者ではディジタル技術が絶え間なく経済的・法的そして制度的な問題を巻き起こしているのである。私はこれを「ディジタル技術コンプレックス」(the digital technology complex)と称している。([2] Future, No.2, p.14)

II　ディジタル資料と「囲い込み」の問題

1．ディジタル資料の存在形態

　インターネット上では、ディジタル作品は有形的な形態を伴うことなく存在している。従来ならば、作品は有形的な形態を借りて市場に出されるのに対して、ディジタル作品は、そうした形態がなくて提供されうる。一度有形物に化体された著作物は、そのディジタル化により有形物から抜け出し切り離される。([3] Information, p.314)

　ディジタル技術においては、書物、レコード、写真、映画等々の著作物が「0」か「1」のコードシステムで記述されている。ディジタル作品がディジタルの世界では新しい存在形態をもつことは否定できない。そこでかかる作品でも著作権保護を享受できるのか、という疑問を抱くかもしれない。「0」「1」のバイナリ・コードが並んでいるものが著作物としてなんらかの表現をしているのか。

2．コンピュータ・プログラムによるディジタル作品の「囲い込み」

　この問いに対する解答はいずれもイエスである。第一にディジタル資料はプログラムにより囲い込まれている。あるディジタル資料は一体として統合され他のものから区別される。数字のコード自身はアイディアをなにも表現していないように思われるが、コンピュータ・プログラムが、本来の作品の一体性を機能的に支えているので、ディジタル資料はアイディアを表現しているのである。その結果、著作物はディジタル化されたあとも存続する。これがディジタル世界における最初の囲い込みである。([3] Information, p.314)

3．技術的措置によるディジタル作品の「囲い込み」

ディジタル作品の違法な利用に対抗して、暗号やウォーターマークのような技術的措置が考案されている。これもディジタル作品の「囲い込み」であり、これはディジタル作品に「市場適性」(marketability)を付与するための手段である。こうした技術的措置は、違法な複製に対する保護的なツールと見られることが多い。しかし、私は、そのもっとも重要な役割はディジタル作品の囲い込みによって、それを市場に適したものにする点にあると考える。この「市場適性」は、ディジタル作品に関するインターネット取引のための基本的な前提条件である。([3] Information, p.314-315)

1996年12月に締結されたWIPO著作権条約（WIPO Copyright Treaty：WCT）およびWIPO実演・レコード条約（WIPO Performances and Phonograms Treaty：WPPT）は、著作権の実効性を確保するために、かかる技術的措置の重要性を承認し、電子的権利管理情報を除去または改変することを禁止している（WCT Art.11-12, WPPT Art.18-19）（<http://www.wipo.org/clea/en/index.html>参照）。こうした諸規定は、ディジタル作品をインターネット取引における適性を付与するものである。([3] Information, pp.315-316)

III　出版、著作権と図書館

1．アナログ出版における著作権

従来の出版において、著作物は、本や雑誌のような有体物の売買形態で取引されている。つまり、著作権情報は、有体物に囲い込まれている。出版者と著作者との間の印税合意のような著作権ライセンスに関連する費用は、本や雑誌の価格の中に含まれる。

かように、著作物は有体物に囲い込まれ、著作権条項は、出版された本や雑誌の売買条件に中に含まれている。([4] Publishing, p.83)

2．アナログ出版における著作権取引と図書館

従来の出版ビジネスでは、著作権取引は有体物の取引形態を利用している。その有体物の価格（本の価格）に著作物の価格が付随している。([4] Publishing, p.83)

図書館が取引に関わるのは本や雑誌の購入段階においてである。

3．収集したアナログ資料の利用

これに対して収集したアナログ資料の利用は取引過程ではなく、著作権法の適用過程である。たとえば図書館は著作権保有者の許諾なしに一部、コピーを作成できる（著作権法31条参照）。

IV　ディジタル環境の中の図書館

1．過去の資料の収納庫としての図書館？

従来の図書館もディジタル資料を扱うが、その電子図書館システムは基本的に、本や雑誌の従来の出版システムに依存している。その結果、そのシステムは、まもなく図書館はディジタル資料や情報へのアクセスを失い、古い本や雑誌の収納スペースになろう。例としてのディジタル寄託問題がある。

2．変貌する出版の概念とディジタル寄託

現在そして近未来はさらにそうであるが、膨大なディジタル資料がつくり出されているが、形の上で正式な出版でない。ディジタル環境では出版とディジタル提供との区別がますますあいまいになる。とすると、技術的に出版されていない資料は増大する一方であるが、それらは寄託制度に服さない。さらに、伝統的な出版概念と結合した寄託制は、ディジタル情報のグローバルな世界では、しだいにおかしな代物になる。([1] Digital dilemma, pp.115-116)

3．ディジタル図書館システムに求められる新しい取引過程

ますます多くのディジタル資料や情報がライセンスにより提供されるようになるので、本や雑誌の出版に従来の図書館が依存する仕組みがうまく働かないようになってきている。本や雑誌の購入に代わって、ディジタル資料や情報の入手はライセンスという別の取引によるようになる。膨大な量の情報が現在あいまいな条項で提供されている。それらは必ずしも「出版」されて市場に置かれないで、インターネット上や放送で利用に供されている。図書館が果たしてこうしたディジタル資料を入手して、一般に利用できるようにできるかは予想もつかない。ディジタル図書館システムは、こ

うした資料を入手する取引過程を手がけ、電子的著作権取引システムを扱うべきである。([1] Digital dilemma, pp.119-120)

V　ディジタル革新のディレンマ

ディジタル技術は、インターネット上で我々が、きわめて効率よくコピーすることを可能にしている。すなわち、我々は自分のパソコンからディジタル作品の正確なコピーを安価で入手することができる。

今ひとつの例は、インターネット上の著作物のダウンロードやアップロード問題である。インターネット・サービス・プロバイダーは、利用者をウェブサイトに接続して、利用者がそこから著作物を含む情報ファイルをダウンロード（つまり複製）することを可能にする。さらには、こうした著作物の利用が、永続的なコピーでなくして、一時的なディジタルコピーを作ることでされるようになっている。LAN上の著作物利用やインターネット上でソフトウェアを介する著作物利用がこうした例である（「一時的複製」問題）。

こうしたディジタル革新は著作物取引の新しい市場を約束する。マルチメディア作品は、たとえばディジタル市場に新しい道を開くものと期待されている。しかしながら、広範なディジタル革新は深刻な制度的な障害に突き当たっているのである。それが、著作権管理ないし処理問題である。

ディジタル作品は、インターネット上では違法利用に弱い。著作物にかかるオンライン取引は、そのためにリスクが高く、権利保有者はその著作物を提供することをためらう。その上、マルチメディア作品の創作者は、しばしば著作権処理があまりにも負担が重くまた費用がかかり過ぎると思うのである。

かように著作権の障壁は存続し、それはディジタル著作物が暗号やウォーターマークにより技術的に保護されて流通に適するものとなっていてもそうである。([2] Future, pp.16-17)

VI　新しい著作権取引モデル：「コピーマート」

1．著作権の歴史からの教訓

ディジタル著作権問題はどのようにすれば解決できるのか。この問題は、いうまでもなく著作権ビジネスのみならず、図書館や大学のような著作権関連の諸制度にも関係する。

解答のためには、我々は、「著作権は私権である」という著作権制度の原点に戻るべきであろう。近代法では私権の所有者はその権利を自由に処分できる。著作権者も同様である。これがポイントであり、権利者は自由に自己の権利を処分できるのである。オープンなソフトウェア政策をとるリナックス（Linux）でも著作権システムの基本原理の例外でない。開かれた研究共同体ともいわれるが、リナックスのソフトウェアは著作権で保護されている。著作権制度の保護なしに、そして権利保有者の自由な処分権なしに、自由なコピーと譲渡を認めるというリナックスの政策は、生き延びることができないのである。このことは、ソフトウェアのフリーウェア条件を述べるGNU General Public License に依拠した詳細にライセンス条項からも明らかである（http://www.linux.org/about/copyright.html参照）。

利用者は、権利保有者の許諾があると、著作物の複製ができる。これはアナログ作品でもディジタル作品でも同じである。アナログ作品では、既述のように著作権取引は有体物の売買という形をとる。しかしディジタル著作物ではそうではない。

この区別は、アナログ作品の出版に過度に依存している図書館が抱える困難が増えること、そしてまた、ディジタル資料の出現のために図書館がビジネス方法を変える必要性にせまられてくることに光をあてている。

2．著作権取引の市場モデル

こうした問題に対する一つの解答は、著作権登録、著作権ライセンス、そして著作物提供のための市場を構築することである。この市場は契約の原理に基づく。私が「コピーマート」と名付けているこの新しいアプローチは、契約によりインターネット著作権を扱う。著作権と著作物を利用条件とともに権利保有者が予め定めてそこに登録し、利用者がそこから直接ディジタルコピーを入手できる取引市場がコピーマートである。[5]

このプロセスは、著作権保有者が利用希望者からの申し出を待ち、その上でライセンスの許諾とその条件を定めることとは大いに異なる。1988年、ロンドン大学で初めて「コピーセール」（Copy sale) 論としてこの構想を発表した。これはコピーマートの前身である。[6] その後、ディジタル著作権を処理する契約モデルとしてこのコピーマートを推奨してきた。

その講演後まもなく、このモデルに基づいたシステムが導入された。それはイギリスの著作権ライセンス協会 (CLA) の特別ライセンス・サービスである。講演の参加者であった同協会幹部がコピーセールにヒントをえて著作権個別処理システムを導入(CLA's Rapid Clearance Service:CLARCS)したのである (<http://www.cla.co.uk/www/clarcs.html>参照)。

このモデルの狙いは、現在、著作権法が直面している問題を解決するためである。ディジタル環境における大量の複製問題やマルチメディア著作権問題がそうである。

コピーマートは著作権の直接取引市場である。著作権情報は、「著作権市場」(Copyright Market: CRM) に登録される。著作権保有者自身が、ディジタル著作物の利用についてのライセンス条項を示しているので、利用者はその希望する著作権情報と利用条件を発見できる。さらにコピーマートには、ディジタル作品のための市場であるディジタル著作物市場 (Copy Market:COM) がある。

コピーマートでは、利用者が受け取るコピーに対する代価を個々の権利保有者に電子的に支払う。それは、ディジタル環境で生起する著作権取引で機能する。著作権保有者と利用者が直接に契約を結び、履行する。

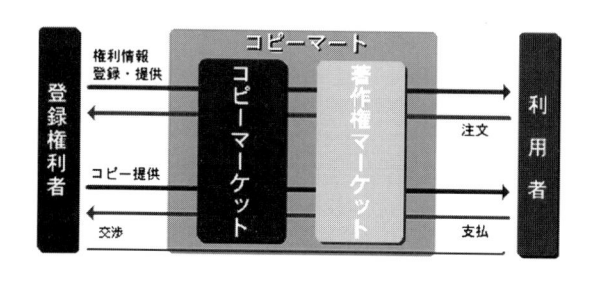

コピーマートにおいては、私的自治の原則のもとで市場原理が作用する。

そこでは、著作権の登録時に、著作権保有者はその著作権利用条項を登録する。そうするかどうかは、著作権保有者の自由である。

単独の著作権利用取引では、予め定められた条件で取引がなされるか、申込みをまって個別に条件が定められるかに差はない。しかし、多様で大量のディジタル著作物の取引では権利利用条件がその許諾とともに予め登録されていることは大きな意味をもつ。著作権保有者により提案されたライセンス条項に従って、代価と引き換えに、希望する著作物が利用者に引き渡されるならば、許諾なしに著作物の大量複製に由来する著作権問題はディジタル世界で相当解消されよう。コピーマートは、著作権取引に対して完全な環境を提供しているのである。

「コピーマートは著作権取引のための市場であり、私は、著作権法が直面する無数の問題を解決するために適用されることを期待している。しかも、私の提案にとっての実際的な含意を超えて、コピーマートが全く新しい生活方式を開くものである、情報文化の革命であるといいたい。我々が向かっている道はスムースではないが、コピーマートは、その内部に、我々の生活をさらに豊かにするような、明日の文化的・芸術的・学術的フォーラムとしてときには花を咲かせていく種を持っている。コピーという言葉が豊饒の女神であるコピア (Copia) に由来することに想いをいたすとき、我々は勇気づけられて、これまでの暗いイメージをコピーから取り去って、コピーが輝やく栄光に包まれて花開くようにしようという我々の決意を固めるのである。」(Charles Clark) [7]

VII 電子図書館に応用したコピーマート

1) コピーマート・モデルは、権利保有者がその著作物と利用条件を登録する用意があることを前提としている。図書館は法律の定める図書館特権の例外がない限り、権利保有者の許諾なしに無断で著作物の利用は許されない。「ディジタル資料に制定法の例外をいかに適用するか」は現在きわめて複雑な問題となっている。コピーマート・システムと連携することにより図書館は著作権法の難しい適用問題から解放されよう。

2) コピーマートでは、著作権と著作物登録の時にその利用条件を決めることになっている。通常の有料のライセンス取引に加えて、権利保有者がそのように決めれば、コピーマートはディジタル資料の自由提供センターとなる。同じことは、部分的に、著作権のない自由財を扱うコピーマート

にもいえる。[8]

3）ディジタル図書館が、コピーマート・システムを導入するならば、ディジタル資料を取引過程で収集し利用者に提供できる。重要なのは図書館とその利用者がinteractiveに必要に応じてディジタル資料を見つけ入手できることである。この取引は多くは有料であるが、無料のこともある。さらに重要と考えるのは、かかる取引過程から図書館がどのような種類のものであれ大量のディジタル資料を収集することになることである。

4）コピーマートは、権利保有者と利用者間の直接の取引であるので、図書館は複数のコピーマートと交渉してその図書館サービスに有利なライセンス条件を獲得できる。

5）もっとも興味のあるこれからの可能性は、ディジタル図書館が巨大な図書館としてのインターネットとどのようにインターフェイスをとるかである。

以上は、コピーマート・モデルをディジタル図書館システムに応用したときに新しく導入することが問題となる有償・無償の取引過程の若干の例である。

注

[1] Committee on Intellectual Property Rights and the Emerging Information Infrastructure (Chair:Randall David) (National Research Council),The Digital Dilemma Intellectual Property in the Information Age, 2000.

[2] Zentaro Kitagawa,Future of the copyright law system(Part 1 and 2), Australian Intellectual Property Law Bulletin, Vol.13 No.2, pp.13-21;No.3, pp.33-38.

[3] Zentaro Kitagawa, Information, Copyrights and Contracts in the Internet, O.Werner,Z.Kitagawa,P.Haeberle & I.Saenger(ed.),Festschrift fuer Hans G.Leser zum 70. Geburtstag (Mohr Siebeck, 1998).

[4] Zentaro Kitagawa, Publishing and Copymart, Publisher in the Changing Markets Proceedings of IPA Fourth International Copyright Symposium, 1998.

[5] See, in addition to the papers cited in [2][3][4], Copymart: A new concept- An application fo digital technology to the collective management of copyright--, WIPO Worldwide Symposium on the Impact of Digital Technology on Copyright and Neiborign Rights, Harvard University (1993) pp.139-147, Computer, Digital, Technology and Copyright, pp.115-130, WIPO Worldwide Symposium On the Future of Copyright and Neighboring Rights(1994) pp.1-311, Comment on A Manifesto Concerning the Legal Protection of Computer Programs Symposium: Toward a Third Intellectual Property Paradigm, 94 Columbia Law Review No.8 (1994) pp.2610-2620, Copyright Usage Tracking Technologies Symposium "Copyright in the Asia Pactfic Region:Reprography and Digital Copying", International Federation of Reproduction Rights Organizations (IFFRO) and Copyright Agency Limited (Australia) (1995) pp.184-198, Copymart: A Proposal for a Copyright Market Based on Contract,UFITA Archiv fuer Urheber-Film-Funk- und Theaterrecht,Bd.132 (1996) pp.77-91, Copymart, Publisher in the Changing Markets Proceedings of IPA Fourth International Copyright Symposium (1998) pp.216-218, Copyright and 'Copymart' in Cyberspace, Joseph Straus (ed.),AIPPI Centennial Symposia: New Technologies,Global Markets and Territoriality of Laws (AIPPI 1998) pp.52-60.

最近の日本語の文献として、さしあたり"電子著作権管理システムとコピーマート"『情報処理』38巻8号(1997.8) p.664以下、"著作権法100年記念講演会 著作権制度の未来像"『コピライト』465号 (2000.1)、"コピーマートとはなにか"『コピライト』470号(2000.6)参照。

[6] Z.Kitagawa, Copyright Clearance or Copy Sale – A Thought on the Problem of "Mass Right", AIPPI Journal International Edition,14-4 (1889) pp.207-215, Archiv fuer Urheber-Film-Funk-und Theaterrecht, Bd.117 (1889), pp.57-69.

[7] Charles Clark and Tarja Koskinen-Olsson, New Alternatives For Centralized Management One-Stop-Shops, WIPO International Forum on the Exercise and Management of Copyright and Neighboring Rights in the Face of the Challenges of Digital Technology (1997) p.242.

[8] 「青空文庫」(Blue Sky Collection)は、オンライン図書館でもあり、著作権の消滅した小説や評論、著作権者が無料で提供した小説や評論を300点以上ディジタル化し、オンラインで無料で提供している。<http://www.aozora.gr.jp/>参照。

【あとがき】

本稿は、国際シンポジウム (2000 Kyoto International Conference on Digital Libraries: Research and Practice November 15,2000)で発表した英文の報告を上林委員長の依頼で日本語にしたものであり、本来であれば日本の現状と見通し等についても言及し、日本の文献も補充しなけれ

ばならないが、締め切り期限の関係で到底無理であるので、本文は英文の報告を日本語に訳し、注はコピーマート文献の補充にとどめ、原則としてそのままにして発表せざるをえなかった。原稿のフォーマッティングについては英語・日本語ともに(財)国際高等研究所上野達弘研究員の協力をえた。

< きたがわ　ぜんたろう
　　京都大学名誉教授／　国際高等研究所副所長　>

国立情報学研究所電子図書館サービスにおける著作権処理

酒井　清彦

キーワード　国立情報学研究所、電子図書館サービス、NACSIS-ELS、著作権、著作権使用料

1．はじめに

　最近のインターネットの普及によって、大学図書館ではホームページを通してさまざまな情報発信が盛んに行われている。WWWのブラウザを用いて大学図書館の蔵書情報を提供するWeb OPACから、貴重書を画像処理して広く一般に公開する電子図書館まで、多くの情報がインターネット上で行き来している。

　これまではなかなか入手できなかった情報がこのような形で手軽に見られるようになり、情報較差が少なくなる反面、インターネット上で発信される情報の著作権についてこれまで以上に厳密に処理を行う必要も出てきているようである。

　ここでは、国立情報学研究所が提供する電子図書館サービス（NACSIS-ELS）において、これまでどのように著作権処理を行ってきたかを紹介する。

2．電子図書館サービスの概要

　国立情報学研究所の電子図書館サービスは、日本国内の学協会の協力を得て、学協会が発行する学術誌及び論文誌の各ページをイメージ情報として蓄積するとともに、雑誌名、著者名、論文タイトル及び抄録などの書誌情報を文字情報として入力しておくことによって、インターネットから閲覧することができるようにしたサービスである。

　平成9年4月からサービスを開始し、平成12年9月現在で114学会が参加し、343タイトル157万ページの画像が蓄積提供されている。参加学会の分野は、人文科学から自然科学まで広範囲にわたっており、提供されている雑誌についても、明治期に創刊され連綿と継続刊行されているような伝統ある雑誌から、最新の情報を掲載した予稿集の類までバラエティに富んでいる。

　このサービスの利用者は、おおよそ以下のような範疇となっている。

(1)　国、公、私立の大学等の教職員
(2)　大学院学生、大学院研究生
(3)　科学研究費補助金の研究代表者及び分担者
(4)　特殊法人の研究所の職員
(5)　学術研究法人の職員
(6)　学会の正会員
(7)　大学等との研究協力関係を有する民間企業の研究者
(8)　海外の高等教育・研究機関の職員等

　平成12年9月現在で、利用登録者の総数は約3,500となっている。

　利用者は、予め電子図書館サービス利用申請をし、国立情報学研究所から利用者IDを入手した上でこのサービスを利用する。ただし、平成12年9月からは、書誌情報を検索する部分までは利用申請の有無にかかわらず誰でも検索できるようになっている。

　以上概観したように、国立情報学研究所の電子図書館サービスは、電子化した学協会誌を一定の範囲の利用者に対して提供しているものである。では、このサービスにおける著作権処理をどのようにしてきたか、以下に紹介する。

3．著作権処理その一（著作権の集中）

　既存の出版物を電子化しインターネット上で提供するようなサービスを行う場合には、複製権、送信可能化権、公衆送信権などの権利の束としての著作権を適切に処理しておく必要がある。

　一般的に電子図書館と呼ばれるサービスでは、電子化を行おうとしている出版物一つ一つについて、当該出版物にかかわるすべての著作者（著作権者）等との間で著作権に関する取り決めを行うことが必要になってくる。

　国立情報学研究所の電子図書館サービスにおいて提供する学会誌及び論文誌は、対象が学術雑誌

でありしかも継続的に刊行されている場合が通常である。したがって雑誌が刊行されるたびに、各論文ごとに著作者と協議して著作権に関する取り決めを行う他、各学協会との間でも編集著作権についての取り決めを行う必要がある。

このような形で作業を進めていこうとする場合、例えば学会誌1号について10論文が掲載されていれば最低10名の著作者及び学会との間で著作権に関する取り決めを行うために交渉することになる。当然、共著者が増えれば交渉すべき人数も増加することになる。現在提供している343タイトルについて同様の作業をしなければならないとなった場合、この著作権に関する処理に忙殺され、電子図書館サービスとして円滑な運用が不可能になってしまうことになるであろうことは、このサービスが構想された段階で既に十分推測されていた。

そこで、国立情報学研究所では、電子図書館サービスに参加していただける学協会に対し、提供していただく学会誌及び論文誌の各掲載論文の著作権を予め学協会が集中して管理するよう依頼している。

学協会が論文等の著作権を集中管理することの利点及びその方法等については『著作権の集中と学協会』に詳しく書かれている。

具体的な手続きとして行われているのは、ほぼ以下のパターンである。
(1) 学協会誌掲載論文の著作権が学協会に帰属することを、学協会誌の会告で一定期間告知し、異論がないことを確認する
(2) 学協会の総会において、著作権の帰属について承認を得る
(3) 学協会誌の投稿規程に著作権の帰属について明示する

以上のように著作権の集中を図ってもらうことにより、学協会誌の電子化を進めるに当たっての交渉窓口の一本化と交渉の迅速化がもたらされたと言えよう。

なお、学会によっては、過去に刊行された学協会誌については著作権の集中が未処理であるところもある。そのような場合には、処理がすんだ学協会誌のみを当面のサービス対象とするような段階的な提供を行っている。

4．著作権処理その二（ダウンロードの制限）

国立情報学研究所では、その前身である学術情報センター時代に電子図書館サービスを開始するに当たって、参加学協会と数度にわたって密接に連絡調整を行って準備を進めてきた。

その際に学協会から出された懸念として、以下の3点があった。
(1) 学協会誌の発行部数への影響
(2) 学協会員の減少
(3) 二次利用のしやすさによる影響

特に利用者がページイメージを画像表示した後にダウンロードすることによって二次利用されることについて問題が起こると考えられたので、各学協会にダウンロードを許可するかどうか意向確認を行った。

この結果、学協会側は、ダウンロードすると雑誌の購読に多大な影響が生じる可能性が高いことから、電子図書館システムとして画像情報のダウンロードをさせない方法を講じるのであれば提供を行ってもよい、とするところが多かった。

そのため、国立情報学研究所では、利用者が画像を表示するために特別のソフトウェアを使用しなければならないよう、システム開発を行い、この端末側ソフトウェアでは画像表示は行えても、ダウンロードはできないようにしている。

このソフトウェアは、ワークステーション用とパソコン用の2種類がある。ワークステーション用は、専用クライアントとして、UNIXの代表的なOS数種に対応したクライアント・ソフトウェアが用意されている。また、パソコン用は、プラグイン・ソフトウェアとして、Windows用のブラウザで利用するものと、Macintosh用のものとが用意されている。いずれも国立情報学研究所電子図書館サービスのホームページ上から利用者自身のマシンにダウンロードして利用できるようになっている。これによって、画像をダウンロードして勝手に再利用するなどの著作権侵害に当たる行為を防ぐことが可能となっている。

しかしながら、このような形でソフトウェアを国立情報学研究所で用意することとなったため、利用者が使用しているOSを常に意識すること、新たなOSまたは新たなバージョンが出現した場合にはそれに対応したシステム開発を行うことな

ど、研究所としてソフトウェア管理を継続的に実施してゆくことになっている。

5．著作権処理その三（著作権使用料の設定）

上記のソフトウェアを自身のマシンにインストールして電子図書館サービスを利用した利用者が、各学協会の提供する雑誌の画像情報を表示または印刷した場合には、予め電子図書館システムの中で設定されている個々の学協会の著作権使用料を参照しながら、課金額データがログ情報として蓄積されるような仕組みになっている。

電子図書館サービスにおける著作権使用料の設定は、コンテンツを提供していただく学協会の意向を尊重することを基本的な考え方としている。

著作権使用料設定の手続きとして、まず、著作権使用料を課すかどうかを学協会で決定してもらう。学協会によっては、研究者により広く学協会誌を見てもらうため使用料を徴収しないとの決定を行う場合も多々ある。

有料とする場合には、次に学協会の会員か非会員かで料金設定を区別するかどうかを選択してもらうことになる。これまでの設定状況から見ると、この差別化を行って学協会員への優遇措置を明示しているところが多いようである。

会員か非会員かの区別の後に、各雑誌の画像情報1ページごとに画面表示した場合、印刷した場合に対して設定する。この際に、内容による区別（目次と本文を区別する等）及び刊行年や巻による区別をするかどうかについても選択することが可能となっている。

この著作権使用料は、各学協会が電子図書館サービスに参加した時点でまず設定するが、毎年1月頃に国立情報学研究所から次年度の設定をどうするかを調査することになっており、有料から無料へ、逆に無料から有料に変更することも可能となっている。

以上のように、著作権使用料の設定については学協会の個々の意向を反映するため、かなり柔軟に設定できるように配慮していることが特徴的である。

6．著作権処理その四（覚書、申合せの交換）

著作権使用料をどうするかについて、学協会内部で決定された後、国立情報学研究所と各学協会との間で覚書及び申合せを交換することになる。

覚書は、電子図書館サービスにおいて作成するコンテンツについて、その作成及び取扱いにかかる基本的な事項を定めたものであり、国立情報学研究所所長と各学協会の代表者（会長または理事長など）との間で取り交わすものである。

この覚書では、研究所が作成することができるコンテンツ、利用者の範囲及びサービスの機能についての定義がされている他、他機関への再利用許諾、学協会へのサービス利用状況報告義務、利用者による著作権使用料支払義務等が定められている。

一方、申合せは、電子図書館サービスにおいてどの雑誌をどの範囲でデータ化するか、データ化したものをいつの時点から公開してよいか、著作権使用料を有料とするか無料とするか、有料とする場合の詳細な金額の設定について定めるものであり、双方の実務担当窓口である、国立情報学研究所コンテンツ課課長と各学協会の事務担当（事務局長など）とによって取り交わすものである。

なお、この覚書及び申合せの交換と平行して、著作権使用料の徴収事務に関する委託契約を第三者機関と締結してもらう必要がある。これは、著作権使用料については、各学協会が徴収を行うことが原則であるので、国立情報学研究所が直接関与することはできないためである。実際の徴収事務を代行する第三者機関として「電気・電子情報学術振興財団」を設定し、各学協会はこの財団と著作権使用料徴収に係る業務委託契約を取り交わした上で、実際の徴収事務全体を行ってもらうこととなる。

以上の、覚書、申合せ及び委託契約書については、平成10年度に所内で実施した「電子図書館における著作権講習会」において、弁護士を交えて文言の検討整理を行った結果、現在の形式になっている。

7．著作権処理その五（使用料請求、徴収及び学協会への支払い）

著作権使用料にかかる実務は、基本的には各学協会が行う作業である。実作業は、先に述べた業務委託を受けた財団が行っている。著作権使用料徴収に関する流れは以下のとおりである。

(1) 国立情報学研究所は、申合せによって定めら

れた著作権使用料を電子図書館システムの学会資料管理テーブルに設定する。
(2) 利用者が電子図書館を利用するごとに、設定されている著作権使用料が各利用者の利用ログ情報として記録されていく。
(3) このログ情報、利用者情報及び学会資料管理情報を徴収事務代行機関である財団に提供し、財団が各利用者に請求書を発行することになる(従来は年1回、年度末に請求している)。
(4) 利用者から財団に著作権使用料が納入される。
(5) 各学協会誌の利用状況に応じて著作権使用料が配分される。

8．まとめ

以上に述べてきた国立情報学研究所の電子図書館サービスの著作権使用料に係る全体的な流れをまとめると、図1のようになる。

平成11年1月の利用分から著作権使用料の徴収が開始されたが、初年度については全体額が少額であったこともあり、各学協会への配分作業まで到達しなかった。今年度初めて一連のサイクルを一回りすることができたことになる。

国立情報学研究所電子図書館サービスにおける著作権の取扱いは、このサービスを開始するに当たって避けて通ることのできないものであった。しかも、このような処理について確立した例がなかったこともあり、学協会との話合いを行いながら手探りで進めてきたものである。そのような意味でも今回紹介した著作権処理は、外部の日本複写権センター等とは関係をもたない独立した処理方法としてユニークなものであるといえる。

今後は、画像データフォーマットとして最近利用が多いPDFへの対応とダウンロードの考え方について整理をすること、著作権使用料徴収方法の改善など、これまでの実施状況にさらに検討を加えると同時に、制度面での整備と円滑な運用を目指してゆくことを考えたい。

参考文献

[1] 国立情報学研究所『NACSIS-ELS homepage (J)：国立情報学研究所電子図書館サービス』東京，国立情報学研究所，2000
(URL:http://www.nii.ac.jp/els/els-j.html)

[2] 安達淳"学術情報センターの電子図書館サービス"『医学図書館』44(1)，1997.3，pp.44-53

[3] 小西和信"21世紀に向けた学術情報提供サービス：学術情報センター電子図書館の開館"『現代の図書館』35(1)，1997.3，pp.9-14

[4] 学協会著作権協議会『著作権の集中と学協会（1996年新版）』東京，学協会著作権協議会，1996

＜　さかい　きよひこ　国立情報学研究所
　　開発・事業部コンテンツ課課長補佐　＞

電子図書館と著作権

図1　著作権使用料徴収の流れ

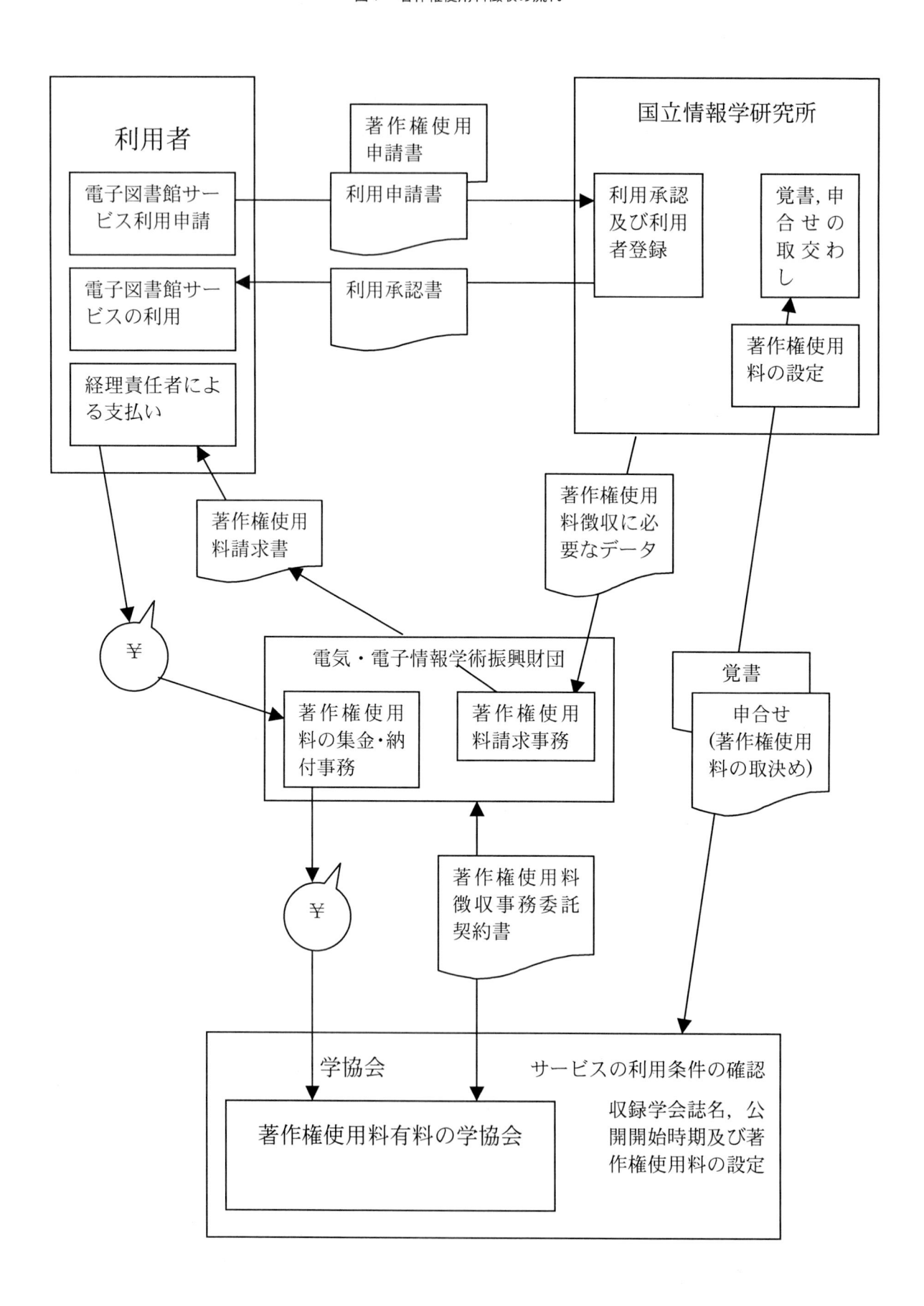

神戸大学「震災文庫」の電子化と著作権

稲葉　洋子

キーワード　阪神・淡路大震災、インターネット、著作権処理、電子図書館

はじめに

　神戸大学電子図書館システムは平成11年5月に披露式を行い、7月から正式にサービスを開始した。このシステムの中心は図1のように三つの大きな柱で構成されており、それぞれ独自の電子アーカイブを構築しながら、検索画面では総合的検索が可能になっている。

　このうち、一番大きな柱に位置づけている阪神・淡路大震災関係資料、通称「震災文庫」は、その資料の特徴から、また特徴ゆえに電子図書館システム稼働前からインターネットを利用したサービスを提供していた。その提供過程において、よりサービスを強化していくため、一次情報の公開、つまり著作権問題に向き合うこととなった。ここでは「震災文庫」の概要と、当文庫が過去2年間、進めてきた著作権処理について述べてみたいと思う。

1.「震災文庫」とインターネット

1.1 「震災文庫」の設立

　平成7年1月17日未明に起こった阪神・淡路大震災は未曾有の被害を阪神間にもたらした。神戸大学は、学生・教職員41名を失い、10カ月あまりにわたって避難所となった。震災当時、6館室

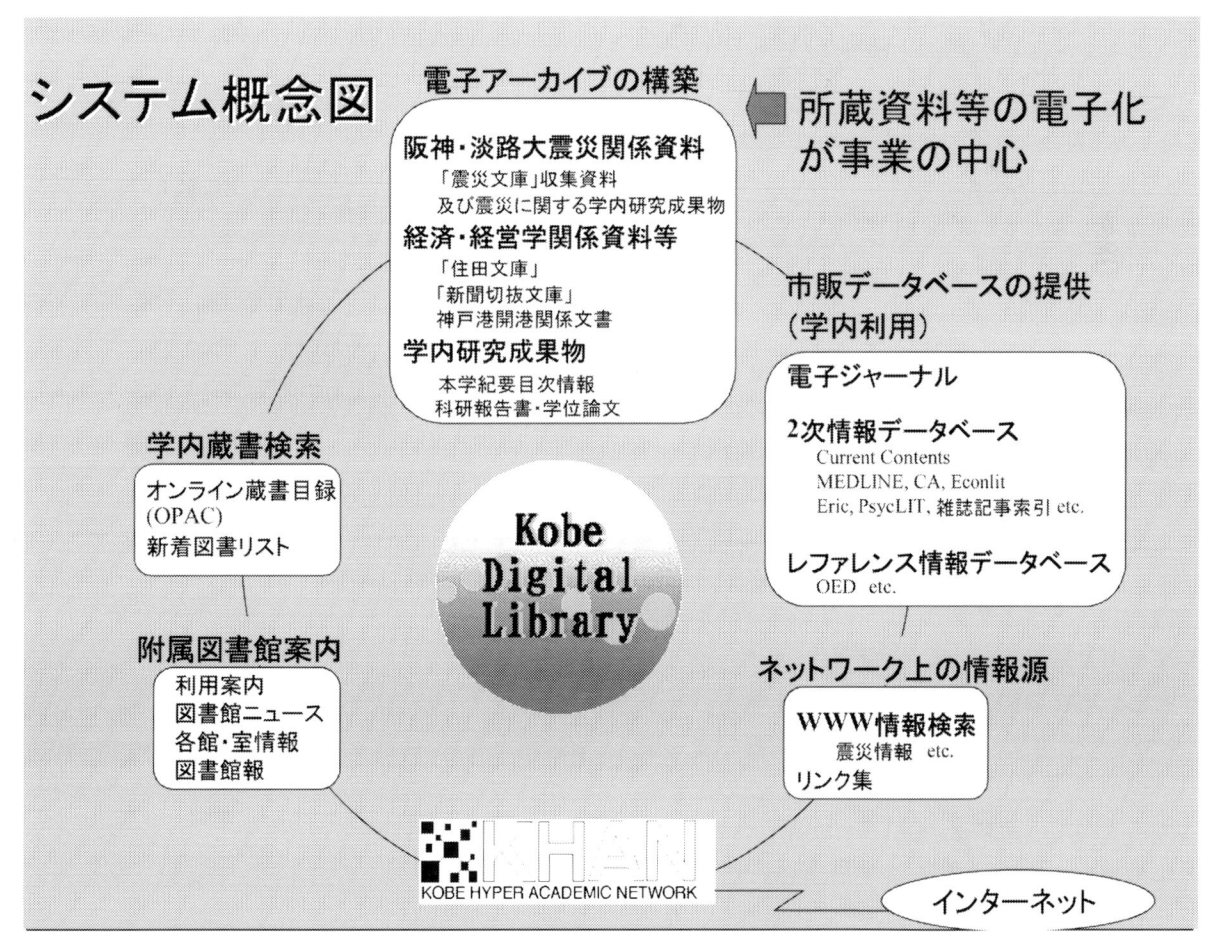

図1　神戸大学電子図書館システム概念図

で構成されていた附属図書館も、甚大な被害を受けたが、全国の大学図書館職員のボランティア活動によって応急の復旧作業がなされ、4月にはほぼ平常業務に戻ることができた。

大学の内外から震災資料を閲覧できるところはないだろうかという問い合わせを受けだしたのはこの頃である。当館では、被災地の中心にある図書館として、阪神・淡路大震災関係資料を網羅的に収集・保存・公開することにより、震災からの復旧・復興や防災に役立てていただこうという計画が持ちあがり、平成7年5月から正式に震災資料の収集を開始した。

地震直後は、国内においてさえ、被災地の状況がスムーズに伝わらなかった。しかしその時期に神戸市外国語大学が被災写真をインターネットで発信し、世界中に衝撃を与えた。

当文庫も、当初からインターネットによる情報提供を検討し、収集を始めて3カ月たった平成7年7月、収書速報を図書館ホームページで公開した。10月には「震災文庫」を開設、一般公開を開始する。これと時を同じくして、「震災文庫」ホームページを独立させ、検索機能や資料リストを提供してきた。このサービスを開始して、ちょうどこの秋で丸5年を迎える。

1.2 震災資料の特殊性

このインターネットを利用した収書速報や検索機能、リストを提供している裏には、震災資料の特殊性がある。

震災資料を収集するにあたって、網羅的収集というコンセプトで進めてきた。そのため、集まってきた資料は、通常図書館が資料と呼ぶ図書・雑誌のみならず、チラシ・レジュメ・記者発表資料・地図・写真・パンフレット・抜刷・ビデオ・録音テープ・音楽CD・FD・CD-ROMから点字資料までさまざまである。これら各種資料を同じレベルの書誌構造を持たせて目録作成をしようとすると、現在の図書や雑誌を登録する目録システムでは無理が生じる。このため、図書扱いする資料はNACSIS-CATに登録をするが、この図書も含めてすべての資料は別途「震災文庫」データベースに登録をしている。ここで構築されたデータベースに検索機能を持たせてインターネットで提供を開始したのが平成7年10月のことである。

1.3 デジタル化の推進と電子図書館構想

「震災文庫」が一般公開され、収集も着実に進んでいく中、褪色が心配される写真資料のデジタル化や図書館被災写真のデジタル画像公開を進めていった。平成10年9月末からは、チラシ等一枚もの資料の一次情報公開を求めて、著作権許諾作業に着手した。

平成11年7月、神戸大学電子図書館サービスが正式に稼働。「震災文庫」はこの電子図書館システムの中心に据えられ、目録情報より詳細なメタデータの構築がなされ、きめ細かい情報検索が可能になってきている。

2. 一次情報の公開

2.1 一枚もの資料の画像公開

「震災文庫」ホームページで検索をした結果、それがたまたまチラシ資料だったとする。そこで、その書誌をクリックすると画像が出せないだろうか、もし出せるならどんなに便利だろう、また利用者も遠方から当文庫までわざわざ足を運ばなくても、研究室や自宅から資料をみることができるのではないだろうかということを考え始めた。

特にチラシやポスターのような一枚もの資料は、図2のように資料総数の1/5強を占めている。

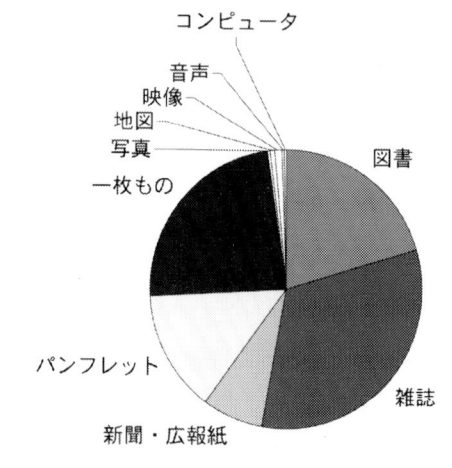

図2　資料区分別割合

その上、一枚もの資料の書誌作成は難しい。図書資料と異なり、情報源が少ない。利用者も図書館が作成した書誌から資料を想像することはなかなか困難である。さてこのチラシの一次情報を公開するには、どのような手順で行えばよいのだろうか。

2.2 一枚もの資料の著作権許諾

「震災文庫」所蔵資料は、そのすべてが、平成7年1月17日以降に世に出た資料であり、例外なく、著作権が生きている資料である。

この著作権処理の検討を開始した頃、文化庁著作権課に、手書きチラシのような資料の公開にも著作権処理が必要かどうか尋ねたことがある。その返事はインターネットを利用して公開する限り、絶対に必要である。ただし、「震災文庫」の趣旨からみて、許諾はとりやすいのではないかという返事をいただいた。確かに企業からも市民からも賛同は得やすい事業だと思われるが、その一方で著作権者は幼稚園児から国の機関まで多種多様である。今までに、一般の方々を対象に著作権処理を事業として取り組んだ例は、国立国会図書館「国際子ども図書館」の著作権処理とこの「震災文庫」くらいではないかと思う。

3．著作権処理

3.1 著作権処理の実際

インターネットで公開するために、一般の方々を対象に著作権処理をしようとするにはまだ基本的なマニュアルがない。まず、視覚障害者のために許諾作業を行うサービスマニュアルを参考に手順の検討を開始した。

チラシ等の一枚もの資料というのは、表あるいは表裏両面に情報が書き込まれている。その中から、著作権者に該当する個人や機関を特定する。そして、その宛先を特定していく。これが一番難しく、手間のかかる作業である。住所がわかり、ポストに投入した時点で作業の2/3は完了しているのではないだろうか。

阪神・淡路大震災をきっかけに多くのボランティア団体が生まれ、今も活動している。許諾作業を開始した平成10年秋、震災からすでに3年半経過し、住所だけでなく団体名の変更も多い。そして地方自治体でも課や係名の変更は結構多い。また、個人の方も同様である。ただ、幸いなことに当「文庫」では、当初から資料収集を依頼文書の郵送で行っていたために、電話帳や人名録、会社年鑑等を揃えて、ある程度住所を調べるノウハウが蓄積されていた。このノウハウを生かして次のように著作権依頼作業を進めた。

① 著作権者(個人・団体)自身へ、公文書の郵送によって依頼を行う。

依頼文書には、図書館側の担当者名を記載して、直接連絡がとれるようにしておく。

② 依頼文書と共に、著作権許諾をいただきたい著作物リストを添付する。

③ 切手を貼付した返信用はがきを同封する。依頼相手によっては、「震災文庫」のパンフレットも同封する。

④ 許諾をいただくと速やかに礼状を発送する。

3.2 著作権者の反応

依頼文書発送にあたり、震災資料にかかわっているスタッフ内で、問い合わせの電話に対してどのような応対をするか、事前に打ち合わせを行った。

インターネットについて、あるいは画像公開について等々、質問を予想して準備をしたが、実際に始めてみると、予想とは全然異なっていた。

まず、特に多いのが、こちらが送ったリストの資料は覚えがないという電話である。震災直後であればあるほど、その割合は高い。県や市町村においても、混乱の中、普通の手順を踏まず、出した資料もある。この問い合わせに対して、資料をFAXで送ったうえで検討をお願いする。

次に多いのは資料の内容に関するものである。まず、①チラシの内容は古いので公開するなら新しいものと交換したい。また、②古いものを公開すると、それを見て問い合わせがあると困る、という内容が実に多い。これらには、返信用はがきを送り返していただく際に、公開条件を記入していただく。著作権者が納得のいくように、その一つ一つに対応する。実際に公開する際、チラシの内容は期限済みであるとか、現在募集は終了しているとか、古い融資率であるというコメントを書誌情報に記述している。

問題もなく承諾いただけるケースが大半ではあるが、やはり気がかりな点や心配な点があればそれら一つ一つを、著作権者と合意していくことが大切であり、そこから信頼が生まれ、次の許諾につながっていくと考える。

実際に、追加資料をいただいたり、その追加資料を含めて許諾をいただくことも少なくない。

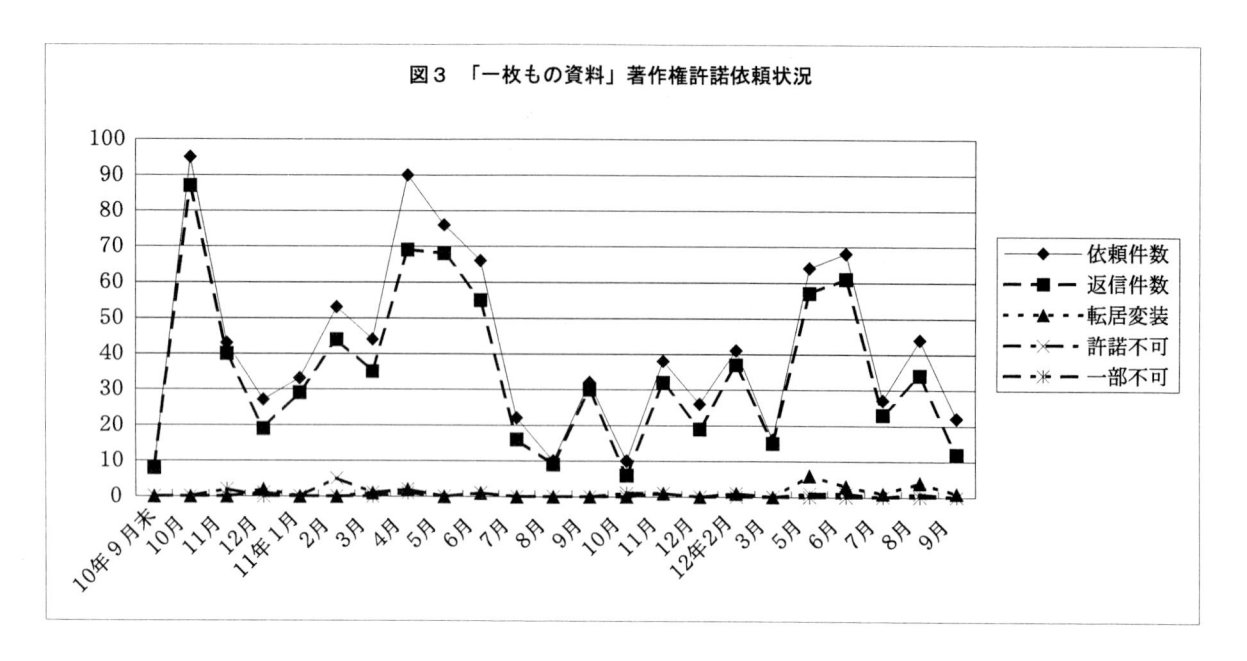

図3 「一枚もの資料」著作権許諾依頼状況

3.3 許諾の進行状況

許諾依頼文書の発送を開始してから約2年が経過した。その間の依頼件数と返信件数を表したものが図3である。85％弱の割合で返事をいただいている。しかし、これは返信用はがきをじっと待っていた結果ではない。

依頼文書を郵送して、数カ月間返事がない場合は、FAX番号を調べた上で督促文書を送信する。公文書で郵送しているため、このFAXを受け取ってから調べる機関もあるようで、すでに文書綴に保管されていたのか、綴じ穴のあいた返信用はがきが戻ってくる場合もある。

4. 写真の著作権許諾

電子図書館システムの稼働に伴い、「震災文庫」ホームページで公開しているメタデータが充実し、報告書等の目次情報も提供できるようになってきた。それに伴い、アクセス件数も着実に延びている。また、平成11年には台湾大地震やトルコ地震等、海外でも大きな地震が発生したこともあり、ますます海外からの利用も多くなってきている。

これまでも、日本語以外の資料収集に努力してきたが、言語に関係なく利用できる資料提供を検討し始めた。

その中でも写真は世界共通であることに注目をした。当「文庫」ではすでに、提供していただいた写真のネガを借用して、デジタル化を進めて保存・公開をしていたため、平成11年末からこれらの撮影者に許諾依頼を始めた。一枚もの資料と同様、公文書で依頼文書を郵送している。

写真資料は寄贈の際、必ずキャプションを作成していただいている。今回はこの写真1枚1枚に撮影者が付けているキャプションの許諾をいただくだけでなく、海外に提供するために英訳する許諾も一緒にいただいている。キャプションのデータを登録することにより、他の資料と同様に検索ができる。また、英訳をすることで、海外からも検索が可能になる。

こうして、許諾をいただいた写真は、検索結果とリンクをはって提供するだけでなく、ホームページ上にデジタル・ギャラリーというスペースを設けて、撮影者一人一人の写真集を見るように公開して、二通りの利用ができるようにしている。

5. これからの課題

平成12年秋から、写真に加えて音声資料、動画資料、そして全文データの許諾を開始した。

音声と動画はすでにいくつか許諾を得て、どのように提供できるか著作権者と検討を始めている。また、全文データ公開については、まず学内関係者が刊行した報告書から許諾依頼を始めている。

「震災文庫」では、当初から震災資料を収集・保存するだけでなく、資料利用を促進していきたいと思い、さまざまな試みをしてきた。その中で、資料の一次情報の許諾依頼をする上で、特に心がけていることがある。それは、「文庫」の趣旨を理

解して協力をしていただくこととは別に、著作権者がプロ・アマに限らず、資料を公開していく上で何か資料活用の可能性を提供していこうということである。

例えばプロの写真家が撮影した写真は、許諾を依頼しても権利関係が複雑で「震災文庫」ホームページで公開することは無理なことが多い。しかし、キャプションのデータだけでも提供していただければ、他のアマチュア写真のキャプションと総合的に検索が可能になる。また、アマチュアの方々とも写真や音声の作品が資料としてどれだけ防災に貢献できるか、一緒に考えていただくようにしている。

著作権者からも、意見や希望を聞くことで、思いがけないアイディアをいただく可能性もあると考えている。現に、音声や動画等については、昨今の図書館員より著作権者の方が詳しい知識やアイディアを持っていることが多い。共に知識を合わせていくことで、許諾依頼の枠を広げたり、公開する資料の枠を拡大できると考えている。

一般市民を対象に行う震災資料の著作権処理作業には、根気と勘、クレームや問い合わせに対する臨機応変な対応力と優しさが必要である。相手の立場と権利を尊重し、わかりやすい言葉で依頼文書を書く必要があるし、問い合わせに対しても誤解のないようにわかりやすく応対することが必要である。

インターネットによる「震災文庫」の資料公開は、著作権処理も含めて、いかに利用してもらえるか、どのように提供すれば利用しやすいのか、これを利用者や著作権者と共に考えていくことの蓄積であると思っている。

参考文献

[1]阿蘇品治夫 "電子図書館サービスと著作権処理－国立国会図書館所蔵児童図書を例にして－"『情報の科学と技術』48巻8号, 1998.8, pp.440-447.

[2]総務部国際子ども図書館準備室 "国立国会図書館所蔵児童図書の著作権処理について"『国立国会図書館月報』452号, 1998.11, pp.19-22.

[3]稲葉洋子 "震災資料の保存と公開－神戸大学「震災文庫」を中心として－"『大学図書館研究』no.55, 1999.3, pp.54-64.

[4]稲葉洋子 "震災資料の保存と公開－神戸大学「震災文庫」の動き－"『ネットワーク資料保存』第56号, 1999.7, pp.1-3.

[5]渡邊隆弘 "「震災文庫」のこれまでとこれから－電子図書館を中心に－"『Academic Resource Guide』第55号, 2000.2.

[6]菊池一長, 渡邊隆弘 "神戸大学電子図書館－その現状と計画－"『MAGE』v.21, 2000.3.

[5][6]は「神戸大学電子図書館システムドキュメント集」(http://www.lib.kobe-u.ac.jp)で公開中。

＜ いなば ようこ 神戸大学附属図書館
情報管理課企画掛長 ＞

電子著作権問題：ヨーロッパの今後
Electronic Copyright Issues: A European Perspective

Judy Watkins
Copyright Office, British Library

概要 ヨーロッパにおいて著作権とは非常に活発な分野であると同時に、頭の痛い問題でもある。新技術は図書館に新たな可能性をもたらしたが、それにより、図書館は新たな問題に直面することにもなった。著作権に関するヨーロッパの法律の多くは紙メディアに対して考案されたので、ディジタル環境に適用するには再度解釈する必要がある。この件に関しては、専門家をはじめ多くの人の間で、法律の実際の許容範囲をめぐり論議を呼んでいる。

欧州議会は現在、著作権に関するディレクティブの準備を進めており、このディレクティブが公布されると、全EU加盟国は2002年の終わりまでにこのディレクティブを各国内法に組み込むこととなる。このディレクティブが混乱している現状を明確にすることが望まれるが、ディレクティブの意味するところを厳密に解釈する必要があるので、結果として新たな問題が発生する可能性もある。

ここでは、現状の抱える問題、不安そして、将来の展望について論じる。

まえがき

常に変化する新技術の世界では、情報アクセスの新しい画期的なツールが絶えず登場する。ボタンを押すだけで、情報が世界中のワークステーションに素早く送信される。最近では電子図書館が話題になっており、文献を調べるために足を運んだり、従来の文書配送サービスに時間とお金を使ったのに、実はその文献の内容がタイトルから思ったほど自分が必要な資料ではなかった、ということもなくなる。いったん、資料がディジタル化されると、視覚障害者もアクセスできるフォーマットに簡単に変換できる。電子化文書の保管、配信には非常に利点が多い。しかし、新技術が開発されてしばらく経つにもかかわらず、最大限に利用されておらず、電子著作権の問題は未だに、多くの版権所有者、図書館員や利用者に不安を与える。

世界中の図書館の目標は、利用者に可能なかぎりの最高のサービスを提供することである。新しい技術を駆使することにより、図書館サービスのスピード化、向上が可能となる。版権所有者もまた、可能な限りの最高のサービスを大衆に提供することを望んでいる。より多くの作品がオンライン上で出版されると、出版、宣伝プロセスのスピードアップにつながる。図書館同様、より多くの人々に情報を提供することを目標としているのである。

しかし、図書館、版権所有者、そして消費者にとって大きな可能性を持つにもかかわらず、電子情報化は予想されたより進んでいない。その理由として、情報のセキュリティー、個人情報のセキュリティーや著作権法の制約を取り巻く不安があげられる。

現状

新しい法令が状況に応じて少しずつ加えられるに従って、著作権法も世界中で発展を遂げてきた。ヨーロッパでは著作権慣習や自然法の慣習から生じた法律がある。前者は知的財産の保護は普及を促進し、全体として大衆に利益をもたらすという概念で、大衆の利益を追求する立場をとる。それに対して後者は、作品の所有権、排他的な支配権を作者に委ねるという法である。時間の経過とともに、両者の区別が曖昧になり、各々の法律がベルヌ・ローマ条約のような国際条約を受けて発展してきた。しかし、著作権法は各国が独自に取り組むに留まり、ヨーロッパ各国の法律が異なる結果となった。多くの国が現在でも、紙メディアを対象とする法律のディジタル環境への適用を試みていることにも注目すべきである。

各国の著作権法に関する歩調の乱れが問題になってきたのは、最近である。紙メディアの環境では、ある行為が起こった場所ははっきりしていた。というのは、問題となる資料と行為者は同じ場所に存在したからである。国際協定では、行為

の発生した国の法律を適用することになっている。つまり、本はアメリカで出版され、行為者がオーストラリア人であっても、英国で行為が発生すれば、英国の法律が適用されるのである。インターネットの普及により、もはやこの原則も明確ではない。行為が発生した場所と作品が何千マイルも離れていることもありうる。こうなると、どの法に従うべきかはっきりしない。我々が法律を理解していればの話だが。

　ここ数年は、既存の法律のディジタル環境への適用が試みられている。これはあまり生産的とは言えず、問題を解決するより、新たな問題を引き起こすこともしばしばである。専門用語の定義は極めて不正確で、我々はコピー、ジャーナル、貸し付けという言葉を何気なく使っている。紙メディアではこれらが何を意味するか理解しているが、ディジタル環境で何を意味するかは全く別問題である。オリジナルと同品質のコピーを物理的にコピーすることなく転送できる。従来のようなジャーナルの保管も、学術記事が発表と同時にオンラインで出版されるので必要なくなる。そして、第三者が借りたものを手元においておけて、使用できる場合、これを貸し付けと言えるのだろうか。用語が明確に定義されている場合でも、それが常に役立つとは限らない。例えば、英国法のもとでは、ウェブサイトはケーブル放送番組ともデータベースともとれる。専門用語が明確にされるまでは、ディジタル情報に対して我々ができることとできないことが把握できない。著作権を尊重するのはよいが、図書館は慎重になりすぎると、人々に歓迎されるようなサービスの向上ができなくなる可能性もある。

著作権の制約と例外

　我々が著作権に関して知っているのは、著作権は制限的な傾向があり、ある行為に関しては、版権者か版権者の許可を得たものにのみ認められるということである。その典型的な行為は次の通りである。
・複製
・著作の翻案、翻訳
・内容の公開
・貸し付けと借り受けによる収入
　しかし、どの国でも版権者の権利に対してなんらかの制限や例外がある。英国やオランダには図書館に対する特別条項がある。この特別条項により、図書館は版権者からの事前の許可なしに、書籍やジャーナルの内容のある割合までのコピーを利用者に提供できる。オランダではこの表現が、多くの人に利用者の要請で、かつ利用目的が私的であれば、著作物全体をコピーできると思い込ませてしまった。英国では、"法外でない割合"の研究論文のコピーが認められており、その割合は一般に10%とされている。コピーの作成は利用者の要請によらなければならないので、図書館が主体的になることを妨げ、利用者が面白いと思うような記事を届けることもできない。英国が抱えるさらなる問題は、この利用者の要請が法的に認められるためには肉筆の署名が必要であるということである。この条項の導入で、タイプや刻印による署名が認められなくなった。これはまた、今日多くの場面でディジタル署名が法的に認められているにもかかわらず、ディジタル署名を認めないということになった。この必要条件が撤廃されるまでは、英国の図書館は特別条項を活用して、真の電子文書サービスを提供することはできない。

　このような特別条項のない国では、図書館は公正な待遇というようなより一般的な条項を適用する必要がある。これは権利というよりは防衛策で、図書館は版権の侵害で告訴される可能性があり、その正当性を証明しなければならない。"公正"の概念は主観的で、判断の際にもあらゆる要因が考慮される。

ディジタル環境

　紙メディアが厄介だとすれば、ディジタルメディアは見えない問題を無数にはらんだ、まさに地雷地帯である。ディジタル環境を具体的に取り扱っている法律がほとんどないということも問題の一端である。過去5年にわたり、欧州連合の加盟国は新しいディレクティブの導入を待っているが、共通の見解が2000年の6月に合意され、加盟各国の国内法に2002年の終わりまでに導入される予定である。理論的には、現在の例外がディジタル環境に当てはまる。しかし、その例外の多くは"コピー1部"に特定されているが、多くの電子プロセスにおいて、コピーは自動的に複数作成されるものである。公正な待遇や公正利用という用

語が解説なしに用いられている場合は、ディジタル化された情報において何が許容されるのか決定するのは困難である。ディジタル化された情報は、品質が劣ることなく、容易にコピーができる。そして、さらにそのコピーから品質を落とさずにコピーができる。市場には、必要な料金を支払うことなく無許可で作成されたコピーが氾濫する可能性がある。これが、複写機によるコピーやオーディオテープの発展に伴う不安とディジタル技術のはらんでいる不安との違いである。複写機やオーディオテープによるコピーの場合、時間もかかり、コピーするたびに品質も悪くなる。消費者は、まともな作品が必要ならば原本を購入しなければならなかった。従来の複製方法といえば、海賊版は発見しやすく、購買意欲をかき立てず、対面式の流通方法なので、販売には危険を伴った。複製が容易であると同時に、ディジタルコピーは版権者や消費者に作品の安全性や同一性に気をもませることなく、簡単に跡形もなく改造できる。

ほとんどの著作権法では、紙メディア作品の拾い読み、伝達、その電子版を保存することは違法行為とみなされる。多くの図書館にとって、利用者の要求に応えるために必要なのは、まさにこういった行為なのである。だからこそ、ライセンスを取得するか、各々の項目に関して許可を申請するべきである。前述のような不安から、許可が下りない場合が多く、下りたとしてもけたはずれの手数料が必要である。ディジタル化された著作物は品質を落とすことなくコピーが可能な上、何の表示もなしに修正される可能性がある。版権者は著作権侵害と著作物の同一性の問題に不安を抱いている。彼等は、作品の保護と必要に応じて報酬を保証されるべきである。

視覚障害利用者に対する特別条項

著作権法は視覚障害利用者に対する情報特別条項の障害となることが多い。現実に、情報の多くは文書なので、視覚障害者の利用は困難である。従来の印刷物は、身体障害者にとって非常に利用しにくい。しかし、図書館は体に障害を持つ人にもサービスを提供する義務がある。こういった人々がコレクションを利用できるようにする一番容易な方法の1つが、ディジタル化である。そうすれば、利用者は合成発話、ブライユ技術、文字を拡大するなど好みの技術を使って利用できる。しかし、そのためには著作物のコピーを作成することが必要で、コピーの作成は版権者の排他的権利である。

視覚障害者やその他の障害を持つため印刷物の利用が困難な人々の特殊な事情に対し、特例を認めている国はごくわずかで、ディジタル変換、保存を認めている国はさらに少ない。これら、特例や特権を認めている国々の中でも、その適用範囲は異なる。EU（欧州連合）内には目の不自由な人のために、いくつかの利用しやすいフォーマットの製作を許可している。しかし大多数の国では、コピーが図書館に対する特権、公正待遇、公正利用の通常の許容範囲をこえている場合は、許可の申請が必要である。著作権の許可申請には時間がかかり、たいてい無駄骨に終わってしまうのは周知の事実である。EU内でオランダだけが、版権者がある一定の期間内に返答しなければ、許可を認めたとみなす条項を設けている。

今後の展望

EUディレクティブ草案

待望のヨーロッパ・ディレクティブは法制化どころか、欧州議会を通過さえしていない。しかし、最新のディレクティブ草案を見ると最終的に何が組み込まれ、排除されるかが見えてくる。

欧州連合（EU）域内市場は、加盟国内の物やサービスの自由な動きを妨げる障壁を取り除くために誕生した。特定の法律の調整は、国際市場の歪みの原因となる障害をなくす方法の一つとみなされていた。調整の必要な分野が特定できれば、欧州委員会がディレクティブ草案をまとめ、関心のある加盟国間で広く協議される。そしてディレクティブ草案は、異なる見解を考慮して（たいていは複数回）修正される。そして草案は欧州議会での承認後、公布される。加盟国は一定の猶予期間が与えられ（通常は2年）、その間にディレクティブが国内法に組み込まれる。その際、既存の法律の修正命令による場合や新たな法律が提出される場合がある。

著作権とその関連権は、ヨーロッパにおける情報化社会の発展に重要な役割を果たしているとみなされてきた。1996年に議会が発行した「著作権とその関連権の補足緑書の概要」では'ヨーロッパ

の情報化社会の発展には新製品とサービスに対する単一市場が不可欠である'と述べられている。単一市場は新製品やサービスを生み出すが、効果的であるためには、安定していて、かつ十分な投資条件と法的安定が必要である。断片的で一貫性のない新技術への対応は、域内市場に悪影響を与える。この見解が「情報化社会における著作権および関連権の特定見解の調整に関する欧州議会、欧州評議会ディレクティブへの提案」（ディレクティブ草案）。指示案はWIPO著作権条約の履行も目標としている。ディレクティブ草案が初めて欧州議会と欧州評議会に提出されたのは1977年1月27日のことである。

このディレクティブ草案は、著作権の保護とともに保護手段（下記参照）、複製権、頒布権、公表する権利、そしてこれらの権利の例外に対応している。複製権が版権者の排他的権利であるため、版権者は作品の全体または一部を、手段を問わず、あらゆるフォーマットに複製できる点である。これは、コンピュータによって自動的に作成されたコピーは違法コピーであることを示唆しているようだが、複製権には例外規定が一例ある。5条1項は'一時的な複製行為が…技術的工程の必要不可欠な部分で…経済意義を持たない場合'は複製権から除外すると定めている。これは朗報ではあるが、'一時的'、'不可欠'をより明確にする必要がある。しかし、少なくともスクリーン上での閲覧、ブラウジングはおそらく認められるだろう。

大衆への伝達の権利は版権者の排他的権利で、版権者はネットワークをはじめ、あらゆる手段によって著作物を大衆に伝達することができる。面白いことに、ここで言及されているのは作品全体のみで、作品の一部について言及している複製権とは異なる。この結果、作品の一部の伝達は違法行為とは言えないのではないかという提案がなされた（オッペンハイム、1999）。

例外規定が1例認められている一方で、任意例外の一覧が存在する。このことは、ディレクティブ草案の目的の一つに域内市場を助成するために、EUの著作権法を統一することが掲げられているだけに、意外である。一覧は徹底的で、その例外が一覧に含まれていなければ、EU加盟国はその例外を国内法に組み込むことはできない。しかし、その他のそれほど重要ではないケースには、国内法のもとで既に例外が存在するという決定的な落とし穴がある。

現在は、欧州図書館ロビーの働きかけによって、この一覧に含まれる例外の数も増え、図書館が既に行っていることや、行いたいことをほとんど網羅している。起こりうる例外を全て網羅することは不可能だが、主な不安をいくつかまとめてみた。

いくつかの例外は版権者に公正な補償を謳っており、著作権のある作品の消費者の間で不安が高まっている。ベルヌ協約とディレクティブ草案は共に、著作権法の例外が通常の作品利用を妨げてはならないと述べている。つまり、例外が存在する場合は、版権者の権利（経済的にも倫理的にも）が影響されることがあってはならないということである。版権者が損害を被ることがなければ、補償をうけることもない。補償額をゼロに設定することも広く受け入れられているが、補償額の引き上げが懸念されていることも事実である。例外には、明確な定義の不足というさらなる問題がある。複製権と大衆への伝達権には、「教育や学術調査の解説目的にのみ」例外が認められている。解説の定義もなければ、解説が教育にも学術調査にも当てはまるのかも明確にされていない。また、学術研究に該当する内容についてのガイダンスもない。しかし、商用研究に対する例外が削除されることは確かである。英国では「非商用」という語句が1988年の意匠権ならびに特許法の草案から削除された。これは、商用研究が認められたということである。何をもって商用とみなすかというガイダンスがなく、その違いが必ずしもはっきりしない大学にとっては特に懸念される点である。また、楽譜は全ての例外から除外されるようにも取れる。今のところ、今後の行く末はロビイストと国会議員の手に委ねられている。

著作権保護システム

ここ数年、ECMS (Electronic Copyright Management Systems) のように著作権保護メカニズムの慌ただしい発展活動が見られる。基本的にこれらのシステムは、全関係者（利用者を含む）の権利の確定と行使を助長する技術とプロセスの集合体で、同時に文献の同一性も保障する。また、版

権者が著作物を電子保存、伝達をすることを再確認し、促進するものでもある。そして、利用者は個人情報や読書習慣の機密が保持されると同時に、文献の同一性も保障される。こういったシステムが発展したことで、ディレクティブ草案の中でアナログ複製とディジタル複製を区別することが望ましいかどうかについて、意見の相違が発生した。保護技術システムでディジタルコピーの十分な保護が可能であるにもかかわらず、ディジタルコピーにアナログコピーより制限が加えられる必要はない。

　EUのディレクティブ草案は、技術的保護手段の回避を禁止している。また、これらの保護手段の回避を主要目的とした、装置の製造も禁止されるであろう。ECMSや同様のシステムの発展当初から、批評家は著作権法の例外が受け入れられないのではないかと懸念していた。その結果、利用者が保障されている例外を尊重するための回避をディレクティブ草案では考慮している。もちろん所有者が各自のECMSに必要な手続きを組み込むことが望まれる。

ライセンス

ライセンス案

　ライセンスは今に始まったことではなく、文献供給者の多くがサービス向上のために、長年ライセンスに依存してきた。しかし、ディジタル環境において、その重要性がさらに高まっているようである。EUのディレクティブ草案ではライセンス案を擁護しているように見えるが、図書館関係者の間ではライセンスが例外に有利なように助長されるのではないかと心配されている。そこで、ライセンスに関する賛否両論を検討する。

　世界中に数多くのライセンス案が存在し、さまざまなフォーマットの著作物に対して多様な用途の許可を取り扱っている。ライセンス案は、版権者(より一般的には版権者の代理機関)がさまざまな利用者との契約交渉をすることを認めている。この契約によって、誰がどのような条件で、といった実行可能な活動内容が特定される。こういった形態のライセンスは、利用者がその都度許可を申請することなく、例外規定以上の活動ができることを認めることになる。不文法の国々では、ライセンスには公正待遇というような不明瞭な分野を明確にするという付加価値がある。

　通常ライセンスは国内で協議されるが、より規模が大きくなると(例えば複製権や上演権)、国家間の関係機関の協定により、国際的に協議される。さらに問題となるのは、一つの代行機関が一つのフォーマットを取り扱うのが一般的なので、マルチメディア時代では、文書、音楽、写真、各種パフォーマンスというように、別々にライセンスが必要な点である。

　ライセンス案は柔軟性があり、新しい状況にも比較的迅速に対応するという点で有利である。法的手続きに時間がかかることは周知のところである。

　しかし、効力を発揮するためには、ライセンス案は大手版権者の作品を含み、かつ著作権所有者に承認される必要がある。オランダでは、集金機関であるReprorechtは当初、問題を抱えていた。多くの協会が版権者の代表としてのReprorechtの妥当性に異議を唱え、結果としてReprorechtに手数料を支払った団体はほとんどなかった(Visser, 1995)。

シュリンク・ラップ・ライセンス

　ディジタル環境において、各製品に対するライセンスの増加が見られたが、これについて図書館が心配していることがある。たいていのCD-ROMには、版権者の事前の許可がない製品の貸出しや複製を禁止することを記したシュリンク・ラップ・ライセンスがついてくる。CDを開封することは、この使用条件に同意したことになる。このようなライセンスの合法性についてはいろいろ論議されているが、パッケージが開封される前に使用条件が明確に示されており、仮にそのCDが返品されることになったとして、その時に使用条件が守られていないことが分かれば、法的効力が執行されてもさしつかえない、とする業界関係者が増えている。

　図書館の多くはテストケースになるリスクを負うことを好まず、こういった製品の購入は避けているため、電子図書館に対して高まる要求に応えきれていない。さらに、製品によってはライセンスが非常に複雑で、特定の状況下での特定の活動しか許可しない場合がある。このような場合は、図書館関係者がどの製品にどの制限が適用される

か十分に理解しておく必要がある。

結論

ヨーロッパでは、その他の地域と同様に、我々は岐路に立たされている。多くの要因から進むことが可能な進路、最終的な進路が決定されるだろう。唯一はっきりしているのは、我々は旅の終わりにはまだまだ遠く、この先、さらなる問題に直面し、また可能性を発見し、問題を解決していくことになるであろう。

これが著作権と情報提供分野が刺激的である所以である。

参考文献

Copyright Licensing Agency. http://www.cla.co.uk/ retrieved 8 August 2000.

Dutch Copyright Act. http://www.ivir.nl/documentation/legislation/copyrightact.html Retrieved 8 August 2000.

EUROPA. Community Legislation in Force. Council Directive 93/98/EEC http://europa.eu.int/eurlex/en/lif/dat/1993/en 393L0098.html Retrieved 12 October 2000.

European Commission. 1996. Follow up to the Green Paper on Copyright and Related Right in the Information Society. Pub.Brussels 21.11.96 COM(96)568 final.

Institute of Information Law. Copyright Aspects of the Preservation of Electronic Publications. Publ.1998, Universiteit Amsterdam. ISBN 9074243 126

Norman, Sandy. 1998. Copyright Issues in Document Supply. In Interlending and Document Supply: Resource Sharing Possibilities and Barriers. IFLA Office for ILL.

Oppenheim, Charles. 1999. The Legal and Regulatory Environment for Electronic Information (third edition). Infornortics.

RNIB. A Right to Read: The impact of copyright law on visually impaired people. Campaign report 10. Publ. 1999, Royal National Institute for the Blind. ISBN 1 85878 237 6

UK, Copyright, Designs and Patents Act 1988. Sections 37-43

Visser, Dirk. 1995. Reprography; Recent Experiences in the Netherlands. In Copyright World. Issue 47, Feb. 1995 pp. 42-45.

WIPO. 1996. Copyright Treaty. http://www.wipo.int/eng/general/copyright/wct.htm

＜ 訳　拝師佳代子　はいし　かよこ　翻訳家 ＞

「電子社会における知的財産」シンポジウム資料
平成12年11月11日（於国際高等研究所）

電子図書館時代の著作権について

長尾　眞

1．電子図書館への移行

　図書館は古くから人類の英知の蓄積の場として存在してきた。特に印刷技術の普及によって、本の形で創造的な知識が発表され流布され広く読まれてきた。人類の英知はこのようにして主として本の形で発表され定着されてきたので、図書館は本を体系的に集積することが仕事の中心であったといってよい。

　ところが19世紀になって多くの人が知的創造の仕事にたずさわるようになり、新しい知的創造をできるだけ早く、できるだけ多くの人に知らせようとする目的から雑誌という形式の出版物が成立するようになってきた。本では書くのに長時間を必要とし、またその出版にも年月を必要とし、新しい知識創造の内容を迅速に伝えるのには向かないのである。このような雑誌という出版形態が一般となるにおよんで図書館の収集の中心が雑誌に移っていったのは当然のなりゆきである。特に自然科学の専門図書館の収集対象の中心は完全に雑誌となっており、この状況は今日までつづいてきている。

　ところがInternetが急速に発達してきた今日、新しい知的創造はコンピュータの上で書かれ、Internetなどのコンピュータネットワークを通じて全世界に発信されるという時代になってきた。こうすることによって新しい情報は瞬時にして全世界に知らされ、その情報をもとにしてまた新しい知識が創造される。このような情報環境の変化に応じて学術雑誌も徐々に電子雑誌の形態をとるようになってきており、近い将来、主要な学術雑誌はほとんど全て電子ジャーナルの形となるものと推定される。研究者は新しいアイディアや成果についての先取権を争うので、電子ジャーナルを飛びこして個人が直接国際的な学術情報デポジトリーに成果を発表するということが行われるようになる可能性も高い。このような時代になると図書館はいやおうなく電子図書館となり、電子雑誌や学術情報デポジトリーなどコンピュータネットワーク上の新しい電子形態の知的創造物の収集を活動の中心におかねばならなくなるだろう。

2．電子図書館が収集の対象とすべき情報

　今日Internet上にはぼう大な情報資料がのせられ利用できるようになっている。そして毎日、時々刻々新しい情報が作られInternet上でお互いに交換されている。これらのうちのある物は文書として存在している物の電子化版であるが、非常に多くは電子媒体の上にのみ存在しているものであり、これらの多くは日々更新されたり、また消滅させられたりしている。

　こういったnetwork上の電子情報のうちのどの部分を人類の共通財産として電子図書館の収集対象とし、永久保存すべきであるかを考えることが必要である。情報の中には公的なものから私的なものまでいくつもの段階があり、どの範囲を収集の対象とするかは非常に困難であるが、国際的に検討すべき事柄であろう。紙の上に表現された情報は意識的に保存することをしなくても、ある程度残り、後世になってからでも収集することがある程度可能であろうが、電子情報についてはそれを期待することはほとんど不可能である。したがって電子情報の収集・保存をどうするかは早急に検討すべき課題である。

3．電子図書館と著作権

　電子図書館における利用者への情報の提供は従来の図書館のような本や資料の貸出しという概念でなく、コピーという概念でとらえるべきものである。電子媒体に記憶されている情報は読み出して利用者端末に送っても、元の情報はそのまま記憶装置に残り、同時に何人にでも貸出しが可能で

ある。したがってこれを無料で利用者に提供するということは、著者・出版社にとっては深刻な問題であり、無料の電子図書館に協力することはできないだろう。もっとも研究者が発表するオリジナル論文で、それで利益を得ようという意図は全くなく、できるだけ多くの人たちに読んでもらって著者の独創性を評価してもらいたいといった場合は別である。多くの学会雑誌はそういった性格をもつものである。しかしここでも電子ジャーナルを無料にすることができないという事情がある。それは、もし無料にすれば学会という組織が成り立たないということになるからである。商業出版の場合とはちがうが最低のコストに見合う料金は取らざるをえないだろう。しかしそういった種類の電子ジャーナルの場合でも、現在は国際的な大手出版社の独占支配になりつつあり、かなり高い値段をつけているのは残念といわねばならない。

現在の著作権の存在下において、電子図書館が成立するためには電子図書館が利用者から適当な料金をとり、これを著者・出版社にうまく還元するシステムを作り、これによって著者・出版社が電子図書館に参加しない場合にくらべて十分利益があがるということを実際に見せることが必要となるだろう。またそのように料金の設定を行うことが必要となる。

それでは図書館の基本的な精神である、貧富の区別なく人類の英知の蓄積を自由に利用可能とするという枠組はくずれ去ってしまうのだろうか。この図書館の精神を維持してゆくためには次のような工夫が必要であろう。それはたとえば市民の生活する多くの公的な場に電子図書館閲覧場を作り、そこに来て電子読書するのは無料であるとし、そこでの情報の印刷出力や電子的コピーはできないようにしておくのである。なお一般家庭の電子図書館利用端末においても情報の再コピーはできない仕掛けを作っておく必要があることはもちろんである。

4. 著作権における諸問題

これからの情報社会という立場からは現在の著作権は大きな問題を含んでいる。著作権はもともと出版ということがあまり盛んでなかった時代の著作者およびその子孫に対して財産的保護を与えるために作られたものであって、今日のように誰でもが情報を発信し、また情報を加工し活用することのできる時代に適合したものとは言えないのではないだろうか。そういった点からも著作権が死後50年間に及ぶというのは現代には合わず、少なくとも著者の生存中に限定し、家族・子孫には及ばないようにすべきだろう。

今日、著作者は自分の著作を全くすべて独創的に作り出すことはできないのであって、過去の人類の知識の蓄積の上にたち、他の著作者の著作物から多大の恩恵を受けて自分の著作物を作り上げているのであるから、その著作物が他の人々によってできるだけ自由に利用されるようにする義務があると考えるべきであろう。またいったん著者が公表するときめた著作物を誰には使用させるが誰には使用させないというのは、公表という意味からすれば矛盾を含んだ考え方である。特にネットワーク時代における電子的公表は、すなわち一般の人の無差別の利用可能性を意味すると考えるべきであろう。もちろんアクセスの範囲を限定した公表は別である。

これまでは著作者の権利保護という立場が圧倒的であったが、時代は徐々に利用者の知る権利、人類の知識の自由な利用の権利という立場を尊重する方向へ変わっていきつつあるということを十分認識すべきであろう。ネットワーク上に発表した物は無制限に自由に使ってもらってよいと宣言する著作者も出てきているし、フリーソフトウェアも数多く出まわっている。Linuxというオペレーティングシステムがただで自由に使え、すぐれた性能であるところから、従来のパソコンのオペレーティングシステムに取って代りつつあるのはその典型例である。

ディジタルネットワークの時代になって、著作物を電子化し、コピーしたり送信したり、また変形・変更もかなり自由にできるようになったところから、このディジタルの世界で新たに強い著作権を設定するようになってきているが、これは全く時代に合わない方向であるといわざるをえない。著作物をコピー機でコピーするのと遠くへファックス送信してもらうのとは何らの相違はない。送信先のコンピュータの記憶装置にコピーが残る問題については、他に転送したり2度コピーができないようにハードウェア、ソフトウェア的にする方向で対処するのが正当であろう。

IFLA（国際図書館連盟）は2000年の年次大会で著作権制度の諸規定はディジタルの場合にも異なるところはないとの声明を発表しているが、当然のことである。この年次大会で採択されたその他の内容も著作者の権利と利用者の権利について微妙な妥協をしたもので、現時点で十分尊重すべきものと考えられるが、将来はもっと利用者の立場の方向へ行くことが想定される。

　文化庁はコンピュータやインターネット上の著作物等の教育における利用を円滑に行えるように著作権の権利制限規定の見直しを行っているが、できるだけ自由に利用できる方向で、検討を進めるべきであろう。そもそもインターネット・ホームページに公開された情報は特別な制限条件がついていない限り、誰もが自由に見ることのできるものであることが前提されているのであるから、これをプリントして配布することも許されるべきものであろう。インターネット上の情報が著作権を侵していたり、犯罪的な行為である場合に対処するために、ディジタル著作権法を制定し、プロバイダーが権利侵害防止に協力しやすくするという方向で議論がされつつあるが、利用者の立場を十分に考慮すべきものであろう。

5．新しい著作権システムの必要性

　とは言っても現在の著作権の枠組を根本的に変えることはできないから、電子出版物については、せめてたとえば次のような枠組を考えてみることを提案したい。これは許諾権から利用料の請求権への転換である。

(1)　著作者は著作権を誰には使用を許すが誰には許さないといった許諾についての選択はできないものとする。出版者を一般読者との区別をしないで、誰もが他人の著作物を自由に利用し発信する権利をもつ。

(2)　著作物にはその著作者、所有権者、種々の条件における利用料金、支払先コードなどの著作物情報をつけ、利用者はこれに基づいて著作者に利用料金を支払うものとする。料金は著作物のどれだけの部分を利用し、何回（何部コピーして）発信するかにもよる。

(3)　利用者は他人の著作物の一部または全部を利用者の著作物中に取り込んで、種々の情報を付加したり変形したりして新しい著作物を作って発信（電子出版）することができる。その場合、本質的な意味における著作者人格権にかかわる変形などの加工については個別に著者の許諾を得ることを必要とするが、その他の部分については料金を支払いさえすればよい。

(4)　このようにして利用者が作る新しい著作物の著作権は利用者がもつが、その中に含まれる他の著作者の著作部分が明らかに区別できるようにしておかねばならない。

(5)　ある著作物の利用料金の中、他の著作者の著作部分に相当する料金は上記(2)で定めたものであり、この料金部分はその著作者にわたるものとする。これは他の著作物の中に含まれる他の著作物というようにさかのぼって適用される。

(6)　ある著作物に含まれる他の著作者の著作部分の総量が一定以下である場合、または他の著作者に支払うべき金額が一定以下の場合には、その著作者は利用料金の請求権を放棄するものとする。

　これをもう少し詳しく説明すると次のようになるだろう。

(i)　著作者

　全くオリジナルな著作物を作った人はもちろんのこと、そのほかに他人の著作物を用いて何らかの創意を付加した物を作った人もその物についての著作者とする。

（例）オリジナルな文章を作った人の文章を読みやすい形のページ建ての本の形にして出版した出版者は、その加工の部分に創意工夫があり、その意味でその本の著作者である。オリジナルな文章を作った人は本の形になった物の著作者とはみなさない。その人はその本の中に存在するオリジナルな文章部分の著作者である。

(ii)　著作物

　1つの著作物は、全くオリジナルに作った部分と、他の著作物の引用や、他の著作物の加工により作った部分という3つの部分からなり、その区別は明確でなければならない。

著作者は著作物を公開、非公開のいずれかに決定しなければならない。

(ⅲ) 非公開著作物

　特定の人にしか渡さない著作物で、その際相手との契約によって金銭の授受がありうる。(例)作者が出版者に原稿を渡す場合がこれに当たる。出版者はこれを編集して本という公開の著作物として出版する。この場合原稿の著作者は本の著作者とはみなさない。それは出版者であると考える。ただその本の中の内容の部分についての権利は作者がもっていることに変わりはない。インターネットなどを通じて著者が直接に著作物を公開する場合は著者が出版者と同等となる。

(ⅳ) 公開著作物

　著者(出版者も著者)は自分の公開著作物について他人(使用者)の使用の様態に応じた使用料を明示的に設定して著作物を公開する。

　使用者はその使用料の条件下でその著作物を自由に(許可を取ることなく)使用することができる。

　使用の様態としては、たとえば、1回だけ読む、手元に保存して何回も読む、1部を取り出して使用者の著作物の中に引用する、1部を取り出してある種の加工をして使用者の著作物の中で利用する、などの場合がある。加工が本質的な意味における著作者人格権にかかわる場合は、原著作者と加工して利用する使用者との間で別途契約を必要とする。

(ⅴ) 使用料の還元

　著作物の全部または1部を使用することによって支払われる使用料金は一旦著作者に入るが、使用された著作物部分に含まれる他人の著作部分の比に応じて著作者からその他人に対して按分され渡されるものとする。これは遡及的に他人の著作部分に対して適用される。

　このようにすれば、著作者(あるいは出版者)の公開した電子出版物は誰もが自由に利用する道が開けるだろう。出版者はページ内での文章の配列を工夫したり、挿し絵を作ったりという著作行為によって、部分的には著者としての権利を持つが、読者や著作物の利用者の使用のありうる様態を十分よく詳べ、それらの様態に応じた料金設定を詳しく行う必要があるだろう。著作者・出版者はよく行われる利用の様態に対しては、それら全てに対しての使用料金を明示し、特殊な使用および加工・使用については個別契約とする必要があるだろうが、著作者人格権を侵すと判断されるものでない限りは、それらの使用に対して著作者・出版者は禁止的態度で使用者に対してはならないことは当然である。

　このような考え方による料金徴収と還元は電子ネットワーク上でのソフトウェアをうまく作ることによって実現することができるだろう。いずれにしても、このようなシステムを実現することによって、多くの人がこれまでの知的財産を利用して新しい知的創造が自由にできる環境を作り、著者や出版者が自発的にこれらの著作物を電子図書館に提供するようにしなければ、電子ネットワーク上の人類の文化の発展が促進されず、知的資産は使われずに消えていってしまうことになりかねないのである。

＜　ながお　まこと　京都大学総長　＞

電子図書館施策の今後

濱田　幸夫

キーワード　図書館予算、著作権

1. 大学図書館の位置づけ

　図書館を主な利用対象により分類すると、大学図書館、公共図書館、学校図書館、専門図書館などに分類できる。これらを法令に基づいて分類するとおおむね以下のようになる。

〔図書館の体系〕

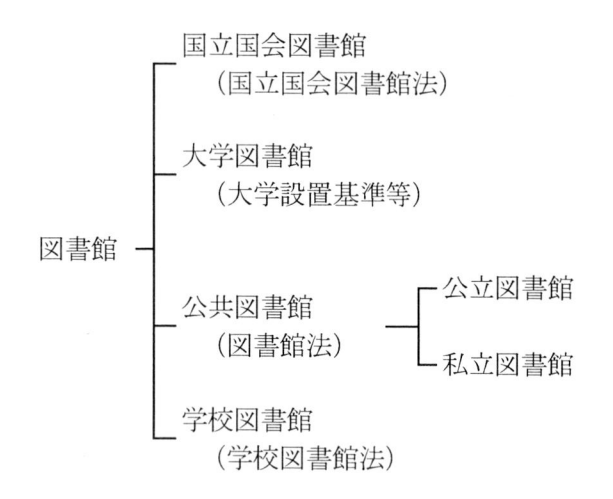

```
図書館 ─┬─ 国立国会図書館
        │    （国立国会図書館法）
        ├─ 大学図書館
        │    （大学設置基準等）
        ├─ 公共図書館 ─┬─ 公立図書館
        │    （図書館法）  └─ 私立図書館
        └─ 学校図書館
             （学校図書館法）
```

　大学図書館は大学設置基準第36条において設置が、第38条で役割が規定されている。
　また、国立大学については、国立学校設置法第6条において「国立大学に、附属図書館を置く」とされている。

2. 電子図書館的機能の必要性

(1) 迅速な情報提供

　大学図書館は、学術研究や教育を支援するという役割を担っているが、電子的な情報提供手法を導入することによって、紙媒体資料の提供のみを行う場合と比較して、より迅速な情報提供が可能になる。

(2) 社会の情報化

　情報化社会の進展に伴い、電子的形態の出版物が広く流通するようになった。また、図書館の利用者側にも電子的な情報を利用できる環境が整備されてきている。このように、大学図書館が電子的な資料を取り扱う環境が整いつつある。

(3) 大学の情報発信機能の強化

　近年、大学からの情報発信機能の強化が求められているが、その一環として学内研究者の論文を迅速に公開するなど、学術情報基盤としての大学図書館の役割が期待されている。

(4) 学術審議会答申等

　上記のような図書館を取り巻く環境の変化を踏まえ、平成5年以降、電子図書館的機能の整備の重要性について指摘されている。
　文部省では、これらの指摘を受けて、平成7年度から電子図書館的機能の構築に向けた施策を推進している。

(参考) 関係する審議会報告等

○　平成5年12月16日「大学図書館機能の強化・高度化の推進について」学術審議会学術情報資料分科会学術情報部会 (報告)

○　平成8年7月2日「科学技術基本計画」（閣議決定）

○　平成8年7月29日「大学図書館における電子図書館的機能の充実・強化について」学術審議会 (建議)

○　平成11年6月29日「科学技術創造立国を目指す我が国の学術研究の総合的推進について－「知的存在感のある国を目指して－」学術審議会 (答申)

3. 電子図書館的機能の類型

　いわゆる電子図書館的機能について、ここでは以下の3通りに分類する。

(1) 目録所在情報の電子化

　目録所在情報を電子化して利用者に提供する体

制を整備することは、電子図書館的機能の一つとして重要であり、最近では、インターネット、携帯電話の情報提供サービス等を通じて、広く公開することも行われている。

一方で、平成12年3月31日現在、国立99大学の全蔵書、87,367,128冊のうち、目録所在情報の電子化済冊数は28,720,455冊であり、入力を要さないと各大学が判断した25,260,820冊を除いた入力率は、46.24％に留まっている。

(2) 電子化資料の購入による利用者への提供

電子化資料は、CD-ROMなどのパッケージ系資料と、オンラインジャーナルに代表されるオンライン系資料に大別することができる。

特に、オンライン系資料は、情報の速報性に優れており、今後、学術情報の伝達手段として広く普及すると考えられる。

(3) 図書館による資料の電子化

紙媒体のかたちでのみ市販されている資料や図書館または大学が発行主体となる資料等を電子的に提供しようとする場合、図書館が資料の電子化を行う必要がある。

また、古文書などの稀少資料を広く公開する場合には、原資料の減失を防止するため、電子化複製物を作成し利用に供する場合が多い。

4．電子図書館関連予算及び各大学の取り組み

文部省の大学図書館に関する経費のうち、電子図書館的機能の整備に関する予算の概要は、以下の通りである。

平成13年度概算要求額概要（単位：千円）	
電子図書館システムの整備（奈良先端科学技術大学院大学）	344,688
先導的電子図書館プロジェクトの推進（図書館情報、筑波、東京工業、京都、神戸）	526,165
総合目録構築経費（中国語資料）	26,840
電子的情報資料の整備	102,399
CD-ROMサーバの整備	19,125
国立情報学研究所における電子図書館システムの開発・整備	282,956

（単位:千円）

	H9	H10	H11	H12	H13（※1）
電子図書館関係経費	640,071	929,591	1,322,569	1,330,861	1,199,824
図書館機能高度化経費	516,790	699,010	1,039,613	1,047,905	916,868
国立情報学研究所関係（※2）	123,281	230,581	282,956	282,956	282,956
大学図書館関係予算額	5,982,270	5,527,406	5,582,853	5,693,952	5,504,234

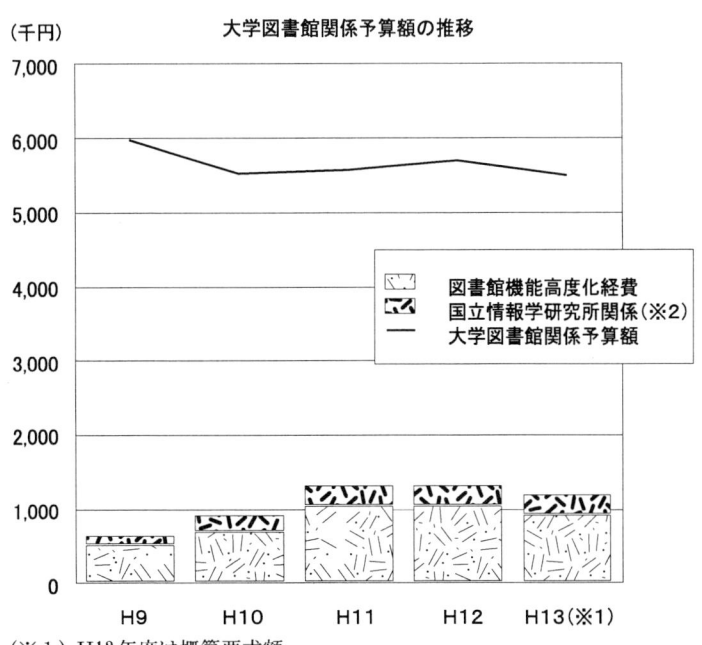

大学図書館関係予算額の推移

(※1) H13年度は概算要求額
(※2) 国立情報学研究所関係予算は大学図書館予算額の外数である。

(1) 6大学等における取り組み

　文部省では、平成7年度から奈良先端科学技術大学院大学に、すべての資料を電子化して利用者に提供する電子図書館システム整備の経費を措置するとともに、平成9年度から図書館情報大学をはじめとする5大学に、従来の図書館機能に電子図書館機能を付加するプロジェクト推進のための経費を措置している。

　なお、これらの大学では、各分野ごとに実験的な取り組みを行っている。

〔各大学の取り組み状況〕

大学名	特色
奈良先端科学技術大学院大学(H7～)	すべての図書館資料を電子化してネットワークを経由して利用者に提供
図書館情報大学(H10～)	図書館情報学を中心とするメタ情報の作成・検索システムの開発・提供
筑波大学(H9～)	大学内で生産される先端的研究成果、研究紀要・学位論文等を中心に提供
東京工業大学(H10～)	国際会議録、テクニカル・レポート等の提供及び理工系ネットワーク・リソース・データベースの提供
京都大学(H9～)	同大学の国宝・重要文化財指定を受けている古典籍及びそれに準ずる貴重図書等を中心に提供
神戸大学(H10～)	兵庫県南部地震関連の報告書及び映像などの原データを網羅的に収集し提供
国立情報学研究所(H9～)	学術雑誌等の提供

(2) このほかの大学の取り組み

　これ以外の大学においても、遡及入力の実施、電子化資料の購入、自館保有稀少資料の電子化などが進められている。

　平成11年度現在、CD-ROM等のパッケージ系資料を収集している国立大学は96大学に上っており、オンラインジャーナルについては1大学平均31種を購入している。

　また、ほとんどの国立大学附属図書館がインターネット等を通じて何らかの電子化資料の公開を行っている(いずれも上記(1)の6大学を含む)。

(3) 中国語資料に係る目録所在情報の電子化

　文部省では、遡及入力を重点的に推進するため、平成12年度から中国語資料を対象とした総合目録構築のための経費を計上した。

　これまで、中国語資料は、各大学で大量に所蔵されているにもかかわらず言語処理が困難なために総合目録に登録されてこなかったが、今般、国立情報学研究所が、総合目録データベースにチャイナマークを導入したことから、これを受けて、中国語資料60万冊分を5年間で集中的に入力する計画である。

5．著作権に関する取り組み

(1) 資料電子化のための許諾手続き

　図書館が資料の電子化を行う場合には、著作権法第21条が定める「複製権」及び第23条が定める「公衆送信権」について、著作者の許諾を受ける必要がある。

　今後、奈良先端科学技術大学院大学等における許諾事務の実績も踏まえた効率的なシステムの構築が望まれる。

　さらに、著作者の委任を受けて、著作権の処理を行う集中処理機構の整備充実や適切な支払額の基準策定が望まれる。

(2) これまでの検討の状況

　文部省では平成12年3月から、「コンピュータ、インターネット等を活用した著作物等の教育利用に関する調査研究協力者会議」を開催し、教育機関及び図書館における著作物の権利制限規定の在り方について検討を行い、同年9月に報告をまとめた。

　この中で、電子図書館に関する記述も存在するが、報告の概要は以下の通りである。

I 著作権法改正による例外規定（権利制限規定）の拡大

(1) 教育機関（学校、大学、公民館等）における利用
・「学習者」によるコピー
・「他の授業を担任する者」による使用
・「教育機関」からの「公衆送信」等

(2) 図書館における利用
・利用者の求めに応じた「公衆送信」
・図書館内のみの送信利用を目的とした図書館資料のデータベース化

(3) 「無線」による「同構内」での公衆向け送信

II 当事者の努力による集中的な契約システムの構築

(1) いわゆる「電子図書館」の構築・運営

(2)「教育機関外」への「公衆送信」
(3) 著作権審議会における今後の検討

著作権審議会においては、上記の報告を受けて、10月からマルチメディア時代に対応した著作権の在り方について、「著作権審議会マルチメディア小委員会図書館等における著作物等の利用に関するワーキンググループ」を開催し検討を行っている。

6．今後の課題

国立大学の財政基盤である「国立学校特別会計」の伸び率が低下しているなかで、国立大学図書館に配分される予算額も大幅な増加は期待できない状況にある。このほか、財政構造改革にともなう独立行政法人化の検討の進展や定員の削減計画等にも適切に対応する必要がある。

このため、以下の視点を踏まえつつ、図書館の電子的機能の整備を進めていく必要がある。
①図書館業務の合理化
②学術情報基盤機能の整備の一環として、学内の情報関連組織との連携

参考文献
『大学図書館実態調査』東京，文部省，2000

＜　はまだ　ゆきお　文部省学術国際局
　　学術情報課大学図書館係長　＞

情報発信型のコンソーシアムの形成

済賀　宣昭

キーワード　コンソーシアム、電子ジャーナル、アーカイブズ、電子出版、非営利組織、情報統治、メタデータ、クロス・レファレンス、著作権、公正使用、サイト管理

1．はじめに

　近年の学術雑誌の高騰に際し、本来そのコンテンツの生産者であり、消費者でもある研究者が、その利用に支障をきたすようになっている。米国では、1960年代から1970年代にかけて資源共有や財政的支援確保等のため図書館間の相互協力を目的とした多くのライブラリー・コンソーシアム（以下コンソーシアム）が形成され、最近は電子情報のコンソーシアム・ライセンシングや価格設定交渉などbuying club的な活動がなされるようになった。また、学術雑誌の商業出版に対抗するために、各種のプロジェクトや、電子的なアーカイブズを行う非営利組織（NPO: Not-for-Profit Organization）の活動が活発化している。一方我が国においては、コンソーシアム的な活動はほとんど見られず、学会等による学術情報の電子的な発信も欧米に比べ著しく遅れている。このまま放置すれば、我が国の知的財産が海外に流れることになり、知識情報社会における主導権が海外に移り、日本の地盤沈下を招じかねない。今後学術出版社による商業ベース主体の学術情報コミュニケーションから脱した新たな流通基盤の構築が期待される。そのためには、学術情報の生成から発信、蓄積を通じてグローバルな学術情報流通に参加するために、非営利組織による情報発信型のコンソーシアムを提案したい。

2．学術出版の商業化

　学術雑誌のルーツは、1665年に英国ロンドンの王立協会が出版したPhilosophical Transaction of the Royal Society of Londonとされている[1]。以後今日まで学術雑誌は研究成果の発表と流通の手段としての役割を演じてきたが、それまで学会等に依存していた学術雑誌の出版を、1960年代から次第に商業出版社も扱うようになり、1970年代以降の科学技術の進展に伴う学術雑誌の急増は、専門の出版社による商業化をますます増進させてきた。特に昨今は全学術雑誌のうち90%以上は商用誌であり、各出版社はこぞって電子ジャーナル化への転換を図っている。しかし現状ではまだ冊子体が主力であり、その価格がここ10数年で平均10%前後の値上げで推移してきている。特に1999年は円安により30%以上の値上げになったものもあり、値上げの理由としては、1)論文数の増加（この一因として、研究者の昇進やテニュア（終身在職権）獲得が論文投稿を促進している面もある）、2)購読部数の減少（資料購入費の増加が見込めない状況での雑誌単価の急騰は、購読中止と価格上昇の悪循環を引き起こしている）、3)電子ジャーナルへの投資（一般に電子ジャーナルは冊子体の購読が前提のため、電子ジャーナル化が予算の節減につながらない）、4)出版社のM&A（合併・買収）やMBO（経営権買取）による寡占化（学術出版市場は巨大出版社の価格政策に左右されやすい）、5)円価格導入による日本向け価格の設定（結果として日本に対する差別価格となっており、雑誌価格におけるジャパン・プレミアムとも言える）などが挙げられる。資料購入予算の増えない大学は、購入雑誌をキャンセルするしかなく、こうした状況は学術雑誌の購読誌数が1990年をピークに急激に減少していることからも明らかである[2]。

　また、電子ジャーナルについての価格づけがまだ模索段階であり、商品として不安定であるが故に、利用者側も依然として冊子体に頼らざるを得ない状況にある。出版社側にしてみても、価格設定アルゴリズムの未確立、利益の株主還元、電子ジャーナルへの投資、キャンセルと価格上昇の悪循環への対応、知的所有権の管理、アーカイブズへの対応などから、冊子体に依存しなければならない体質を抱えている。

商品としての学術雑誌は、元々代替の効かない排他性の強い知的生産物であり、その生産者である出版社が寡占状態にあるところから、一般的な商品のように市場競争の中で需要と供給によって価格が決定されず、必然的に一物一価の法則（単一市場においては1つの商品について1つの価格だけが成立すること。Law of one price）が成り立つことになる。また、このような商品の特徴は、価格設定においてもっぱら供給者側がこれを決定できるばかりではなく、従来の工業生産物とは異なり、製造原価は大半が固定費で再生産のための限界費用（総支出の増加分のこと。marginal expense）はほとんどかからないという性格を持つ。つまり費用逓減・収穫逓増という費用構造から、電子ジャーナルは紙代や印刷代はかからず流通経費のみということでますますこの傾向が強くなり、数量が出れば出るほど収益が上がることになる。ただし、市場規模が限られているので、その損益分岐点の見極めは難しくなる。いずれにせよ、学術雑誌という商品は、供給者側にとっても消費者側にとっても扱いの難しいソフト商品であり、学術の発展という大義名分からすれば、一部商業主義の存在を認めつつも、学術雑誌の出版をアカデミズムに取り戻そうという動きは至極当然なものと考えられる。一方現在の状況は、1960年代以後の商業化の流れの中で、ここ20年来の学術雑誌の価格高騰問題を先送りしてきたつけを今払わされているとも言えなくもない。

欧米では図書館を中心に数々のコンソーシアムの形成やプロジェクトなど複数の方策がとられてきているが、我が国の状況も含めて概観したい。

3. 欧米におけるコンソーシアムの現状

1930年代に図書館間の相互貸借等の協力関係を強化する目的で始まったコンソーシアムは、米国において1960年代に急速に発展し、その内実を少しずつ変えながら現在に至っている。当初は総合目録の作成や相互貸借が主体であったが、1970年代に入ってからはコンピュータ・ネットワークを利用したオンライン・シェアード・カタロギング・システムによる書誌ユーティリティ形態へと発展してきた。その後インターネットの普及に伴い、ネットワーク情報資源の収集・提供を行う必要性から、電子的な情報資源の共有や維持・管理、さらに今日では電子ジャーナルの出現により、コンソーシアム・ライセンシングという形でその利用と契約を共同して行うことにより有利に導こうとする新たな役割を担うようになった。

コンソーシアムの形態としては、「地域型」と「協力型」に大きく分かれる。地域型は主として州単位で構成されるもので、イリノイ州のIllinet、オハイオ州のOhioLINK、コロラド州のCARL: Colorado Alliance of Research Libraries、ジョージア州のGALILREO: Georgia Library Learning Online、バージニア州のVIVA: Virtual Library of Virginia、テキサス州のTexShareなどがある。協力型はプロジェクトを共同で遂行するなど地域や行政の単位を超えて協力関係を確立する大規模なコンソーシアムであり、米国のCIC: the Committee on Institutional Cooperationや英国のCURL : Consortium of University Research Librariesなどがある[3]。また、今後英国に見られるようなPFI (Private Finance Initiative)[4]による民間企業を含むコンソーシアム形態も考えられよう。

また、国レベルのコンソーシアムの例としては、全豪の図書館が参加しているCAUL: Council of Australian University Librarians [5]や英国のCHEST (the Combined Higher Education Software Team)[6]がある。CHESTは1993年にまとめられた「フォレット・レポート」[7]の構想から設置された高等教育財政審議会JISC: Joint Information Systems Committeeの助成を受けたプロジェクトで、高等教育機関に代わってデータベース供給業者と契約を結ぶ非営利機関でもある[8]。これにバース大学のBIDS: Birth Information and Data Services、マンチェスター大学のMIMAS: Manchester Information Datasets and Associated Services、エジンバラ大学のEDINA等のデータセンターがつながり、分散管理されたデータベースを全国規模で共同利用している[9]。なお、MIMASやEDINAの一部はPFIで運営されている。同じJISCから助成を受けたNESLI: National Electronic Site License Initiativeがあり、英国の高等教育研究機関へ電子ジャーナルを提供することを目的としている。運営はマンチェスター大学とSwets Blackwellが運営代理人 (Management Agency)として委託され、1999年

1月から3年の計画でスタートした[10]。

また、国際レベルのコンソーシアムとしては、国際連合組織間の図書館間協力の一形態として生まれた国連コンソーシアムがあり、現在38図書館が参加して、商用データベースの適正価格による契約や価格分担、雑誌購読料の値上げ対応、メンバー間の情報交換を行っている[11]。コンソーシアムの国際連合としては、図書館コンソーシアムの国際連合ICOLC: International Coalition of Consortia がある。これは1997年コンソーシアム間の情報交換を目的に設立されたコンソーシアムのコンソーシアム（COC: Consortium of Consortia）から発展したもので、現在北米の79図書館と英国、ドイツ、カナダ、オーストラリアほかの国々のコンソーシアムから構成されている。1998年5月25日にプレス・リリースされた声明によれば、現在の電子情報環境における諸問題（予算、公正使用、保存、価格、流通、投資効果等）を認識した上で、商業出版社に対して望ましい実践のあり方─冊子体と電子ジャーナルのアンバンドリング価格、永続的な入手可能性の確保（ローカルサーバへの移植可能性も含めて）、教育研究利用における公正使用の確保、利用状況や管理情報の収集等について一つの基準等を示している[12]。我が国においても今後グローバルな動きに連動して変化の時代に対応するために、このICOLCへの参加は不可欠であるとして、2000年6月28日開催の第47回国立大学図書館協議会総会において、ICOLCへの参加を検討することが決議された。なお、我が国のコンソーシアムの例としては、地域型のものとして九州地区の15大学によるISI社のWeb of Science共同利用実験（1998年3月～5月）があり、協力型のものとしては、長岡科学技術大学が東京工業大学と協力して全国54の国立工業高等専門学校と形成した電子ジャーナル（SwetScan、IDEAL、ProQuest等）利用のためのコンソーシアム、Academic Press社のIDEALの契約でコンソーシアムを形成した関東地区の5大学のオープン・コンソーシアム（JIOC/NU）があるが、多くはまだ試行段階にある。

4. 学術雑誌の商業出版への挑戦

コンソーシアムの動きとは別に、インターネットとWebの普及と相俟って、米国では1995年から1997年にかけて商業出版社から学術情報の流通をアカデミック環境に取り戻そうというプロジェクトや非営利組織の活動が活発化してきた。特にM&A（Merger & Acquisition：合併・買収）やMBO（Managing Buyout：経営権買取）等によって巨大化した学術雑誌出版社の価格政策は、学術情報コミュニケーションにおける自由な流通を脅かすとして、これら商業主義に対抗する意味で、保管と頒布に関する最新のデジタル情報技術を活かすことにより、学術出版システムを改革しようという動きが顕著になっている[13]。そこで商業出版社や複数の出版社のコンテンツを集めて1つのプラットフォームで提供するアグリゲータ等による出版形態に対抗して、自ら電子出版をしようというプロジェクトや非営利組織の事例を挙げる。

(1) スタンフォード大学のHighWireプロジェクト[14][15]

1995年初頭から始まったスタンフォード大学図書館の電子ジャーナル出版プロジェクトで、学術分野の非営利出版社と共同して、high-impactなピア・レビュー誌の電子化を行う。PDFファイル表示、コメント／ディスカッション機能、関連論文閲覧機能、フォワード・リンク、アラート機能といったHyper-Navigation Toolやコメント掲載のためのフィードバック機能、ストリーミング・ビデオ等のマルチメディア機能、独自のアーカイブ・ソフトの提供など、電子情報ならではの種々の付加サービスを実現している。将来的には、単なる電子ジャーナルを超えて、学術社会全体に向けての総括的な環境（Whole Environment）を創り出すことを目指しているところから、新たな学術出版文化の創造が期待される。

(2) 米国研究図書館協会が行うSARC（Scholarly Publishing & Academic Resource Coalition）プロジェクト[16]

商業出版社の価格上昇と知的財産権強化に対抗するため、学術出版市場への競争導入、公正使用の永続的な保証、学術情報流通を促進するための技術開発の支援等を目的に、米国の研究図書館協会（ARL: Association of Research Libraries）所属の北米大学図書館（122校）を中心に形成された「大学出版と大学の資源との協力」プロジェクトである。1997年6月ARLの45機関の代表が集まっ

て計画を策定したのが始まりで、大学出版局、学会、新流通形態へのビジョンを持つ出版社等が相互に協力して推進するものである。特に、学術情報流通体制を変革する上で条件が整った理由として、1）インターネットとWebによる技術環境の整備、2）支援パートナーの出現、3）大学管理者の大学間協力の必要性認識を挙げている。また、論文数の増加に対して大学における昇進・資格審査と出版の分離を主張している。

(3) デジタルアーカイブズを目指す非営利機関 JSTOR (Journal Storage)

JSTOR[17]～[19]は、The Andrew Mellon財団の500万ドルの初期投資によって設立された非営利機関により、1995年8月に実験プロジェクトとして開始された。その使命は、「技術進歩を利用した高信頼性かつ包括的なアーカイブズを構築し、これら学術雑誌へのアクセスを格段に改善することにより、学術情報コミュニティを支援すること」[20]である。その背景にあるのは、学術雑誌の購読料の値上げと図書館予算削減のジレンマであり、現在の図書館が抱えている、ⅰ）所蔵スペースの不足、ⅱ）保管維持経費の増大、ⅲ）効率的検索の実現、ⅳ）図書館単独での電子化推進の困難性等、の問題である。収録雑誌タイトル数は15分野の117タイトルで、世界中の35ヵ国、734の図書館（米国591、それ以外143、2000年3月25日時点）がJSTORに参加しており[21]、日本では慶應義塾大学、東京大学、文部省統計数理研究所が2000年から契約している。このようなプロジェクトは、学術コミュニティを構成する学協会、大学図書館、出版社、非営利団体等に対し、電子的取組みへの必要性を実証するものであり、新たな電子的学術コミュニティの実現を予感させる。

(4) 日本における電子出版システムの開発

日本では、国立情報学研究所（NII: National Institute of Informatics）と科学技術振興事業団（JST：Japan Science and Technology Corporation）の共同事業として、論文の投稿から編集、査読を経て出版するまで電子的に行うシステムの開発プロジェクトが1998年から行われた。NIIでは「オンラインジャーナル編集出版システム」（NACSIS-OLJ: OnLine Journal）[22]の開発が行われ、JSTでは「科学技術情報発信・流通総合システム」（J-STAGE: Japan Science and Technology Information Aggregator, Electronic）[23]（2000年7月時点で20誌搭載）が2000年10月からサービスを開始している。このシステムは、学協会の電子編集システムとセンターのオンライン出版システムとからなり、執筆から出版までということで、原稿執筆→投稿→受付→担当編集委員依頼→査読者（2名以上）依頼→査読報告→採否決定→修正（最終）投稿→組版→著者校正→校了→出版（オンライン）という電子ジャーナル出版までの全工程を電子化したものである。また、米国でもJournal of High Energy Physicsがソフトウェア・ロボットにより同様なことを進めている[24]。

以上はいずれもニュアンスは多少異なるが、知的生産物を何らかの形で効率よく学術研究に役立てようとするための枠組みとして構想された点で一致している。これらのほか、雑誌へ投稿する以前のpre-print段階の論文を特定のデポジトリ（集積場所）へ送り、査読・審査前に公開してしまうという「論文デポジトリ」というものがある。有名なのは、米国ロス・アラモス国立研究所（LANL: Los Alamos National Laboratory）のPaul Ginspargが1991年から運用しているe-Printサーバ（http://xxx.lanl.gov/）で、年間25,000件の投稿があるという[25]。また、米国の国立衛生研究所（NIH: National Institution of Health）の所長であるHarold Varmusが1999年5月に発表したE-biomedは、生物医学関係の全ての研究情報を全世界にフリーで利用できるようにしようというもので、学術出版社や学会で大きな反響を呼んだ[26]。更に1999年8月30日にPubMed Centralと名称変更して、ピア・レビュー済みの研究情報やプレプリントをフリーなレポジトリ（貯蔵所の意味）として2000年1月から開始されている。この構想は政府機関が集中的に国際的なレポジトリの促進と調整、関連技術の開発、ピア・レビューによる認証基準の確立などにより、世界規模の電子出版と流通体制を構築しようというものである[27]。しかし一方で、学術出版社や学会の存在を否定するものとして反発もあり、当面学会誌の電子出版センターとしてスタートしたようである。

また、欧州では「欧州分子生物機構」（EMBO: European Molecular Biology Organization）のイニシアティブでこれと同じようなプロジェクト

E-BioSci があり、非営利をベースに PubMed Central と協調して分子生物学分野のフリーな電子出版 Web サイトを2000年12月に立ち上げる予定である[28]。これらはインターネット時代における政府と民間の役割分担の問題や公共的事業と商業主義との相克、学術情報流通における利害関係者（stakes holder）の相関のあり方などさまざまな問題を投げかけている。

また、最もドラスティックな商業主義への反抗例としては、1999年11月 Elsevier 社によって発行されていた Journal of Logic Programming (JLP) の編集委員が、価格交渉が不首尾に終わったため、その16か月後に総辞職してミシガン大学出版局と共同で新たに雑誌 Theory of Practice of Logic Programming (TPLP) を創刊するという事例がある[29]。

近年の情報化社会の進展は、IT革命という言葉に代表されるように、単なる技術革命の域を脱して、政治経済のみならず個人の生活にもかかわる社会革命的な様相も呈しており、一部ではデジタル経済の到来などとも言われている。このような社会では、従来型の組織よりも変化の対応しやすい非営利組織が米国を中心に注目されており、現に活発な活動も行われている。そこで、学術情報分野における非営利組織の可能性について考察する。

5. デジタル経済社会における非営利組織と学術コミュニティ

情報通信技術の進展は、デジタル革命とも言える複雑で多様なパラダイムシフトをもたらそうとしている。このデジタル革命の担い手として、NPO（非営利組織：Not-for-Profit Organization）が注目されている。企業は利潤追求という足かせがあるため、市場を通じての公共財の提供には限界がある。政府機関は公的組織であるが故に国民的な合意の形成や国家予算を使うことからくる制約などさまざまなしがらみを抱えている。非営利組織（NPO）の一般的な定義としては、「ボランティアを含む組織構成員が利潤追求を目的とするのではなく、社会に対してサービスを提供する組織である。その活動資金は利他主義の立場から供出される寄附や会費等に依存している。」[30]とされる。デジタル経済においては速度が重視され、組織的にも身軽に行動できる NPO は、当事者間の契約を基本に柔軟な活動を可能とし、中立的な立場から、信頼できる第三者機関(TTP: Trusted Third Party) としての役割が重要になっている[31]。特に情報ネットワークを積極的に活用するネットワーク型の NPO が公共事業の一部を専門的に遂行する組織として期待される。NPOを中核とする組織は、政府を含む公的セクターと民間セクター（市場）の結節点にあって、台頭しつつあるデジタル経済において利害を調整する機能と社会的評価を創造する機能を併せ持つ。NPO の役割を図1に示す。

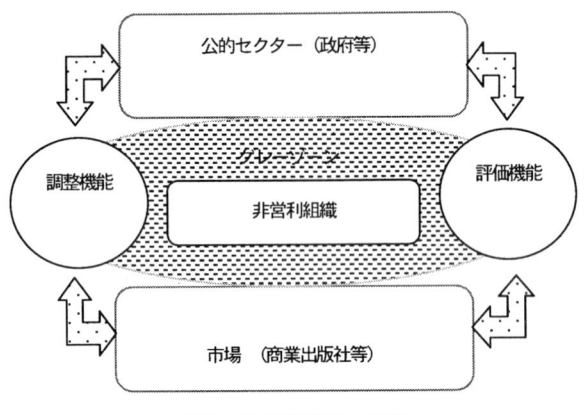

図1 非営利組織の役割

我が国でも1998年3月に成立し、12月に施行された「特定非営利活動促進法」（通称NPO法）によって、国または都道府県の認証を受ければ、特定非営利活動法人として法人格の取得が可能になった。この結果これまで約3,000のNPOが誕生し、最近では経済企画庁からNPOの活動がGDP（国内総生産）3.6%に相当する18兆円規模になるという試算もなされている。また、NPOに対する寄付金に対する税法上の所得控除の論議が本格化している[32]。一方では、大蔵省はNPOの法人税については、公益性の確認が困難だとして減免措置を講じない方針を打ち出した[33]。米国では、公民館、美術館、博物館などあらゆる社会教育施設的なものは、民間の有志によるNPOである。例えば、図書館では、New York Public Library も純然たるNPOであり、民間の支援や政府のgrant（プロジェクト助成金で、一般にoverhead[34]という人件費や運営費も含む）などの基盤なしでは米国の図書館活動は成り立たない。ひるがえって、我が国の現下の状況を見るにこのような活動組織は欧米に比して極めて少ない。

NPOへの着目を機会に、文化の根源にかかわる図書館の社会的機能について改めて考えてみる必要がある。さらにもう一歩進めて、図書館と研究者等が連携した非営利組織を核に仮想的な学術情報コミュニティとしてのコンソーシアムの形成を提案したい。

6. 非営利組織を核とした発信型コンソーシアムの形成

これまで述べたように、商業出版社の価格政策や学術出版市場における寡占化による学術雑誌（特に科学、技術、医学関係）の価格高騰が、本来その生産者であると同時に最大の消費者でもある研究者の研究活動を阻害しつつある。その対抗策としての電子情報を適切に流通させ共有するという本来的な目的達成のためにコンソーシアムやプロジェクトが組織され、それぞれにおいて成果を挙げつつあるが、その多くは試行段階にあり、学術情報の創生からその成果の出力である発信まで統合的、包括的に扱う体制は未だに確立していない。そこで、学術コミュニティに関係するステークスホルダー（利害関係者）が1つの目的の下に連携して、デジタル経済に適合した非営利組織（NPO）を中心としてコンソーシアムを実現することで、本来的な目的を達成したいと考える。具体的には、研究者、図書館、学協会、出版社、情報センター等が共同体としてのコンソーシアムを形成し、学術情報の発信に主力を置くために非営利組織を設立する。これを仮に、「学術情報の発信と共有のためのコンソーシアム」The Consortium for Publishing and Sharing of Scholarly Information : CPSI と仮称することにする。

非営利組織経営の第一人者で自らも非営利組織を運営する米国の経済学者P.F. Druckerは、非営利組織にとって最も大切なのは「使命(mission)」であるとして、「最も犯しがちな過ちは、立派な意図をたくさん盛り込んで使命としてしまうことである。使命は簡潔、明瞭でなければならない。」[35]としている。そこで、学術情報流通コミュニティとしての本コンソーシアムCPSIの使命を、「学術研究の場で創生される知的資源を組織的に蓄積、発信することにより、国際社会の発展に貢献する。」とごく簡潔に定義することにする。また更にP.F. Druckerは、使命の達成に必要な要点として、機会、能力、信念の3つを挙げている。機会としては、インターネットが社会に浸透しつつあるこの時機を捉え、能力としては、図書館の持つ編集能力、調整能力、管理能力、研究者が持つ知識創造能力とその評価能力を結集し、信念としては、責任を持って知見を次世代に継承するという文化の継承者としての使命遂行を挙げたい。そこで具体的なコンソーシアムの構成要素の概要について述べる。

まず非営利組織をベースに分野別（例えばSTM: 科学、技術、医学の分野等に分ける）のサーバを管理する中核組織をつくり、これを中心に研究者、図書館、学協会、データセンター等が連携して全体として国家レベルの情報発信型のコンソーシアムを形成する。

本コンソーシアムは、学術情報流通に関する日本としての包括的な戦略を持ち、国際的な学術情報流通のコミュニティに参加し、国内的な企画や調整など学術情報コミュニティとしての活動を自ら行うと同時に、関連する組織を支援する。発信型と称したのは、従来日本は海外の出版社に依存するのみで、自らの学術情報の発信そのものが不十分であった状況を是正し、早急に環境を整備することを目的とするためである。これは日本市場においては、出版事業そのものが十分成り立つ環境にあるため、出版社があえて困難の伴う学術情報、特に学術雑誌の編集・出版に直接かかわってこなかったことや、学協会の規模が比較的小規模であるために全体として電子化が大幅に遅れたためと考えられる。これからは、海外依存体質を払拭し、自ら発信する体制を整備しなければならない。CPSI全体の構成を図2に示す。

CPSIの構成員としては、研究者、学協会、図書館、他のコンソーシアムの各群があり、それらが、1)編集・査読、2)出版、3)蓄積（アーカイビング）、4)統治の4機能を中心に協働する。統治とは情報統治という意味で、学術情報の流通を円滑に推進するための制御機能である。

研究者は学術情報流通コミュニティにおける論文の生産者であると同時に需要者であることから、サプライチェーン（川上）およびデマンドチェーン（川下）を形成する主体となる。従って、全体的な企画・調整機能と論文のレフェリー機能を提供する。中核組織であるNPOは論文の収集・編集・

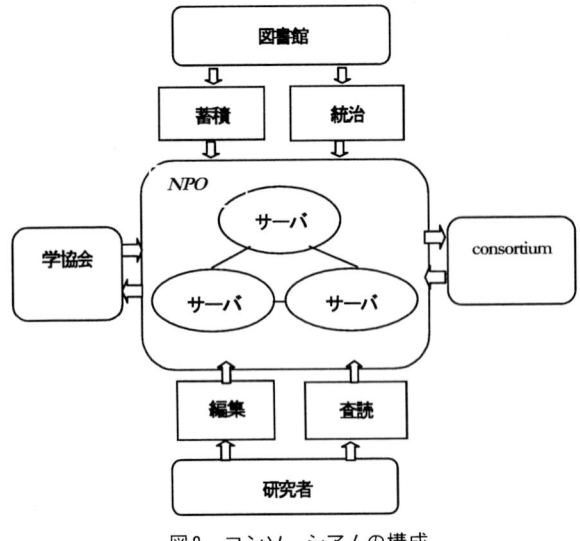

図2　コンソーシアムの構成

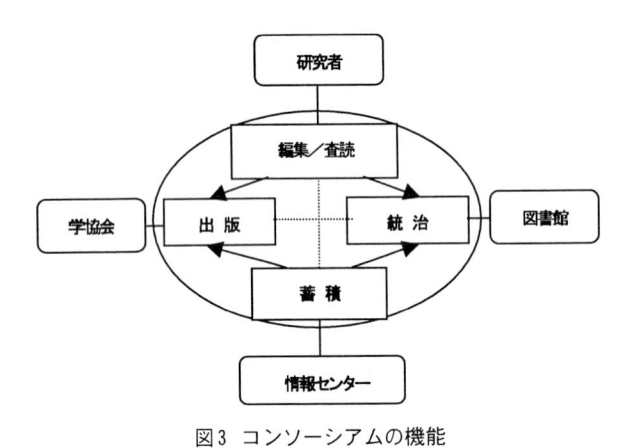

図3　コンソーシアムの機能

査読・出版を行う分野別のサーバ群（server complex）を管理し、学協会や出版者、国内外の他のコンソーシアムとの連携をとることになる。一方、図書館は、本コンソーシアムにおいてはアーカイブズ機能と情報統治を担当する。アーカイビングについては、英国のCHESTのように図書館とは別に情報センターを運用することも考えられる。本コンソーシアムの機能として挙げた、1)編集・査読、2)出版、3)アーカイビング、4)統治の4つの機能を図3に示す。

次に各機能について説明する。

(1) 編集・査読（editing and refereeing）

投稿から編集・査読を経て出版に至るまでの電子出版の全工程を電子化した事例は前述のとおりだが、このうち特に重要なのは査読であり、その成功の要件は、ネットワーク上で行われるオンライン・ピア・レビュー（Virtual Peer Review）に、冊子体が持つブランド力に相当するようなある種の権威をいかに付与するかにかかっている。

BMJ（British Medical Journal）では、通常の委員制と公開のオンライン型とを組合せたハイブリッド・ピア・レビューを検討しているという[24]が、これもそのための方策の1つであろう。NPOが研究者と協力してこの工程を行う場合、特に信頼性確保と権威の付与が何にも増して重要となる。

(2) 出版（publishing）

出版についてもソフトウェア・ロボットによりできるだけ自動化する必要がある。著作権上の問題のほか、既存の他の情報供給者（information providers）、その中で特に学協会や商業出版社、アグリゲータ等との機能分担と連携をいかに行うか、商業出版社とは競合する形となるので、相互の協力のあり方が大きな問題となる。

(3) 蓄積（archiving）

失われがちで変化の激しいインターネット上の研究情報、電子ジャーナルのコンテンツは、公共財として信頼できる第三者機関で保存され、一定の権威が与えられる必要がある。現状ではElsevier Science社などは、アーカイブズを含む電子ジャーナルの永久的アクセスの保障をしており[36]、一部の商業出版はOCLCやJSTORなどの非営利組織に委託している。しかしながら、出版社へのこうした依存は危険であり、各国で発生する電子情報の組織的な蓄積は、それぞれの国で適切な管理（立法化も含めて）のもとに責任を持って蓄積する必要がある。この任に当たる組織は中立的かつ全国的な役割が要請されるため、非営利組織として成立することが望ましい。商業出版社が保持するコンテンツについても、適切な条件のもとに契約を行い、それに沿ったアクセス制御を可能とするなどの処置も必要となろう。

(4) 情報統治（information governance）

グローバルな環境での統治の例としては、インターネット・ガバナンスがある。1998年1月の米商務省が「インターネットの名前・アドレスの技術的管理についての提案」を発表して、競争導入のためインターネット上のアドレス資源の管理を、公平でオープンな民間の国際非営利組織に委ねる方針を示した。これにより非営利組織ICANN: Internet Corporation for Assigned Names and Numbersが組織され、200以上に及ぶ国別のトップドメイン名の管理を行っている。ICANN

は現実には種々の問題を抱えながらも、国際社会における新しい統治法（ガバナンス）を確立する試金石になると思われる[37]。情報を扱う非営利組織としても当然情報統治が必要となる。具体的には、ⅰ）基準づくり、ⅱ）メタデータ管理、ⅲ）クロス・レファレンス、ⅳ）著作権処理、ⅴ）サイト管理、ⅵ）国際協働、が考えられる。これらを図4に示す。

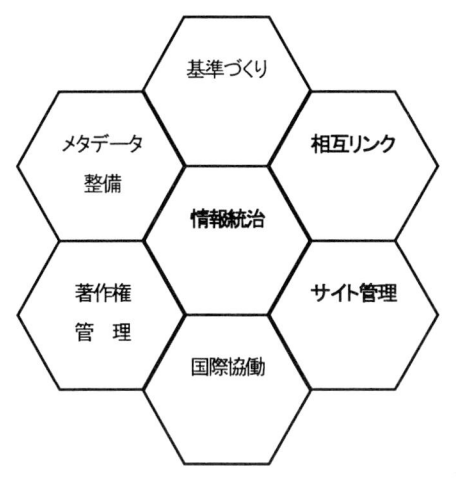

図4 情報統治の要素

ⅰ）基準づくり(establishing criteria)

ICOLCでは先に述べた声明の中で、コンソーシアムとしての実践のあり方（Preferred Practices in Emerging Electronic Information)を発表している。この中で、契約交渉、価格設定方式、アクセス・データ保存、利用・管理情報、利用者認証等についての詳細なガイドラインを設けている[12]。このようにコンソーシアムとしては、活動指針を設定し、他の組織との円滑な連携が可能となるような基準づくりが必要である。また、運用面でも利用者の認証方式や課金方式、メタデータ、管理情報の収集方式など、技術的にも電子データの格納形式（PDF、HTML、XML、SGML、TeX等）や分散データベースにおけるシステム間通信手順（Z39.50等）、画像の解像度（600BPI以上）などの標準設定も互換性を担保する上で必要となる。

ⅱ）メタデータ管理（metadata management)

ネットワーク上の情報資源を効率的に探索するために情報に付加される構造化された情報をメタデータという。メタデータを組織的に収集して提供する機能をクリアリングハウス[38]機能というが、情報探索支援としてコンソーシアムとしてもこの機能を備えるべきである。メタデータとしては、図書館の目録をはじめ、1994年のWWWに関する国際会議から生まれたメタデータの基本エレメントDublin Coreや非営利の標準化団体World Wide Consortium（W3)が定めたメタデータを汎用的に記述するための枠組みとしてのRDF（Resource Description Framework)が代表的なものである。また、学術出版社等が参加する米国出版社協会（AAP: Association of American Publishers)によって考案された論文単位に識別するためのDOI（Document Object Identifier)がある。これは論文に付与されたDOIをインターネット上の所在場所を示すURL :Uniform Resource Locationへ変換するディレクトリ・サーバによって一意的に当該論文にたどりつけるもので、ディレクトリ・サーバをupdateすることにより、URLの一過性を克服しようというものである[39]。こうしたメタデータを組織的に蓄積して提供するために、NPOをクリアリングハウスとして設定する。事例としてはDBI（Deutshes BibliotheksInstitute)があり、図書館関係のメタデータを所蔵するクリアリング機能を提供するドイツの中央機構である。ホームページ上に図書館、出版社、書店、書誌、データベースの電子ディレクトリやイベント、暦などへのアクセスも提供しており、特徴としては会員の誰もが書き込み可能としていることである[40]。

ⅲ）クロス・レファレンス（cross reference)

電子媒体の有用性の1つとして、文献間の相互参照が容易になることがある。引用文献から対応フルテキストへの相互リンクについては、1999年11月に12の出版社が合意して始まったCross Ref [41]があり、既にElsevier Science/SD、Academic Press/IDEAL、Springer Verlag/LINK、APS等が相互参照可能となっている。CrossRefの運営は、共同で設立した非営利機関PILA: Publishers International Linking Association, Inc.が行っている[25]。文献単位にDOIを付与し、これをキーにした検索も可能としている。また外部サイトとの相互リンクも有効で、例えばElsevier社のSD Gateway Linkingでは、PubMedやChemWeb、ISI Web of Scienceなどが相互リンク可能となっている。電子情報を扱う場合こうした横断的な協力体制の構築と情報交換が必須であ

り、そのために対等の関係で契約を結ぶにも信頼性のある組織の構築が必要となる。

　iv）著作権処理（copyright management）

　ネットワーク時代における著作物は、公共財として位置付けられるようになった。本来研究者群が生成し共有する学術情報は公共財としての特性を持つが、著作権をはじめとする知的所有権は、知的財産を市場原理に適合させようという立場から、特に著作権は人格の流出物である表現を保護する私権として市場における私的領域を規制することを理念としている。著作権の国際的な調整を行う世界知的所有権機構（WIPO: World Intellectual Property Organization）が1996年に採択した著作権条約では教育、研究、情報へのアクセスといったより大きな公共の利益という概念を導入した[42]。学術情報に関して言えば、生産と消費は情報の共有と相互参照によって学術研究を自立的に発展させるという公共的理念と、その流通面では商業出版社による経済財としての私的理念が混在しており、これが学術出版市場に一種のゆがみを生じさせる結果となっている。これを是正し少しでも学術情報をインターネット上の公共的な共有財産として流通させるために、学術情報について知的財産権としてのきちんとした管理が重要となる。また、教育・研究分野においては、米国著作権法第107条の、「批評、解説、ニュース報道、授業（クラス・ルーム内の多数の複製を含む）、研究、調査などを目的とする著作権のある著作物のフェア・ユース（複製物もしくはレコードへの複製、またはその他の手段による利用を含む）は、著作権の侵害にならない。」とする「公正使用」の概念の導入など検討しなければならない。電子情報の流通そのものは電子商取引であり、そのための侵害行為に対する予防措置や侵害発生時の追跡処理などへの考慮も必要となる。また、今後電子ジャーナルのようなオンライン型の著作物の扱いに対し、専門家の参加が必須となろう。

　v）サイト管理（site management）

　サーバシステムの管理、利用者管理、セキュリティ管理、課金処理、統計処理等のサイトに関連した種々の管理業務である。システムの安定的運営や利用者サービスと関係した機能で、テクニカル・コンサルティングや研修活動等も含む。課金に関しては1997年夏から開始されたミシガン大学の実験プロジェクト、PEAK: Pricing Electronic Access to Knowledge があり、Elsevier社と共同して電子ジャーナルに関する3つの価格設定モデルを提案している[43]。この中で論文単位のアクセスに対する対価の支払い（per-article purchase）、いわゆる pay per view が提案されており、これが今後の向かうべき方向性を示していると思われる。さらには、著作権処理等の知的所有権管理を含めた電子商取引（e-commerce）との結合も考えられ、コンソーシアムとしては取引制度に関する配慮が必要となる。

　vi）国際協働（global cooperation）

　学術情報の流通の世界は、インターネットによるグローバル化の中で、ICOLCの存在を挙げるまでもなく、国際社会における新しい統治方法が求められるようになっている。現実には、まだ自分たちの属する特定の組織の利益を主張する時代が続いているが、早晩そのような時代は終わりを告げるであろう。グローバルに適用できる新たな共通原理を求めて、新時代に即した国際協働のあり方と体制づくりに、我が国もイコール・パートナーとして主体的に参加し、コミットメントしてゆくことが急務である。そのために、NPOが学術情報に関する国内外の他サイトやコンソーシアムとの連携、協働や情報交換、各種調整業務を率先して行い、国際的な交渉の窓口となる必要がある。

　以上のようなスキームが研究者の扱う主題について、それと関連したネットワーク情報資源の所在やサービスの種類とその利用方法、関連の技術などの付加情報と相互リンクが可能になることによって「知的環境」（knowledge environment）として実現され、存在することが望ましい[24]。

7．おわりに

　本構想の直接のきっかけは、2000年の学術雑誌契約準備に入る1999年7月頃の不当な雑誌価格高騰に対する憤りであり、情報発信を海外の出版社に依存している体制を懸念してのことであった。その後国立大学図書館協議会を中心にElsevier Science社の雑誌予約購読価格について2000年から採用した円価格政策に対する対応を検討していた過程で、たまたま東北大学の医学分館で眼にし

た、日本医学図書館協議会の60年略史（1989年6月1日発行）の中に、1933（昭和8）年8月に東北帝国大学で開催された同協会の総会における協議事項の1つとして「ドイツ医学雑誌高騰問題につき英米と協力」という記述を発見した。翌々年の1935（昭和10）年には、ドイツ医学雑誌の高価問題に関して国際図書館会議（International Congress of Library）に日米共同で声明を発表し、ドイツ政府の保障により1935年9月10日以降の輸入雑誌につき25%引きを実現している[44]。このときの立役者は、米国アイオワ州立大学のライブラリアンであるチャールズ・H.ブラウン氏と東北帝国大学附属図書館の主任ライブラリアン、吉岡孝治郎氏であった。第1次世界大戦勃発前の不穏な国際情勢の中での快挙であったが、昭和初期当時の他の議題に、重複雑誌交換制度実施や欧米学会雑誌の分担購入申合せなどの記述も見え、ネットワークの進展や電子ジャーナルの出現など図書館を取り巻く環境は大きく変化しているものの、同じような問題をあいも変わらず抱えているのが大学図書館の偽らざる現実である。ここにおいて、学術情報のグローバルな環境の中で新たな枠組みとして発信型のコンソーシアム形成の必要性を強く感ずるが、国立大学図書館協議会においても「電子ジャーナル・タスクフォース」を設置して当面の課題解決のほか、学術出版及び電子ジャーナルの導入に関する中期的展望についても検討している（筆者もその一員として参加している）。今後は何よりも学術情報流通におけるこれまでの秩序をある程度包摂しつつ、デジタル社会の特性を活かした新しい原理を日本から提案していき、新たなルールづくりに参画していくことが肝要である。

最後に、本稿をまとめるに当たり、東北大学附属図書館の小田忠雄館長にひとかたならぬご教示いただいたことを記して感謝申しあげたい。

参考文献・註

[1] 時実象一"インターネット時代の学術雑誌出版"『学士会会報』No.828, 2000.7, pp.77-82

[2] 日本学術会議・情報学研究連絡委員会・学術文献情報専門委員会"電子的学術定期出版物の収集体制の確立に関する緊急の提言"平成12年6月26日

[3] 永田治樹"ライブラリーコンソーシアムの歴史と現状"『情報の科学と技術』Vol.47, No.11, 1997, pp.566-573

[4] PFI（プライベート・ファイナンス・イニシアティブ）とは、公共施設等の建設、維持管理、運営等を民間の資金、経営能力および技術的能力を活用して行う新しい手法。これにより、国や地方公共団体等が直接実施するよりも効果的かつ効率的に公共サービスを提供できる。我が国では、「民間資金活用による公共施設等の整備等の促進に関する法律」（PFI法）が1999年7月に制定され、2000年3月にPFIの理念とその実現のための方法を示す「基本方針」が策定され、PFI事業の枠組みが設けられた。英国では既にPFI方式による公共サービスの提供が実施され、公共設備の整備や再開発などの分野で成果を収めている。例えば、British LibraryのDigital Library Programmeは、PFIをベースにしたいくつかのプロジェクトからなる（http://www.ariadne.ac.jp/issue7/britsh-library/1）。

[5] 増田 豊"CAULでのコンソーシアム"『情報の科学と技術』Vol.47, No.11, pp.505-507。ISI社の日次速報誌Current Contentsの利用や非営利を利用したデータベース・アクセスを共同して行っている。2000年8月現在の加盟大学は39大学（http://www.anu.edu.au/caul/）。

[6] CHESTのURLはhttp://www.chest.ac.uk/glossy/chestglos.html

[7] Joint Funding Council Libraries Review Group: Report (The Follet Report), "A Report for Higher Education Funding Council for England, Scottish Higher Education Funding Council, Higher Education Funding Council for Wales and Department of Education for Northern Ireland", December 1993(http://www.ukoln.ac.uk/services/papers/follet/report/)

高等教育における図書館情報に関する報告で、この中で電子図書館の必要性が示され、これにもとづき情報基盤整備計画の策定と予算措置を行う高等教育財政会議JISCが設置された。JISCの助成で電子図書館プロジェクトeLIBが立ちあがり、当初2,100万英ポンドが措置された。CHEST参加機関は2000年9月時点で190機関。

[8] 呑海沙織"イギリスの図書館ネットワーク：英国図書館・イギリスの大学図書館訪問記②イギリス大学図書館"『京大附属図書館報・静脩』Vol.36, No.2, pp.7-10

このメリットとして、ⅰ）契約の一元化によるコスト削減、ⅱ）資源及び人的なリソース共有、ⅲ）データベース利用の機会均等であり、特にⅲ）はいわゆるデジタルディバイドの解消として注目される。

[9] http://www.chest.ac.uk/messenger/messenger/mess70.html

[10] http://www.nesli.ac.uk/nesli-faq.html

[11] 松木麻弥子"国連システムコンソーシアム―国連機関における図書館協力の一形態―"『図書館雑誌』Vol.94, No.8, 2000, pp.558-559

[12] "International Coalition of Library Consortia (ICOLC)-Statement of Current Perspective and Preferred Practices

for the Selection and Purchase of Electronic Information-", (http://www.library.yale.edu/consortia/statement.html)

[13] ジョセフ・J.ブラニン、マリ・ケース著、梶田ほか訳 "科学系学術出版の改革：図書館員による見通し"『情報の科学と技術』Vol.45, No.3, 2000, pp.475-486

原著：Joseph J. Branin and Mary Case "Reforming Scholarly Publishing in the Sciences : A Librarian Perspective" Notices of The AMS April 1998

[14] 三原勘太郎 "スタンフォード大学図書館オンラインジャーナルプロジェクト：HighWire Press"『薬学図書館』Vol.44, No.2, 1999, pp.137-145

[15] 増田 豊 "HighWire Press のオンラインジャーナル"『医学図書館』Vol.46, No.2, 1999, pp.214-216

[16] Mary M. Case, 時実象一訳 "ARLはSPARCプロジェクトを通して学術出版における競争を促進する"『情報の科学と技術』Vol.49, No.4, 1999, pp.195-189

[17] 梅田和江 "JSTORプロジェクトについて"『薬学図書館』Vol.44, No.3, 1999, pp. 216-274

[18] 三原勘太郎 "学術雑誌の共同保存としての「JSROR」の紹介"『情報の科学と技術』Vol.50, No.7, 2000, pp.393-397

[19] http://www.jstor.org

[20] JSTOR FACTS AND FIGURE May 25, 2000

[21] Kevin M. Guthrie "USACO Seminars, Tokyo and Osaka, Japan" July 13 & 14, 2000

[22] http://www.nacsis.ac.jp/olj/aboutolj19990208.html

[23] http://www.jstage.jst.go.jp/ja/

[24] Declan Butler "The writing is on the web for science journal in print" NATURE vol.397, 21 January 1999, http://www.nature.com/

[25] 時実象一 "電子ジャーナルの現状と動向"『情報管理』Vol.49, No.5, Aug. 2000, pp.381-410

[26] 長塚 隆 "電子ジャーナルの行方と医学図書館"『医学図書館』Vol.46, No.4, 1999, pp.366-372

[27] http://www.pubmedcentral.nih.gov/about/faq.html
PubMed Central: free online access to the full text of life science research articles

[28] http://www.embo.org/E_biosci_proposal.html

[29] Joan S. Birman "Scientific Publishing: A Mathematician's Viewpoint" Notices of the AMS Vol.47, No.7, August 2000, pp. 770-774

[30] 小島廣光『非営利組織の経営』北海道大学図書刊行会, 1998.4.10, pp.3-7

[31] 須藤 修 "デジタル革命と信頼できる第三者機関としてのNPO"『東大社会情報研究所紀要創立50周年記念号』No.58, 1999.10, pp.153-173

[32] 毎日新聞 "NPO課税本格論議へ" 2000.8.18

[33] 日本経済新聞 "NPOの法人税減免せず" 2000.9.17
NPOは株式会社などとほぼ同じ税率（原則30%）で、公益法人の22%と格差が生じることになる。

[34] 科学研究費補助金等の競争的研究資金において、研究推進に伴う諸経費に充当すべくその一部を徴収するもので、その制度をオーバーヘッド制度という。米国における一般的なオーバーヘッドの概念は、設備・備品の原価償却費、建物の管理運営費・保守管理費、研究設備費の維持・運営費、図書経費、研究室の事務費等を含む。新しい科学技術基本計画でも検討されている。

[35] P.F.Drucker著、上田敦生、田代正美訳『非営利組織の経営』第4版、ダイヤモンド社、1993, pp.5-11

[36] Karen Hunter "Digital Libraries: Today, Tomorrow and Beyond" Digital Library Symposium, Tokyo, May 22, 2000

[37] 会津 泉 "ネット社会は誰が管理する"『中央公論』2000.7, Vol.1394, pp.126-137

[38] Clearing House: 本来手形交換所のことだが、メタデータとデータベース、検索システムを備えた「情報交換所」の意味。

[39] 長谷川豊祐 "DOI（デジタルオブジェクト識別子）システムの概要"『情報の科学と技術』Vol.49, No.1, 1999, pp. 28-33
DOIシステムは顧客と出版社を直結するもので、電子商取引を促進し、著作権管理システムを実現するために、米国出版社協会（AAP: Association of American Publishers）によって考案された。

[40] Christel Mahnke "Libraries' Information Services and the Internet in Germany" 石井奈穂子訳 "ドイツにおける図書館の情報サービスとインターネット"『日本情報の国際共有に関する研究・平成11年度報告』pp.97-111 (http://www.dbi-berlin.de)

[41] http://www.crossref.org/

[42] 名和小太郎 "公共的アプリケーションの著作権"『情報管理』Vol.40, No.12, Mar. 1998, pp.1120-1130

[43] Jeffrey K. MacKie-Mason, Juan F. Riveros, Maria S. Bonn, Wendy P. Lougee "A Report on the PEAK Experiment -Usage and Economic Behavior -" D-Lib Magazine Vol.5, No.7/8 July/August 1999
(http://www.dlib.org/dlib/july99/mackie-mason/07mackie-mason.html)

[44] 日本医学図書館協議会・将来計画委員会・協会史編纂部会編「日本医学図書館協議会60年略史」1989.6.1, p.5
当時の新聞（河北新報、1936.2.22, No. 141069）によれば、ドイツ雑誌の高価問題は英米仏その他世界各国の悩みの種で、特に日本は昭和6年からの金輸出禁止により、従来の倍額ないし3倍の高騰で大混乱に陥った。昭和7年政府が為替変動による不足補充金を学校方面に配当したため、この混乱はやや緩和されたかに見えたが、ドイツの図書雑誌中、医学、理学方面の出版物の高価は依然研究者の脅威として続いた。吉岡幸治郎氏はこの問題につき重大なる関心を抱き、資料の収集に努める一方で、英米の同志と意見の交換を行うなど努力を続けた。1935年5月マドリッドで開催された第2回国際図書館会議では、日米共同抗議でドイツ政府の補償により、25%の値下げに成功した。この会議

で、日、米、独、仏、諾（ノルウェー）の5カ国によって国際定期刊行書委員会が設置され、吉岡氏は日本代表委員に推薦された。氏は談話の中で、「我が国の図書館関係の権威者で関心を持っても実行する人がいなかったので、我々が実行運動に手を染めた訳です。」と語っている。

＜　さいが　のぶあき　東北大学附属図書館事務部長　＞

大学図書館と電子図書館の未来

有川　節夫

キーワード　大学図書館、電子図書館、学習図書館機能、図書館の自動化、図書館業務の能率化、ICタグ、オンラインカタログ、目録カードのイメージ化、電子ジャーナル、情報配信、Webペーパー、キーワードの発見、知的参考調査支援、自律的サイテーション

1. はじめに

　大学図書館基準によると、大学図書館は、大学における教育研究の基盤施設として、学術情報を収集・組織・保管し、これを利用者の研究・教育・学習等のための利用要求に対し、効果的に提供することが主な機能であるとされている。また、この機能を発揮するために、以下のようなことが要請されている。(1) 十分な規模・内容の調和のとれた蔵書構築、(2) 利用者の積極的な協力のもとで利用者の要望を反映した図書館資料の収集体制の確立、(3) 図書館資料の多面的かつ迅速な検索を可能とするために、全国的・国際的な書誌事業の成果を活用し、整理業務の能率化・標準化を図り、迅速・的確な処理に努めること、(4) 利用者からの要求に対する迅速・的確な対応を可能とする閲覧・貸出、参考調査等の業務体制の整備、(5) 利用者の要求をふまえた蔵書の適切な維持管理と利用機会の提供と確保、(6) こうした業務の改善を図るための研究開発機能の整備。

　これは、昭和27年に制定され、最新版は昭和57年に改定されたもので、多少色あせた感じは否めないが、現在でも大学図書館に当然求められる基準として通用する。むしろ、多くの大学図書館、特に国立大学図書館が、未だにこれらの基準・要請を十分に満たし得ていない状況にある。

　また、大学図書館には、最近の情報化社会・ネットワーク社会に対応した新しい図書館機能の構築が強く求められている。情報化社会・ネットワーク社会は、これまで図書館が果たしてきた紙媒体の図書館資料の収集・組織・管理・提供という機能に加えて、学術情報の創造・発信とその世界規模での共有という新たな機能を可能にしている。こうした新しい機能の実現を推進するため、平成8年に学術審議会から「大学図書館における電子図書館的機能の充実・強化について」という建議が出され、京都大学を始めとするいくつかの大学では文部省からの予算措置を得てその実現へ向けて事業が展開されている。その建議では、大学図書館における電子図書館機能の必要性及び整備の基本的考え方をまとめた上で、整備の具体的な方策として資料の電子化の推進を取り上げ、その最初に、目録情報の遡及入力の促進をあげている。

　この目録情報の遡及入力事業は、現在、学術情報センター（現、国立情報学研究所）と各大学の連携でもって進められてはいるが、歴史のある総合大学では、達成率はまだ非常に低く、遡及入力に要する財源の確保もままならない状況が続いている。また、建議では、情報発信の重要性は指摘しているものの、電子図書館機能において最も期待されている電子ジャーナルやその導入、つまり、情報配信機能の重要性は指摘していない。

　このように、大学図書館にしても電子図書館にしても、理想に近い基準や建議等が示されているが、それがまだ実現されていない状況にある。したがって、これらを実現することが大学図書館や電子図書館の未来への第一歩であることは明白であるが、本稿では、主に日本の国立大学の図書館及びその電子図書館機能の現状を概観し、その「未来」、特に「近未来」を考える上で必要ないくつかの基本的な視点と情報技術について述べることにする。

2. 学習図書館としての機能整備

　多くの国立大学図書館において、蔵書構築は、主に研究者としての教官と大学院学生の関心に基づいて行われている。したがって、前節の大学図書館基準における(1)を満たす調和のとれたものには必ずしもなっていない。また、(2)の利用者の積極的な協力も、書籍の購入経費が基本的には、各教官の研究費から支出されることになっている

ので、利用者の希望は反映されているが、収集体制は確立されているとはいいがたい。

こうした状況にあるから、その結果としての蔵書は、必然的に分野・内容にバランスを欠いたものになりがちである。また、通常、大学についての議論には、前節で触れた基準や建議にしても、最近の自己点検評価にしても、「教育研究」という言い方が多い。これは、教官の側からの視点であり、大学の最も基本的な構成員である学生、特に学部学生側からの視点に基づくものではない。大学図書館には学生用図書経費等の費目は確かに存在するが、それは彼等の学習に必要な図書や参考図書を十分に賄うには程遠いものである。

学部学生の学習環境を整備するという観点から、国立大学でいえば、（古い予算制度における）学生当積算校費の一定額（例えば、入学金の1割相当分）を学生用図書経費として継続的に投入し、図書館職員も加わって選書すれば、学生用図書は充実し、同時に、バランスのよい蔵書構築も可能になるはずである。また、多様な学習・調査の形態に対応でき、情報コンセント等を備えた学習閲覧室の整備も重要である。伝統的な紙媒体での書籍類から、個人のPC内にある資料、PCや携帯電話等のモバイル機器によってネットワーク経由で入手する情報資料までをシームレスに効果的に参照できるような、情報社会に相応しい環境を整備・提供することも重要である。

このように、現在大学には、特に大学図書館には、「学習・教育・研究」という具合に学生に重きを置いた姿勢が強く求められる。学生が図書館という公的な空間に出てきて学習するようになれば、それが他の学生に影響を与え、連鎖・伝播して大学全体が学問的な雰囲気と活気に満たされ、大学の改革にも大きく寄与できる。このように学習機能の格段の充実という視点から大学図書館の未来が一つ開けてくると思う。

3. 図書館の電子化・自動化

電子図書館と図書館の電子化とは違うという言い方もある。ネットワーク社会では、電子図書館の方が未来に開かれていて、社会的な関心も引きやすい。しかし、膨大な年月を要して収集構築されてきた蔵書の所在情報をネットワーク経由で検索し、図書館内での配架場所の特定を可能にすることや、新しい図書の受入、配架、蔵書点検といった基本的な図書館業務の電子化・効率化・自動化を最優先させるべきであると思う。

図書館の電子化は、学術審議会の建議にある電子図書館機能の要目でもある目録情報の遡及入力に加えて、最近各方面で注目されている非接触型ICタグとその関連技術を駆使することによって達成できる。

(a) 目録情報の遡及入力

これは、図書館の電子化及び電子図書館機能の基本であるので、すべての電子化関連の事業に先行して完了させるべきである。そのことによって、全国の（大学）図書館に分散されている図書の所在情報がネットワーク経由で居ながらに入手でき、図書の相互利用が促進され、図書館内での貸出返却業務等も効率化される。この事業を遅らせている原因は、他の電子化・電子図書館の事業に比べてトータルでは莫大な経費を必要とするが、地味であるために予算が獲得しにくい点にある。現在では、それぞれの大学で経費を独自に学内的に調達する以外に手立てはない。

目録情報の遡及入力には、一冊当たり150円から1500円程度の経費が必要であるといわれている。未入力件数が100万件を超すと大学図書館にとっては容易な金額ではない。一方、伝統的な目録カードとカードケースに愛着をもつ利用者も多い。九州大学附属図書館では、目録カードを高速自動スキャナーでイメージとして取り込み、ケースの目録カードを繰る要領で検索するシステムを開発し、ネットワーク経由で現在約70万件のカードを対象にサービスを行っている。これは、カード愛好者の要望に応え、目録情報の遡及入力作業の支援システムとしても機能し、いわゆる多言語の問題にも対応できるものである。1件当たりの費用は約10円と安価である。新規受入の図書については、現在目録カードは作成されていないことを考えると、当座を凌ぐ手法として以上の使い道があるように思う。

(b) ICタグによる図書館業務の効率化

情報を電子的に保持して電磁誘導により非接触で情報交換をするRFID(Radio Frequency Identification)の技術が急速に発展しさまざまな場面で

活用されている。形態もさまざまであるが、図書に貼付するものは、樹脂にマイクロチップを埋め込み、送受信アンテナを印刷したもので、適当な容量のメモリ等をもち、電源はもたず専用のスキャナーからの電磁誘導により供給される電力により動作し、一度に複数のタグの情報を読み書きできるものである。これによって、従来のバーコードやタトルテープに依存してきた図書館業務も代行でき、新たな効率化も可能になる。すなわち、ICタグ技術により、(1) 図書受入作業の効率化、(2) 図書貸出・返却作業の効率化、(3) 図書の貸出・返却業務の無人化、(4) ブックディテクション装置との連携、(5) 返却本の配架作業の負担軽減、(6) 蔵書点検作業の負担軽減、(7) 書架へのアンテナ設置による該当図書の位置表示、(8) 自動書架システム構築、等が可能になる。

単価は、現在でも既に100円を切っていて、量産が見込まれれば、大幅に安くなる見通しである。このICタグにISBNやその他の図書の識別、管理、価格等に関する情報、各図書館に固有な情報等を記録できる標準化を行えば、図書の出版・流通から上記のような図書館における各種の作業までが、最初から図書に貼付されたICタグだけで可能になる。また、量産効果が生まれ単価を一段と低く押さえることができ、図書館における受入作業や目録情報の入力作業も大幅に効率化できる。

国内電波法の制限による探知距離の制約やスチール製書架が使用しにくいという問題、退館ゲートの通過スピードの問題等、いくつかの解決すべき課題もあるが、すでに、外国での実施例もあり、さらなる人員削減と予算の削減が予想される近未来の大学図書館の運営・維持問題を解決してくれる重要な技術として期待できる。そのため、国立大学図書館協議会では、急遽2000年8月に筆者を世話役とした研究チームを編成し、検討を開始している。

4. 電子図書館の現況

電子図書館の定義は一様ではない。いわゆる図書館の電子化とは一線を画すものや両者が融合した捉え方もある。学術審議会の建議では、「電子的情報資料を収集・作成・整理・保存し、ネットワークを介して提供するとともに、外部の情報資源へのアクセスを可能とする機能をもつもの」を指すものとし、「これにより、利用者は基本的に図書館に出向くことなく、的確・迅速かつ時間に制約されずにサービスを受けることができる」、としている。また、国立国会図書館では、「図書館が通信ネットワークを介して行う一次情報及び二次情報の電子的な提供とそのための基盤」と定義している。両者の間には若干の違いはあるが、例えば、筆者が特に重要であると考えている、図書目録情報の遡及入力や電子ジャーナルの導入等は、どちらの定義にも包含され(得)るので、ここでは定義にはかかわらないことにする。

大学図書館においては、平成8年に出された学術審議会の建議を実現する方向で、平成9年度京都大学と筑波大学に、また、平成10年度東京工業大学、神戸大学、図書館情報大学に電子図書館機能の強化・充実のための予算が認められ、各種の電子図書館関係の事業が展開されている。また、これらに先行して、奈良先端科学技術大学院大学においては電子図書館機能が実現されている。国立国会図書館でも関西館において本格的な電子図書館を構築しようとしている。

5. 電子図書館の未来

大学図書館に対する電子図書館機能の充実に関する文部省からの直接的な予算措置は、平成10年度で中断されていた。しかし、平成12年度補正予算でいくつかの大学に対して特別な措置がなされたことは喜ばしいことである。

(a) 電子図書館機能の基盤整備

平成10年以降は、学内の情報関連施設との連携強化によりこの課題に取り組むようになっている。平成11年度に発足した東京大学における情報基盤センター、平成12年度に発足した九州大学情報基盤センター、大阪大学サイバーメディアセンターなどがそうであり、これらの大学では、図書館との連携が強化され、少なくとも電子図書館機能の基盤整備は確保されている。この方向は、建議でも推奨されていることであり、東北大学を始めとする他の多くの大学で、このような情報関連施設との連携が推進あるいは計画されている。

(b) 電子的資料作成経費の充実

電子図書館機能の拡充の中核である電子的資料

の作成に関しては、こうした情報基盤センター等では措置されていない。また、固有の予算措置を受けている京都大学等では、電子的資料作成のための予算は期限付きで多少措置されているが、それは主に図書館が所有する貴重本などの一次資料の電子化を支援するためのものである。書籍の所在情報のネットワーク経由での検索に欠かせない図書目録データの遡及入力に要する予算は、時折分野ごとに措置されたことはあったが、体系だった継続的な措置にはなっていない。

(c) 情報配信機能の重要性

国立国会図書館も含めて、電子図書館機能のひとつとして各種の一次資料については言及されてはいるが、学術雑誌の電子的媒体である電子ジャーナルについては、全くといっていいほど触れられていない。電子ジャーナルは、この数年間に急速に浮上・普及してきたものであり、予算上の問題、契約上の問題、コンソーシアムの問題、会計上の問題等、日本社会固有の問題点が数多く含まれていて、一筋縄では行かないことはよく理解できる。

しかし、それぞれの大学における紀要の類に発表された論文にアクセスできるだけでは、不十分であることは明らかである。電子図書館機能においては、それぞれの大学の有する特徴ある学術情報の発信に重きがおかれているが、学会や商業出版社等による電子ジャーナル等の配信という機能が不可欠である。旧来の冊子体の学術論文に関して、大学図書館には自分の大学の研究者による著作物しか置かないという状況を想像していただきたい。これでは、先端領域で活躍している理系の研究者にとっては、電子図書館は魅力あるものとはなり得ない。電子図書館には、主要な電子ジャーナルへのアクセスの保証、すなわち主要学術情報の配信を、予算と機能の両面で早急に確立することが求められる。その際、現在国立大学図書館協議会が行っているオンラインジャーナル・タスクフォースや学術会議の対外声明（緊急提言）等も参考になるであろう。

(d) ジャーナルはこれからも必要か？

学術雑誌の出版形態について、ある大手出版社は、数年後には冊子体なしで、電子ジャーナル一本にすることが可能である、というような発言をしている。この見通しは、もし電子ジャーナルのアーカイブができ、必要なときに常識的な対価を払って閲覧・アクセスできれば、正しいものであり、現実的である。しかし一方では、現在の冊子体のジャーナルにしても、その電子版にしても、論文が投稿されてから出版されるまでに2年以上を要するものが少なくない、という現実がある。進展の著しい分野では、2年以上もむ経過した論文は参照価値をもたないことが多い。そこで、そうした分野の研究者は、プレプリントやテクニカル・レポート、国際会議の会議録といった速報誌による論文を重視し、最近では、各研究者のWebサイト上にあるWebペーパーを重視している。速報性に関して最も速いし、各種の検索ロボットにより定期的に捕捉されるので、検索漏れも少ない。

このような状況にあっても、いわゆるインパクトファクター等で権威付けられた商業誌に投稿する主な理由は、論文の権威付けにあり、研究者の就職や昇進、競争的研究資金獲得の際の評価材料として有効であるからである。したがって、サイエンス・サイテーション・インデクスに引かれる予め選ばれた学術雑誌が重要ということになるのである。

しかし、最近、計算機科学分野でよく使われるCiteSeerシステムは、情報科学的な手法を使ったWeb上の学術情報を対象にした自律的なサイテーション・インデクシングシステムで、上述のSCIのように対象ジャーナルが予め選定されている必要もなく、Web上のすべての論文が対象になり得る。多少のエラーは当然含まれるが、公表した論文の引用情報を的確に知ることができ、伝統的なSCIに代わり得る可能性と発展性を秘めている。そうすると、権威付けられた商業誌やその電子版の必要性は極端に低くなるであろう。

前節（c）での主張と一見矛盾するように感じられるかも知れないが、この時点で、各種学会の出版する論文誌の電子ジャーナルや、大学等のある程度まとまった大きさの研究機関が編集し、Web上に公開する紀要の類が、非常に価値をもった「ジャーナル」として機能することになる。これらは、当然何らかの論文審査や査読のプロセスを済ませたものであり、その意味で品質の保証された

ものになる。組織として品質の高いWebペーパーを発行している学会や研究機関が権威をもつことになり、そこに優秀な研究者が会員として、また職員として集結する、といった新しい動きが芽生えることも十分考えられる。

(e) 電子図書館時代の知的な参考調査業務

このような自動的な学術情報収集と自律的なサイテーション・インデクシングにおける間違いを少なくし、信頼性を高め、効率化するためには、インターネット上の情報資源の発見を目的にして研究されているメタデータ記述の手法やその標準化・普及が重要になってくる。それらの記述規則に支援される形でさまざまな電子図書館時代のいわゆる参考調査の手法が開発され、使用されることになるであろう。

最近、九州大学の有村グループが展開しているいわゆるサイバースペースにおける莫大な数量の(半構造)テキストデータから重要なキーワードの発見に関する研究などは、こうした電子図書館時代における参考調査のための知的な手法を提供するものと期待できる。

また、そのような時代に参考調査担当の図書館職員に求められる技能や資質等についても検討しておく必要があろう。

6．おわりに

以上、大学図書館と電子図書館の現状と未来に関して、若干の私見を述べてみた。冒頭で触れたように、大学図書館基準や建議等に謳われていることを、再考し、それをまず忠実にそして誠実に実行・実現していくことが重要である。例えば、この情報社会・ネットワーク社会において、特に必要性が認識されてきた図書館における研究開発機能については、最近まで、どの大学図書館でも手がつけられていなかったが、既に大学図書館基準にはっきりと盛り込まれているのである。

参考文献

[1] 大学基準協会：大学図書館基準、1952年6月決定、1982年5月改正

[2] 学術審議会：大学図書館における電子図書館機能の充実・強化について、1996年7月

[3] T. Minami, H. Kurita and S. Arikawa: Putting Old Data into New System: Web-based Catalog Card Image Searching, 本会議別稿

[4] 日本学術会議：電子的学術定期出版物の収集体制の確立に関する緊急の提言、2000年6月

[5] D. J. Haank "電子出版で百倍になる可能性－5年後にはもう冊子体なし（？）学術出版の世界－"『情報管理』Vol. 42, No.10, 2000年1月

[6] D. Butler "The writing is on the web for scientific journals in print", Nature, Vol. 397, Dec. 1999

[7] S. Lawrence, C. L. Giles, K. Bollacker "Digital Libraries and Autonomous Citation Indexing", IEEE Computer, Vol. 32, No. 6, 1999.

[8] H. Arimura et al: Discovering Important Keywords in Cyberspace, 本会議別稿

＜　ありかわ　せつお　九州大学大学院システム情報科学研究院教授／九州大学附属図書館長　＞

マルチメディア情報と電子図書館
―MPEG-7を利用した図書閲覧インタフェース―

國枝　孝之

キーワード　マルチメディア、MPEG-7、閲覧方式

1．はじめに

　マルチメディア情報と呼ばれる音声や映像コンテンツはインターネットの普及と共に世界中で急増し始めた。日本では、2000年12月からデジタル放送の開始が決まり、政府のIT推進の波と共にこれらマルチメディア情報の活用にますます拍車がかかっている。

　今まで静止画像、グラフィックス、音声、映像などのマルチメディア情報は、磁気テープやフィルムといったさまざまなメディアに格納され利用されてきたが、今後、これらの情報のデジタル化が進み、誰もが共通インフラストラクチャのもとで簡単に情報を享受できる環境が整い始めてきた。

　今回は、これらマルチメディア情報の活用とそれを支える最新の技術動向として現在、国際標準化機構（ISO/IEC）で標準化が進められているMPEG-7の活動とその内容を紹介し、電子図書館における応用を検討してみる。

2．マルチメディア情報を取り巻く環境

　現在、多くの図書館や大学、行政機関が電子図書館サービスをインターネット上に展開している。そして、蔵書に対する書誌検索・全文検索サービスや所蔵資料、作品の画像・映像提供を行っている。はじめに、電子図書館で提供するコンテンツとして書籍に関する情報提供機能を見ると、書籍に関する情報検索機能は、図書館で実際に運用されている書誌情報を活用することで利用者へ提供することができる。また、近年書籍の内容に関する情報も本文をテキスト化（コード化）し、全文検索や知識ベースを用いることで内容に踏み込んだ検索サービスが可能になってきた。

　一方、提供情報として活用が進みつつあるマルチメディア情報に対してはどうであろうか。多くのシステムでは静止画像、音声（音楽）、映像に対する検索機能としては、それぞれのタイトルや出演者、作成者、演奏者といったコンテンツに対する付加情報をもとに検索するサービスが現状である。しかし、実際にマルチメディア情報を活用するためには、映像や音声の内容に踏み込んだ検索が要求される。また、映像情報では1つの映像中にはさまざまな話題や状況が記録されている。それは、1つの物語のように構成されていたり、ニュース番組のように事象の羅列であったりする。

　このようなマルチメディア情報に対し的確に目的のシーンを特定し検索する技術の基盤として、MPEG-7が脚光を浴び始めた。MPEG-7は、マルチメディア情報に対し、その構造表現や意味情報さらには、画像特徴や音声特徴、オブジェクトの動き表現など細部にわたり対象コンテンツを表現する方法を規定する標準である。MPEG-7を利用することで利用者は、検索条件として類似画像やハミング、オブジェクトの動きなどを用いた検索が可能になり、その結果として見たいシーンを的確に検出したり、見たい情報をダイジェストとして容易に概要を把握したりすることができる。次節では、MPEG-7について紹介する。

3．マルチメディア情報管理としての MPEG-7

・MPEG-7とは

　1996年からISO/IEC JTC1/SC29/WG11で検討が始まったMPEG-7は「マルチメディア・コンテンツの内容記述インタフェース」と呼ばれる。さまざまな種類のマルチメディア情報の記述方法を標準化し、検索やフィルタリングに利用するのが目的である。MPEG-7によって、利用者はマルチメディア・コンテンツの中から必要なものを効率よく検索できるようになる。

・なぜMPEG-7が必要なのか

　音声・映像などのマルチメディア情報が世界中

にあふれるようになってきた。しかし、必要な情報がどこにあるかがわからなければ、どんなすばらしい情報も利用できない。データ量は日増しに増大し、マルチメディア・コンテンツの検索は困難になるばかりである。World Wide Web 上では、テキスト情報に対して全文検索エンジンが用意され、要求に応じた検索が可能になってきた。しかし、音声・映像などに対してはこのようなことができなかった。最近は、マルチメディア・データベースが登場し、画像の色やテクスチャなどの特徴量を利用した類似検索ができるようになったが、相互利用性やデータ互換での障害があった。こうした中、MPEG-7では、マルチメディア・コンテンツの内容記述を標準化し、さまざまなアプリケーションで、利用者が必要なものを効率よく検索し、利用できるようにすることを目標としている。

・標準化活動スケジュール

　　1999年　2月　Proposal
　　1999年　12月　Working Draft
　　2000年　10月　Committee Draft（現在）
　　2001年　2月　Final Committee Draft
　　2001年　7月　Draft International Standard
　　2001年　9月　International Standard

・対象とするマルチメディア・コンテンツ

　記述対象のマルチメディア・コンテンツは、静止画像、グラフィックス、3Dモデル、音声、スピーチ、ビデオ、シナリオなど多岐にわたる。テキストのみから成るコンテンツは他の標準化活動グループの結果を重視し、特に対象としていない。

・標準化範囲

　図はMPEG-7を利用したアプリケーション・モデルである。MPEG-7が標準化を進めている機能は、中央の網掛け部分で示す。まず、コンテンツの構造と特徴、属性を抽出する。各特徴量や属性の内容（値）を記述するものをDescriptors（図中D）、その関係や構造を記述する仕組みがDescription Schemes（図中DS）である。これらの構造や特徴量、属性はDescription Definition Language（図中DDL）を用いて表現し、記述したものを内容記述（Description）と呼ぶ。この記述は基本的にテキスト表現され人間にもコンピュータにも利用可能な情報となる。また、この記述は、Schemes for codingで規定される方式により必要に応じて圧縮し、実際の映像や音声情報と同期して利用される場合もある。特徴量や属性の抽出方法は標準化の範囲には含まず、各社の技術開発にまかせる。また、検索エンジンなどがその記述をどのように利用するかについても規定しない。

・適用アプリケーション

　検索や、フィルタリング・アプリケーションは、MPEG-7の記述内容とコンテンツを参照し、利用者に適切な結果を返す。プル型のアプリケーションとして、ビデオやカラオケ、音楽、映画のシーン、スピーチなどの検索、編集が考えられる。また、プッシュ型のアプリケーションとしては、フィルタリングのためのエージェントや、好みのテレビチャンネル選択サービスなどが挙げられる。

・現在の活動状況

　本稿執筆時点では、MPEG-7はWorking Draftの最終段階である。DDLは、World Wide Web Consortium（W3C）で策定しているeXtended Markup Language（XML）と XML-Schema をベースにMPEG-7特有の拡張としてバイナリーデータの表現方法などを追加する方向である。また、DSとしては、メディア特定、基本記述（言語、人物など）、メディア情報、制作情報、利用情報、コンテンツ構造表現、ナビゲーション表現など70近いものが検討されている。特徴量や属性を表現するDとしては、時間表現、画像特徴、形状特徴、音声特徴、動き特徴などがその識別精度や表現の的確性を中心に議論されている。

4．電子図書館におけるMPEG-7活用方法

　電子図書館システムにおけるMPEG-7の応用についていくつか検討してみる。

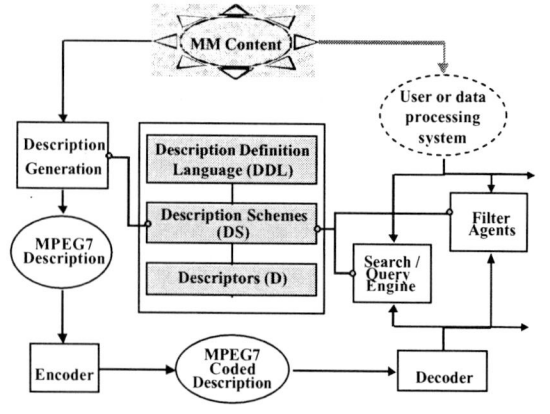

(Introduction to MPEG-7, N3545, Beijing, July2000より引用)

・画像、映像特徴情報記述

　MPEG-7の提供機能の1つである画像、映像特徴量を利用した応用例として、所蔵している古文書や美術作品などの画像コンテンツに対する特徴量による類似検索が考えられる。現在静止画像に関して検討されている特徴量にはカラーヒストグラム、カラー分布、輪郭形状、エッジ分布などがある。また、映像情報に関しては各フレーム間でのオブジェクトの軌跡や形状変化を表現することができる。

　これら特徴量による検索が可能になれば利用者は、書誌事項ではなくもう少し直感的に検索条件を指示できる。例えば、目的の絵を探す場合に、ラフスケッチをタブレットなどで描き、それに類似した輪郭線を持った画像を見つけ出すことができる。また、自分のイメージした絵や写真をもとにそれに類似した画像を色やテクスチャ特徴を用いて探し出すことも可能である。このような検索は画像だけでなく映像にも適用することができる。上記に示したような検索で目的のシーンを映像中から見つけ出すことも可能である。さらに映像の場合は、動きの特徴も検索条件として用いることができるため、「右から左へボールが飛んでいくシーン」といったような検索も可能となってくる。

・構造記述

　静止画像に対しては画像中のオブジェクトの構造・位置関係、映像や音声といった時間軸を有するデータでは、シーンやカットといった一連の意味のまとまりを階層的に表現することができる。

　まず、静止画像における構造記述として、写真の中の人物や物の輪郭、さらに人物の中の顔や手の輪郭を木構造で表現することができる。これにより、映像中のオブジェクトの関係が明確に表現でき、次に説明する内容記述情報とともに利用することで、背景などに影響されない的確な検索が可能になる。一方、映像や音声では、話の変わり目やシーンやカットの切れ目が存在する。人間は映画やテレビを見ながらストーリーの起承転結を的確に認識し内容を理解している。しかし実際のデータ中には、ここがシーンの切れ目であるといった信号は含まれていないのが現実である。このような文書でいえば、章や節に相当する構造をMPEG-7において端的に表現することで目的のシーンへのアクセスが容易になる。それと同時に

利用者の嗜好情報を反映したダイジェストの自動生成なども可能となる。また、子どもたちを有害シーン（暴力シーンなど）から守るといった仕組みも実現できる。

・内容記述

　画像や音声・映像を表現するためのメタ情報として制作情報、利用情報、著作権管理情報、注記情報なども整備されている。特に注記情報では、「Who,What Action,What Object, Where, When, Why」といった表現で画像や映像中のシーンを記述できる。

　このように特徴情報や構造情報とともにコンテンツの中身を記述する手段が用意されているため、より的確な情報を付加できるのである。このような言語構造的な記述手段も用意されているので、従来のキーワードによる検索だけでなく、「中田選手がボールを蹴ったシーン」といった自然文（自由文）による検索条件の設定も可能になる。

・利用者への利便性

　これまでは、電子図書館提供のコンテンツに対する利用者の検索時の利点を述べたが、別の視点として、図書館利用者への利便性を検討してみる。今回紹介するのは、図書閲覧インタフェースとして映像を用いた例である。

　人が図書館へ実際に出向いた場合を想定する。一般に、目的の情報を得るために関係する本や雑誌を探すものだが、開架図書の場合は、誰しも次のような経験をしたことがあるだろう。「関連した分野の開架本棚に足を運び目的の本を発見する。その際、目的の本の周辺をついでに見て新たに興味がある本を手にとってみる。そちらの本にさらに興味を持ってしまう。」そこで、インターネットでアクセスした利用者に対してもこのような体験を提供できないかと考えた。

　図書館をすべて仮想現実として構築する方法もあるが、今回は、雑誌棚を実際に映像として記録しその利便性を考察した。撮影は人の視線の高さから雑誌棚に対して平行移動する方法で行った。映像としては雑誌名が読み取れる程度の画像品位で1つの雑誌の表紙すべて収まるサイズと雑誌名までは読めないが雑誌棚全体が入るサイズとの2種類を撮影した。次にこの映像を雑誌分類（総記、哲学など）により大まかに構造化する。分類された各構造をさらに本棚の各段単位で詳細に構造化

する。この映像から雑誌分類、本棚単位での MPEG-7内容記述情報を作成する。さらに各映像構造単位で雑誌名と雑誌書誌情報へのリンクを付加する。

以上の作業により、実際に利用者がアクセスする場合を想定し、雑誌分類からその本棚映像中の出現位置へのリンク情報をSynchronized Multi-media Integration Language (SMIL) で表現することができる。さらに図書館内のレイアウト図からも同様のリンクを作成する。

この効果として、利用者は雑誌分類一覧もしくは図書館レイアウト図から目的の書棚の前に映像の中で行くことが可能になる。

次に雑誌検索システムで目的の雑誌を見つけた場合、雑誌名からMPEG-7内容記述中に出現する雑誌を検索しさらにその雑誌の属する映像構造位置を特定する仕組みを用意した。

この効果としては、目的の雑誌をまず検索インタフェースで見つけ出せば、映像の中でその雑誌が置かれている本棚の前に立つことができるのである。ここからは、実際に本棚の前に立っているのと同様に映像を進めれば前へ、戻れば後ろの雑誌棚を閲覧することができ、表紙や表題から新たに興味のある雑誌を見つけることができる。この機能は実際にシステムとして実装し、今後その効果や他の利便性について検討していく予定である。

5．まとめ

「電子図書館はコンテンツの宝の山」である。溢れ返るマルチメディア情報を利用者が簡単かつ的確に入手することができる仕組みが今後重要になってくる。そうした中で現在標準化が進められているMPEG-7は1つのインフラストラクチャとして今後、電子図書館の分野でも有効に利用できるものである。国際標準であるメリットとしてのオープン性を活用し、グローバルなマルチメディア情報の共有と活用手段を電子図書館の機能として実現できる段階にきたと思われる。自分の書斎に世界中の図書館への扉を持てる日はすぐそこまできている。

注記

本稿執筆の時点でMPEG-7標準はWorking Draftの最終段階であり、まだ国際標準として策定されてはいない。そのため、現状での機能や目的を中心に紹介した。

引用文献

ISO/IEC JTC1/SC29/WG11 "Introduction of MPEG-7 (Vesion 1.0)", N3545, Beijing, July 2000.

参考文献

[1]ISO/IEC JTC1/SC29/WG11 "MPEG-7 Requirement Document V.12", N3548, Beijing, July 2000.
[2]ISO/IEC JTC1/SC29/WG11 "Text of WD 4.0 of MPEG-7 Visual", N3522, Beijing, July 2000.
[3]ISO/IEC JTC1/SC29/WG11 "MPEG-7 Requirement Document V.12", N3548, Beijing, July 2000.
[4]ISO/IEC JTC1/SC29/WG11 "MPEG-7 Multimedia Description Schemes WD (v4.0)", N3465, Beijing, July 2000.
[5]ISO/IEC JTC1/SC29/WG11 "MPEG-7 Audio WD", N3489, Beijing, July 2000.
[6]ISO/IEC JTC1/SC29/WG11 "MPEG-7 DDL WD 4.0", N3575, Beijing, July 2000.
[7]Kamimoto T.,Kambayashi Y., "Browsing functions in three-dimensional space for digital libraries" International Journal on Digital Libraries Volume 2 Number 2+3 September 1999, pp.68-78.
[8]Kunieda T.,and Wakita Y., "Package-Segment Model for Movie Retrieval System and Adaptable Applications," IEEE International Conference on Multimedia Computing SystemsProceedings,Volume.2, Florence, Italy, June 1999, pp.944-948.
[9]Wakita Y.,Kunieda T.,Takahashi N.,Hashimoto T.and Kuboki J.,"Extended Package-Segment Model and Adaptable Applications," 6th International Workshop IDMS'99 Proceedings. Toulouse, France, October 1999, pp.163-176.
[10]Takahashi N.,Iwasaki M.,Kunieda T.,Wakita Y.,Day N.,"Image retrieval using spatial intensity features" Signal Processing:Image Communication 16 2000 pp.45-57.
[11]國枝孝之，脇田由喜，高橋望，"映像検索におけるパッケージセグメントモデルと応用アプリケーション"『画像電子学会誌』第28巻 第5号，1999，pp.552-559.
[12]The MPEG-7 Home page:http://www.mpeg-7.com/
[13]World Wide Web Consotium:http://www.w3.org/
[14]W3C Synchronized Multimedia Integration Language (SMIL)1.0 Specification:http://www.w3.org/TR/1998/REC-smil-19980615/

＜　くにえだ　たかゆき　株式会社リコー画像システム事業本部ソフトウェア研究所第1研究室課長代理研究員　＞

今後の電子図書館

吉田　哲三

キーワード　電子図書館、著作権管理、課金管理、電子書斎、個人図書館

はじめに

電子図書館に対する研究開発は、欧米をはじめ日本でも産・官・学で積極的に行われ、実運用に入っているシステムもある。電子図書館には、多くの機能が求められているが、本稿では、今後の電子図書館に必要となるディジタル・コンテンツの著作権と課金処理の機能と電子図書館の機能を利用した電子書斎個人図書館の機能を記述する。

1. 著作権・課金管理機能

ディジタル・コンテンツの流通・管理を目的とした「電子的に著作権管理が行われるシステム」としてのECMS (Electronic Copyright Management System) が注目され、既に世の中に数多くの商用ECMSが存在する[1][2]。

電子図書館もディジタル・コンテンツの収集と提供を行うシステムであり、今後、ディジタル・コンテンツの著作権と課金管理の機能が必須となると考えられる。通商産業省の「次世代電子図書館研究開発事業」[3]の成果の一つである電子図書館プロトタイプシステムでは、著作権管理機能を考慮した課金管理機能が実装されている。以下、今後の電子図書館の著作権や課金管理システムを考える上で参考にするために、電子図書館プロトタイプシステムの著作権・課金管理機能の概要を紹介する。

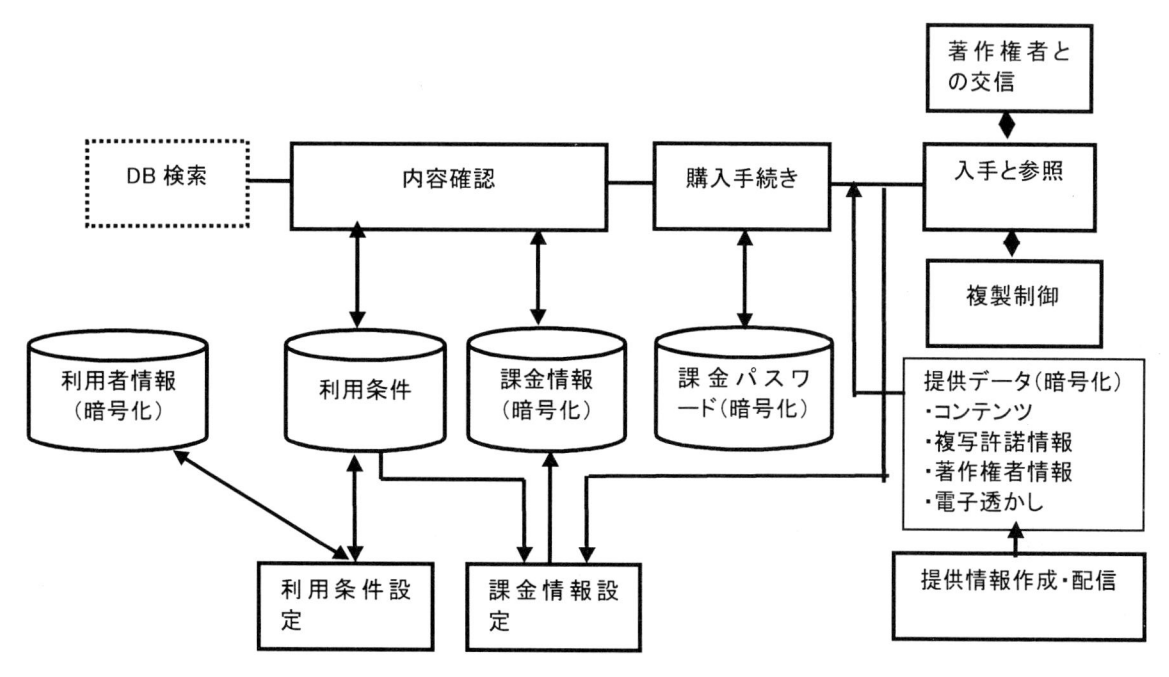

1.1 プロトタイプシステムの著作権・課金管理機能の概要

課金管理機能の著作権・課金単位は、文書情報の場合には、コンテンツ単位(書誌情報単位、雑誌の場合には、記事単位)、ページ単位(画像データの場合)、構成部品単位(図・表等)に設定できるようになっている。なお、文書情報のコンテンツを構成する表紙情報、抄録情報、目次情報は、利用者が内容を確認することができるように課金(著作権管理)の対象とはしていない。映像情報の課金単位は、コンテンツ単位(書誌情報単位)である。

また、この著作権・課金管理機能では、有償のコンテンツであってもそれを館内から利用する場

図1　著作権・課金管理機能の概要

合には、無償としている。館内からの利用には、同一LAN環境内の端末からのアクセス、あるいは、特定の端末からのアクセスが含まれる。ただし、館内にある端末には、ダウンロードすることはできない。図1に著作権・課金管理機能の概要を示す。

1.2 利用者サイド

利用者は、電子図書館の検索機能を利用して目的の情報を探し出し、内容を確認し、購入手続きを行い、入手して参照するというプロセスを経る。各プロセスにおける著作権・課金機能の概要を記述する。

(1) 内容確認

検索したコンテンツを利用できるかどうかの確認には、コンテンツの概要を表示する機能著作権者が定めたコンテンツの利用に関する条件を確認するための機能、今までに支払った累計課金情報を確認する機能がある。

コンテンツが図書や雑誌の場合、表紙、目次、抄録を表示し、また、画像データの場合には、サムネイルを表示させる機能がある。これらの情報の閲覧は、無料となっている。

求めるコンテンツに対して、著作権者の定めた利用に関する種々の条件を参照する機能がある。たとえば、コンテンツ単位に著作権者の定めた閲覧条件（ダウンロード可能か、オンラインで参照可能か）や料金（金額、割引率、割引期間）等を参照することができる。なお、利用者が前回課金されたコンテンツと同じコンテンツを選択した場合、著作権者の定めた期間内であれば無償である。利用者は、以前にどれだけ課金されているか確認するために累積課金情報を参照できる。

(2) 購入手続き

コンテンツをダウンロードあるいは、オンラインで参照する場合には、クレジットカード番号のパスワードを入力する。

(3) 入手と参照

ダウンロードの場合、コンテンツは、メタデータ（著作権者に関する情報、複製の許諾に関する情報）とセットで暗号化されて提供される。利用者は、この暗号化された情報を復号化してコンテンツを参照する。また、コンテンツには、著作権者の指定により電子透かしが埋め込まれている場合もある。

利用者は、メタデータとして提供される著作権者の情報を参照でき、必要に応じて著作権者と電子メール等を利用して連絡をとることができる。

また、メタデータとして提供される情報に複製の許諾に関する情報が設定されている場合には、その情報に従った制御が自動的に行われる。たとえば、画面に表示されている情報の印刷が不可という情報が設定されている場合には、利用者が印刷を指示しても印刷することはできない。

1.3 システムサイド

前述した利用者の機能を実現するための環境を構築する機能がある。その機能には、利用者情報と課金情報を管理する機能と個々のコンテンツに著作権者が利用条件を設定する機能が含まれる。

(1) 利用者情報と著作権・課金情報の管理

利用者管理情報には、利用者IDやパスワード等以外に一般利用者、特別利用者、システム管理者、職員の利用者区分を指定できる。この利用者区分は、コンテンツごとの利用条件を定めるための条件となる。すなわち、同一のコンテンツであっても利用者区分に応じて異なる条件を設定できる。利用者情報は、利用者からの要求に基づきシステム管理者が設定する。

また、利用者情報の利用者パスワードの設定と変更と同様に利用者のクレジット番号のパスワードは、利用者情報の新規登録時にシステムが自動的にクレジットカード番号のパスワードを自動生成して利用者に暗号化したメールで通知する。一般的に利用者は、このパスワードを変更して利用することになる。

(2) コンテンツ利用条件の管理

著作権と課金処理の対象となるコンテンツ単位に利用条件を設定できる機能がある。このコンテンツ利用条件は、個々のコンテンツ単位に著作権者の依頼を受けてシステム管理者が設定する。このコンテンツ利用条件には、以下の情報がある。

・著作権者に関する情報

コンテンツの著作権者を明示し、利用者がコンテンツの利用時に著作権者とコミュニケーションできるための情報でもある。この情報には、著作権者の氏名、メールアドレス、住所、電話番号等がある。

・著作権情報

コンテンツに関する著作権有効期限とコンテンツを利用者に提供する際に電子透かしを設定するか否かに関する情報と複製に関する許諾情報がある。複製に関する許諾情報には、利用者端末における印刷処理の可否、編集処理の可否、送信処理の可否の情報がある。

・課金管理情報

課金の単位、課金の有効期間に関する情報が含まれる。課金の単位は、コンテンツ単位に課金するか、ページ単位に課金するか、構成部品単位に課金するかを指定する。課金処理では、一度、課金したコンテンツをある一定期間内に再度利用する場合には、無償とすることができる。課金の有効期間は、この期間の情報である。

・利用者区分と区分ごとの課金管理情報

前述した利用者区分と利用者区分ごとの情報である。各々の利用者区分ごとに、参照権の有無、閲覧形態（ダウンロード、オンライン参照）、課金情報（課金する／しない、課金額、割引率、割引期間）が指定できる。

(3) コンテンツの提供

ダウンロードを指定した利用者には、コンテンツ利用条件に設定されている著作権者情報、電子透かしの設定があれば、電子透かしの埋め込み、複写に関する許諾情報とコンテンツをカプセル化し全体を暗号化して利用者に提供する。同時にコンテンツ情報と利用者IDを提供ログとして履歴情報に格納する。電子透かしは、提供者を特定可能とするために利用者IDの下5桁を提供時に動的に埋め込む。

著作権者の情報は、利用者が自分の端末で参照することができ、それらの情報を用いて、著作権者とコミュニケーションが行える仕組みを提供している。

電子透かしは、著作権者に対して、安心感を与え、利用者に対して、不正利用に対する警告の意味を持たせるために利用している。また、この電子透かしに利用者IDを利用して提供時に動的にコンテンツに埋め込み、さらにコンテンツ情報と利用者IDをセットにして提供ログとすることで、コンテンツ不正利用の経路の起点を特定するために利用できる仕掛けを持っている。

複写に関する許諾情報には、印刷の可否、複写（編集、送信）の可否が含まれている。これらは、利用者が端末でダウンロードしたコンテンツを参照する場合に著作物に対して誤った操作をソフトウェアで避ける（禁止する）ために利用される情報である。

(4) 課金情報設定

コンテンツのダウンロードの終了時（オンラインで参照する場合には、課金パスワードの認証の終了時）にシステムは、利用条件に設定された課金に関する情報に従って課金額を定めて個人単位に料金を累積課金情報に書き込む。この累積課金情報は、利用者が参照することができる。なお、この累積された課金情報は、定期的に電子メールで利用者に通知される。また、システムは、定期的に累積課金情報をバッチ処理で決済機関が処理できる形式にして送付できる機能がある。

以上述べてきた著作権・課金管理機能には1）複製を抑止する必要のある情報は、ダウンロードして参照しなければならない、2）参照した量に応じた課金が行われない、3）支払い手段がクレジットカードだけで他の手段（たとえば、複数人が共通に利用できる支払い手段など）がない、という解決が必要となる課題がある。

2. 電子書斎

電子図書館は、基本的には個人ごとの情報要求に応えることを目的としている。電子図書館等から得た情報を個人単位に格納管理して個人の知的生産性を向上させる環境を提供することも電子図書館の機能（役割）の範疇に入る。この環境を他の利用者に公開することができ他の利用者の知的生産性向上にも貢献できる。

ここでは、電子図書館の提供する個人用の情報利用環境を電子書斎（個人図書館）機能と呼ぶことにして必要となる機能を記述する。図2に電子書斎の機能の概要を示す。

2.1 情報収集

電子書斎に格納する情報には、電子図書館の検索結果、電子読書支援機能[4]等を利用して検索結果に付加した個人情報（たとえば、メモや機械翻訳した結果等）、個人的に情報収集エージェントを利用して得たホームページ情報、さらに個人の

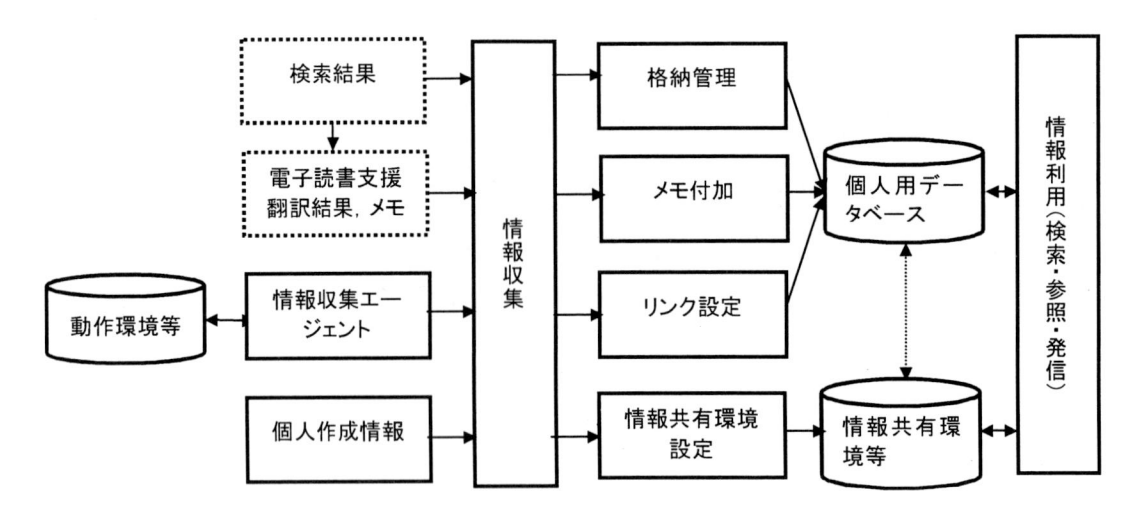

図2　電子書斎機能の概要

作成した情報等が考えられる。

(1) 格納管理

収集した情報（個人用データベース）は、個人ベースの情報であり、不許可の利用者の参照を避けるために暗号化が必要となる。また、情報利用（検索・参照・発信）のために書誌的な情報を設定できる機能が必要となる。書誌的な情報は、電子図書館の検索結果であれば、電子図書館の書誌情報を利用し、個人作成情報であれば、ホームページ情報と同様にダブリン・コア[5]の項目を設定できる機能が必要となる。

格納形式は、所在を示す情報（たとえば、URL）のみとする場合と情報本体を格納する形式がある。個人作成情報以外の情報本体を格納する場合には、情報提供者の許諾（電子図書館の著作権・課金管理機能）が必要となる。

(2) メモ付加

電子読書支援機能で設定された個人用メモは、情報を個人用データベースに格納する際に格納できるが、電子書斎では、個人用データベースに情報単位（あるいは、複数の情報をまとめた情報群）にメモを設定できる機能が必要となる。このメモ（電子読書機能で設定されたメモも含め）は、情報利用の検索の対象となる。

(3) リンク設定

格納された情報間にリンク関係を設定できる機能が必要になる。このリンクには、情報間の参照関係として、「参照する」情報と「参照されている」情報の2種類の指定が可能である必要がある。

(4) 情報共有環境設定

個人用に収集した情報、あるいは、個人が作成した情報を他人（グループ）にも公開できる情報（環境）を設定できる機能が必要となる。この情報には、利用可能な個人を特定するためのパスワード、利用者から情報発信する場合のメールアドレス等)がある。

(5) 情報収集エージェント

個人的に必要とする情報を収集する情報収集エージェントが必要となる。この情報収集エージェント機能には、動作環境（収集先のホームページのアドレス群、ネストの深さ、フィルタリング条件等）を設定／変更機能、収集先に収集したことを通知する機能、さらに収集した情報に書誌的な情報を付加できる機能が必要となる。この書誌的情報の付加では、ホームページ情報にダブリン・コアの項目が設定されている場合には、それらの情報の自動収集機能も必要となる。

また、収集した結果を絞り込むためのフィルタリング条件には、キーワード列以外に文書を指定できる必要や収集した結果を利用者が評価でき、その評価結果をフィルタリング条件に反映できる機能も必要となる。

2.2 情報利用

情報収集機能で収集され、個人用データベースに格納された情報を利用する機能には、検索機能、参照機能、さらに他の利用者(利用者群)に必要に応じて情報を発信する機能が含まれる必要がある。なお、個人用データベースの検索や参照は、許可を得た利用者（情報共有環境データベースに設定された）のみが可能である。

(1) 検索

　個人用データベースに格納された情報を検索できる必要がある。検索の対象となる情報は、情報収集機能で作成された書誌的な情報、情報に設定されたメモ情報、情報本体（抽出された全文インディクス情報）である。さらに、書誌的情報からリンクされたリンク情報を利用して他の情報へ飛ぶ機能も必要となる。

(2) 参照

　検索した情報を参照する機能が必要となる。この機能は、電子図書館に必要となる電子読書支援機能と同等な機能が必要である。

(3) 情報発信

　利用者が蓄積した情報を他の利用者に発信する機能が必要となる。発信する他の利用者のアドレスは、情報共有環境データベースに格納されている必要がある。

おわりに

　今後の電子図書館に必要となる著作権・課金管理機能と電子書斎の機能について記述した。もちろん、これらの機能が組み込まれれば電子図書館として十分といえるわけではない。特に、図書館員の参考業務を支援するソフトウェア（コンテンツも含めて）の開発が今後の電子図書館のポイントとなろう。

参考文献

[1] 鈴木裕利他 "実用化が進む電子的著作権管理システム（第1回電子著作権管理システム）" 『情報管理』42 (6), 1999, pp.480-489

[2] 鈴木裕利他 "実用化が進む電子的著作権管理システム（第2回電子著作権管理システム）" 『情報管理』42 (7), 1999, pp.471-482

[3] 日本情報処理開発協会『次世代電子図書館システム研究開発事業論文集 (2000)』東京, 日本情報処理開発協会, 2000, p.225

[4] 吉田哲三 "図書館機能の電子化技法" 『情報管理』41 (7), 1998, pp.529-539

[5] 杉本重雄 "メタデータについて" 『情報の科学と技術』49 (1), 1999, pp.3-10

＜　よしだ　てつぞう　株式会社富士通インフォソフトテクノロジ　第四開発統括部統括部長代理　＞

電子透かしの技術動向と活用事例

岡本　逸明　　小川　恵司　　河原　三紀郎

キーワード　電子透かし、著作権保護、デジタルコンテンツ、不正防止、コンテンツ流通

1. はじめに

　最近、情報通信インフラの整備が進むと共に、通信コストも非常に安くなってきた。このような傾向は、これからますます加速され、企業のみならず一般家庭にもなにがしかの情報端末が行き渡るようになる日がすぐそこまできている。また、映像や音声などのデジタル化が進み、インターネットや衛星放送などを利用してこれらのデジタルコンテンツがやり取りされるようになってきた。このようなデジタルコンテンツは、基本的に単なるデジタルデータであり、質の劣化なくコピーや編集を簡単に行うことができる。このような状況の中、情報通信インフラの上を飛び交うデジタルコンテンツの著作権を保護する技術として「電子透かし」がキーテクノロジーとして注目されるようになってきた。

　また、電子透かしはマルチメディア時代に適した暗号技術として用いることもできる。画像や音声などのマルチメディアデータの中に暗号化したデータを埋め込んで伝送することにより、暗号データは見かけ上存在しなくなり、解読攻撃の危険にさらされにくくなる。その他、公文書などの改ざん防止技術として用いるなど応用範囲は広い。

　本稿では、電子透かしの概要を解説するとともに、現在広がりつつある応用分野と、実際の活用事例について述べる。

2. 電子透かしとは

2.1 電子透かしの特徴

　電子透かしとは、画像データや音声データなどのマルチメディアデータに、その冗長性を利用して他の情報を埋め込み、不可視の状態で情報を隠し持たせたものである。

　従来、マルチメディアデータのコンテンツは自分自身に関わる情報はもっておらず、付加的な情報を持たせる場合には特定のフォーマットを利用し、情報を持たせるためのヘッダ領域などを利用して情報を書き込む手法が一般的であった。しかし、この手法では以下のような欠点を持つ。

- 情報が格納されている場所が明らかなため、第三者による情報の改変が容易である。
- コンテンツが直接操作されても、それを検知できない。
- コンテンツのフォーマットを変換すると、情報が失われる。
- コンテンツをAD/DA変換すると情報が失われる。

　また、コンテンツに情報を持たせるためのもう一つの手段として、データベースを構築し、コンテンツと情報をリンクさせるといった手法があるが、この方法も以下のような欠点を持つ。

- データへのリンク先はコンテンツそのものではなく、一般にコンテンツを含むファイルに対して行われるため、コンテンツの不正な改ざんに弱い。
- データベースと連携したシステム内での限定的な用途でしか利用できない。

　電子透かし技術では、マルチメディアデータのコンテンツそのものにさまざまな情報を持たせることで、こういった従来の手法の問題点を解決することが可能になる。電子透かしにより埋め込まれた情報は以下のような特徴を持つ。

- コンテンツそのものに情報が埋め込まれているため、データのフォーマットが変換されても埋め込まれた情報は失われない。
- コンテンツが加工されても情報は残る。
- コンテンツに加えられた改変を検知できる。
- 情報を管理するために外部にデータベースなどを構築する必要がない。
- 既存のデータフォーマットをそのまま利用できるため、従来のアプリケーションに変更を加えることなくコンテンツの利用が可能である。
- 埋め込まれたデータを、特定の利用者のみが利用できるように設定することができる。

　以上のような特徴から、マルチメディアコンテ

ンツの著作権の保護手段として電子透かしが注目されている。

2.2 電子透かしの要件
電子透かしに求められる要件としては、一般に次のようなものが挙げられている。

① 情報をコンテンツの中に、不可視の状態で埋め込むことができる。
コンテンツに埋め込まれた透かし情報は不可視であるため、利用者はその存在を意識することはない。また、透かしを埋め込んでも画像フォーマットは変化しないため、透かしを埋め込んだコンテンツに対する閲覧や流通は、オリジナルのコンテンツに対するものと全く同じ方法で可能である。

図1 原画像と電子透かし埋め込み画像

図1は、静止画像に対して実際に電子透かしを用いて情報を埋め込んだ例である。通常、原画像と埋め込み画像の違いを認識することはほとんど不可能である。

② 透かしを埋め込んだ者（あるいはその代理人）が、必要なときに抽出することが可能である。
コンテンツに埋め込まれた透かし情報は必要に応じ抽出され、用途に応じて利用される。著作権管理の目的で電子透かしを利用する場合は、透かし情報の取り出しをエンドユーザには行わせずに著作権の管理者のみが行えるようにすればよい。これは暗号化技術におけるキーにあたる情報を設定し、キーがなければ情報が取り出せないような仕組みを設けることによって行われる。著作者へのコンタクトを行うためにエンドユーザにも透かし情報の取り出しの手段を提供している手法もある。

③ 透かしはコンテンツを加工しても残り、加工後も抽出が可能である。
埋め込まれた透かし情報は、コンテンツに対する加工（拡大・縮小処理、圧縮処理、一部分の切り出し）に対しても耐性を持つことが望ましい。また、利用用途によってはコンテンツを印刷等でアナログメディアに変換した際にも透かし情報は残っていることが望ましい。現在のところ、一つの電子透かし技術を用いて、すべての加工に対して十分な耐性を持たせることは難しく、コンテンツの用途に応じて適切な透かし技術を利用する必要がある。

④ コンテンツの利用価値を保ったまま第三者が電子透かしを除去するのは困難である。
もしも第三者が電子透かしの入ったコンテンツに加工（ノイズの付加、フィルタ処理など）を加え、透かし情報の除去を試みたとしても、もとのコンテンツの質をかなり損なうほどの加工を行う必要があるため、もとのコンテンツと同等の利用価値を持ったものとしては利用できない。

2.3 電子透かしの用途
電子透かしの用途は非常に広いものであるが、大きくわけて、①著作権保護、②秘匿通信、③改ざん防止、の3つに分けられる。現在最も普及が進んでいるのは著作権保護の用途であるが、その他の用途についても実用化がはじまっている。表1は、電子透かしを用途別に分類したものである。

3. 電子透かしの埋め込み手法
一般にコンピュータ上で扱われるマルチメディアデータはデジタル情報の形を取っている。一般的なカラー画像の場合、一枚の画像は格子状の点の集まりとして表現され、一つ一つの点はそれぞれ色に関する情報を持つ。フルカラーの画像では色の要素として赤、緑、青に分けられた成分が、それぞれ8ビットの情報を持っており、それぞれ0から255の強さで表されている。ここで、ある画像の1点が、(赤, 緑, 青)=(231, 178, 24)という

表 1　電子透かしの用途別分類

著作権保護	二値画像	FAX データや文書画像への透かしの埋め込み
	アニメ CD	キャラクターなどの著作権保護に利用
	絵画・写真集 CD	透かしを入れることで、高精細な画像でも安心して出版が可能
	ホームページ	ホームページ上の風景写真、タレント写真などに ID 情報を埋め込み著作権保護に利用
	音楽・声・音	音楽配信などで利用
秘匿通信		秘密情報を写真や絵の中に紛れ込ませることにより、第三者にわからない形で通信が可能
改ざん防止		パスポートや免許証、各種 ID に利用される写真の真正性の証明。また建築現場などで建築の各段階で撮影される写真、損保会社が入手する事故車を撮影した写真などの改ざん防止に利用

色を持っていたとする。次に、この情報のうち、緑の強さの値の178を1増やして179に変更し、新しい画像を作成したとする。しかし、この画像と元の画像を比較しても人の目ではその違いを判別することは、まず不可能である。同様に、他の点の明るさを少しずつ変化させていっても知覚し難いであろうことは容易に想像がつく。色の情報を変更する場所にもよるが、一般的な画像では人間の目に知覚されないレベルでかなりの点の情報を変更することが可能である。これを画像情報の持つ冗長度としてとらえることができる。電子透かしは、この冗長度を利用して情報を埋め込んでいる。

最も単純な埋め込み方法としては、各値の最下位ビットを操作するものがある。先の例で説明すれば、埋め込みたい情報が「0」の場合、緑の強さを178（2進数:10110010）のままにし、埋め込みたい情報が「1」の場合、緑の強さを179（2進数:10110011）とする。このようにすれば、緑の成分を利用して1ビットの情報が埋め込めたことになる。画像から埋め込み情報を取り出すには、各点の色の最下位ビットを読めば、最下位ビットが「0」であれば埋め込まれた情報は「0」、「1」であれば埋め込まれた情報は「1」とわかり、埋め込み情報を復元することができる。

実際の電子透かしでは、周波数変換やさまざまな画像処理の技術を組み合わせて埋め込みを行っており、画質と耐編集性などをバランスよく両立させている。

4．不正コンテンツの監視システム

インターネット上のデジタルコンテンツの不正利用問題では、著作者の正当性を主張することの難しさのほかに、不正利用されたコンテンツがどこに存在するかを検出する難しさも大きな問題としてある。

これは、インターネット自体が統一的な管理組織を持たず、文字どおり網の目のような構造を持つため全体像の把握が困難であることや、また現在でも日々相当なスピードでネットワーク自体も拡張されており、そこを流れるデータを管理することは事実上不可能なためである。仮に、不正コンテンツを利用した情報発信を行うサイトがある日現れたとしても、そのサイトの情報についてコンテンツを不正利用された側が知るまでには相当の時間がかかり、調査のためのコストも無視できない。

今後電子透かしを不正コンテンツの監視に利用する際に、上記のような問題に対処するために、いくつかの手法が提案されている。

一つの手法は、インターネット上のプロキシサーバを利用する方法である。プロキシサーバを使う目的はいくつかあるが、現在は主にデータのキャッシュに用いられている。一方、プロキシサーバのもう一つの機能として、データの加工や調査がある。ネットワークの構造上クライアントで受け取る全てのデータは必ずプロキシサーバを通ることになるため、プロキシサーバはデータをクライアントに渡す前にデータを加工することが可能になり、電子透かしの監視機能を付加することができる。プロキシサーバを通過する情報内に画像データが検出された場合に、電子透かしの検出プログラムで著作権情報を取り出して検査を行い、不正利用された疑いのあるコンテンツが見つかった場合には警告を発したり、調査を行うため

の情報収集を行ったりするわけである。

不正コンテンツの監視を行うもう一つの手法としては、クライアント側に同様の不正コンテンツ監視機能を設けることにより、ユーザが不正コンテンツの含まれるページを閲覧しようとした際に警告を発するといったことが可能になる。

以上の方法は、ユーザが受信を行おうとしたデータのみを監視しようとする手法だが、これに対し積極的に世界中のサイトを巡回し、不正利用されたコンテンツを見つけ出そうという手法もある。

インターネット上のデータ収集の手段の一つにインターネット・ロボット（インターネット・スパイダー）という技術があり、このロボットと電子透かしを組み合わせることで世界中のサイトを積極的に監視することが可能になる。ロボットは、HTML文書を自動的に解析し、含まれているハイパーリンクをたどって次々とリンク先のデータを収集していくものである。

ロボットを使った不正コンテンツの検出は、ロボットによって得られたデータの中の画像データを電子透かしの検出プログラムによって検査し、不正コンテンツを探し出すことで行われる。図2は、ロボットによる不正監視をコンテンツ配信に応用した場合の概念図である。ロボットを用いれば、インターネット上の広い範囲にわたって不正コンテンツの監視を行うことが可能になる。

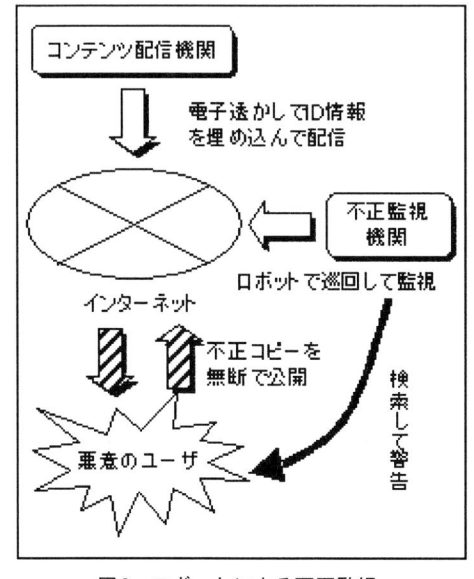

図2　ロボットによる不正監視

5. Bitwayでの活用事例

次に、電子透かしの実際の活用事例として、凸版印刷が提供するコンテンツ流通サービス「Bitway（ビットウェイ）」における電子透かしの利用について紹介する。

5.1　コンテンツ流通サービス「Bitway」

コンテンツ流通サービス「Bitway」[1]は、出版社などコンテンツ・プロバイダから預かったコンテンツを、主に既存のインターネット・サービス・プロバイダ（ISP）の回線と課金システムを利用して販売する、デジタルコンテンツの卸売りサービスと言えるものである。1999年7月にサービスを開始して以来、ユーザ数を順調に伸ばし、月購買ユーザ数は10万人を超えている。インターネットを介したエンドユーザ向けの有料課金サービスとしては国内で最大（2000年10月時点）のものとなっている。

Bitwayの仕組みは、図3のとおりである。まず、Bitwayは、出版社や映像会社など、デジタルコンテンツを保有するコンテンツ・プロバイダからコンテンツ販売を受託する。次に、Bitwayはコンテンツを格納するサーバを運営管理し、専用線で複数のISPと結ぶことで、コンテンツをISPに配信する。実際のコンテンツの販売は各ISPのサイトで行われ、コンテンツ料金の決済もISPのサービス（接続）料金と一緒に行われる。コンテンツの売り上げは、ISPとBitwayの手数料が差し引かれた後、最終的にコンテンツ・プロバイダへ還元されることになる。

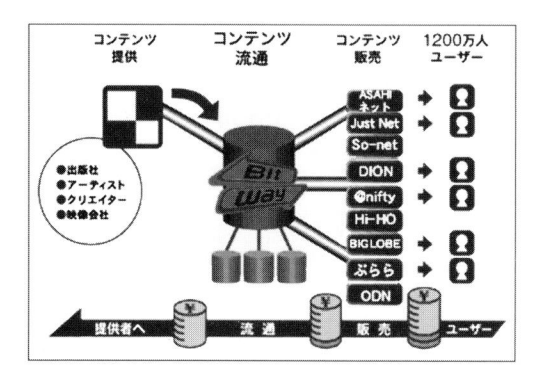

図3　Bitwayの仕組み

Bitwayのサービスは、コンテンツ・プロバイダ側からすると、Bitwayにコンテンツを預ける

だけで複数の大手ISP経由で約1200万人ユーザ（2000年10月時点）への販路が開けることになり、コンテンツの販売にまつわる煩雑な作業から解放され、コンテンツの作成に集中できるメリットがある。一方、ユーザ側からすると、複数のコンテンツ・プロバイダから提供された質・量ともに充実したコンテンツを、手軽に安心して購入することができるメリットがある。Bitwayは有料デジタルコンテンツの大きな流通網を提供することにより、コンテンツ・プロバイダ側にもユーザ側にもメリットをもたらすサービスと言える。

このようなデジタルコンテンツの流通サービスは、国内はもとより世界的にも例のないものであり、凸版印刷ではビジネスモデル特許を出願済みである。

5.2 電子透かしの適用

Bitwayでは有料コンテンツ配信の総合サービスの提供を目指しており、著作権保護と管理もサービスメニューの一つとして提供している。この著作権保護サービスの名称は、「Protect-Bitway（プロテクトビットウェイ）」である。出版社をはじめとするコンテンツ・プロバイダの不正コピーに対する意識は非常に高く、著作権保護対策をしていることがコンテンツ提供の必須条件とするコンテンツ・プロバイダも多い。Bitwayでは、このようなコンテンツ・プロバイダの要求に応え、コンテンツ・プロバイダに安心してコンテンツを提供してもらえる環境をつくることを目標としている。

Protect-Bitwayの中心となるのが、電子透かしを利用した不正コピーの抑止と監視サービスであり、1999年12月の監視サービスの開始以来運用実績を積み重ねている。電子透かしを適用しているコンテンツは、グラビア画像などの画像コンテンツが中心である。

Bitwayでの電子透かしの導入の目的は、主に二つある。一つは、不正コピーの抑止であり、コンテンツに電子透かしを入れていることを告知し、悪意のユーザが不正にコピーすることを心理的に抑止する効果をねらっている。もう一つの目的は、ロボットを利用した不正コピーの監視である。ロボットによりインターネット上をパトロールし、電子透かし入り画像を検知することで、コンテンツの不正な二次利用を摘発する。

電子透かし手法としては、エム研が開発した「acuaporta（アクアポルタ）」（旧名:Lucent Mark）を利用している。acuaportaを採用した理由としては、強度・品質ともバランスよく満足のいくものであったことだけでなく、監視サービスが行えることも重要な点であった。電子透かしは、コンテンツのコピーそのものを防止するものではなく、悪意のユーザが不正にコピーし、ホームページ上などに実際に掲載してはじめて検知が可能な受動的な技術である。そのため、コンテンツに電子透かしを入れるだけでなく、インターネット上を実際に監視することが不可欠になる。

電子透かし以外の著作権保護技術としては、コンテンツの不正利用自体を防止することが可能な「カプセル化（コンテナ化）技術」が存在する。カプセル化技術は、コンテンツを著作権情報などと一緒に暗号化して配信するもので、正規のキーを取得しない限り、利用できないようになっている。しかし、カプセル化技術ではユーザ側に特別な復号ソフトが必要になり、ユーザの利便性に問題がある。電子透かしは、不正利用自体を防止することはできないが、ユーザに特別な負担をかけることなく導入が可能であり、現在の著作権保護技術としては一番利用しやすい技術と言える。コンテンツ・プロバイダからの著作権保護の要求と、ユーザの利便性の確保を両立できる点が、実際の導入に当たってのポイントであった。

5.3 不正コピーの傾向と対策

Protect-Bitwayサービスの実稼働以来、Bitwayでは実際に不正コピーを発見し対応する実績を積み重ねてきた。発見件数としては、2000年度で8件となっている。不正コピーされるのはほとんどがアイドルのグラビア画像である。また、個人のホームページ上に掲載されることが多く、更に個人のホームページを尊重する特定のISP上であるケースが多いという傾向がある。このような傾向を考慮し、Bitwayでは特定のISPの監視を強めるといった対策を行っている。

不正なサイトを発見した場合、不正コピーの実体を保存したのち、まずサイトの管理者へ警告メールを送る。警告メールの効果がなかったり、管理者が不明な場合は、次にISPに連絡して画

像の削除を要請する。ISPへの要請も効果がない場合、凸版印刷の法務部と連携し、法的措置をとることになる。

しかし、実際には不正コピーの掲載後、すぐに画像が削除される場合が多く、警告メールを送るに至ったことは少ない。これだけの事実から結論を出すことは難しいが、ユーザも電子透かしについて十分に認識してしているものと推測され、電子透かしの抑止効果が発揮されているものと考えられる。

5.4　課題

Bitwayでは実際に不正コピーを検知しており、電子透かしの導入によって一定の成果をあげていると考えている。しかし、電子透かしは著作権保護を完璧に行うことのできる魔法の技術ではなく、技術的な限界を認識して利用することが重要である。

電子透かしの技術的な課題としては、まず画質や耐編集性といった基本的な性能の更なる向上があろう。また、監視サービスにおいて、自動検索ロボットを受け付けないサイトも多くあり、人手で調べる必要があったりする問題もある。電子透かしは不正コピーそのものを防ぐものではなく、インターネットなどで公開されるなど表面に出ない形で不正が行われると対処できないといった根本的な問題も存在する。そのため、表面化した不正以外に、実際にどの程度不正が行われているかを推定することが難しい。

ただし、現状このような問題があるものの、電子透かしが実際に有効に機能し、著作権保護技術のキーテクノロジーであることは間違いない。電子透かし技術自身の進歩や、他の技術との融合、法制度の整備などにより、現在の問題は解決されていくと思われる。

6．おわりに

本稿では、電子透かしの概要として特徴やその応用について解説した。また、実際の事例としてBitwayでの利用について説明した。

電子透かしは、非常に応用範囲の広いものであり、現在の著作権保護の分野以外の応用事例もこれから増えてくるものと思われる。また、著作権保護の分野でも、これから本格化する音楽配信などで、電子透かしはますます重要な役割を果たすことになるであろう。

著作権保護の分野では、現在法制度の整備や、統一的な仕組みの構築の試みがはじまっている。1999年10月1日には「著作権法の一部改正法」が施行されたが、この中の「電子的権利管理情報の改変等の規制」で電子透かしについて触れられている。また、コンテンツIDフォーラム (cIDf) [2]では、統一的なコンテンツ流通のフレームワークの構築について議論が進んでいるが、この中でも電子透かしはキーテクノロジーとして取り上げられている。

電子透かしは、技術自体の向上と法制度などの環境整備により、これからのデジタルネットワーク社会におけるインフラ技術として定着していくであろう。

参考文献
[1] http://www.bitway.ne.jp
[2] http://www.cidf.org

< おかもと　いつあき　(株)エム研　要素技術応用グループリーダー　>
< おがわ　けいじ　凸版印刷(株)Eビジネス推進本部テクニカルセンター部長　>
< かわはら　みきお　凸版印刷(株)Eビジネス推進本部テクニカルセンター　>

電子図書館の技術の動向

DIS（Digital Image System）技術の図書館における活用
－国宝源氏物語絵巻、洛中絵図、稀覯書、写真等のディジタル化－

神内　俊郎

キーワード　Digital, Image, Archive

要旨

21世紀に向けて高度情報化の大きな流れが動き始めている。電子政府、電子図書館、ディジタルミュージアム、ディジタルアーカイブ等いろいろと新しい取り組みがなされている[1]～[3]。こうしたなか、我々はDIS（Digital Image System）技術を開発し、これを駆使して数々の業績を残してきた。

本論文では、徳川美術館／五島美術館蔵の国宝源氏物語絵巻、宮内庁書陵部蔵の洛中絵図、慶應義塾大学の稀覯書、東京大学青柳正規教授のポンペイ写真などのディジタル化の事例を通してDIS技術の図書館への活用について述べる。

<Summary>

The high-level information technology is starting to move toward the 21st Century.

To realize its potencial, there have been many trials to build electronic government / library, digital museum, digital archive, and so forth. In the midst of these trends, we have developed the DIS (Digital Image System) and had applied this technology in many projects.

In this paper, the DIS applications for library will be discussed through the digitization of "Picture Scroll of the Tale of Genji", "Rakuchu Ezu (Map of Old Kyoto)" at the Imperial Household Agency, rare books at the Keio University, and photography of Pompeii by Prof. Aoyagi of the Tokyo University.

1. はじめに

DISは画像を中心としたコンテンツのディジタル処理技術と処理したディジタルデータをマルチユースに展開するシステムの総称である。DISは「時間と空間を超えて美と感動を与える」ことを基本コンセプトとして開発を進めている[4]～[6]。

ここでは、国宝源氏物語絵巻をはじめとする非常に貴重な文化資料、図書資料のディジタル化の実例について詳述する。

図1　DISの応用事例

2. 国宝源氏物語絵巻のディジタル化

国宝源氏物語絵巻は徳川美術館に16段、五島美術館に4段が所蔵されている。両美術館においてこれらの絵巻の「保存と公開」は矛盾する大きな問題である。これを解決すべく両美術館所蔵の20段すべてをディジタル化し、データベースを作成した。また、科学的分析を踏まえDIS技術により、平安の美しい色彩を再現する絵巻部分のディジタル修復を試みた[7][8]。

さらに、現在は分割して保存されている詞書と絵を一枚に結合し、得られた超高精細データによるディジタルプリント技術と伝統の装丁技術を駆使した絵巻形態の再現を試みている。

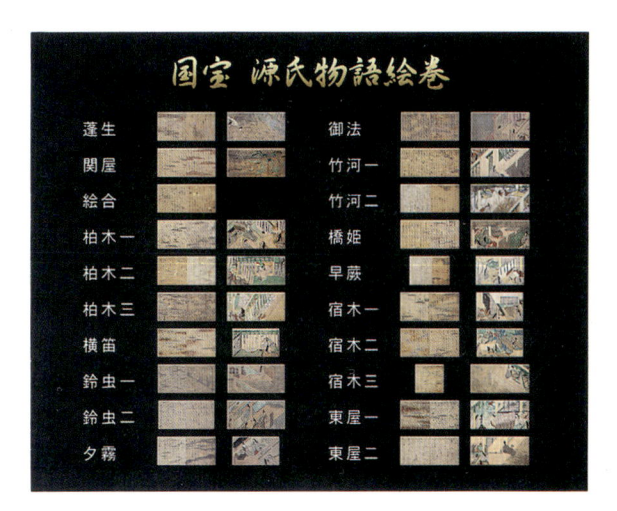

データベース検索画面
　各段の詞書、絵を自由に検索可能

本プロジェクトは徳川美術館、五島美術館の協力のもと、通商産業省による「先導的アーカイブ映像制作支援事業」として、（財）新映像産業推進センターが実施した公募事業にて実施した。

ディジタル修復
　カラー写真、斜光写真、顕微鏡写真、X線写真、赤外線写真、蛍光X線解析等さまざまな情報を融合

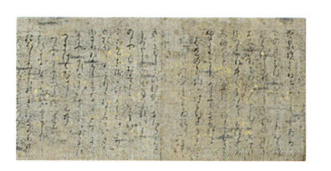

鈴虫（二）
五島美術館 所蔵

制作当時の絵巻を再現

図2　国宝源氏物語絵巻のディジタル化

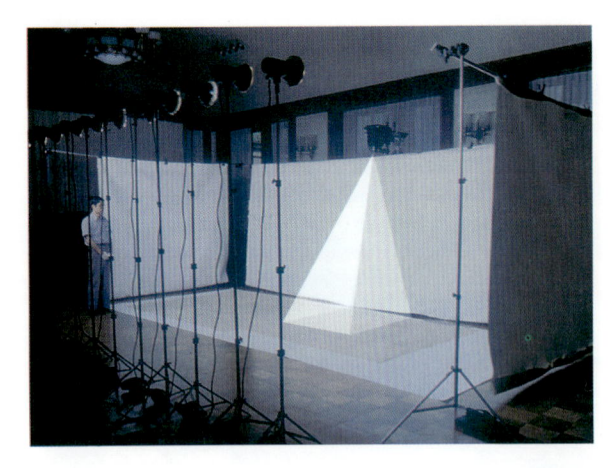

電子図書館の技術の動向

3．宮内庁書陵部蔵洛中絵図のディジタル化

宮内庁書陵部蔵洛中絵図は、寛永14年（1637年）に制作された。とても貴重な資料であることと大きさが約5.0m×2.4mと巨大であることにより、公開が難しかった。

8″×10″フィルムを使い全体を10分割撮影し、それらをDIS技術を用い一枚の高精細ディジタルデータに合成した。得られたディジタルデータを縮小表示することにより、全体像の把握をしたり、あるいは細部を拡大表示することにより、細かい文字を読み取ることができる。

この処理過程を図3に示す。

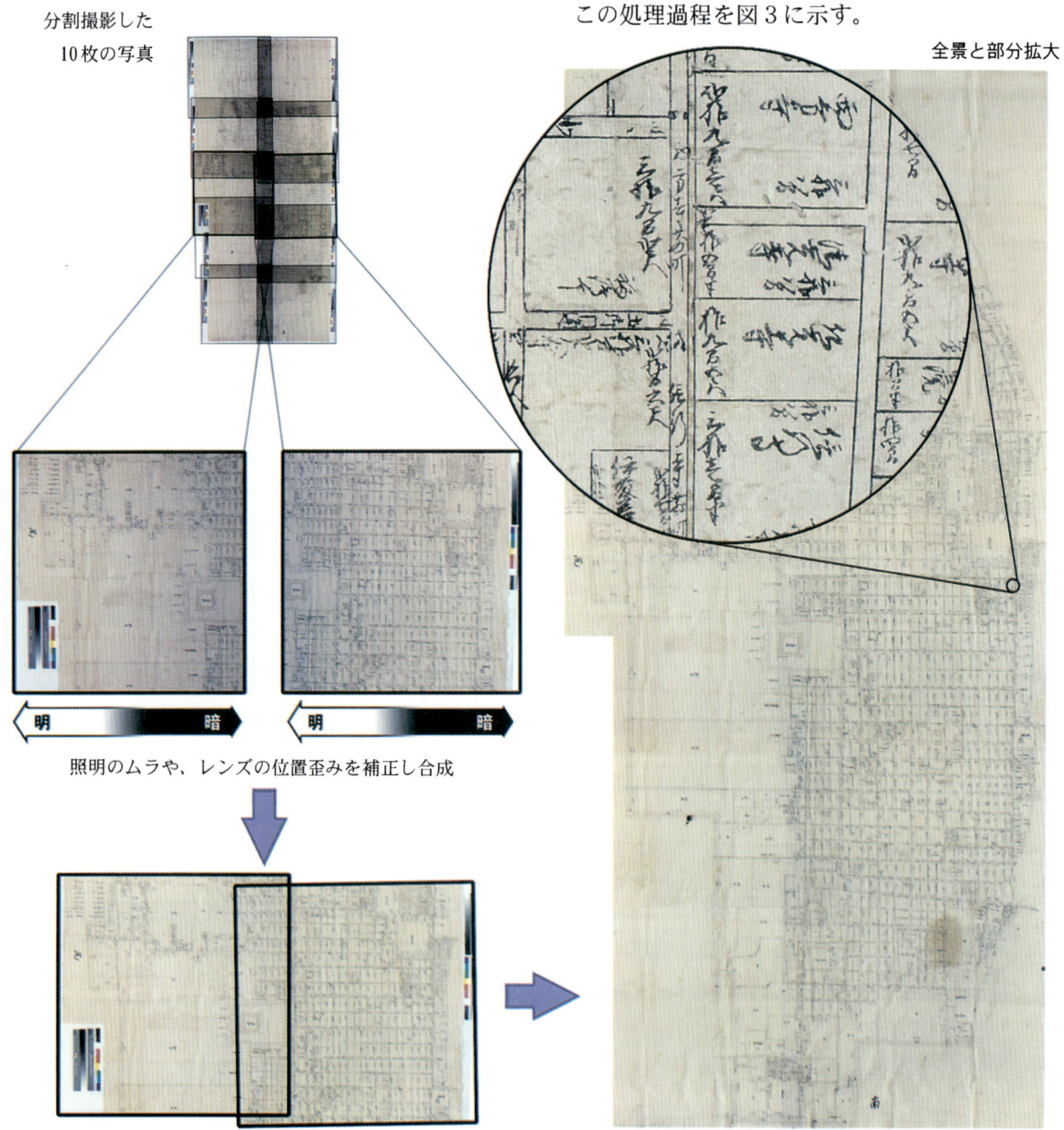

撮影風景
（於　宮内庁講堂）

分割撮影した10枚の写真

全景と部分拡大

明　暗　　明　暗

照明のムラや、レンズの位置歪みを補正し合成

図3　宮内庁書陵部蔵洛中絵図のディジタル化　科学研究費補助金（地域連携推進研究費）－課題番号：12791003
研究課題名：「分散技術を応用した平安・京都のビジュアルな歴史地理情報基盤の構築」として宮内庁書陵部、国際日本文化研究センターと共同研究

4. 慶應義塾大学稀覯書のディジタル化

その希少性から現物の損傷を防ぐ目的で非公開となっている稀覯書は数知れない。稀覯書を撮影し、DIS技術により、印刷されている情報と紙の情報に分離した。印刷されている情報の撮影に伴う歪みを補正し、ディジタルペーパーと合成し、ライブラリーとして貯えた。

ディジタルライブラリー化することで、公開が困難だった稀覯書でさえも、誰もが自由に閲覧できるようになる[9]。

ライブラリーとして貯えられた映像は画像処理により、大きさや向きなどを自由に調整することができるので、今まで困難だった素材同士の形状比較等が容易に行える。

図はデューラーの犀（さい）とゲスナーの犀を大きさや向きを同じにして比較してみた例である。

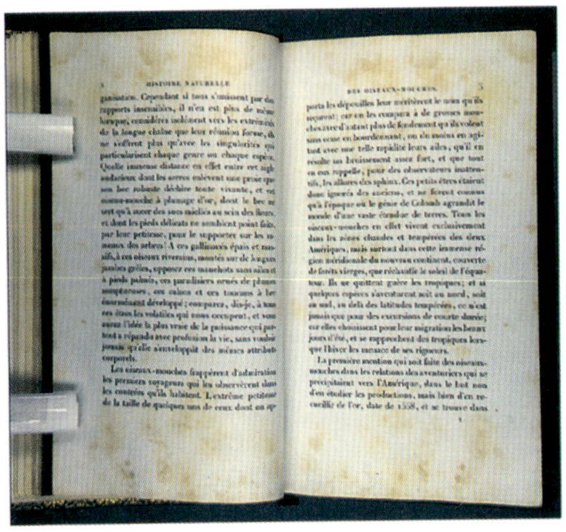

レッソン「ハチドリの自然誌」(1829-30)

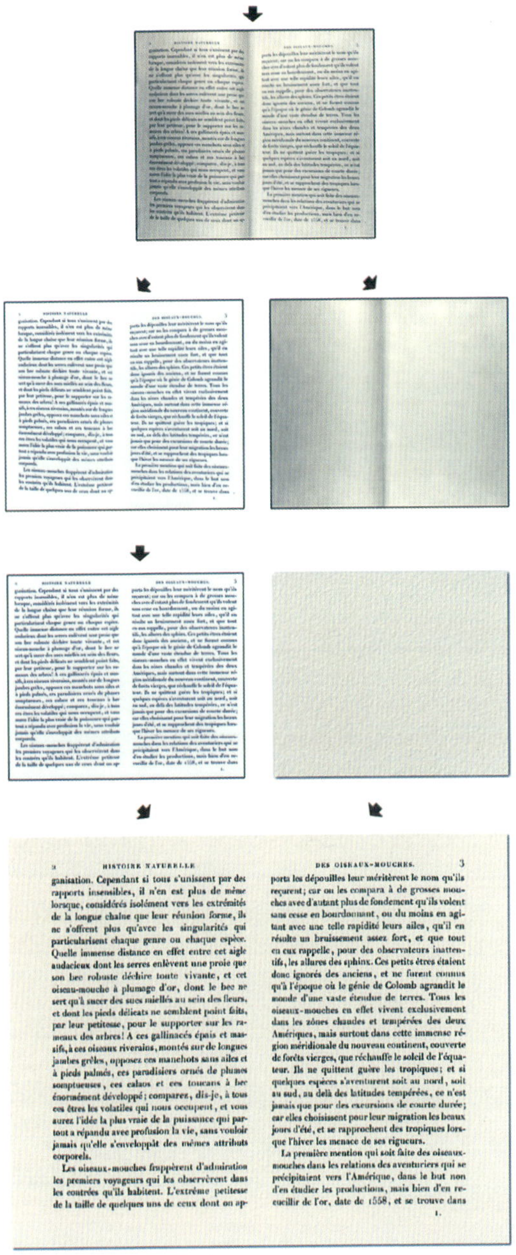

デューラー作の版画の犀 (1515)

ゲスナー「動物誌」ドイツ語訳の犀(1606)

赤：デューラーの犀　青：ゲスナーの犀

図4　慶應義塾大学稀覯書のディジタル化
(慶應義塾大学 文学部 鷲見洋一教授 監修)

―195―

電子図書館の技術の動向

5. 東京大学象形文化資料(ポンペイ)のディジタル化

東京大学文学部の青柳正規教授が集めたローマ／ポンペイ周辺の遺跡、出土品等の研究資料を、高品位にディジタル化し、ジュゼッペ・フィオレッリの詳細な地図情報に関連づけてデータベースとして蓄積した。

これらの資料は、地図情報からすばやく、かつ簡単に検索でき、拡大表示、一覧表示、HTML表示などのさまざまな表示方式へ展開できる。

図5はポンペイの地図から画像を検索する過程を示した例である。

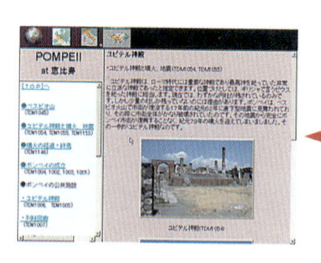

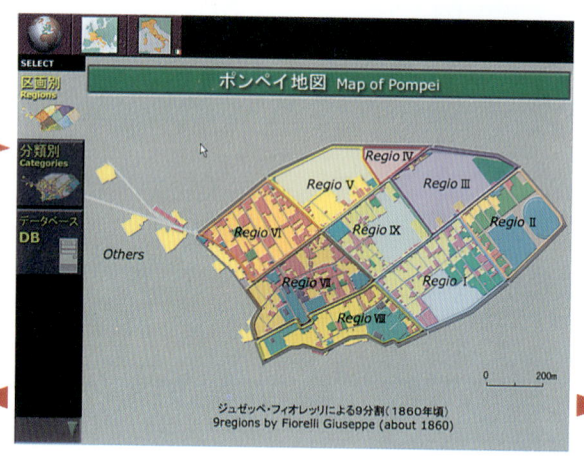

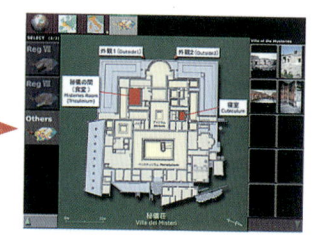

図5　東京大学象形文化資料(ポンペイ)のディジタル化
(東京大学文学部　青柳正規教授監修)

-196-

6．おわりに

ここではDIS技術を用いた貴重な資料のディジタル化の事例について述べた。DIS技術により、図書館をはじめ、博物館、美術館に所蔵される貴重な資料の「保存と公開の課題」を解決することが可能となりつつある。

ディジタル技術が社会のあらゆる分野に変革をもたらし、コンピュータ・通信・映像が融合した本格的なマルチメディア環境が整いつつある。

DIS技術による美しい画像は既存の画質レベルでは考えられなかった世界を切り開きつつある。

今後は、このような貴重な文化資料のディジタル化を続けるとともに、得られた高精細データをもとにしたディジタルライブラリー、あるいは教育機関等で共通に利用できるディジタル教育システム等へと発展させていきたいと考えている。

謝辞

本論文の執筆にあたり、貴重な資料のご提供やご指導をいただきました財団法人徳川黎明会、徳川美術館、財団法人五島美術館、財団法人新映像産業推進センター、宮内庁書陵部、国際日本文化研究センター、慶應義塾大学HUMIプロジェクト、並びに東京大学文学部関係各位に心からお礼申し上げます。

参考文献

[1] JAPAN FLORA 2000 Memorial Conference, Digital Ware International 2000, Program & Abstracts, 2000.6
[2] (財)新映像産業推進センター編『デジタルアーカイブ「先導的アーカイブ映像制作支援事業」報告』1999.12
[3] (財)新映像産業推進センター『先導的アーカイブ映像制作支援事業作品集』1999.12
[4] 神内俊郎ほか "ディジタルイメージシステムの開発とその応用"『日立評論』Vol.79, pp.27-34, 1997
[5] 神内俊郎ほか "ディジタルイメージシステムの開発とその応用（その2）"『筑波大学感性評価構造モデル構築プロジェクト年次報告集』Vol.2, pp.399-404, 1999
[6] 神内俊郎ほか "ディジタルイメージシステムの開発とその応用（その3）"『筑波大学感性評価構造モデル構築プロジェクト年次報告集』Vol.3, 2000
[7] (財)新映像産業推進センター『HVC NEWS』54号，1998
[8] 『月刊NEW MEDIA』No.199, pp.79-86, 2000.4
[9] 慶應義塾大学HUMI Project編『「慶應義塾大学図書館稀覯書展」図録』1996.10

＜　かみうち　としろう　㈱日立製作所試作開発センター／国際日本文化研究センター客員教授　＞

最新のOCRシステム動向とその未来

田辺　吉久

あらまし　OCRの適用範囲が拡大しつつある。一方、情報インフラにとってコンテンツの充実がその価値を高め、その普及が情報革命を深く浸透させる。そのためには日々生まれる情報とならんで蓄積された膨大な文献遺産の入力が欠かせない。その決め手となるOCRシステムの現状を探り、次世代入力システムの基本構造を考察する。

キーワード　OCR、入力システム、文書OCR、OCRモジュール、知識処理、知性、パターン認識・理解プラットフォーム、OCRサーバ、誤読発見システム、入力学

1. はじめに

OCRは近年急速に認識性能が向上し、機能・形態が進化した。知識処理が付加されて一歩人に近づいた。OCRモジュールが安価に供給され、スキャナにバンドルされるなどして身近な存在になった。

一方、OCRは速度と並んで、入力対象の拡大と極限の読み取り精度の実現が重要である。その実現には、パターン認識の上位概念としてのパターン理解技術を本格的に装備した次世代入力システムを必要とする。

2. OCRシステム動向

2.1　構成とOCRの種類

最も標準的なOCRシステムはスキャナ部、イメージ処理部、フォーマット処理部、文字認識部、知識処理部、外部インタフェース部から構成される。スキャナ部をFAXに置きかえたシステムはFAX-OCRシステムと呼ばれる。一般の文書のレイアウト解析ができるOCRは文書OCRと呼ばれる（図1）。帳票を読めるようなフォーマット処理機能を持つOCRは帳票OCR、その進化したものが一般の既存帳票が読める既存帳票読み取りOCRである。

2.2　モジュールOCR

OCR機能をモジュールとして取り出し、他のシステムと組合すことにより、有益なシステムが数多く誕生する。例えば、文字認識モジュールをネットサーバに置けばWeb-OCRが実現する。

2.3　スキャナ

最近は業務用カラーOCRスキャナが実用に供されるようになった。文書OCRはフラッドベッド・スキャナやデファクト・スタンダードとなったTWAINインタフェースを持ったスキャナに対応している。デジタルカメラ対応や、書籍等の入力で有効な手捲り機能付きスキャナは開発途上にある。

3. パターン認識技術の課題

3.1　パターン認識の頑健性

予期されずに付加されたノイズ成分を分離して本来の情報のみを認識して取り出す能力の強さをいう。これに対しては、パターン認識を原理的に解析する方法論が日本で独自に発展した[4]。その応用によって頑健性も飛躍的に高まり、文書OCRの高精度化に本質的な寄与をしている。より高度な認識システムにはこの頑健性と認識対象のさらなる拡大が課題である。認識対象の拡大には認識辞書の拡大で対応可能であるが、古文書など特殊な文書読み取りには専用の知識辞書が必要である。

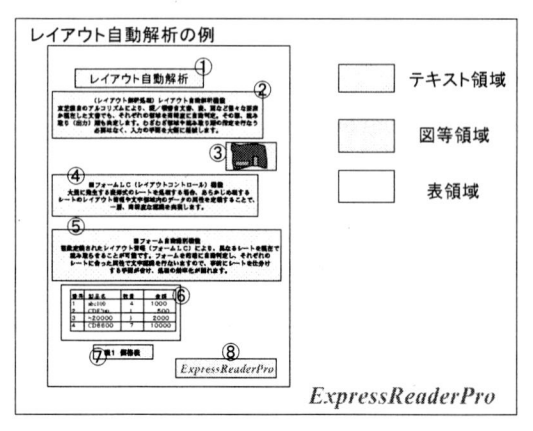

図1　文書OCRによるレイアウト解析

3.2 パターン分離・抽出

OCRにとって現在でも最大の課題であり以下の諸問題を持つ。これらを解決するには、一定の特徴を抽出してから仮説的に切り出して認識し、知識をかけて誤謬を発見して正す手法が使われる。一般的に解決するためには、より上位の一般的な知識(常識と呼ぶような知識)データベースの構築が必要である。

具体的な諸問題

背景分離　濃淡画像を背景とする文字を分離抽出ができること。規則正しい地紋は分離しやすい。

つながり文字　印刷英文では実用化レベルにあるが、単語が切れていない日本文では性能が劣化する。手書きは、数字以外はかなり困難である。筆記体やサイン文字は研究段階である。

部分パターン抽出　パターン内部にある部分パターンを抽出することは困難である。

分離文字抽出　かすれ等で分離した文字は誤りやすい。文字ピッチが特定できれば精度は高くなる。

推定認識　そこにない情報を推定して補い全体を正しく抽出し認識すること。現在はできない。

罫線の除去　既存帳票読み取りOCRで実用化されている。罫線が安定している場合は精度が高い。

手書きメモの読み取り　まだ不安定である。大枠の中に書かれた住所氏名は知識処理の活用で実用化可能である。草書体漢字の読み取りは研究が待たれている。

3.3 知識処理の発展段階と課題

第1段階：単語とその階層処理
　住所などの単語とその階層処理ができる。

第2段階：文章処理
　文章処理が可能な段階だが発展段階にある。

第3段階：文書処理
　文書を認識するために必要な知識処理。目次などに関しては論理構造やレイアウト構造データをあらかじめ登録しておくことによって実現する。一般化が課題。

第4段階：理解処理、最高難度な課題
　文書モデルや意味モデルなどを含む高度な知識ベースを有し、認識・理解処理過程で援用して究極の認識システムを実現する。

4. 文書OCR[10]

4.1 文書OCR読み取り現象学

文書OCRの実際の読み取り状況を示す。

名刺　ほぼ完璧に読む。ただし感度を上げると赤色のロゴマークの一部が誤る。逆に感度を下げるとかすれて無視される。出力段階では「ロゴは大きく太くゴシック体で赤字である」というような情報は捨てられる。複雑な飾り等があったり、特殊な絵文字のようなフォントは読めない。

英語辞典　文字が小さい等の理由で誤りが一般文書読み取りに比較して増える。長い横線はリジェクトされる。辞書にないためである。ピリオドが小さすぎて無視される場合がある。ブランク(単語間)が無視されることがある。ブランク数は揺れる。

論文(情報処理学会誌)　テキスト部分はほぼ読む。添え字を普通の文字として認識する。ピリオドが無視されることがある。

このほか新聞や書籍など標準的な文書はよく読む。制限事項は以下のようである。

4.2 認識可能な字体

旧字体は、基礎的な読み取り実証実験が終わっている[1][2]。イタリック、ゴシック体、その斜体字も部分的には可能である。飾り文字は程度による。多国語は読み取り可能である。ただし中世英字、白抜き文字、二重文字、射影付き文字や図形文字などは読めない。

4.3 読み取り可能なフォーマット

文章の縦書き横書き混在は自動的に検出できる。和文、英文混在も自動的に識別ができる。ルビは分離していれば読める。数式や化学式は研究段階である。表は読めるが、罫線無き表などは読めない場合がある。多段組は可能であるが、離れ段組は知識辞書の完備が必要である。文字列中の変則文字(例：10㌧)は読めない。目次は飾りがあったり複雑なレイアウトの場合には対応できない。

4.4 カラー印刷文書

本格的なカラー認識には、認識の立場で見た色管理に関する研究が待たれている。

5. OCRと知性（知性水準）

OCRシステムの賢さ（人が解るものは同じように解る）は実装された知性の水準による。

5.1 理解（知性の最高水準）

パターン認識とは工学的に定義すれば、あらかじめ教えられたあるパターンと入力パターンとの類似性を判定することである。理解は対象パターンがより上層にある。例えば帳票に付与されている意味（パターン）を認識するときは帳票理解と言う。理解は認識の上位概念とする。知識処理の第4段階に相当する。

5.2 ルール

ルールとは入力パターンを認識・理解する処理過程で使われるあらかじめ記憶された規則群をいう。

レベル1	あらかじめ決められたルールによって処理がすすむ。
レベル2	あらかじめ決められたルールによってルール群を最適化できる。
レベル3	環境に合わせてルールを自律的に最適化できる。

レベル3を実現するには一段上から見る仕組が必要となる（知識処理の第4段階）。

6. 次世代入力システム

次世代入力システムとは、高頑健性を持つパターン認識機構をベースとして以下に述べる新たな認識・理解プラットフォームともいうべき基本プラットフォームを持つ。

6.1 基本プラットフォーム

多「脳」化プラットフォーム

　直感的（統合的）技術と論理的（分析的）技術を組み合わせたり、多段処理や階層処理を自律発展型に行う創発システム[7]である。これらは大規模データベースと連動して本格的な理解システムを実現する。

データベース構築プラットフォーム

　自動認識辞書設計、自動データベース構築機能を持つ。不可欠な技術としてクラスタリング機能や超高速パターンマッチング技術が実装される。

6.2 OCRサーバ

基本プラットフォームはOCRサーバというべきシステム上に構築する。OCRサーバは、機能モジュール/データベース部/創発ネットワーク部/外部インタフェース部/の4部から構成される（図3）。

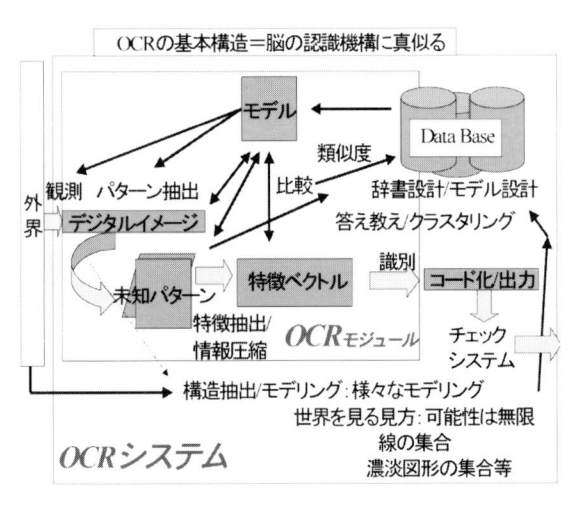

図2　OCRシステムの基本構造

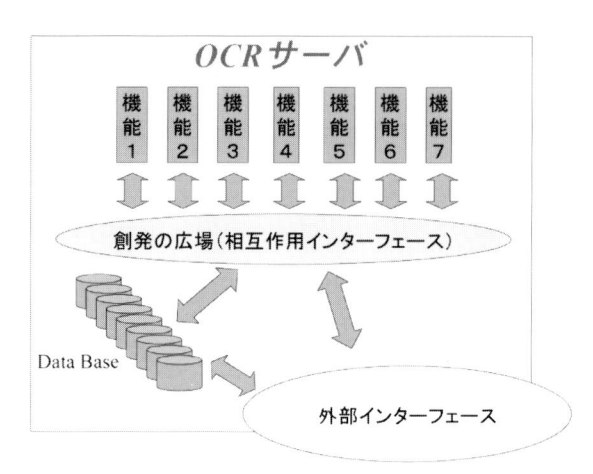

図3　OCRサーバの基本構造

機能モジュール

　パターン認識・理解を進める処理コマンドとその発動タイミングや判断閾値を決定する諸パラメータからなる各種の機能モジュールの集まりである。

データベース部

　文書モデル等各種モデルを含む知識ベース、ルールベースやパターン認識辞書からなる。

創発ネットワーク部

　自律相互作用により環境に合わせて処理ルール

を生み出し、多「脳」化プラットフォームを実現する。理解システムを発現させる重要な心臓部である。

外部インタフェース部

データベース構築プラットフォームに必要データベース部への入力、読み取り結果の検証と出力という最終段階として重要な機能を担う。認識結果の自動チェック機能は誤読発見システムというべき次のような機能を持つべきである。

1) 認識結果の信頼度評価
2) 文章、文法、一般知識等によるチェック
3) 修正しやすい表示システム

7. 国際標準の必要性

自動入力の進展にはいくつかの国際標準が必要である。その基礎として入力学と言うべき学際的な研究の発展が待たれる。

文書モデル標準

世界標準として規約化されたXMLのDTDとXSL、あるいはSGMLのDTDとDSSSLという枠組みで十分かどうか議論が分かれるところである。文書認識システムは組み込まれた文書モデルに応じて対象を分節して出力できる。その文書モデルの実現方法によらない規約が必要である。

イメージ品質標準

この基準によってイメージを認識にとって最適にチューニングできる。色管理システムによって実現できるか検証の必要がある。

出力コード／フォーマット標準

OCRは文字コード以外の出力が可能である。複数候補出力[9]やそのほか多様な付加情報の出力フォーマットに関しても標準化が必要である。

8. おわりに

現在でも先進的な入力業界とOCRメーカの協同作業によってある程度の本格的な遡及入力システムの構築は可能である。

認識・理解技術の本質的な前進と環境整備が相俟って21世紀は自動認識技術の時代になると確信している。

文献

[1] 田辺吉久, 古屋勝彦 "高度文書情報入力システムの研究開発" 『次世代電子図書館システム研究開発事業』, 東京, (財)日本情報処理開発協会, 2000.

[2] 古屋勝彦, 田辺吉久 "旧字体漢字の認識に関して" 電子情報通信学会総合大会(春季全国大会), D-12-29, 1999.

[3] 坂井邦夫 "文字認識の変遷"『信学技報』, TECHNICAL REPORT OF IEICE, 1999.

[4] 飯島泰蔵『視覚情報の基礎理論-パターン認識問題の源流』, 東京, コロナ社, 1999.

[5] 黒沢由明 "球面ガウス分布から導出される部分空間法"『電子情報通信学会論文誌』Vol.J81-D-ll, No.6, 1998. pp.1205-1212.

[6] 清野和司, 古屋勝彦 "OCR認識技術動向と展望"『東芝レビュー』Vol.52, No.4, 1997.

[7] 石谷康人 "創発的計算に基づく文書画像のレイアウト解析" 画像の認識・理解シンポジウム, MIRU96, I, 1996, pp.343-348.

[8] 堀 修, 石谷康人, 清野和司 "大規模マルチメディア情報の構造化技術"『東芝レビュー』Vol.52, No.9, 1997, pp.11-14.

[9] 山本和彦他『認識形入力方式に関する調査研究報告書』東京, (社)日本電子工業振興協会, 2000, pp.6-18.

[10] 製品カタログ『東芝ドキュメントリーダ Express Reader Pro』東京, (株)東芝, 1999.

＜　たなべ　よしひさ
東芝デジタルメディアエンジニアリング株式会社　コンピュータグループ　サーバ技術担当シニアマネジャー　＞

アプリケーション

教育活動の記録で構成される電子図書館の構築
Building a Digital Library of Captured Educational Experiences

Gregory D. Abowd, Lonnie D. Harvel and Jason A. Brotherton

College of Computing & GVU Center
Georgia Institute of Technology
Atlanta, Georgia 30332-0280 USA

梗概 1995年より、学生と教師が後で利用できるよう、大学の講義を講義中に自動的に記録するための、ユビキタス・コンピューティング技術のアプリケーションの研究を行っている。事実上、講師が講義の準備と実施に費やすだけの労力で、どんどん増えてゆく豊富な教育上の経験を収める貯蔵庫あるいは電子図書館を作ることができる。結果として生じるアーカイブは、講義で使用される異なった種類の教材が混ざっている。本稿では、貯蔵庫の短期間および長期間の利用を扱う電子図書館へのアクセス手段について論じる。ある科目期間中に起こる短期的アクセスに焦点をあてている一方、アーカイブは長期的な利用もできるので、重要な価値が加わっていることは明らかである。経験ベースの電子図書館への長期的アクセス手段は注目されてこなかったが、我々は本稿において、これらの挑戦のいくつかを強調する。

1. 導入

将来の計算機環境において可能なサービスの1つに、後で利用できるように日々の体験を記録することがある。ユビキタス・コンピューティングの一般的な課題に、このようなマルチメディアの記録を記録し、統合した上で、それらへのアクセスを支援する自動化されたツールの提供がある[5]。自動的に記録を行うことによって、人間は周囲で起きていることに注意を払い、総合的に理解することができるようになる。自動記録の1つの観点として、マルチメディア・オーサリングのパラダイムが存在する[20]。

結果として生じるアーカイブは、多くの潜在的に使用される記録された体験ベースの電子図書館であり、いくつかの研究的挑戦課題が存在する。我々が実現する電子図書館の多くの定義の1つは次の通りである。収集物へのアクセスと修正、そして選択、構成、保守のための手段のある、テキスト、ビデオ、オーディオを含む電子的なオブジェクトの収集物である[7]。本稿において、講義中のキャプチャ、記録、アクセスについて、及び関連研究である電子図書館について論じる。

eClassプロジェクト[1]は、講義記録の自動化により、教育と学習の両方を支援する試みである。我々のアプローチでは、教室に講義を記録する能力を備えさせる。我々はプロジェクトを通じて、自動記録のために準備した環境を使って、広範囲にわたる経験を得た。プロジェクトの主な目的の1つは、記録に信頼性があり、かつ容易であるような教室環境を構築することであった。我々はジョージア工科大学における2900以上の講義の一部あるいは全てを記録するシステムを作った。科目は大学院から学部までにわたる、計算機科学、電子工学、数学の分野であった。eClassは、容易に他大学でも使用できる。このことには興味があり、大学内でも、その他の場所でもシステムを使うことは成功への明らかな方法の1つである。

1.1 論文の概観

まず2章で、講義の自動記録およびこれへのアクセスを容易にするeClassシステムについて簡潔に述べる。得られるアーカイブ自体に課題はあるが、このアーカイブは電子図書館の定義そのものである。アーカイブは科目の集合として構成され、科目はハイパー・ドキュメントとして表現される講義の集合である。これは伝統的な教科書と、科目が教科書と同等かつ講義が教科書中の章と同等であるという点で類似している。本稿で論じる講義の節への分割やトピックを基にした概念の集合は、アーカイブを電子図書館として表現するための多くの挑戦の1つである。

---

[1] より詳細な情報は、http://www.cc.gatech.edu/fce/eclass に記載されている。なおこのプロジェクトは、以前はClassroom 2000と呼ばれていた。

2. eClass のインフラ構成

eClass プロジェクトは、設備を備えた場所の中で、教師と環境の間でのさまざまなインタラクションを記録するためのユビキタス・コンピューティング技術を利用する。このプロジェクトの目的は、ライブセッションの細部までを記録し、それらを広く利用できるようにすることにより、学生が教室の中でさらに活動的で意義の高い役割を担うことを可能とするものである。キャプチャされた講義の記録に生徒がアクセスすることにより、資料をコピーする必要性を減らすことができる。そして、学生の記録作業のなかで、コメントや注釈をつけたりすることのインタラクションや注意力を増やすことを可能にする。

この eClass システムは4つのフェーズから構成されている。それは、準備、講義中の記録、後処理と蓄積、利用である。

準備：このフェーズにおける教師に必要な仕事を最小限にするよう判断を行った。そのため、前準備の努力なしにシステムを利用することが可能である。しかしながら、多くの教師は講義の前にグラフィックなスライドを作った。

講義中の記録：一度講義が開始されると、活動のすべてを時刻印付きで記録するよう試みた。さまざまな情報ストリームの発生源として、経験というものをとらえている。たとえば、講義中に用いられるスライドの集合は、さまざまな時間に出現する別個のかたまりやスライド集合に分割される、1つのストリームを構成する。教師や生徒による手書きのノートは、時刻印の集合で定義される個別のストローク（ペンを押して離す）からなる別のストリームから構成される。他のストリームの例として、1つ以上のマイクやカメラによって記録された音声や映像、記録されたセッション中にWebブラウザを用いて表示したページのURLの集合、講義中にデモ目的で実行されたプログラムへの利用者のインタラクションの集合さえも含まれる。このフェーズは、講義が終わるといったライブセッションの終了をもって終了する。

この eClass ソフトウェアは、さまざまなハードウェア・インフラストラクチャを用いた教室や会議室での活動を支援するために使われてきた。もっとも包括的なハードウェア設備は、図1に描かれた1997年1月から活用されている元のプロトタイプ教室に見られる。この部屋でのハードウェア構成は、電子白板、壁からつるされた2つのプロジェクタや1つのカメラ、壁にとりつけられたいくつかのマイクロホンであり、クライアント・サーバ・ソフトウェア・モジュールを組としたソフトウェアを通して一斉操作をすることである。

Zenシステムとして参照される支援ソフトウェアは、それぞれのライブセッション中での情報ストリームの記録とシンクロの処理を行う。これらの処理はメディアストリーム（音声・映像）の記録制御や後処理での関連文書を生成する処理を含む。

図1 Classroom 2000において情報を記録するために用いられる機器

(A)は電子白板、(B)は教室後方からのビデオカメラ、(C)は天井に取り付けられたマイク、(D)はWebブラウザが投影されたスクリーン、(E)は(A)に表示されているスライドの前後のスライドを投影したスクリーン

後処理と蓄積：ストリームを定義し記録する目的は、関連するストリームを統合し、それらを結合したインタフェースの開発を支援するものである。たとえば、講義の後でどの部分でも見られることを望み、その講義で話された内容と講義を関連付けることを望んでいる。この統合的な活動は、後処理の中核となる。後の閲覧を容易にするために記録された講義資料の前処理用の技術を開発した。前処理された資料の大部分は、記録された資料を閲覧するさまざまなインタフェースを用意するデータベースやファイルシステムに置いている。

利用：最後のフェーズは、ライブ講義での体験に生徒（や教師）がアクセスすることに関係する。生徒によって使われるインタフェースは、ライブ記録中に使用された物理的なインタフェースとは大きく異なる。たとえば、ネットワークに対応したペンベースのコンピュータを所有している生徒

アプリケーション

はほとんどいないと予測されるので、インタラクションの形式が利用できるとは仮定できない。アクセスはプラットフォームを越えて一般的であることが必要であるので、Webのような現存するインフラストラクチャに基づくことが重要である。次の2つの章では、講義にアクセスするためのいくつかのインタフェースを述べる。これらのインタフェースのさらなる完全な記述は、他の文献[2][20]に述べられている。

3. 短期的アクセス

図2の背後のウィンドウ上のドキュメントは、eClassによって自動生成されたハイパー・ドキュメントの例である。このウィンドウにおいて、右側のフレームには講義中に利用されたスライドが順に表示されている。左側のフレームには、電子白板上に新しいスライドを表示した、または教室内のスクリーン上にあるWebページを表示した等の、講義中に起こったイベントが時間軸上に表示されている。左下のフレームには、Real Networkのシステムによって配信される講義時のビデオ（と音声）が表示されている。手前側のウィンドウには講義中に表示したWebページが表示されており、このウィンドウは時間軸上に表示されている標題をクリックすることで開かれる。

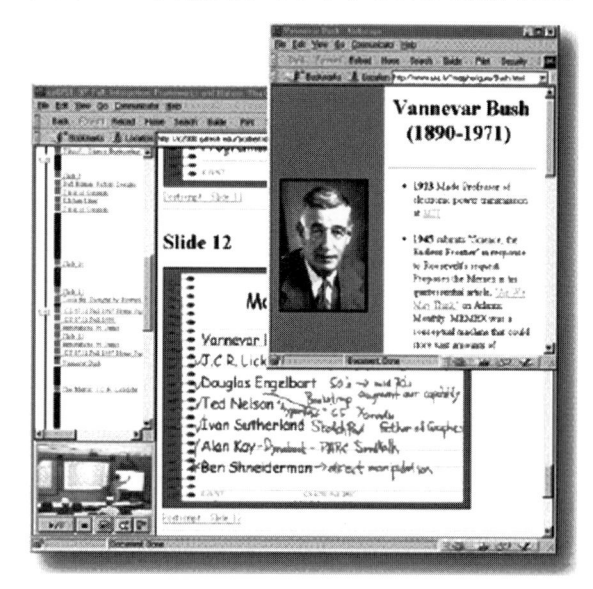

図2 Webブラウザは、電子白板上の教材への書き込みと講義中に表示したWebページを、講義の音声・ビデオと共に表示するために用いられる

eClassのシステムは、さまざまな資源を扱っている。具体的には、スライド、スライドへの書き込み、音声、ビデオ、URL、テキスト化され

た書き込み情報、テキスト化された音声、講義中に表示したWebページのタイトル、講義後に教師によって加えられた注釈などである。

ある講義を単独で閲覧することは、非常に短期的なアクセスに対する要求である。学期が進めばより多くの講義が記録されていくので、科目内容全体を閲覧できることは非常に便利である。我々はこの閲覧形態によるシステム利用を促進するために、自動生成された講義シラバスを利用している。この場合、講義は行われた順序と逆に並び替えられる。

記録された講義に関する情報は他のすべての科目内容に関する情報が蓄積されているデータベース上に格納されるため、利用者はある講義単体で検索を行うことも、複数の講義にまたがって検索を行うことも可能である。また、図3のインタフェースを利用して、すべての科目や選択した科目の情報を得ることも可能である。

図3 複数の科目にまたがった検索

また利用者には、図4に示すような高度の検索インタフェースも提供されている。このインタフェースでは、検索対象とする講義やコンテンツの種類、また検索がcase-sensitive[2]であるかどうかを指定することができる。

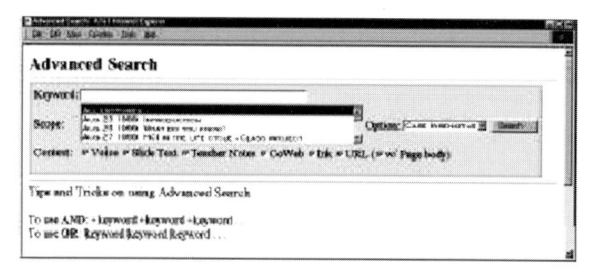

図4 アドバンスド・サーチ・インタフェース

---

[2] 訳者注：大文字と小文字を区別する検索であることを意味する。

質問が与えられると、検索エンジンは指定された語句を利用してデータベースに対する検索を実行する。図5は、いくつかの科目に対してキーワード「Spiral Model」で検索を行った結果の画面の例である。図の画面には検索結果に関する詳細な情報が表示されている。検索結果リストの上部には、スライドのサムネイル・イメージが表示されている。これらはそれぞれのスライドに対する、その部分の講義を別ウィンドウで閲覧するためのリンクになっている。

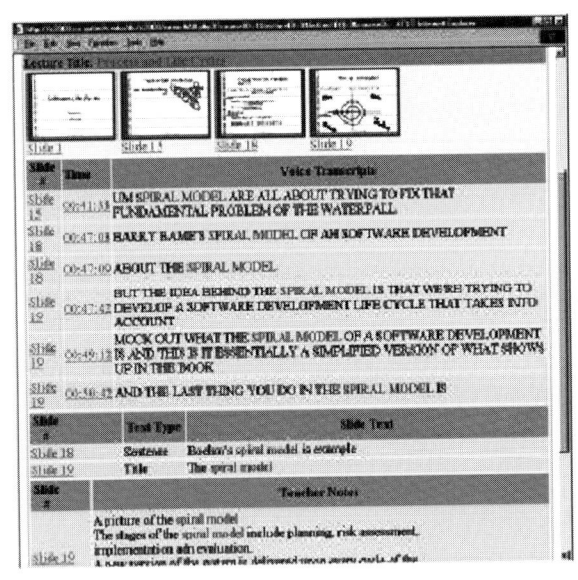

図5 "Spiral Model"の検索結果表示

4. 長期的アクセス

ジョージア工科大学における標準的な1科目は、15週45時間にわたって開講される。講義記録の量は、検索するにしても管理するにしても困難な量となる。この状況は、学生がしばしば学期ごとにいくつかの科目を取り、さらには彼らが実際に学習するよりも多くの科目を選択するという事実によって起こる。多くの科目内容に対する検索機能は、学生が適切な情報を得たり、異なった科目がどのように共通のトピックで関連し合っているかを知ったりする助けになるかもしれない。

我々はこのような「長期的」アクセスを促進するような検索技術やインタフェースに関して、まだ綿密な調査を行っていない。巨大な講義記録データを利用者が容易に閲覧できるようにするために、我々は新しいインタラクションと情報可視化の技術であるmulti-scale timeline slider (MTS[23]) を用いたプロトタイプシステムを作成した。MTSを利用して、利用者は講義記録の再生を制御するだけでなく、情報やイベントの流れを見ることができる。個々の時間軸(Timeline)が持つストリームの内容に注目する多段階ズームも利用者の制御により可能である。利用者は時間軸に対してフォーカス領域(Focus Region)を作成したり、既に存在しているフォーカス領域を操作したり、再生制御(Playback Control)を操作したりすることができる。

システムにおいて、情報は一連の時間軸の集合として表示される。ある時間軸は、一つ上の時間軸に設定されたフォーカス領域を表現する。各時間軸は一連の順序付けられたストリーム集合を表現している。画面上では、灰色の横線が一つの時間軸を表す。各時間軸の上側と下側には、イベントの情報が色付きの線や長方形で表示されている。図6の例では、ストリームが会議を記録したビデオを表現し、イベントが「システムコンポーネント」などの異なったキーワードが議論された個所を表現している。この図では情報は表示されていないが、それは時間軸に対してよりフォーカスすることになってしまうからである。さらにフォーカスを行うと、個々のストリームやイベントの間隔が広がり、それぞれを容易に区別できるようになる。

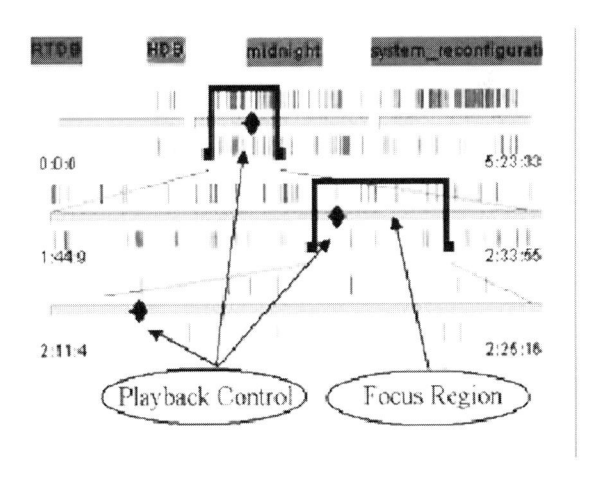

図6 MTSのインタフェース

5. 電子図書館への挑戦

これまでeClassのシステムを通じて以下のことを示してきた。すなわち、ライブの教育体験へのアクセスを支援するために、大量のマルチメディア・ドキュメントをオーサリングする際の困難は解決することが可能だということである。

アプリケーション

我々は電子図書館がこれらの教育体験に長期の視点ではどのような意味を持つかを研究してきた[8]が、まだ挑戦すべきことがたくさん残されている。本節では、それらのいくつかを概観する。

5.1 索引と重み付け

検索の文脈的視野は、1つの科目のこともあれば、複数の科目に及ぶこともある。eClassでは記録した時間を記録しているので、検索は時間をまたがって行うこともできる。

現在の検索システムはデータベースのSQL質問に基づいており、索引は用いていない[20]。索引を用いれば、関連検索を提供するにあたってシステムの能力は向上するであろう。しかしながら、ドキュメントの構造からみると従来の索引システムでは問題がある。

eClassのハイパー・ドキュメントは単に多くの構成要素からなるというだけではない。これには、資料に対する参照を文脈としてとらえて、時間の次元が付加されているのである。ある事柄に正確に索引を付けるためには、事柄がどの構成要素で起こり、その構成要素はどのハイパー・ドキュメントに属し、その事柄がストリーム中でいつ起こったのかをシステムは知っておかねばならない。もし重み付き索引の粒度が授業レベルにあれば、情報はeClassデータベースから簡単に獲得することができる。しかしより小さな粒度を意図している場合には、個々の構成要素を一時的に割り当てる際に問題が生じる。

収集物は時間を用いて、二つの異なった方法で分割される。水平時間 (Horizontal Time) は各々の授業の離れた構成要素を整列するのに用いられる。一方、垂直時間 (Vertical Time) は、各々の授業の構成要素を過去もしくは未来の構成要素とつなげるときに用いられる。この時間の二面性は、内容分析や要約だけでなく、索引や重み付けにも影響してくる。

水平時間の例として、声の記録を含むような授業を考えよう。このとき時刻印は、個々のスライドのアクセス時間と共に一様に並ぶわけではない。このとき可能な方法の1つは、インクストロークの付加的なコンテキストを用いて、スライドと共に記録を並べるというものである。しかし、インクストロークはオーディオ・ストリームのタイムインデックスを参照するのであって、記録のそれではない。これら二つは近いものではあるが、同一ではない。二つ目のアプローチは、異なる構成要素の内容分析を行って、時間だけでなく内容の構造から整列を行うというものである。これは、記録されたオーディオが時間的には同じところにあるスライドと正確には関連していなかった場合に何をすべきかを扱っている。この方法を行うためには内容分析がなければならず、そのためにはキーボード選択や要約が必要であろう。

収集物の分割の2つ目は、垂直時間に基づくものである。1つのアプローチとして教材の半構造化された性質に基づくものがあり、これは事柄の重み付けにおける推定の要素のように時間における再起を用いるものである。前に、時間軸において同時期のストリームを整列する際に内容分析を用いることを述べた。信頼できるキーワード選択を仮定すれば、関連する題材を時間にそって整列することも可能である。他の文脈的手がかりを垂直軸の整列に役立てることもできる。eClassの場合、科目が何度も行われることにより収集物の粗い整列が可能となる。

例えば、CS6750aという番号の科目は秋に教えられ、またもう一度春に教えられるという場合などである。同じように、その数年前からずっと教えられつづけているということもある。この情報は科目レベルの収集物を整列するのに用いることができる。スライドから明示的に集められた情報を用いることにより、授業レベルに関して何らかの整列は可能である。しかし、授業を、もしくは授業の部分を、正確に整列するためには収集物における暗黙の情報を解析する必要がある。ひとたび授業が、もしくは授業の部分が過去や未来の同じような体験から整列されれば、時間をとおしての構成要素における有力なキーワードを決定する試みがなされる。これは、偶然のものや計画されたものを支援するだけのものと比べて、意図的に含まれたものにはより大きい重みを与える。

もちろん、時間に影響を受けやすいマルチコンポーネントにおいて語句の重み付けをする際には、他の問題がある。あらかじめ用意されたスライドに現れる語句は、しゃべった中に現れるものと同じように重み付けしてよいのか。いったい時間は語句の重み付けにどのように影響するのだろうか。

最新のドキュメント構成要素の語句には、前の学期のものより大きな関連性をもたせるべきか。科目の教材は機械的に再利用されるので、時間をこえて重み付けすることは適切である。また、学部はしばしば科目の教材を共有していることがあるが、ある構成要素の著者はハイパー・ドキュメント中のその構成要素の重み付けと関連付けるべきであろうか。教師と独立に重み付けを行う方法論を確立することは可能だろうか、あるいは、重み付けはプレゼンテーションのやり方によって異なるだろうか。

前にも述べたように、eClassシステムは文書がURLを参照することも許している。記録された授業の中で訪れたウェブページは、ハイパー・ドキュメントのタイムラインの中で参照される。これは従来の索引や重み付けに対して新たな挑戦をつきつけている。参照されたウェブサイトにある語句は、文書中のハイパー・ドキュメントと関連付けられた語句の索引に含まれるようにすべきだろうか。もしそれらが含まれるならば、どのように重み付けすればよいだろうか。一つの方法は、ウェブページの語句がハイパー・ドキュメント中に存在する語句の重みに影響することを許すというものである。

最後に、eClassは異質なストリームの集合なので、まったく書きこみのないような授業と広く教材を集めた授業とをどのように比較するのかという問題がある。この問題は、全ドキュメントに基づく索引と概要だけに基づく索引をどのように比較するかというのと同様である。

5.2 要約

他のハイパーメディア文書と同様にeClassシステムは現在の要約技術に問題を提起している。文書中のハイパー・ドキュメントはマルチコンポーネントであり、この点はマルチドキュメントの要約における問題と類似のものである[24][16]。科目の要約にも同様な問題があり、多数の授業を含む必要がある。文書はまた、マルチメディアの集積であり、マルチメディアの要約において新しいアプローチが必要なのである。eClass文書におけるハイパーメディア・ドキュメントは、メディアコンポーネントだけでなくテキストコンポーネントを含むので、テキストコンポーネントに内容分析をほどこすことにより、メディアコンポーネントの要約をより強力なものにすることができる。このような仕事にTakeshita[27]がある。

要約と索引の両方の基礎としてのハイパー・ドキュメントの内容分析は、eClassの文書を教育体験の図書館としてより有益なものにすることに対して重要である。内容分析には多くの課題があり、我々はそれにとりくみはじめたばかりである。

索引と重み付けの場合と同様、eClass文書は要約についても時間を付け加えている。時間を通して要約すること、時間の意味を保持することなどは、経験的文書には必須のものである。

すでにある方法を探求し、記録されたデータを意味のあるブロックに分ける新たな方法を考えねばならない。ハイパー・ドキュメントやマルチコンポーネントであるという性質やデータストリームの時間的性質を取り入れるために、データを分ける方法やキーとなる言葉を探し出す戦略を開発する必要がある。水平時間と垂直時間の概念は、内容分析や要約にも適応できるものである。収集物全体に適応されると、結果は生成された話題の3次元表現となる。この空間における水平方向のスライスは、話題の要約とスライド、授業、すべての科目の分割を意味し、それはパラメータによって決まる。垂直方向のスライスも、時間にそった適切な構成要素の話題選択の生成が可能である。

eClassアーカイブの話題に基づいた索引に別の次元を付け加えることも可能である。著書や、学生や科目レベルなどが考えうる。

5.3 格納

現在のところ、eClass文書は約3000の記録された授業からなっている。eClassのプロトタイプに関しては、我々は"記憶装置(ディスク)は安い"という前提で行った。この前提を認めるとして、我々は2つの相互に関連した問題に直面する。すなわち、何を記録すべきか、そしてどんな形式で記録すべきかということである。もし生じるハイパー・ドキュメントが固定されていれば、最初の問題はすぐに解決する。すべてを記録すればよいのである。しかし、eClass構成要素の多くは本質的にも実質的にも流動的である。

例えば、URLが記録されるということはド

アプリケーション

キュメントへの参照を意味するが、これはeClassシステムの外部にまで広がった話である。HTMLドキュメントをすべて記録することは、記憶の面からも法律の面からも実際的ではない。リンクは変化するものであるし、リンクされた先の内容も変化するかもしれないので、リンクの正当さを決定する方法を定義し実装する必要があるのである。厳しいやり方ではあるが一つの可能な方法として、参照されたページが変化したら、あるいは無効であったらリンクを取り除くというものもある。これは参照されたもののシグネチャーを作成し、重大な逸脱があればリンクを削除することにより調整できる。

　学部から過去の授業の膨大な教材を修正したり、取り除いたり置き換えたりしたいという要求があった。現在のところeClassではこれは手作業でのみ行える。過去の教材を保持するための支援はない。変化はヒストリには残らず、ハイパー・ドキュメントの構成要素間の関係は変化するかもしれない。

　eClassドキュメントの各々は、別の形式で記録されている。オーディオとビデオコンポーネントはReal Mediaファイルで格納され、スライドはGIFファイルで、インクデータは固有のファイルで格納される。ハイパー・ドキュメントを形成している構成要素間の関係は物理的には各々のドキュメントのディレクトリに、論理的にはデータベース参照の構造の中に保持される。声や教師のノートやスライドはすべてデータベースに格納される。扱う構成要素の範囲を広げ、より質の高いメディアを支援するため、eClassシステムはさらに多くのメディアフォーマットを支援するよう変化しなければならない。

5.4 他の挑戦課題

　すでに述べたように、eClassシステムでは動的に生成されるウェブページを通じて文書を利用できるようにしていた。現在の実装では、eClassはPDAや携帯電話やウェラブル・コンピュータで用いられるテキストのみのブラウザなどからのアクセスは提供していない。他の多くのメディア文書と同様にeClassハイパー・ドキュメントは1つのデータ型にしか対応していないならば重要な内容を失っていることになる。他の装置は無視するということも1つの方法ではあるのだが、eClassは知覚が損なわれた人々のアクセス要求も満たさねばならない。文書の視覚要素を視覚が損なわれた人々にも用いられるようにせねばならないし、また、聴覚要素を聴覚が損なわれた人々にも用いられるようにせねばならない。これには人工補綴技術が役立つが、それでeClassシステムで表されるメディアコンポーネントのすべてをカバーできるわけではない。

　現在のインタフェースでは全人口の一部分の人々をサポートしているわけであるが、その人々のみを考えてもアクセシビリティーにおいて他に問題が生じる。1つの重大な問題として、プライバシーの問題がある。本来の授業体験に参加した人が記録された文書の意図的な利用者であった場合、プライバシーの問題はそれらの参加者だけにアクセスを制限するということと関連している。しかし、記録された体験がより広く利用可能な文書の一部となっている場合、プライバシーの問題はもっと複雑である。その学生の好みや声の文書、またその学生のアイデアや質問などは体験を記録しているときに考えていたものをはるかに超えてしまうかもしれない、ということが考えられるからだ。システムの長期的利用は大きなトレンドとなっている。学生も学部も、それに自分たちが参加していたかどうかにかかわりなく、以前の学期の記録にアクセスする。教材は、ある話題の付加的知識を獲得するために、未来の授業の作成を支援するために、あるいは過去の教材を見直すためにアクセスされる。文書は電子的ノートの集まりとしてだけではなく情報のライブラリーとして使われているので、記録された体験にかかわった個人はマルチ・オーサ・ドキュメントの協力者といえる。

　このことはまた、文書における所有権の問題も示唆している。授業や他の体験を記録することによって、著作権や知的所有権の問題が生じるのである。現在のシステムにおいて所有権の問題は、概括的合意のもと無視されている。学部は学期が終了するとその授業を文書から取り除くことを要求することもあるかもしれない。しかし、全体的には、文書中にその仕事を残すようにして、あとから一般的アクセスが可能となるようにすることが多いようである[12][14]。

6. 関連研究

人間の諸活動をそのまま記録リングする動きは、ユビキタス・コンピューティングのテーマとして徐々に一般化しつつある。他の研究チームでは、共同ないしは個人で行う作業を効率化する目的で、記録・統合化・配信の概念を用いている。Xerox社のPARC（Palo Alto Research Center）での研究では、ある技術会議において書記の要約作成を支援するための記録技術に焦点が置かれた。会議の書記は1人であり、しばしば会議で取り上げられる題目に精通していない場合があることを想定している[17][18]。

発足当時は大規模な映像や音声データの高精度探索技術研究のための電子図書館プロジェクトとして立ち上げられたCarnegie Mellon UniversityのInformediaプロジェクトが、近年は実際の生活活動を記録する技術の可能性やその検索技術の研究へと移行してきている[31]。

Xerox社のPARCにおけるTivoliの研究[18]やStifelmanのAudio Notebook[25]などを除くと、リアルタイム利用を目的とした記録システムの実装や、一定期間以上のアクセス利用の検証に関する研究などは、ほとんど注目されなくなってきた。Xerox社のPARCのシステムは、特許アプリケーションやそれについての2年間の研究についての議論がなされた特別な会議を支援するための記録利用についての調査を行うものであった。Stifelmanは別のバージョンのAudio Notebookを用いて2つの別々の研究を行った。また、それらの研究はいくつかのセッションから成っており、さまざまな状況（講義やインタビューなど）で個人のノートを記録したりそれにアクセスしたりするものであった。これらの2つのプロジェクトでは、本稿でeClassについてまとめたような使用規模についての報告はなく、その大きな理由としては、このシステムは遠隔教育の場合のように資料を自動的に収集・再構成する機能に重点を置いた設計となっていなかったことが挙げられる。

遠隔教育用アプリケーションに関連した研究としては、マサチューセッツ大学のMANICシステム[19]、オスロ大学のDEPEND（Distance Education for People with Different Needs）システム[21]、バージニア工科大学のChitraプロジェクト[6]、コーネル大学のZeroプロジェクトにおけるLecture Browserシステム[32]などがある。また、他の研究としては、活動を記録した映像・音声記録の半自動支援機構についての研究がある。これには、スタンフォード大学のADEPTプロジェクト[13]やAutoAuditoriumプロジェクト[10]が挙げられる。しかし、これらのシステムでは、収集されたデータはビデオベースのドキュメントの羅列となっているものがほとんどである。

Authoring on the Flyシステム[9]では、記録リングの理論的枠組みを用いた関連付けを行い、丹念な記録構造を提供している。このシステムでは記録内容のライブ放送をサポートする点に重点を置いており、Unix環境で実行可能なかなりの数のアプリケーションを記録できる。

7. 結論

本稿ではeClassシステムについて概説し、短期的アクセス・インタフェースを用いることで、eClassシステムが生の大学講義を自動記録できる点について述べた。eClassにおけるデータの蓄積が進むにつれ、電子図書館における研究の基盤が整えられる。ここでの試みのいくつかでは、資料の検索や要約を支援する自動トピックの決定、最適な書庫の決定、グローバルなアクセスや知的所有権ならびに記録資料の制御などといった、電子図書館の資料を重み付けして最適な形で整理するといったことも考えられる。現在、我々が所有している教育資料データ書庫を用いることで、これらの試みについての調査を詳細に行うことができると考えている。そしてこれらの調査結果が、実活動の記録を基盤としたさまざまな電子図書館一般に広く応用されることを希望している。

8. 謝辞

eClassプロジェクト及びその前身のClassroom 2000プロジェクトは、多くの研究者の共同研究によるものである。特に、我々の研究室への訪問研究員として本稿に大きく貢献していただいたSao Paolo大学のMaria da Graca PimentelやNECの石黒氏には深く感謝の意を表したい。この研究の一部は、U.S. National Science Foundation（CAREER grant IRI-9703384, Experimental Software Systems grant EIA-9806822, CISE

アプリケーション

Infrastructure grant EIA-9818305, NSF/CNPq grant) ならびに Sun Microsystems と Hewlett-Packard の助成を受けている。

参考文献

[1] Abowd, G.D., Software Engineering Issues for Ubiquitous Computing, Proceedings of the International Conference on Software Engineering, Los Angeles, CA, May 16-22, 1999, pp. 75-84.

[2] Abowd, G.D. Classroom 2000: An Experiment with the Instrumentation of a Living Educational Environment. IBM Systems Journal. Special issue on HCI / Pervasive computing, 38(4): 508-530, October 1999. http://www.research.ibm.com/journal/sj/384/abowd.html.

[3] Abowd, G.D., C.G. Atkeson, A. Feinstein, C. Hmelo, R. Kooper, S. Long, N. Sawhney and M. Tani. Teaching and Learning as Multimedia Authoring: The Classroom 2000 project. Proceedings of the ACM Multimedia96 Conference, Boston, MA, November 1996, pp. 187-198.

[4] Abowd, G.D., C.G. Atkeson, J.A. Brotherton, T. Enqvist, P.A. Gully, and J. Lemon. Investigating the capture, integration and access problem of ubiquitous computing in an educational setting. Proceedings of CHI98, ACM, pp. 440-447, 1998.

[5] Abowd, G.D. and E.D. Mynatt. Charting Past, Present and Future Research in Ubiquitous Computing, ACM Transactions on Computer-Human Interaction, Special issue on HCI in the new Millenium, 7(1): 29-58, March. 2000

[6] M. Abrams, S. Williams, G. Abdulla, S. Patel, R. Ribler, and E.A. Fox, Multimedia Traffic Analysis Using Chitra95, Proceedings of ACM Conference on Multimedia, San Francisco, CA (November 7-9, 1995). Also available as TR-95-05, Department of Computer Science, Virginia Tech (April 1995).

[7] Akscyn, R.M. and I.H. Witten. Report of First Summit on International Cooperation on Digital Libraries, June 1998, ks.com/idla-wp-oct98.

[8] D. Anderson, L. Harvel, M. Hayes, J. Jackson, and M. Pimentel. Internet Course Delivery - Making it Easier and More Effective, Proceedings of International Conference on Multimedia and Expo, 2000

[9] Bacher, C. and R. Muller. Generalized Replay of Multi-Streamed Authored Documents, Proceedings of ED-Media98, Freiburg, June 1998.

[10] Bianchi, M.H., AutoAuditorium: A Fully Automatic, Multi-Camera System to Televise Auditorium Presentations. 1998 Joint DARPA/NIST Smart Spaces Technology. Workshop, July 1998.

[11] Brotherton, J.A, G.D. Abowd and J. Bhalodhia. Automated capture, integration and visualization of multiple media streams. Proceedings of the IEEE Multimedia and Computing Systems '98 Conference, July 1998 pp. 54-63.

[12] Flanders, J., E. Mylonas. A Licensing Model for Scholarly Textbases, Proceedings of the Fifth ACM Conference on Digital Libraries, June 2-7, 2000, San Antonio, Texas, pp. 256-257.

[13] Harris, D., A. DiPaolo. Advancing Asynchronous Distance Education, IEEE Transactions on Education, August 1996

[14] Kumazawa, M., H. Kamada, A. Yamada, H. Hoshino, Y. Kambayashi, and M. Mohania. Relationship Among Copyright Holders for Use and Reuse of Digital Content, Proceedings of the Fifth ACM Conference on Digital Libraries, June 2-7, 2000, San Antonio, Texas, pp. 254-256.

[15] Luk, R., D. Yeung, Q. Lu, E. Leung, S.Y.Li and F. Leung. Digital Library Access for Chinese Visually Impaired. Proceedings of the Fifth ACM Conference on Digital Libraries, June 2-7, 2000, San Antonio, Texas, pp. 244-248.

[16] Mani, I. and E. Bloedorn. Summarizing Similarities and Differences Among Related Documents, Information Retrieval, Kluwer Academic Publishers, 1999, pp. 1-23.

[17] S. Minneman, S. Harrison, B. Janseen, G. Kurtenbach, T. Moran, I. Smith, and B. van Melle, "A Confederation of Tools for Capturing and Accessing Collaborative Activity," Proceedings of the ACM Conference on Multimedia, San Francisco, CA (November 7-9, 1995), pp. 523-533.

[18] T. P. Moran, L. Palen, S. Harrison, P. Chiu, D. Kimber, S. Minneman, W. van Melle, and P. Zelweger, "'I'll Get That Off the Audio,': A Case Study of Salvaging Multimedia Meeting Records," Proceedings of ACM Conference on Human Factors in Computing Systems, Atlanta, GA (March 22-27, 1997), pp. 202-209.

[19] J. Padhe and J. Kurose, An Empirical Study of Client Interactions with a Continuous-Media Courseware Server, Technical Report UM-CS-l997-056, University of Massachusetts (1997).

[20] Pimentel, M., G.D. Abowd and Y. Ishiguro. Linking by interacting: A paradigm for authoring hypertext. Proceedings of Hypertext2000, May 2000, pp. 39-48.

[21] T. Plagemann and V. Goebel, "Experiences with the Electronic Classroom--QoS Issues in an Advanced Teaching and Research Facility," Proceedings of the 5th IEEE Workshop on Future Trends of Distributed Computing Systems, Tunis, Tunisia (October 29-31, 1997).

[22] Plaisant, C., B. Milash, A. Rose, S. Wildoff, and B. Shneiderman. Life lines: Visualizing personal histories. CHI96 Conference Proceedings, pages 221-227, Vancouver,

BC, Canada, 1996

[23] Richter, H.A., J.A. Brotherton and G.D. Abowd. Browsing Long-Term Captured Experiences, Proceedings of CHI'00, 2000

[24] Salton, G., A.Singhal, M. Mitra and C. Buckley. Automatic Text Structuring and Summarization, Information Processing and Management, Elsevier Science, 1997, pp. 193-207.

[25] L. Stifelman, The Audio Notebook, ph.D. thesis, MIT Media Laboratory, Cambridge, MA (1997).

[26] Swan, R. and J. Allan. Automatic Generation of Overview Timelines, Proceedings of the 23rd Annual International ACM SIGIR Conference on Research and Development in Information Retrieval, SIGIR 2000, Athens, Greece, 2000.

[27] Takeshlta, A., T. Inoue and K. Tanaka. Topic-based Multimedia Structuring. Intelligent Multimedia Information Retrieval, Maybury, M., ed., Cambridge, MA: AAAI/MIT Press.

[28] K. Weber and A. Poon, "Marquee: A Tool for Real-Time Video Logging," Proceedings of ACM Conference on Human Factors in Computing Systems (April 1994), pp. 58-64.

[29] Weiser, M., The Computer of the 21st Century, Scientific American 265, no. 3, 66-75, September 1991

[30] Whittaker, S. P. Hyland, and M. Wiley, "Filochat: Handwritten Notes Provide Access to Recorded Conversations," Proceedings of ACM Conference on Human Factors in Computer Systems, Boston, MA (April 24-28, 1994), pp. 271-277.

[31] www.informedia.cs.cmu.edu/html/enter.html

[32] www2.cs.cornell.edu/zeno.

訳
＜　對馬英樹　つしま　ひでき
　　京都大学大学院情報学研究科　＞
＜　岡田顕　おかだ　あきら
　　京都大学大学院情報学研究科　＞
＜　百合山まどか　ゆりやま　まどか
　　京都大学大学院情報学研究科　＞
＜　荻野哲男　おぎの　てつお
　　京都大学工学部　＞
＜　藤岡健史　ふじおか　たけし
　　京都大学工学部　＞

アプリケーション

自由に利用できる電子図書館としてのウェブ
The Web as an Open Access Digital Library
William Y. Arms
Cornell University

図書館としてのウェブ

　この講演では、全ての人のための低価格図書館としてのウェブの可能性について検討する。また、コレクションの品質とウェブ上で利用できるサービスのために、電子図書館研究がなしつつある技術的および組織的な貢献について考察する。

　従来の図書館は費用のかかるものだが、研究図書館は特に高くつく。合衆国でさえ、科学、医学、法律や学術情報に十分アクセスできる余裕のある人はほとんどいない。さほど豊かではない国では状況はさらに悪く、最高の大学でさえ、優れた図書館を持つ余裕はない。ウェブの発達に伴って、このような状況が変わりつつある。常に増えつづける質の高い情報が、ウェブ上で自由に利用できるのだ。インターネットに接続しさえすれば誰もが、無料で情報を手に入れることができる。さらに、情報を組織化し、アクセスできるようにする、ウェブ検索サービスのような無料サービスが登場している。すでに、多くの人々はウェブを自分の図書館として利用している。

　この講演では、この変化を3つの観点から考察する。第一は無料で利用できる高品質の情報を生み出している経済的な力について。第二に、従来はプロの図書館員が実施していた費用の高くつく仕事に取って代わる、廉価な自動ツールの使用について述べる。第三に、万人のための図書館としてウェブを発展させるための、電子図書館研究の課題について考察する。

自由に利用できる出版物

　ウェブの驚異の一つは、自由にアクセスできることである。質の高い情報の膨大なコレクションを、全ての人が無料で利用できる。これらの情報の作成、配信には、高額の費用がかかるのだが、各個人や組織は、それを無料で提供している。以下に、以前はかなり高額の費用を払わないと利用できなかったが、今では自由に利用できる情報を例示する。

- 米国国立医学図書館 (The National Library of Medicine) の PubMed が提供する医学情報は、以前には Medline に契約する必要があった。
- 市販されている Books in Print は、かつては現時点で出版されている本のリストにすぎなかった。この情報にさらに情報が加わったものが、今では Amazon.com のウェブサイトで提供されている。
- 物理学分野の研究文献は、ロス・アラモス国立研究所 (Los Alamos National Laboratory) の arXiv archives でまず最初に見ることができるが、arXiv archives は、以前は従来型の雑誌の形で出版されていた。
- コーネル大学 Legal Information Institute は、高額の印刷物やオンラインサービスの Westlaw と Lexis でしか以前は得られなかった法律情報を提供している。

　時には、自由にアクセスできるサービスは課金サービスほど優れてはいないことがあるが、たいていは完全な代用になる。これらは、ほんの一例である。ウェブ検索エンジンと少しの工夫を用いて、利用者はテキサスの野生動物から国際課税にいたるまでほとんどどんなトピックについてでも、質の高い情報を見つけることができる。学問分野によっては、上級コースで講義したり、研究を進めたりするために必要な基礎資料の全てが、無料のアクセスによって手に入れることができる。

　このような豊かさは、予測されてはいなかった。初期の電子図書館は、アクセスの制限がインターネット上で配信される高品質の情報には欠かせないと思い込んでいた。この誤った理解は、情報を作成する動機は金儲け、つまり作者にとっては印税、出版者には利益のみだという考え方からきて

いた。今日、ウェブを少し覗いてみるだけで、この見方が誤りであったと分かる。

　自由に利用できるウェブサイトのほとんどは、収益を生み出さない。それらは、通常、サイト上の資料の作成者による外部資金で支えられている。ウェブが、望ましい視聴者の関心を引く有用なチャンネルを提供すると、現在の予算は、印刷物からウェブへと移し替えられる。商品の販売や広告が顕著な例であり、政府情報がもうひとつの例である。他の多くの場合は、自由に利用できる情報をウェブ上で公開するための新しい予算を、組織が捻出している。科学研究の出版物が重要な例である。10年前には、無料で利用できる科学情報はほんのわずかだった。今日では、膨大な量がオンライン上で自由に利用できる。

　このような分野では、情報の作成者たちは、自分たちの資料を使ってもらいたいという強い動機を持っている。利用するための障害を取り除くことが、最も彼らの利益となる。この結果、利用の制限なしに提供される情報が、毎年増加していくのである。

自動電子図書館

　図書館としての機能をウェブに求めるには、さらに高品質のコレクションを必要とする。サービスは、それら質の高いコレクションを管理し、人々がそれらを効果的に使う手助けをするために提供されねばならない。「自動電子図書館」という言葉は、全ての仕事を自動的に実行する電子図書館に対して使うことができるが、その仕事の中には、熟練した専門家によって伝統的になされてきた仕事も含まれている。たとえば、資料の選択、目録と索引、情報の探索、レファレンスサービスなどである。これらの仕事は、それぞれ相当に知的な活動、つまり人々の熟練を要し、コンピュータには困難であるとされる種類の活動を必要とする。

　自動電子図書館における優れたサービスは、古典的な図書館界の方法を模倣するわけではない。自動化された図書館は、同等のサービスを利用者に提供するが、提供の方法が考えなおされている。ウェブ検索エンジンと従来の図書館目録とを対比すれば明らかであろう。図書館目録の最も優れている点はほとんど全て、ウェブ検索エンジンではひどいものになっている。一方で、ウェブ検索サービスは目録が不得手な方面に強い。品質が制御されているからといって従来の目録や索引の方が優れていると主張するのは間違っているし、適用範囲と一般への普及をもってウェブ検索サービスの方が優れていると主張するのも間違っている。利用者にとっての価値は、利用者が何を求めているかによるのである。

　コンピュータに関する情報を探すツールとして、GoogleとInspecのどちらを選ぶかを考えていただきたい。コンピュータについては、重要な成果はほぼ全て、まずウェブサイト上で公開され、印刷された雑誌に掲載されるのはその後でしかないだろう。したがって、Googleのようなウェブ検索サービスの方が最新の情報を探せる上、扱う範囲は、公式に出版された資料という制限をもつInspecよりも幅広い。コンピュータの分野では、実質上は同じ情報が、いくつかの情報源から得られることがしばしばある。Googleは自由に利用できる情報に直接リンクする。Inspecは公式版への参照を提供するが、公式版は、通常印刷版か利用制限のあるオンラインである。従来的な基準によって、Inspecの方が、ずっと高い品質を保っているが、多くの人々にとっては、Googleの幅広いカバー範囲と便利なリンクの方が、よりよいツールとなるのである。

力ずくの計算

　単純なアルゴリズムに、計り知れないコンピュータの力が加わって、しばしば人間の知性をはるかにしのぐことが可能になる。コンピュータの発展速度は、ムーアの法則によって表現されている。すなわち、半導体上のトランジスタの数は、18か月ごとに倍増する。これは、コンピュータの力は10年で100倍になり20年で10,000倍になる、というのと、おおよそ同じである(訳注1)。このような劇的な変化の意味を正確に認識できる人はほとんどいない。しかし、自動電子図書館の未来は、洗練されたアルゴリズムよりはむしろ力ずくの計算に依存するようである(訳注2)。

　ここに、このようなコンピュータの力がどのように用いられているかを示す最新の例がある。これらの例はそれぞれ、コンピュータ科学と電子図書館の分野における研究の、直接的な成果である。

アプリケーション

- ウェブ検索サービスは、自動的な情報探索の最先端技術である。コンピュータは10億ものページ（おおよそのウェブの大きさ）の中の各単語を索引し、ほとんど瞬時に、単純なパターンによってその索引を検索することができる。
- 検索式と資料がどのぐらい適合しているかを決めるのは、人間の判断が必要であると思われてきた。しかし、情報検索の標準的な方式は、それを非常に効果的にやってのける。概念を関連づける人間の能力の代わりとして、コンピュータの力を用いて語のパターンを適合させるのである。コーネル大学のSaltonが開発した基本方式では、各資料を多次元のベクトルで表し、各ベクトル間の角度が小さいほど二つの資料が近いとしている。
- 資料の重要性を評価するのは、人間の理解力を必要とするもう一つの作業であると思われていた。しかし、スタンフォード大学のPageとBrinが開発したGoogleのランキング・アルゴリズムは、それを非常に効果的に、しかも完全に自動的に行う。ウェブページを、そのページにどのようなページがリンクしているかを分析することで、ランク付けするのである。
- 引用分析は、図書館情報にコンピュータを応用するにあたっての、長年にわたる成功例である。資料から参照文献を抽出し、その文献を、それを参照している電子資料にリンクさせる自動システムが可能になりつつある。目下のところ、参照へのリンクのための最も用途の広いシステムは、ヘント大学のVan de Sompelらが作成したSFXシステムである。
- ResearchIndexは、コンピュータ科学資料の電子図書館であり、NECのLawrenceらによって完全に自動的に作成されたものである。引用分析と参照リンクに、幅広い使用ができる。
- 電子資料から自動的にメタデータを抽出するプロジェクトは数多くある。おそらく、最も注目すべきはカーネギー・メロン大学のWactlarが進めている、Informediaプロジェクトであろう。Informediaは、テレビニュースのような映像のコマへのアクセスを完全に自動的に提供しようという、途方もなく野心的な目標を持っている。

電子図書館研究の課題

全ての人に開かれている図書館としてのウェブの発展は、力強い、また歓迎すべき傾向である。成功の多くは、コンピュータ科学や電子図書館研究の功績である。しかし、図書館としてのウェブは、さらなる研究の課題としなければならない難問を抱えている。

おそらく、もっとも厄介なのは品質である。従来の出版物では、出版者と図書館が資料の質の良し悪しを評価するのに重要な役割を果たしている。インターネットでは、ほとんどの情報が作者自身によってウェブ上にのせられるため、不正確な情報やまとまりのない情報、あるいは悪意に基づいていたり欺瞞的であったりする情報から、良質の情報源を選び出すのは利用者にとって困難になる。ほんのわずかな期待をかけて、利用者は非常に限られた手がかりをもとに、どれが関連のある情報であるかを自分で判断しなければならない。オンライン情報に品質基準を自動的に関連づけることは、NSFのNational Science Digital Libraryプログラムの中で、我々が研究し始めているテーマの一つである。

次に厄介なのが永続性である。ウェブサイト上の重要な情報が、一時的な組織によって維持されていることがあるかもしれない。その上、生きた情報はますますオンラインの中にしか存在しなくなっている。情報の完全性は、NSFの電子図書館プロジェクトの一環としてコーネル大学のLagozeが進めているPrismプロジェクトの研究課題であるが、これはあまりにも大きな課題であり、もっと多くの研究が必要である。自動保存についての成功例の一つは、Brewster Kahleが主導したInternet Archiveである。1か月ごとに、ウェブクルーラーが自由にアクセスできるウェブページをかき集める。Internet Archiveは、将来のためにそれらのファイルを保存し、現在の学術研究のためにそれらをコンピュータ上にのせる。Internet Archiveの研究がなければ、これらの資料の多くはすでに消えていたであろう。

最後に

自由に利用できる情報の上に築かれた自動電子図書館は、情報の世界のT型フォードを提供しよ

うとしている。T型フォードは、アメリカの大衆に、車に乗るということをもたらした車である。T型フォードが当時の手作りの自動車に匹敵する品質を持つとはとうてい言えなかったが、手作りの車を利用できる人はほとんどいなかったのである。自動電子図書館は、潤沢な資金を持つ大学の教職員が利用できる個人的なサービスに近づくことはできないが、主要な研究図書館を手軽に使える人はほとんどいない。低価格な自動電子図書館は、すでに新しい利用者に科学、学術、医学、法律などの情報をもたらしつつあるのである（訳注3）。

参考

この論文は、以前に発表した2本の論文で検討されたものである。2本とも、自由にアクセスできる。

[1] William Y. Arms, Economic models for open-access publishing, iMP, March 2000 (http://www.cisp.org/imp/march_2000/03_00arms.htm),

[2] William Y. Arms, Automated digital libraries, D-Lib Magazine, July/August 2000 (http://www.dlib.org/dlib/july20/07contents.html).

訳注

1）このような改良については、物理的な限界が近づいていると言われている。しかし、少なくとも2010年くらいまではこの傾向が続くと信じられている。
2）計算方式を工夫して大量のデータを扱うのがアルゴリズムによる方法であるが、計算能力が高いために工夫しない場合に力ずくの計算と言う。
3）T型フォードの出現によって手作りの自動車はほとんど姿を消してしまった。また、自由に利用できる出版物の増加は著作権の考え方にも影響する。この論文はウェブと図書館の将来についての基本的でかつ重要な問題を提起していると思われるが、図書館は手作りの自動車と異なり、なくなることはないだろう。

＜　訳　藤原由華　ふじわら　ゆか
　　京都大学附属図書館情報サービス課　＞

電子図書館に関する図書館長会議および電子図書館京都コミュニケ

　2000年電子図書館国際会議の開催期間中の11月13日に、下記の会議が開催された。会議は、京都大学長尾真総長及び佐々木丞平附属図書館長の共同議長により進められ、協議の結果は、「電子図書館京都コミュニケ」としてまとめられ、11月14日のパネル全体会議において採択された。

電子図書館に関する図書館長会議

日　時　2000年11月13日(月)　15時―17時
場　所　京都大学附属図書館大会議室
出席者　別紙コミュニケ参照
協議テーマ

- **世界の電子図書館間の協力促進**
　インターネットで世界がひとつに繋がり、手軽に情報交換ができるようになった。それを有効に利用した電子図書館が多数形成されている。各電子図書館間を連結したいわゆるインターネット電子図書館に発展させるためにはどんな協力が必要か。

- **変貌する電子的学術出版物への図書館の対応**
　特に大手出版社による雑誌の電子ジャーナル化や価格体系を巡る戦略が、ここ数年来大きく変化しており、また学術情報の提供方法も変化している情勢である。図書館として手を拱いていては今後に大きな問題を残す可能性がある。特に大手出版社による電子的学術出版物の販売戦略に対し、図書館界は共同して対応することが必要である。
　どのような共同した対応策があるか。

- **図書館のInformation Technology（情報通信技術）化促進への協力**
　今後の電子図書館の発展を考えるにあたって、情報の入手や提供の面において、また図書館の経営面においてIT化促進をどのよう図っていくべきか。

- **ネットワークに関わる著作権問題への図書館の対応**
　とりわけ電子図書館で提供するコンテンツの著作権問題は、一般的な著作権と一律に考え難い。インターネット上の著作物は安易に利用できるし、デジタル化されたものは二次利用にも劣化しないため、商用に利用される恐れがある。電子透かし等幾つかの防御策があるが、技術的問題とは別に、権利問題としての方策をいかにすべきか。

Kyoto Communiqué on Digital Libraries
電子図書館京都コミュニケ

We, the participants of the 2000 Kyoto International Conference on Digital Libraries have assembled in order to encourage progress towards the following five objectives:

2000年京都電子図書館国際会議に集まった諸国の図書館長および研究者は、これからの世界の電子図書館の健全な発展を目ざして、以下の項目に合意した。

1. To develop an information network to promote the cooperation and the exchange of ideas of concerning digital libraries.
   世界の電子図書館の相互協力と情報交換の促進のためにネットワークを作る。

2. To work towards universal interoperability standards for metadata to facilitate communication among digital libraries' creators and users.
   世界の電子図書館間の相互利用性の拡大のために、メタデータの国際標準の作成への努力を行う。

3. To promote legal protection for fair and other lawful uses of copyrighted information in the digital environment (to no less an extent than that permitted by current legislation and international agreements) and to convey a statement to intellectual property organizations, agencies and publishers.
   世界の電子図書館の健全な発展のために、fair use を中心として著作権の権利制限範囲の拡大のアピールを各国著作権関係機関・団体、出版者に対して行う。

4. To encourage government entities and other organizations to strengthen financial support for digital libraries.
   世界の電子図書館の発展拡大のために各国政府、関係機関に財政的支援強化を訴える。

5. To conduct an intensive campaign to increase public awareness and use of digital libraries.
   社会の情報化の中で電子図書館が広く使われるよう普及活動を積極的に行う。

November 14, 2000

Sukho Lee (Library Director of Seoul National University)

Longji Dai (Library Director of Beijing University)

Liu Guilin (Library Director of Tsing Hua University)

Yuchao Zhang (Head of Digitalization Division, Fudan University)

Ding Li (Assistant President, University of Science and Technology of China)

Zhengrong Shao (Depute Librarian, Library, University of Science and Technology of China)

John Ashworth (Chairman of the British Library)

Richard Roman (The British Library)

Graham Jefcoate (The British Library)

Judy Watkins (The British Library)

Winston Tabb (Library of Congress)

Michael Lesk (National Science Foundation)

Jerry D.Campbell (General Dean of the University Libraries University of Southern California)

Amy Heinrich (Director,Starr East Asian Library,Columbia University)

Judith Klauans (Director,Center for Research on Information Access Research Scientist,Department of Computer Science, Columbia University)

Tiziana Catarci (Professor, University of Roma)

Naotake Ito (Deputy Librarian, National Diet Lib.)

Yoshitaka Ikuhara (Deputy Director, Administrative Dept. National Diet Lib.)

Haruki Ozaki (Director, Science Information Division. Ministry of Education, Science, Sports and Culture)

Masayuki Yoshida (President, University of Library and Information Science)

Yoshito Itoh (Director, Nagoya University Library)

Hiroshi Nishihara (Director, Osaka University Library)

Takashi Tonegawa (Director, Kobe University Library)

Setsuo Arikawa (Director, Kyushu University Library)

Yoshiaki Fukazawa (Vice Director, Waseda University Library)

Hirokazu Shimizu (Vice President, Kyoto Digital Archives Research Center)

Makoto Nagao (President, Kyoto University)

Yahiko Kambayashi (Professor, Kyoto University)

Yoshitaka Kawasaki (Professor, Kyoto University)

Johei Sasaki (Director, Kyoto University Library)

Toshio Kumagai (Associate Director, Kyoto University Library)

2000年京都電子図書館国際会議

目的および背景

　最近のコンピュータおよびネットワークによる情報流通革命で図書館も大きく姿を変えつつある。現在、世界的に次世代の図書館に向けた研究が盛んとなっており、ヨーロッパではグーテンベルク生誕600年を記念したプロジェクトがあり、アメリカでの電子図書館プロジェクトは第2期に入りさらに広範囲な研究開発が行われつつある。日本やアジア、オーストラリア、アメリカ西海岸の有力な大学を会員とするアジア太平洋大学連合でも、会員大学をネットで結び将来電子図書館の統合利用を可能にする計画がすすめられている。

　図書館の将来を考える上では、この方面の研究者だけでなく図書館の関係者も対象とした幅広いテーマを扱わなければならない。本会議では、日本、アメリカ、ヨーロッパを中心に研究者や図書館関係者が集り、この双方の立場から電子図書館についての解説および研究発表を行う。英語による会議だけでなく日本語による会議も併設し、そこでは全体の研究開発動向や日本における電子図書館の動向を中心とした紹介を行う。英語の基調講演は、京都大学、米国国立科学財団、英国図書館、ドイツ国立研究所などから予定しており、これらについては通訳をつける予定である。

　京都大学図書館は世界に先駆けて電子図書館を実現した実績があり、京都で文化財の電子化を行いつつあること、また国立国会図書館の関西館にも電子図書館を建設中であるという背景から、京都での開催は意義のあることである。

2000年京都電子図書館国際会議実行委員会

名誉委員長：長尾眞（京都大学総長）
会議共同委員長：池田克夫（京都大学情報学研究科長）　Michael Lesk（米国国立科学財団）
プログラム共同委員長：上林彌彦（京都大学）　Gio Wiederhold（スタンフォード大学）
Speakers Chair：Judith Klavans（コロンビア大学）
組織共同委員長：佐々木丞平（京都大学附属図書館長）　Richard Roman（英国図書館）
組織委員
　　伊藤尚武（国立国会図書館副館長）　　吉田政幸（図書館情報大学学長）
　　有川節夫（九州大学附属図書館長）　　西原浩（大阪大学附属図書館長）
　　利根川孝（神戸大学附属図書館長）　　土居範久（慶應義塾大学、日本学術会議会員）
　　浜口友一（NTTデータ）　　　　　　　米田茂（日立）
　　吉田哲三（富士通）　　　　　　　　　市山俊治（NEC）
　　武田浩一（日本IBM）　　　　　　　　國井秀子（リコー）
　　田辺吉久（東芝）　　　　　　　　　　田中聡（三菱電機）
　　横瀬和生（日本ユニシス）　　　　　　小野隆夫（BBCC）
出版共同委員長：和文：熊谷俊夫（京都大学）　　　英文：垂水浩幸（京都大学）
広報共同委員長：石田亨（京都大学）　由良信道（京都大学）　田中克己（神戸大学）
ローカルアレンジメント共同委員長：佐藤理史（京都大学）　三原英夫（京都大学）
　委員：河野浩之（京都大学）　黒橋禎夫（京都大学）
事務局：朝妻三代治（京都大学）　高田ひとみ（京都大学）

会 議 日 程（日本語セッション）

11月13日（月）　午後　AVホール
　　セッションI　オープニング（日本語）　　　　　　　　　　　　　　　　司会　熊谷事務部長
　　　　　　開会
　　　　　　挨拶　京都大学　佐々木丞平附属図書館長
　　　　　　挨拶　文部省　尾崎春樹学術国際局学術情報課長
　　　　　　基調講演
　　　　　　「情報技術の発展と図書館機能の拡大」　　　　　　　　　京都大学　長尾真総長
　　　　　　基調講演
　　　　　　「電子図書館システムの将来：ウェブとデータベースの利用」
　　　　　　　　　　　　　　　　　　　　　　　　　　　　　　京都大学　上林彌彦教授

　　セッションII　電子図書館の概観（日本語）　　　　　　　　　司会　朝妻情報管理課長
　　　　　　内外電子図書館の概観
　　　　　　　　　　　　　　　　　　　　　　　　　図書館情報大学　杉本重雄教授
　　　　　　国立国会図書館における電子図書館構想
　　　　　　　　　　　　　　　　　　国立国会図書館　小寺正一電子図書館推進室主査
　　　　　　英国図書館における電子図書館（通訳付）
　　　　　　　　　　　　　　　　　　　　　　　　　英国図書館　リチャード・ローマン
　　　　　　国立情報学研究所における電子図書館
　　　　　　　　　　　　　　　　　　　　　　　　国立情報学研究所　安達淳教授
　　　　　　東京工業大学における電子図書館
　　　　　　　　　　　　　　　　　　　　　　　　東京工業大学　大埜浩一事務部長
　　　　　　筑波大学における電子図書館
　　　　　　　　　　　　　　　　　　　　　　　筑波大学　小西和信情報システム課長

11月14日（火）　午前　AVホール
　　セッションIII　電子図書館の実際（日本語）　　　　　　　　司会　朝妻情報管理課長
　　　　　　京都大学における電子図書館
　　　　　　　　　　　　　　　　　　　　　　　　京都大学　磯谷峰夫電子情報掛長
　　　　　　国立情報学研究所における著作権処理
　　　　　　　　　　　　　　　　国立情報学研究所　酒井清彦コンテンツ課課長補佐
　　　　　　神戸大学「震災文庫」の電子化と著作権
　　　　　　　　　　　　　　　　　　　　　　　　　　神戸大学　稲葉洋子企画掛長

　　セッションIV　電子図書館の未来（日本語）　　　　　　　　司会　朝妻情報管理課長
　　　　　　電子図書館政策の今後
　　　　　　　　　　　　　　　　　文部省　濱田幸夫学術情報課大学図書館係長
　　　　　　発信型学術情報コンソーシアム
　　　　　　　　　　　　　　　　　　　　　　　　　　　東北大学　済賀宣昭事務部長
　　　　　　大学図書館と電子図書館の未来
　　　　　　　　　　　　　　　　　　　　　　　　九州大学　有川節夫附属図書館長

11月14日(火)　午後　AVホール
　　　　　　　　　（大会議室ではテレビ表示すると共に日本語通訳も行う）
　セッションV　English Program のセッションI
　　　　　　　　基調講演
　　　　　　　　長尾真　　　京都大学総長
　　　　　　　　　「マルチメディア電子図書館とインタフェース」
　　　　　　　　　"Multimedia Digital Library and the Interface"
　　　　　　　　Michael Lesk　　米国国立科学財団
　　　　　　　　　" US Digital Library Research - Broadening our Reach"
　　　　　　　　Erich Neuhold　GMDドイツ
　　　　　　　　　「図書館、博物館とアーカイブ：文化的知識の保持と供給のための協調」
　　　　　　　　　"Libraries, Museums and Archives : Working together to maintain and provide cultural knowledge"
　　　　　　　　John Ashworth　英国図書館館長(現在)
　　　　　　　　　"The British Library's Role as the National Library and its Commitment to Electronic International Library Development Career"

11月15日(水)　午前　大会議室　（日本語）
　セッションVI　電子図書館の技術の動向　　　　　　　　　　司会　朝妻情報管理課長
　　　　　　　　最新のOCRシステム動向とその未来　　　東芝　　　　田辺吉久
　　　　　　　　マルチメディア情報と電子図書館　　　　リコー　　　國枝孝之
　　　　　　　　今後の電子図書館　　　　　　　　　　富士通　　　吉田哲三
　　　　　　　　DIS（Digital Image System)技術の図書館における活用
　　　　　　　　　　　　　　　　　　　　　　　　　　日立製作所　神内俊郎
　　　　　　　　電子透かしの技術動向と活用事例　　　凸版印刷　　小川恵司

11月15日(水)　午後　AVホール　　　（英語、一部通訳の予定）
　セッションVII　特別セッション
　　　図書館職員とCS研究者の双方が興味を持つ課題
　　　知的所有権　慶應義塾大学　HUMIプロジェクト　など

11月16日(木)　全日　英語プログラム　　並列セッション

英語セッションプログラムは2000年11月14日（火）―16日（木）に開催され正式な英文会議録はIEEE Computer Society Pressから出版の予定である。

Program

Nov. 14 (Tue.)

    Opening *Chair: Yahiko Kambayashi (Kyoto U.)*

Michael Lesk (NSF), Katsuo Ikeda (Kyoto University)
  Opening remarks
Gio Wiederhold (Stanford University)
  Global Issues in Digital Libraries

    Session 1 Keynotes *Chair: Bruce Shatz (U. of Illinois)*

Michael Lesk (NSF)
  US Digital Library Research - Broadening our Reach
Gerald J Schke, Matthias Hemmje, Erich J. Neuhold (GMD-IPSI)
  Convergence of Digital Libraries, Museums and Archives to Collective Memories
John Ashworth (British Library)
  The British Library's Role as the National Library and its Commitment to Electronic International Library Development

    Session 2 Keynote and Panel *Chair: Satoshi Sato (Kyoto U.)*

Makoto Nagao (Kyoto University)
  Multimedia Digital Library and the Interface

    Panel: Future Libraries

Panel Chair: Michael Lesk (NSF)
 ・Makoto Nagao (Kyoto University)
   Report from the meeting of the heads of libraries
 ・Judith Klavans (Columbia University)
 ・Don Waters (Mellon Foundation)
 ・Tiziana Catarci (University of Rome)
 ・Shao Zhergrong, Li Ding (University of Science and Technology of China)
 ・C. C. Chang (National Chung Cheng University)
 ・TBA (The British Library)

Nov. 15 (Wed.)

    Session 3A Image Retrieval *Chair: Noboru Koshizuka (U. of Tokyo)*

Takeo Kanade (Carnegie Mellon University)
  Event Archival - Digitizing and Reproducing a Three-dimensional Dynamic Event
Shinji Ozawa, Masaaki Kashimura (Keio University)
  Application of Image Processing Technology to Digital Archiving and Study of Rare Books
Katsumi Tanaka (Kobe University), Kengo Koiso (Obayashi Corporation), Akiyo Nadamoto (Kobe University)
  Associating and Presenting Metadata of Digital Archive Objects in Virtual Spaces as Synchronized Multimedia Content
Christian Breiteneder and Horst Eidenberger (Vienna University of Technology)
  Content-Based Image Retrieval and Digital Libraries

    Session 3B Geo-based Systems and Massive Data *Chair: Mukesh Mohania (Western Michigan U.)*

Masatoshi Arikawa, Takeshi Sagara (University of Tokyo), Koji Okamura (Kyushu University)
  Spatial Media Fusion Project
Frederic Andres (NII, National Institute of Informatics), Mouaddib Noureddine (Polytechnic School of University of Nantes, France), Kinji Ono (NII), Aidong Zhang (State University of New York, USA)
  Metadata Model, Resource Discovery, and Querying on Large Scale Multidimensional Datasets: The GEREQ Project
Tim Ahern (University of Washington and IRIS consortium)
  Accessing a Multi-terabyte Seismological Archive Using a Metadata Portal
Eiji Ikoma, Taikan Oki, Masaru Kitsuregawa (University of Tokyo)
  Development of an Earth Environmental Digital Library System for Soil and Land-atmospheric Data

    Session 4A Classic Materials *Chair: Shigeo Sugimoto (ULIS)*

Graham Jefcoate (The British Library at St Pancras)
  Digitisation for Access: The Digitisation of Rare Books at the British Library
Toshiyuki Takamiya (Keio University)
  How to Make Good Use of Digital Contents: The Gutenberg Bible and the HUMI Project
Shimpei Ogawa (Kyoto University)
  Report on the Provision of Contents of Kyoto University Digital Library and Its Method of Digitalizing Rare Materials

    Session 4B Data Mining *Chair: Katsumi Tanaka (Kobe U.)*

Hiroki Arimura, Jun-ichiro Abe, Hiroshi Sakamoto, Setsuo Arikawa (Kyushu University),
Ryoichi Fujino (ENICOM), Shinichi Shimozono (Kyusyu Institute of Technology)
  Text Data Mining: Discovery of Important Keywords in the Cyberspace

Sanjay Kumar Madria (University of Missouri-Rolla), Chris Raymond (Purdue University),
Sourav Bhowmick (Nanyang Technological University), Mukesh Mohania (Western Michigan University)
    Association Rules for Web Data Mining in WHOWEDA
Hiroyuki Kawano (Kyoto University)
    Overview of Mondou Web Search Engine Using Text Mining and Information Visualizing Technologies

Session 5 Digital Library Overview   Chair: Toru Ishida (Kyoto U.)
Judith Klavans (Columbia University)
    Building a Digital Library Research Program at Columbia University
Peter Lyman (UCB)
    The Social Impacts of Digital Library Technologies
John Habershon (Momentum Research & Marketing)
    Entering the Age of Digital Information
Ross MacIntyre (University of Manchester)
    Manchester United in Supporting UK Academia: Recent Developments at the UK's Largest Academic Datacentre

Session 6 Digital Library Projects (1)   Chair: Sukho Lee (Seoul National U.)
Zhanzi Qiu, Matthias Hemmje, Erich J. Neuhold (GMD-IPSI)
    Using Link-Based Domain Models in Web Searching
Junghoo Cho (Stanford University)
    WebBase and the Stanford InterLib Project
Noboru Koshizuka, Ken Sakamura (University of Tokyo)
    Tokyo University Digital Museum
Diego Calvanese, Tiziana Catarci, Giuseppe Santucci (University of Rome "La Sapienza")
    LAURIN: A Distributed Digital Library of Newspaper Clippings

Session 7 Copyright   Chair: Roland Wagner (U. of Linz)
Zentaro Kitagawa (Kyoto Comparative Law Center)
    Digital Library as an Application of "Copymart"
Judy Watkins (Copyright Office, British Library)
    Electronic Copyright Issues: A European Perspective
Yuzuru Tanaka, Jun Fujima (Hokkaido University)
    Meme Media and Topica Architectures for Editing, Distributing, and Managing Intellectual Assets

Nov. 16 (Thu.)

Session 8A XML   Chair: Masatoshi Arikawa (U. of Tokyo)
Bogdan Czejdo, Ruth Miller, Malcolm Taylor, Marek Rusinkiewicz (MCC)
    Distributed Processing of Queries for XML Documents in an Agent Based Information Retrieval System
Hiroko Kinutani, Masatoshi Yoshikawa and Shunsuke Uemura (Nara Insttitute of Technology)
    Identifying Result Subdocuments of XML Search Conditions
Rajeev Agrawal, Mukesh Mohania (Western Michigan University), Yahiko Kambayashi (Kyoto University), Sourav Bhowmick (Nanyang Technological University), Sanjay Madria (University of Missouri-Rolla)
    An Architecture for XML Schema Integration
Charlotte Jenkins, Dave Inman (South Bank University)
    Server-side Automatic Metadata Generation using Qualified Dublin Core and RDF

Session 8B Digital Library Projects (2)   Chair: Sadao Kurohashi (Kyoto U.)
Winston Tabb (Library of Congress)
    National Libraries in the Digital Age
Caroline Arms (Library of Congress)
    Learning from American Memory: Opportunities and Challenges Ahead
Sukho Lee, Sunyeong Cho (Seoul National University)
    Digital Libraries in Korea
Hideki Sunahara, Masakazu Imai, Rei S. Atarashi, Hisakazu Hada, Toru Nishimura, Naokazu Yokoya, Kunihiko Chihara (Nara Institute of Science and Technology)
    Beyond Digital Libraries: The 2nd Generation of the NAIST Digital Library and its Future
Sanjay Singh, A. Narayanan, S. Venkadesan (Indira Gandhi Centre for Atomic Research)
    The Road Map to Digital Information Access - A Case Study of an Indian Research Library

Session 9A Search Engines   Chair: Wesley Chu (UCLA)
Uri Hanani, Ariel J. Frank (Bar-Ilan University)
    The Parallel Evolution of Search Engines and Digital Libraries: their Convergence to the Mega-Portal
Siegfried Reich, W. Behrendt, C. Eichinger, M. Schaller (Salzburg Research/ SunTREC)
    Document Models for Navigating Digital Libraries
Akihiko Takano, Yoshiki Niwa, Shingo Nishioka, Makoto Iwayama, Toru Hisamitsu, Osamu Imaichi, Hirofumi Sakurai (Hitachi)
    Associative Information Access using DualNAVI
Hirohito Inagaki, Daijiro Mori, Masayuki Sugizaki, Hiroshi Takeno (NTT Cyber Solutions Laboratories)
    Japanese Internet Portal-site www.goo.ne.jp powered by InfoBee Technology

Session 9B Digital Library Projects (3)   Chair: TBA
Toshiro Minami, Hidekazu Kurita, Setsuo Arikawa (Kyushu University)

Putting Old Data into New System: Web-based Catalog Card Image Searching
Sadao Kurohashi, Wataru Higasa (Kyoto University)
Automated Reference Service System at Kyoto University Library
Shao Zhengrong, Li Ding (University of Science and Technology of China)
Digital Library Construction Information Technology Application and Practice in Campus Library
Martin Endig, Michael Hoding, Gunter Saake, Kai-Uwe Sattler, Eike Schallehn (University of Magdeburg)
Federation Services for Heterogeneous Digital Libraries Accessing Cooperative and Non-cooperative Sources

Session 10A Queries *Chair: Yanchun Chang (South Queensland U.)*
Salim Roukos (IBM Research)
Statistical Methods for Translingual Information Retrieval
Amy Heinrich (Columbia University)
Michiyuki: the Road to a Multimedia, Multidisciplinary, Multilingual Bunraku (Japanese puppet theater) Database
Werner Winiwarter (Software Competence Center Hagenberg)
Human Language Technology in Digital Libraries
Josef Kueng (University of Linz)
Vague Queries

Session 10B Advanced Functions *Chair: Hiroki Arimura (Kyushu U.)*
Koichi Takeda, Hiroshi Nomiyama (IBM Japan)
View Composition for Digital Libraries
Mukesh Mohania (Western Michigan University), Vijay Kumar (University of Missouri-Kansas City),
Yahiko Kambayashi (Kyoto University), Bharat Bhargava (Purdue University)
Secured Web Access
Chin-Chen Chang Jyh-Chiang (National Chung Cheng University),
Ju-Yuan Hsiao (National Changhua University of Education)
A Method for Protecting Digital Images from Being Copied Illegally
Johann Eder, Alexander Krumpholz (University of Klagenfurt), Alexandros Biliris, Euthimios Panagos (AT&T Labs)
Self-Maintained Folder Hierarchies as Document Repositories

Session 11A Web *Chair: Satoshi Sato (Kyoto U.)*
Karl K. Lo, R. Bruce Miller (UCSD)
The Pacific Rim Library of the University of California, San Diego
Cheng Kai, Yahiko Kambayashi, Seok Tae Lee (Kyoto University), Mukesh Mohania (Western Michigan University)
Functions of a Web Warehouse
Xiaofang Zhou (University of Queensland), Yanchun Zhang (University of Southern Queensland),
Sanglu Lu, Guihai Chen (Nanjing University)
On Spatial Information Retrieval and Database Generalization
G. Kappel (University of Linz), W. Retschitzegger, W. Schwinger (Software Competence Center Hagenberg)
Modeling Customizable Web Applications

Session 11B Advanced Digital Libraries (1) *Chair: TBA*
Don Waters (Mellon Foundation)
Special Collections of Visual Resources: Problems and Prospects for Digital Libraries
Wesley Chu (UCLA)
Medical Digital Library to Support Scenario Specific Information Retrieval
Alexander Schatten, A. Min Tjoa (Vienna University of Technology), Roland Wagner (University of Linz)
Developing a Framework for Building Open Distance Learning Websites in the Literature and Culture Domain

Session 12A Applications *Chair: Hiroyuki Tarumi (Kyoto U.)*
Gregory D. Abowd, Lonnie D. Harvel, Jason A. Brotherton (Georgia Institute of Technology)
Building a Digital Library of Captured Educational Experiences
Alfred V. Aho (Bell Labs Research)
The Anytime, Anywhere, Anymedia Digital Library
Bruce R. Schatz (University of Illinois)
Digital Libraries of Community Knowledge: The Coming World of the Interspace
William Y. Arms (Cornell University)
The Web as an Open Access Digital Library

Session 12B Advanced Digital Libraries (2) *Chair: Koichi Takeda (IBM Japan)*
Noriko Kando, Jun Adachi (National Institute of Informatics)
NTCIR Workshop: Data Collection Based Evaluation of Information Retrieval and Its Challenges
Hiroshi Mukaiyama (Japan Information Processing Development Corporation)
Next Generation Digital Library - Architecture and Implementation -
Dieter Merkl and Andreas Rauber (Vienna University of Technology)
Digital Libraries - Classification and Visualization Techniques
Anthony Scime (SUNY-Brockport), Larry Kerschberg (George Mason University)
WebSifter: An Ontology-based Personalizable Search Agent for the Web

会場風景

6日間にわたる電子図書館の概観、実際、未来、技術動向の報告があり活発な討議がされた国際会議

オープニングでの佐々木丞平
京都大学附属図書館長挨拶

長尾真京都大学総長の基調講演 　　英国図書館J. Ashworth氏の報告 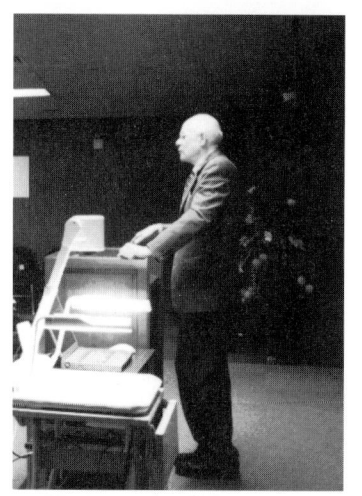　　米国国立科学財団M. Lesk氏の報告

技術動向の報告 　　電子図書館に関する図書館長会議

あとがき

　1999年5月京都大学附属図書館において、英国図書館(BL)のリチャード・ローマン氏により「英国図書館の未来と英国における大学図書館の発展」と題する講演会が開催され、その中で英国図書館の資料ディジタル化について紹介された。氏は来館の折、京都大学電子図書館システムに深く関心を示され、英国と日本との電子図書館に関する会議を明年秋に開催してはどうかと提案し、古都京都を再び訪問することを楽しみに帰国された。

　この提案に対し長尾真京都大学総長も強く賛同され開催に向けて動きだした。京都大学附属図書館と大学院情報学研究科上林彌彦教授が中心となり会議の準備が始められ、実行のための委員会が組織された。図書館員と電子図書館に関連する研究者とが一同に会し、双方の立場から電子図書館についての研究発表、解説、研究動向の紹介等を、英語による会議のほか日本語による会議もあわせて開催することとした。
　当初の日英二国間による会議開催の構想に、これまで米国において電子図書館プロジェクトを強力に推進してきた米国国立科学財団(NSF)が主催者として加わり、主催は京都大学、BL、NSFの三者となった。また、広く図書館関連、情報学関連の学協会、研究所、地方自治体などから13の団体が後援者としてご協力をいただくこととなった。

　会議には日本、アジア、米国、欧州など10カ国から、予定を越える200名余が参加し、100件余の研究発表が行われ、会議は極めて盛会裏に終了した。

　また、この会議には各国で電子図書館を推進している主要な図書館から館長など管理者のほか研究者も多く参加しており、長尾総長から「電子図書館に関する図書館長会議」が急遽招集された。電子図書館をとりまく重要なテーマを中心に議論されたが、世界の電子図書館の発展を目途とする行動要綱作成の呼びかけがあり、5つの項目からなる共同声明としてまとめられた。このコミュニケはパネル全体会議の席上採択され、今後、世界の電子図書館の健全な発展のために各自が努力し、協力していくことが確認された。

　本書は日本語セッションにおいて発表された論文に、英語セッションで発表されたなかから図書館員が特に興味をもつと思われる論題を十数点選びその翻訳を加えて会議報告書として出版するものである。英語プログラムの会議報告書はIEEE CSPから出版される。
　本書が内外の電子図書館のさらなる発展のために役立てば幸いである。

　最後に、本電子図書館国際会議開催の企画、準備から会議の開催、運営、そして会議報告書の編集、出版にいたるまでに、実に多くの関係者の方々に多大のご支援とご協力を賜った。基調講演、研究発表、報告のために最新の論文を準備し発表してくださった方々、英文発表論文の日本語翻訳にあたった職員と大学院生の方々、後援諸団体をはじめ会議の開催に財政的援助をいただいた諸団体・機関、本電子図書館国際会議実行委員会の委員各位、そして事務局として会議運営に献身的なご尽力を惜しまなかった大学院情報学研究科及び附属図書館の職員の方々に対して、編集委員会を代表して深甚なる感謝の意を表したい。また、本書の発行をお引受けいただき、編集のために種々指導と助言をいただいた社団法人日本図書館協会に対し感謝を申し上げる。
　　　　　　　　　　　　　　　　　　　　　　　　　　　　　　　　　　　　　　　（熊谷俊夫）

京都大学電子図書館国際会議編集委員会／　熊谷俊夫　朝妻三代治　三原英夫　堤　豪範　吉井紀子

著者索引

A
- Abowd, Gregory D. 202
- 安達 淳 65
- 有川 節夫 172
- Arms, William Y. 212
- Ashworth, J. M. ..... ix, 34
- 越塚 登 120

B
- Brotherton, Jason A. 202

H
- Habershon, J. 82
- 濱田 幸夫 156
- Harvel, Lonnie D. 202
- Hemmje, M. 31

I
- 稲葉 洋子 141
- 磯谷 峰夫 106

J
- Jaschke, G. 31
- Jefcoate, G. 111

K
- 上林 彌彦 5
- 神内 俊郎 192
- 河原 三紀郎 186
- 北川 善太郎 130
- Klavans, J. 70
- 小西 和信 100
- 小寺 正一 53
- 國枝 孝之 177

L
- Lesk, Michael 18

- Lyman, Peter 78

M
- MacIntyre, R. 87

N
- 長尾 真 1, 38, 152
- Neuhold, Erich 31

O
- 小川 恵司 186
- 小川 晋平 115
- 岡本 逸明 186
- 大埜 浩一 95
- 尾崎 春樹 viii

R
- Roman, Richard 58

S
- 済賀 宣昭 160
- 酒井 清彦 136
- 坂村 健 120
- 佐々木 丞平 vii
- 杉本 重雄 44

T
- 田辺 吉久 198

W
- Watkins, Judy 146

Y
- 吉田 哲三 181

視覚障害その他の理由で活字のままでこの本を利用できない人のために，営利を目的とする場合を除き「録音図書」「点字図書」「拡大写本」等の製作をすることを認めます。その際は著作権者，または，日本図書館協会までご連絡ください。

2000年京都電子図書館国際会議：研究と実際
2000 KYOTO INTERNATIONAL CONFERENCE ON DIGITAL
LIBRARIES : RESEARCH AND PRACTICE

2001年3月20日　初版第1刷発行©

定　価　本体3,500円(税別)
編　者　京都大学電子図書館国際会議編集委員会
発　行　(社)日本図書館協会
　　　　〒104-0033 東京都中央区新川1-11-14
　　　　☎ 03-3523-0811 (代表)，0817 (編集部直通)
　　　　Fax03-3523-0841
印　刷　㈱ワープ

JLA200040　　　　　　　　　　　　　　　　　Printed in Japan
本文用紙は中性紙を使用しています。
ISBN4-8204-0033-9